Matome Ugaki
宇垣纏［著］
Kazutoshi Hando
半藤一利［監修］
Kazushige Todaka
戸高一成［解説］

戦《せん》藻《そう》録《ろく》

新漢字・新かな版

上

PHP研究所

監修のことば

半藤一利

太平洋戦争の開戦から終戦までの全史を書いた戦時日誌としては、陸軍には大本営陸軍部戦争指導班『機密戦争日誌』（錦正社刊）がある。参謀本部戦争指導班の参謀たちが交代に、三百六十五日休むことなく戦争下の日々を率直に、詳細に記した貴重な記録である。大本営が公表した戦争の情報とは異なる、陸軍内部の戦略・戦術とか考え方があまさず記されている非常な貴重なもので、たとえば戦争末期には「もう勝てる見込みは皆無だが、何とか国民に戦争を続けさせる気を起こさせることが大事だ」とか思いもかけないようなことが記されている。終戦時によく焼却されなかったなと、いまは感謝をもって大事な史料としている。

これに勝るとも劣らないわが枕頭の書として本書『戦藻録』があるのである。連合艦隊参謀長として山本五十六大将のよき女房役、火のような闘志とわくが如き智謀をもって知られた海軍中将の、戦時日誌が本書である。それは単なる日々の記録ではなく、戦争直前の昭和十六年十月十六日から、終戦の日にみずから特攻機に乗って沖縄の海に突入する直前までの、実に三年十カ月におよぶ第一級の太平洋戦争史料なのである。

開戦から昭和十八年四月の、山本長官戦死のときにともに墜ちて重傷を負うまでが連合艦隊参謀長。傷癒えると第一戦隊司令官として戦艦大和に座乗し、マリアナ沖海戦、レイテ沖海戦で奮戦。昭和二十年初頭に第五航空艦隊司令長官となり、つづく沖縄特攻の航空戦の指揮をとる。この軍歴が示すように、宇垣中将は常に最前線にあって戦った。戦いつつも一日たりと休まず日誌を記しつづけた。その日その日に、嘘いつわりのない真実を書き綴った。

時を経て記憶に基づいて書かれたものとは違い、すべてが毎日毎日の生々しい武人の記録となっている。そこには弁解も誇張もない。事実を誤らせる事後の判断や意見もない。現場にあったもののみが書き得る赤裸々な記録は、いわば唯一の、稀有な戦史ともなっている。

宇垣中将は日誌のペンをとるに際して記した。

「公務上のことも、所見・感想・言動等、個人的のことも、一切構わず、その日その日にまかせて書き綴ることは、将来なにがしかのために必要と考えるのである。

したがって本日誌はこれを戦の屑籠、いや「戦藻録」と命名するのが適当であろう」と。

この一冊が残されただけに、「将来なにがしかのため」どころか、日本人は太平洋戦争を研究するための無上の宝を手にすることができたのである。戦の屑籠どころの話ではない。

「『三時十九分（ト）連送です』

と報告す。すなわちハワイに近迫せる機動部隊の第一回攻撃部隊の飛行機約二〇〇機が、真珠湾に対し突撃を下令せるなり。飛行機の電を直了せるところ、鮮かなるものなり」（十六年十二月八日）

こうして勝利をもって幕を切った戦いも、半年とつづかなかった。剛毅をもって鳴る宇垣中将も、さすがにミッドウェー海戦の敗北にはショックを隠せなかったようだ。昭和十七年六月のこと。

「五、六、七日と作戦状況緊迫のため毎日の記事を愛する本戦藻録に記載するを得ず、すでに一週間ないし旬日を経過せる心地する本八日暇を得て筆執ることとせる」

と八日になって敗戦の時を想い起こして、克明に記しはじめた。中将は最後にこう祈っている。

「かくして受難の六月五日は過ぎぬ。大東亜戦争中再び斯かる日を迎えることなかれ。我が生涯における唯一最大の失敗の日たらしむべし」

この祈りも、しかし、空しかったようである。戦いの流れは確実に変わった。ミッドウェー海戦敗北後の日本海軍は、攻勢の主導権を奪われ、もはや積極作戦を再びとることはできなくなり、ひたすら防戦へと回るほかはなくなった。

「昭和十七年も今宵を以て行く。

四月までの第一段作戦の花々しさよ。しかして、六月ミッドウェー作戦以来の不首尾さよ。

ハワイ、フィジー、サモア、ニューカレドニアの攻略もインドの制圧、英東洋艦隊の撃滅も本年の夢と化し、あまつさえポートモレスビーは愚か、ガ島の奪回も不能に陥れり。顧みて万感胸を覆う。敵ある戦の習いとは言え誠に遺憾の次第なり」（十二月三十一日）

こんな風に、詳細な戦略・戦術の記録とともに、その時々の感情の起伏、歓びや哀しみや苦悩を宇垣中将は隠さずに記している。そこには一人の、鉄仮面と渾名されるほど、喜怒哀楽を人に示さない典型的な武人の人間像が描き出されているといっていい。その上に楽しいことは、戦塵の合間に、この硬骨の武将は俳句を詠むのである。

たとえば昭和十九年十月二十七日のレイテ沖海戦後の敗北の象徴ともいえる戦死者の水葬を大和艦上で行った後の感慨を句に托している。それは季語などに拘泥しない宇垣流の句といっていい独特の句といえるものだが。

水葬のつゞく潮路や戦あと
夜波白く水漬く屍を包みけり

戦争は大日本帝国にとって最終場面に追いこまれていく。原子爆弾、ソ連の参戦と、日本軍は最悪の事態を迎えた。しかし、宇垣中将は屈しない。

「矢弾つき果て戦力組織的の抗戦を不可能とするに至るも、なお天皇を擁して一応ゲリラ戦を強行し決して降服に出づべからず」

と昭和二十年八月十一日に記したが、同じ日、中将はみずからの覚悟を決めた。

「かねて期したる武人、いや武将、いや最高指揮官の死処も大和民族将来のため深刻に考究するところなくんばあらず」

将来のためを思って日誌を克明に記しはじめた宇垣中将は、同じように大和民族将来のために、おのれの死処をここに決したのである。すなわち指導者たるものは死をもって責任をとる民族精神というものを、である。とみれば、この『戦藻録』とは、開戦のときすでに敗北そして死を覚悟した中将の、日本人に残す遺書でもあったのであろう。

戦藻録

［新漢字・新かな版］上

目次

宇垣纏《まとめ》

解説

戸高一成

今回、太平洋戦争の開戦時の連合艦隊参謀長、終戦時の第五航空艦隊司令長官として、終始海軍作戦の中心の一人であった宇垣纏の戦時日記「戦藻録」が、新漢字新かな使いによって再刊されたことは、太平洋戦争に於ける最も重要な文献の一つが、非常に読みやすい形で多くの研究者の手に渡るものであり、今後の戦史研究に大きく寄与するものであると思う。

宇垣纏は、岡山県出身、明治45年に海軍兵学校40期生として卒業した。同期には、開戦時の軍令部一部長福留繁、第二航空戦隊司令官としてミッドウェー海戦で戦死した山口多聞、第一航空艦隊長官として特攻作戦を指揮した大西瀧治郎などがいる。太平洋戦争に於いて、艦隊長官、参謀長などの重責を負った世代である。宇垣は砲術学校高等科学生を経て、戦艦金剛副砲長、巡洋艦大井砲術長などを務めた砲術専門家であったが、昭和5年、第五戦隊参謀勤務以来、昭和12年から13年にかけて、戦艦日向の艦長を務めるなどしたほかは、ほとんどの経歴を参謀などで過ごした。若い時から自身の能力に対して非常に自信家であり、やや傲慢で協調性に欠けるような側面もあったという。

宇垣が昭和16年8月、連合艦隊参謀長になったのには軍令部の意向があったと思われる。当時連合艦隊長官の山本五十六は、反軍令部的な意識を持っており、軍令部の意見に反対することが多かった。このため、軍令部としては連合艦隊に軍令部の意向を十分に反映させるために、16年春まで軍令部一部長、つまり軍令部作戦部長であった宇垣を連合艦隊参謀長に座らせ、いわば山本長官のお目付け役にしようと考えたと思われるのである。山本長官は、当初この人事には難色を示していたが、結局受け入れることになった。軍令部は、これ以前にも昭和14年暮れに、軍令部の考えに近い富岡定俊を連合艦隊の先任参謀にする予定で調整し、内示していたが、富岡の糖尿病が悪化して、艦隊勤務困難とされ実現しなかったことがある。これも連合艦隊内に、軍令部の意向を反映させようとした考えに基づくものと思われる。ちなみに、この時急遽連合艦隊の先任参謀となったのが黒島亀人なのである。日米衝突の危機が高まった昭和16年8月に、宇垣を連合艦隊参謀長としたのは、軍令部としてはどうしても必要なことだったのであろう。

ただ、結果として、作戦指導に関して宇垣が軍令部の意向を十分に反映させることが出来たかどうかと言えば、あまり有効であったとは言い難い。連合艦隊における宇垣は、山本長官とは反りが合わず、良好な関係とは言い難かったので、山本長官と十分なコミュニケーションがなかったからである。他の参謀ともなかなか打ち解けず、司令部内では、良く言えば超然としていたようである。真珠湾作戦やミッドウェー作戦に反対の立場であった軍令部の意向を、宇垣が積極的に山本長官に訴えた様子は無かった。

一方、開戦前後からの宇垣は、作戦指導には自信を持っていて、強引な指導もあった。特にミッドウェー作戦の最終的な打ち合わせが行われた昭和17年5月初頭の図演では、図上演習規定を無視して自分の思いのままの指導をしていた。この図演の統監部員を務めていた第四航空戦隊参謀の奥宮正武は、演習中、南雲部隊の空母が米軍の反撃で爆弾の命中9発を受けたことを宣言したところ、直ちに宇垣が「ただ今の命中弾は3分の1の3発とする」、と命じた。奥宮は、宇垣参謀長は希望と現実を混同する人と思った。と述べている。他の参謀の目にもこのルール無視の姿勢は快く思われなかった。

少し後の話になるが、第四艦隊参謀であった土肥一夫が昭和17年7月のミッドウェー海戦後、連合艦隊参謀として着任した時の様子を筆者が聞いた時の話では、「呉に着いた時、丁度参謀全員で呉軍港の料亭で宴会が行われていた。まず山本長官に着任の挨拶をしたが、次に参謀長に挨拶しようとしたが見当たらない。近くの参謀に参謀長は何処ですか、と聞くと、他の部屋で飲んでいるというので、教えられた部屋に行くと、宇垣は一人で、呉の名物の鯛の骨蒸《こつむし》を突つきながら酒を飲んでいたので、着任の挨拶をすると、連合艦隊の参謀勤務について、いくつか注意を与えてくれたが、一人で飲んでいる姿を見て、宇垣さんはこういう人か、と思った」とのことであった。しかし、土肥によれば、「宇垣さんはやはり有能な人で、特に文章にはうるさかった。大和や、後に武蔵の参謀長室へ電報の起案文などを持ってゆくと、たいていの場合さらさらと数か所手を加えて文章を直す、これがなかなか要領を得て名文なんだ」、と話していた。このように文章に拘る宇垣が、連合艦隊司令部の中で、日々克明に書き続けていたのが「戦藻録」なのである。

「戦藻録」は開戦直前から終戦の日まで書き綴られている。開戦から暫くは毛筆で書かれているが、途中からペン書きが混在している。いずれも天地27センチの海軍罫紙に書かれ、下記のような分冊となっている。

その内容は、

其の一　昭和16年12月7日から16年12月31日

其の二　昭和17年1月1日から17年5月16日

其の三　昭和17年5月17日から8月16日
其の四　昭和17年8月17日から10月31日
其の五　昭和17年11月1日から12月31日
其の六　昭和18年1月1日から4月2日
其の七　昭和18年4月3日から5月22日
其の八　昭和18年5月23日から昭和19年2月21日
其の九　昭和19年2月22日から5月10日
其の十　昭和19年5月11日から7月31日
其の十一　昭和19年8月1日から11月14日
其の十二　昭和19年11月15日から昭和20年2月9日
其の十三　昭和20年2月10日か5月31日
其の十四　昭和20年6月1日から8月15日

この14冊である。ちなみに、其の六は紛失のため、其の八は、戦傷療養の期間なので収録はしていない。

終戦の日、宇垣は終戦の玉音放送後、彗星艦爆11機を率いて沖縄へ向かい自爆した。多くの特攻隊員を送り出す際、必ず自分も後から征く、と訓示した言葉を守っての出撃であったが、戦い終わった後に部下を率いて出撃したことについては批判も多かった。

「戦藻録」の、其の一から其の十一までは戦時中に宇垣から直接実兄宇垣弘一氏に託されて保存されていた。其の十二から最後の其の十四までは、終戦時において第五航空艦隊の司令部が置かれた大分基地に残されていたが、宇垣の遺志に従って、戦後まもなく宇垣の副官であった、三邊正雄主計大尉によって、宇垣弘一氏に届けられていた。

昭和20年11月30日、海軍省は廃止されて、第二復員省に改組された。第二復員省では軍令部で起案された大東亜戦争海軍戦史の編纂企画を継承するために、史実調査部で戦史編纂を行うことになったが、終戦時の混乱と資料の大量焼却によって、作業は困難を極めていた。この時、連合艦隊司令部の動向を始め、戦争末期の航空作戦の中心にいた宇垣の日記は重要資料とされていたために、史実調査部で借用することとなった。昭和21年に入って、部員の奥宮正武が東京から岡山に行き、宇垣の実兄弘一氏より「戦藻録」全巻を借用して帰京した。しかし、まもなく黒島亀人によって其の六が紛失してしまうという事件を起こしてしまった。後に富岡定俊が中心となって、史実調査部が民間財団として独立した、財団法人史料調査会（当初は、財団法人文化復興史料調査会）では、「戦藻録」を資料として保存するために写本の作成を開始し、小部数和文タイプで写本が作成された。写本は原本と同じ分冊で、其の一から其の四までは作成が確認されているが以後は中断されている。この史料調査会での「戦藻録」の

「戦藻録」の肉筆原稿。其の一と其の十四

写本作成が中断したのは、写本作成途中、其の六が、黒島亀人によって借り出され紛失したことと、写本作業途中で、単行本として公刊されることが決まったことにより、写本を製作する必要が無くなったためであろう。

その後、「戦藻録」は、昭和27年に上巻、翌28年に下巻の二巻本として、日本出版協同株式会社より公刊された。この際の編纂者は、大本営報道部長を務めていた小川貫璽と、終戦時第五航空艦隊参謀長として宇垣の最後を見送った横井俊之である。

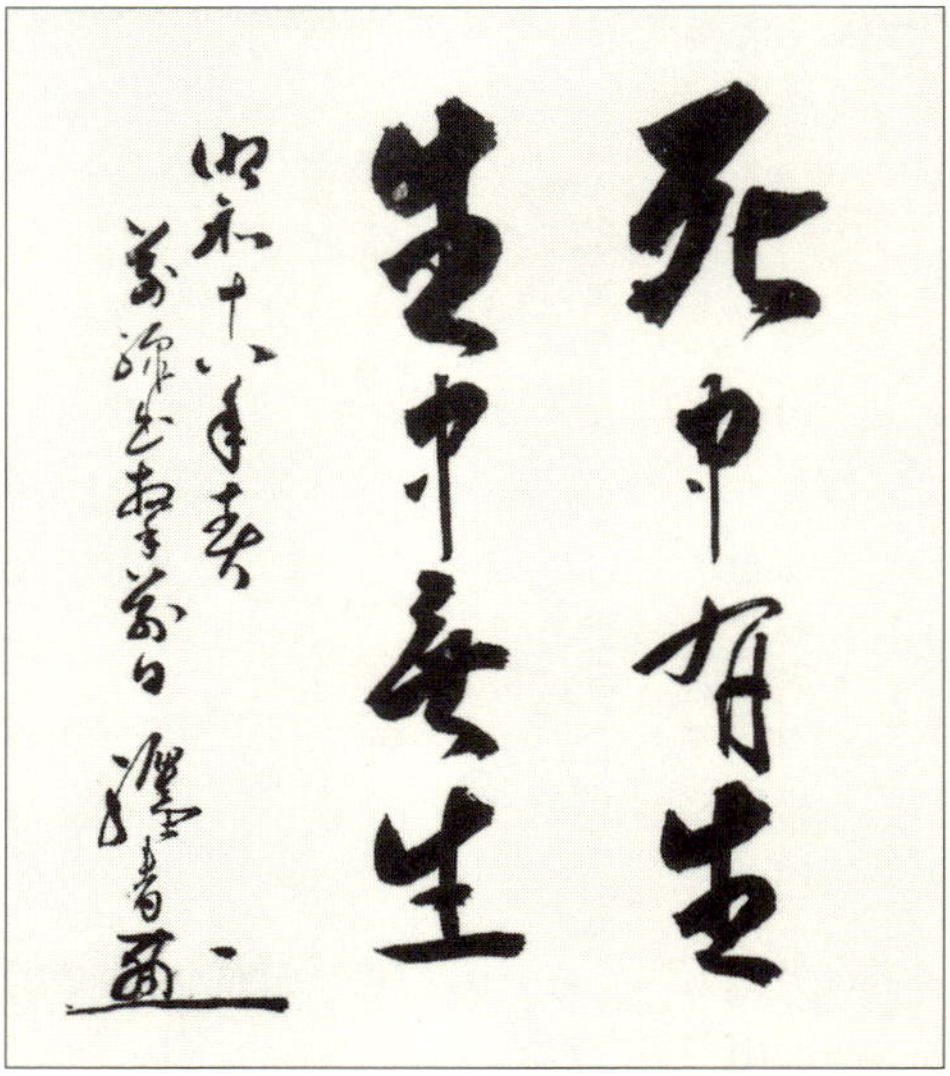

宇垣の書「死中有生　生中無生」（昭和18年春）

後に、宇垣と海兵同期の寺岡謹平の前書きによって、昭和43年に原書房から一巻本として再刊された。これには、新たに開戦直前の50日分が加えられた。

さて、宇垣の「戦藻録」が世に出るまでの概要を記したが、「戦藻録」は大きな問題を一つ残している。既述のように其の六、すなわち昭和18年1月1日から4月2日までの一冊が欠けているのである。筆者は以前、この期間の「戦藻録」の内容について、史実調査部員として直接「戦藻録」を借用した、奥宮氏に、黒島が紛失した其の六は読みましたか、と聞いたところ、奥宮氏は、「読んだ」、と言うので、どのような内容でしたか、と聞いたところ「大した記事は無かったな」、との答えだった。しかし、実のところこの一冊はソロモン航空戦から山本長官戦死の直前を含む時期であり、極めて重要な時期である。この紛失事件は、当時史実調査部では大きな問題となったが、結局借用した黒島亀人の「電車の中で紛失した」、という一言で処理されている。「戦藻録」を借用した責任者は史実調査部長であった富岡定俊で、富岡は昭和24年4月29日付の詫び状を添えて、宇垣家代理を務めていた小川貫爾氏に13冊を二回に分けて返却を行ったが、其の六は、遂に写本も作られることなく消え去ったのである。

この「戦藻録」の紛失に関しては、当時から黒島が意図的に隠滅を図ったとの見方があり、海軍関係者の怒りをかっていた。この黒島の「戦藻録」の紛失事件に関しては、史実調査部員であった千早正隆が、長く調査をしていたが、最終的に、黒島の意図的な資料破棄と結論していた。筆者は千早氏からたびたびこの話を聞いたが、戦後40年を経た時点においても、歴史的資料を個人の感情で破棄したことに関して千早氏は深い怒りを持っていた。この件に関しては、千早氏が、平成2年1月に行われた『海軍反省会』11巻（２０１８年、ＰＨＰ研究所）に収録された第１２０回で述べているので、ここにその一部を再録する。

「戦藻録」の消えた一節と黒島亀人

もう一つ、これが私が今から申し上げることなんですが、そのＧＨＱに行って真珠湾をやりましたときに、私は史実調査部で宇垣（纒・兵40）日記を見た覚えがありましたので、宇垣（纒・兵40）日記の中の戦前の分、第一巻であります。それから、真珠湾作戦、ミッドウェー作戦を私が英訳いたしました。これを見たプランゲは非常に歴史家らしくて、その「戦藻録」の歴史的価値を認めまして、「戦藻録」の外国語出版権をすぐ取得いたしました。そして、彼が帰国したあとで、昭和二十七年に出版協同社から「戦藻録」〈前篇・後篇〉（一九五二年、日本出版協同）が上下二巻として出版されました。そのときに第一巻にあたる昭和十六年十月十六日から同十二月六日分までが脱落しておりました。驚いた私は編者でありました小川貫璽《かんじ》（兵43）少将に尋ねましたところ、史実調査部から返還されたときにはなかったと、戦前の分があったとは初めて知ったということであります。それから間もなく自衛隊ができまして、戦史部ができました。そのときに私は、同部に戦前のところがあるかということを照会しましたところが、そういうものはないということなので、私の英文訳のコピーを差し上げまして、それがその後、十年以上、宇垣（纒・兵40）日記のその期間の唯一の文献となりました。

それから、だいぶ経って原書房が明治百年の記念事業として色々やったときに、昭和四十三年に「戦藻録」〈明治百年史叢書〉（一九六八年、原書房）を出しました。これを見ますと、先ほど申し上げた第一巻の分が入っておりました。編者の話では、発行よりも数年以前に、その部分が宇垣（纒・兵40）さんの遺族に返還されたので、これを収録したと書いてありました。そして、だいぶ時間が経って、プランゲの本を色々翻訳出版して、一番最後に残ったのは、宇垣（纒・兵40）さんの「戦藻録」でありました。この「戦藻録」をアメリカで出版するということになりまして、二年半ばかり前からそれに対する準備作業を始めました。その作業というのは、私が訳した英文と原本とをもう一度、照合すること。プランゲの弟子が私の訳文をブラッシュアップしてコメントをつけて本の体裁にすること、それを私が再点検すること、さらにこれを売り込むという作業になります。

そこで、私は、照合する原本としては、先ほど申し上げました、昭和四十三年に原書房から出された「戦藻録」によりました。この原本と私の全訳したものをずっと、これはよくずいぶんかかりましたが、戦前の部にあたる第一巻の中に、一カ所、抹消されたところがあることを発見しました。それは昭和十六年十月二十二日の記入の中であります。十月二十二日は真珠湾作戦を実施することについて、軍令部との最終交渉で黒島（亀人《かめと》・兵44）先任参謀が、この作戦が認められない場合は（山本）長官は辞職する覚悟である、との爆弾宣言をして、それを認めさせて帰った日であります。記事は、夕刻先任参謀が帰ってきた。あの作戦を艦隊の希望通り協定し得たことは大出来であった。これがうまくいかなかったら、長官は進退を賭する腹であったらしい。

問題は削除になっているそれに続くパラグラフであります。どういうことが書いてありますかということを言いますと、南雲（忠一・兵36、第一航空艦隊）長官と草鹿《くさか》（龍之介・兵41）参謀長を更迭し、長官後任を小澤（治三郎・兵37）とすることを長官に進言し、長官は同意された、という一項目であります。この箇所が抹消されているということは、私がその「戦藻録」を借りて英訳し、返却した後に、誰かが、一人か二人か分かりませんが、それを借り出し、その人がその箇所を抹消したとしか考えられません。

さらに、「戦藻録」の第六巻、これは昭和十八年一月一日から四月二日にいたる期間であります。これは出版協同社から出版されたときも、その後も同じでありますが、紛失したと編者はしております。その説明には、元連合艦隊先任参謀、黒島亀人（兵44）少将が、極東軍事裁判証人として出廷の際、遺族より借り受け持参するが、省線電車にて紛失せりとなっております。私はかねてからこの説明を非常に疑問に思っておりました。先ほど申し上げた第一巻にあたる抹消部分を発見しまして、さらにこのことを調べました。東京裁判に日参して、東京裁判を書きました富士信夫（兵65）君、彼にその調査を依頼しましたところ、黒島（亀人・兵44）が東京裁判に証人として出廷した事実がないことが判明しました。

また同じ頃に、丸の内で開かれました豊田副武《そえむ》（兵33）大将に対するB級裁判にも出廷しておりません。また、黒島（亀人・兵44）はその当時に軍令部第二部長時代から間借りしておりました永田町の、ある邸宅に戦後も引き続いて住んでおりましたから、私自身が確認しておりますが、永田町から市ヶ谷に行くとしても、省線電車に乗る必要はなかったはずであります。そればかりでなく、黒島（亀人・兵44）は戦後に軍令部の重要資料の一部を、もう亡くなられました土肥一夫（兵54）さんから借り受け、これも同じく紛失したと言っております。また、彼は連合艦隊通信参謀であった私のクラスの市来崎秀丸（兵58）から、連合艦隊電令冊綴を借り受け、これは焼却したと言っております。このように紛失あるいは焼却したことが三件も重なりますと、黒島（亀人・兵44）が「戦藻録」の第六巻を紛失したというのは過失ではなかったと、何かの故意であったという疑問が湧いてきます。

この謎解きのヒントは、「戦藻録」の中に見ることができます。それは昭和十七年の十一月十二日の夜中に、ガダルカナル島の敵飛行場砲撃に突入した第一一戦隊旗艦の比叡《ひえい》らが待ち伏せされ、敵の艦隊と大激戦を演じた第三次ソロモン海戦です。比叡が被弾のため航行不能となり、同艦をどう処分するかを連合艦隊司令部で協議したことに見出されるように思います。同艦は夜が明けても動くことができず、夕刻になるまで敵機に叩きのめされました。護衛にあたっていた二隻の駆逐艦も燃料が少なくなり、夜間に敵の艦隊が侵入してくれば比叡を捕獲される恐れさえ生じました。第一一戦隊司令官はこの状況を報告して、同艦の処分を求めました。しかし、大和《やまと》からの電令は、処分するな、の冷たい一句だけでありました。問題はその後の大和における比叡の処分についての論争であります。「戦藻録」は（十一月十三日）、次のように述べております。途中、略することがあります。「長官来室ありて、いかにも明日の撮影により、宣伝の国、アメリカに利用されること心苦しい。処分するなの電をサインしたるもいかがかと思う、とその心中を述べられる。無理なきこと、恥の上塗りは考えものとして、処分することに改めたり。しかるに先任参謀来《きた》りて先電の通り願いたしという。その理由は輸送船団に対する攻撃をこれ（比叡）に吸収する利益あり。浮いている以上は一寸たりとも動かぬ理由なし。中略、色々三者話し合いたるが、長官は自己の意見を翻して、そのままと決定せらると。中略、中将たる司令官の意思を汲み、長官の責任において、その責めを引き受ける心情、及び敵手に任せて機密暴露の恐れを来たすことなからんことの用心あることなり。先の見えざる主張は理屈に偏して、これら機微の点を解しえざるものあるのみ」。これを読みますと、宇垣（纒・兵40）参謀長の憤懣やるかたない思いが言外にあふれております。（後略）

長くなったが、「戦藻録」の紛失経緯と、紛失部分にどのような内容が有ったのかを窺い知る手掛かりとなる箇所である。

終戦から74年、太平洋戦争に於いて指導的立場にあった人物は全てこの世を去った。必然として太平洋戦争の歴史は、記憶から記録に移ろうとしている。歴史は人間が作るものであることを思えば、宇垣と言う人間を知ることが、部分的とは言え太平洋戦争を理解するために大きな要素であることが分かる。この意味において、宇垣の「戦藻録」が、多くの人にとって読みやすい形で公刊されることには大きな意義が有ると思われる。

大東亜戦争・太平洋西部作戦主要地域

宇垣纏 略歴

明治23年2月　岡山県赤磐郡潟瀬村大字大内五一五　宇垣善蔵の次男として出生
42年3月　岡山県立第一中学校卒
42年9月　海軍兵学校生徒
大正2年12月　海軍少尉
11年6月　海軍大学校甲種学生（大尉）
昭和3年11月　ドイツ駐在（海軍少佐）
6年12月　第二艦隊参謀
7年11月　海軍大学校教官兼陸軍大学校教官（海軍中佐）
10年10月　連合艦隊参謀兼第一艦隊参謀
11年12月　八雲艦長
12年12月　日向艦長
13年11月　海軍少将
13年12月　軍令部第一部長
16年2月　第八戦隊司令官
16年8月　連合艦隊参謀長
17年11月　海軍中将
18年4月　戦傷、軍令部出仕
19年2月　第一戦隊司令官
19年11月　軍令部出仕
20年2月　第五航空艦隊司令長官
20年8月15日　戦死

※本書表記については、基本的に原文に忠実に活字化された左記テキストを重視した上で、読みやすくするために改行を加え、旧漢字・旧仮名を現代表記に変え、また部分的に旧仮名遣いを現代仮名遣いにした。

※本書制作のテキストとして、『戦藻録』〈前篇・後篇〉（日本出版協同、昭和二十七年十一月刊）および『戦藻録』（原書房、一九九六年六月刊）を参考にした。

はしがき

支那事変はすでに丸四年を過ぎた今日、真実の目的達成には、まだまだ前途遼遠である。ここ一、二年の変局、殊に第二次欧州戦争の勃発と、帝国の枢軸同盟から、支那事変は名実ともに国際的となり、世界的となり、欧州戦争と切り離し得ないものとなった。

この事変を始めた責任者たちは、果たして今日の事態となることを夢想しただろうか。人間の智慧もあまり誉められたものではない。そうかと言って、余輩もまた過去二年有半、軍令部第一部長の要職を汚し、事変の解決に最善の努力はしたが、果たし得なかった。それに、不本意ながら、昨年九月の日独伊三国同盟に、承諾を与えた責任者ではある。

今まであのような席に出席を控えていた自分も、ベルリンにおける調印を聞いて後、挙げる外務大臣邸における祝杯の席には、珍しく顔を出した。その前に部下の大野大佐や、中澤大佐に言ったことは、「今日行くことにした。それは帝国にとり、将来祝杯となるか、苦杯となるか、分からぬが、自分は、軍令部の当事者として、責任を明にする上から行くのだ」であった。

爾来一年、対米関係はいよいよ険悪になってきた。その遠因は、支那事変、三国同盟であり、昨年の北部仏印進駐であり、近因は、本年中頃の仏印南部進駐でしかない。後者もまた、昨年の御前会議で決定を強行誘引した一人である。

考え来ると、人を責める前にまず自分を責むることのみである。三国同盟の問題は、日米関係を今日に至らしむることだけは予想していた。

したがって、海軍省軍令部の連絡打ち合わせにおいて、二度とも反対したのは、自分一人であった。軍務局長も大臣も賛成である。次長に至りては、何ら発言しない。豊田次官は、慎重を期していた。

大臣は、「もう大体やることにしてはどうかね」と極めてあっさり砕けて、腹の中を出した。そこで、「おやりになるならやむを得ずとも、米参戦の場合、帝国が自主的に行動することは絶対必要である」と答えた。そして、やると決まると、条約締結を俟たずして、軍令部は対米出師準備の発動を決し、条約に関する御前会議の際にも、海軍戦備の緊急的なるを高唱するよう取り計らった。大臣も、この点はずいぶん骨を折り、どうやら諸準備は進んだのである。物資不足で、まったく行きづまっていた海軍の戦備は、幸か不幸か、これを機に進ませ得たので、条約締結の裏面の目的は、海軍としては、いや自分の願った点は、達したのである。

同時に対ソの問題である。昭和十五年の前半期苦労した日独同盟は、防共協定の延長として対露を目的としていた。日ソ結ぶべしとの考えは、自分にはあった。持ち出してみたが容れられぬ。陸軍を相手に、ずいぶん不愉快な「ロストワーク」をやったものだ。

ついに平沼の複雑怪奇でキリがついた。昨年のものは、米（英）を主とするもの、これなら帝国の目標とも合致するし、独ソはすでに不侵略条約を結んでいるし、日ソの関係は充分調停するという、「スターマー」の言を信頼して、日ソ提携を一つの大なる目標とした。

それは米英蘭支を相手とする上に、露まで加わっては帝国としては如何ともならぬ。その最悪の事態を避けんとて、好きでもないソと提携する急を説いたのだ。

問題だった松岡の渡欧も本年三月に実現した。四月始めには日ソ国交調整条約も成立した。やれやれと思ったちょうど四月十日付で、第八戦隊司令官に補せられて軍令部を去った。

しかるに六月二十二日には、ドイツはロシアに開戦してしまった。何という皮肉だろう。ヒットラーに世界は翻弄されているようなものだ。

狼来れり、狼来れり、と何年非常時を呼号し、国家・国民・軍隊の士気を維持し、強敵に備えるの、構えと覚悟を、強調し来たか。世の中には、またかと見る向きも少なからずと思わるるも、狼、しかも巨大なる数頭はすでに我らの周辺を回りつつある。

野村・ハル会談はすでに本年三、四月頃より始まれり。たまたま南部仏印進駐より俄然米の態度強化し、油は資金凍結の一令によりてまったく来たるべき道を絶たれた。通商は杜絶した。

これではならずと、近衛も踏み出して米大統領にメッセージを送り、国交調整の太平洋会談を提唱した。

それからすでに五十日、紆余曲折はあり、あの遷延策もあったが、十月二日に回答が来たではないか。内容はもちろん悲観的であって、相変わらず支那よりの撤兵要求、支那を含む西太平洋における帝国の優位を認めざるが最大の難関とするところである。

論議無用の論、陸軍にあり、今一度交渉すべしと政府及び海軍の主張なるがごとし。交渉継続は御前会議にて決定せる最小限度の我が要求を緩和してこそ始めて可能となる。雨か嵐か、ついに吾人の予期せる最後の事態に行きつつあり。

この戦こそ前代未聞にして、皇国真に安危の岐《わか》るるところ、聖上陛下の御軫念《しんねん》拝察するだに恐懼《きょうく》の限りなり。

「廟義一度決せば我が連合艦隊は直ちに任に赴き、寡を以て衆敵を破り、皇国をして泰山の安きに置かざるべからず」、その任や尋常一様にあらず。

戦勝の途、もとより容易ならずといえども、我においてまず必勝の実力と、俟つある備えを具有し、深謀近慮、画策を密にし、将兵、一心貫くに誠忠の一念を以て、勇躍果断事に従えば、何事か成らざるもののあらんや。（これは過般長官訓示を自ら起案挿入したる一項なり）

戦争となるにはなるだけの原因があるにしても、いざやると決まるまでには相当な過程がいる。臥《が》薪嘗胆《しんしょうたん》、十年剣を磨いた日露の役も、やはり喧々囂々《けんけんごうごう》の論を繰り返して、明治三十六年六月に開戦避け難しとしている。

そして実際の開戦は翌年二月であることを思えば、兵者国之大事たるを免れない。殊に今度などは、日露役と違い、米国と戦はない、事を構えない方針、ばかりで大方針は来ているのだ。

これを戦に持っていくのは容易ではない。自然そこには行き着くに要する段階があると思う。その過程が今や明に現れてきた。この辺から筆を執っておかないと、辻褄が合うまい。

もちろん中央を離れての海上勤務なれば、枢要の機務は分からぬが、ここに至らしめた責任の多い過去といい、帝国の安危を担当する連合艦隊の参謀長としての現在といい、公文とならぬ公務上のことも、所見・感想・言動等、個人的のことも、一切構わず、その日その日にまかせて書き綴ることは、将来なにがしかのために必要と考えるのである。

したがって本日誌はこれを戦の屑籠、いや「戦藻録」と命名するのが適当であろう。

海軍慣用略語及び符号表

F 艦隊　　S 戦隊　　g 小隊

［使用例］

1F 第一艦隊　　1S 第一戦隊　　dg 駆逐隊
CSF 支那方面艦隊　　Ss 潜水戦隊　　sg 潜水隊
KF 南遣艦隊　　Sd 水雷戦隊　　fg 飛行隊
AF 航空艦隊　　Sf 航空戦隊　　wg 掃海隊
KB 機動部隊　　Bs 防備戦隊（根拠地隊）

B 戦艦　　C 巡洋艦　　d 駆逐艦　　S 潜水艦　　f 飛行機　　w 掃海艇

CA 甲巡
Cl 軽巡

fc 戦闘機
fb 爆撃機
fo 攻撃機
fr 偵察機
fd 飛行艇
fsr 水上偵察機

T 輸送船　　Ch 駆潜艇

Tg 輸送戦隊

 艦艇　　 航空母艦　　 潜水艦　　 飛行機　　 飛行場　　 港湾　　 旗艦

昭和十六年十月

十月十六日　〔晴れ〕　室積沖　長門

一艦隊と一戦隊のほかは、十四日以来それぞれ訓練地に向かって出港し、さすがに室積沖も至極寂寥の感を催す。しかし第二特別訓練として、敵側の飛行機や潜水艦は泊地の巨艦を襲って日も夜も戦の稽古に遠慮はない。

一八三〇のラジオは、突如として第三次近衛内閣の総辞職を放送した。その投げ出しの理由は、重要国策の方途に関し、意見の一致を見ずと言うにある。

それは、もちろん対米問題であり、去る二日の米の回答に因ることは疑いのないところで、近衛にしては少しゆっくりしすぎているようにも感ぜられる。国交調整のためには譲歩せざるべからず、その譲歩は御前会議の最小限度を越えねばならぬ。

斯くすることは、四年有半かかって一五万の生霊と、百数十億の戦費を費やした事変そのものの成果を皆無ならしめ、東亜共栄圏の確立等は昔の夢とあきらめねばならぬ。

発端より責任を有する近衛としては、到底忍びざるところであろう。しからば開戦の途に出るか、これもよほどの思い切りを要し、政府部内においても相当の反対者があろう。

ここにおいて行きづまったと言うべく、投げ出しよりほかに方法はあり得ない。近衛をおいて今の政界に首相たり得る者はないのだろうか。無きにしもあらずだが、これと思う者は国内のどこかで故障を申し込むのを常とする。

またここまで陥った揚げ句では、誰人も後継者たることを喜ばないだろう。近衛はお殿様であり、長袖者流である。自分がいやになればいつでも放り出す。今回もまた然りであろう。

昨年の議会ではずいぶん気休め的な覚悟を述べ立てたが、彼は真実に国家を思い、滅私奉公の志が腹にできているのかどうか、疑問視せざるを得ない。

やはり今日の危機は長袖者流には無理だろう。もし近衛が、内閣中の軟派を清掃する目的を以て改造を予期するならむしろ見上げたものだが、この責任はよう引き受けないのではないか。

「しからば誰が後を継ぐ」？　陸軍か海軍か、そしてそれで戦に立ち向かうか、あるいはもう一度政変後となるか、いずれにせよぐずぐずはできぬ。

内閣ができてもその大方針決定までには日時がかかる。その間に彼らの戦備はどしどし進むに反して、我が油は手持ちを喰ってじり貧となる。

一日の遅延は一日の大不利である。やむを得ざれば、一足飛びに軍政を布くべしとの結論に達する。

十月十七日　〔晴〕　出動訓練

小祝島に対して、大物と小物の榴弾を打ち放した。やはり本物は争われぬ威力を発揮する。これを連続打ち出して敵に当たるのもそう遠い日であるまい。

本日の射撃は、その点において大いに意義があるのだ。周防灘も広くはないが、単隊の訓練には事欠かぬ。開戦後は、一層巨艦にとりてはおなじみの庭となろう。

神嘗祭のことは、参謀全部がすまぬことだが忘却していたそうだ。余輩の注意によりて前日に信号して、八時五分に繰り上げ施行を命じたが、我らは戦闘配備で服装そのまま、東天を拝した。不本意ながら今の時局ではやむを得ないのだ。

ラジオを書き取れと参謀に命じた。午前は宮中において、例の前首相の経歴者たる重臣会議があった。夜十時のラジオは、陸軍中将東條英機に大命降下、組閣本部を陸軍大臣官邸として、すでに数名の来訪者まで報じた。

東條が首相にの感はあるが、彼も相当の英器である、やるだろう。人物難で、あれやこれやと言わず、むしろ事態をよく了解し、かつ開戦一点張りの陸軍畑からその大臣を首相に鞍替えさす。開戦を非とするなら陸軍を押さえる手にはなろう。

開戦と進むなら、押し切れる機材ではあろう。軍政でなければ彼も米内海軍大将と同様現役を退くだろうか。大将になるかどうか、あるいは現役のままとする特例が起きるのではなかろうか。

及川海軍大臣も、宮中に召されて優渥なる御諚があったということだが、はて何だろう。陸軍中将の首相内閣に対して海軍は全力を挙げて協力すべきであろうか。及川大将はそれにしても在任しまいと見る。

しからば、誰が海軍大臣に据わってこの時局に処する？　寂寥の感なき能わずだ。

しかし今の時世は、従前の政党内閣のときよりはるかにやりよい。誰でもよかろう。国務大臣としてはっきりした意見を述べ、かつ海軍の当面せる状態をよく知っている人なら。

俺の親爺も、この際横須賀あたりの長官なら、直ぐ引っ張られるところだが、何しろ戦を前にした連合艦隊ではちょっととれまい。とれるなら、もっと早い時機に横須賀あたりへおさまっているはずだ。

そうだとすると、嶋田か、豊田副武か、前者は支那から帰ったばかりであり、これから先の連合艦隊長官だし、後者は陸軍これを喜ばない理由があり、何となく物足りない。さてどうしたことやら。

人物の養成ということは、実際一朝一夕にできぬ大切な国家的事業だ。（宇垣）一成大将の、不断の勉強努力と着眼の非凡なるには、ここに至りて敬意を表せざるを得ぬ。人はそれを野心だと言うけれども。

十月十八日　〔雨後曇〕

靖国神社臨時大祭にて、一万五〇一三柱の英霊を合祀し、聖上陛下親しく御神拝あらせらる。これらの英霊は、余輩軍令部一部長当時の殉国の士であろう。誠にもったいなく、雨中東天を拝して感謝の念に堪えぬ。

我もまたいずれの日か斯かる光栄に浴するを得ば、以て奉公の一端を尽くしたるものと言うべきである。

それまでに、この目前の畢生《ひっせい》の活仕事を成し遂げねば相済まぬ。我が身一つの犠牲なら安いが、……国家の安危はそれでは救い得ぬ。ただ志においては万人同一と言い得るが。

ラジオは伝える、東條中将の組閣状況を。集まる人士、呼ばれる人名、またありふれたりと見るほかなし。これではやはり大したことなき中間内閣にすぎぬか。嶋田の名現る。午前中に組閣を完了し、午後親任式の段取りであるという。

第二特別訓練も本日午前終了したし、ちょっと息抜きに長官、幕僚一緒に室積に上陸、観光ホテルに入った。

この地はちょっとよい小港で、風光もよし、女子師範の学校などもあり、高杉晋作の兵隊訓練の史実もあるという。妹尾光工廠長ご自慢のホテル、田舎としては上出来のほうなり。魚は新しく、ご馳走は豊富なるも、二、三人顔を出せる女人は話にならぬ。

何でも河豚《ふぐ》がこの内のご自慢と聞いたが、膳には上らなかったから批評の限りではない。本朝作戦打ち合わせのため、首席参謀を東京へやった。

十月十九日〔快晴〕

朝の三時まで飲んだということだ。相手次第ではいまだ元気は衰えぬ。九時に起きた。希望の鯛釣りは不猟であり、雑魚も受け合わぬとのことで、断念して朝から麦酒を飲み、十一時から一同徒歩で光工廠東栈橋まで来て、帰艦したのは二時過ぎであった。よい気晴らしとなった。まったくの秋晴れであった。

内閣の顔触れ

首・内・陸：東條英機、外・拓：東郷茂徳、大：賀屋興宣、海：嶋田繁太郎、司（再）：岩村通世、文（再）：橋田邦彦、農（再）：井野碩哉、商：岸信介、逓・鉄：寺島健、厚：小泉親彦、企：鈴木貞一

何らの新味もない。大体斯なものだろうか。それ以上望むのが無理なのか。

組閣が二十時間で終わったことはせめて今の時局において結構であった。この内閣で開戦まで漕ぎ着け得るか。然らざれば、海軍大将内閣になろう。

横鎮長官に平田昇中将が親補になった。その後任に小澤中将で、これで南遣艦隊長官—第二艦隊長官との先後任問題も解決した。中原人事局長もその時機を得てほっとしたろう。

十月二十日〔晴〕

佐伯湾回航。暁雲きざさぬ五時出港。昨朝の寝たときと今日の起きたときと同じじゃないか、と長官からひやかされた。

いろいろ訓練を重ねて一時佐伯湾に入港した。

6F、1AF参謀長、宮里大和艦長ら来訪。アモ作戦について、草鹿参謀長の東京打ち合わせの状況話あり。

この前軍令部との打ち合わせにおいて、今日のような彼の意気込みであったら、話は容易にまとまっていたるに、話を元に帰すには厄介なことだ。先任参謀も苦労しておろう。

真の巨艦の航行する姿を、今日始めて見た。さすがだ。大勢力を加えることになって、喜ばしい次第だ。できるだけ早く、その威力を発揮できるように育て上げねばならぬ。

十月二十一日〔晴〕出動

早朝出港。秋晴れのよい天気に潜水艦飛行機の襲撃訓練終えて、第一戦隊の第一類教練作業を実施し、薄暮帰港す。やはり出動訓練は効果も大にして、愉快である。

一艦隊長官の日令により、佐伯湾錨地において、見張訓練の目標艦として潜航中の第五潜水戦隊第三〇潜水隊の伊六六潜水艦は、横合いから入港中の、伊七潜〔第二潜水戦隊〕と衝突せられ、前者は艦橋前方を圧潰、後者はメーンタンクに損傷を蒙れり。何という事故の多きことぞ。

同地に異なる艦隊の部隊あり、その間の連繋の不充分なること、及び実施下令者の警戒に対する統制の不足、に起因するものと認められるが、時局柄、残念のことと言わねばならぬ。

十月二十二日〔今日も秋晴〕

二日ほど来なかった新聞を見たが、大した変化はない。

米国が東條内閣の成立に対し、一時立ち騒いだ気配があったが、冷静に返り、日米会談交渉継続論も、相当抬起しているような記事も散見し得る。

彼としても真面目に考えたら、我らと戦うの愚は充分了解できるはずだと思うが、六十日にして、あるいは九十日にして、日本を参らせ得るなど考える徒輩が多くては、まだまだ話にはなるまい。そう言う奴らに一泡吹かせるのが帝国のためであり、またぐずぐずしないほうが有利でもある。新首相東條大将（大将に総理就任とともになった）といえども、即刻その腹はきまるまいて。辛いところはそれぞれあること、いつのときでも同じである。

無線操縦のグライダーに対する、高角砲の実験射撃をやるという。親から飛び離れた子供は飛ぶことを知らなかった。アップとダウンを繰り返して、遠くのほうで海中に沈没した。

これではいかなる名手といえども、射撃はできぬ。斯なものを実験射撃とはいえ、何が故に艦隊まで持ってくるのか。

吾人の希望するところは、単にそんな馬鹿げたものの見物ではない。少しでも真物に近い訓練をせんがためである。少し人を馬鹿にしている。

夕刻、先任参謀が帰ってきた。アモ作戦を、艦隊の希望通り協定し得たことは大出来であった。これがうまくいかなかったら、長官は進退を賭する腹であったらしい。

三笠宮、高木百合子嬢と御結婚あらせらる。

十月二十三日〔半晴〕

十一時から、昨日のグライダー実験の続きをやった。

今日は飛んだが無線操縦が過ぎて思うようにいかぬ。撃つには打ったが、不羈な運動をする飛行機に対して、当たり前の考えで弾丸を出しては、当たらぬことがよく分かったと言うべきである。

午後は、本年二月から八月頃まで独伊に在りて視察したる入船少将、並び内藤中佐の講話あり。ヒ

（ヒットラー）総統の全般、殊に戦争指導ぶり、ＯＫＷ（ドイツ国防軍総司令部）の作戦計画樹立、さては艦船兵器の進歩など大いに他山の石とするに足る。

空軍の、殊に海上作戦遠距離行動等において、彼の技量はあまり賞められたものではないらしい。それで量において圧倒し、先制的なるにおいて、その威力を発揮しつつある。

さて、毛唐どもに対して、真に優劣を争うのはいつのときであるか。

海軍の航空に関する限り、憂いなしと言えるが、陸軍と、今の民間航空の現情は、誠に心許ない。それに生産能力、搭乗員補充問題等、は心配の種だが、やってみれば案外のものたることも多い。戦争には彼我ともにそういうことは度々だ。ただ我が、敵を下算しすぎたということをなくすることが、肝要である。何でも。大したことはないではないか、というように進みたいものなり。

一昨日の潜水艦触衝事故に対して、一艦隊司令部は案外に考えておらぬ。お前さんが一番の責任者だ、ということを悟らしむるに時間がかかる。

いやしくも、公務上の問題に対しては、もう少し幹部は頭を使うべきではなかろうか、責任ということに対して。しかしながら、この処理について先任参謀の夜言ってきたことは、確かに一面の方法だ。

余輩も始めからもみ消しておきたいと思ったが、長官のお考えもなかなか強硬だし、ここまで来たが、大臣の組織する査問会の件は、具申を考え直す余地は確かに存在する。

これから先、斯な問題はしばしばあろうし、そのたびに右大臣、左大臣と懲戒したのでは立つ瀬はないのみならず、戦に行かんとする全軍の志気をどうするか、確かに考え直す必要がある。

十月二十四日〔晴、とても暑い天気〕

本朝、長官と相談して衝突事件は考え直すことにして、軍務局長に私信的に今後のこともあり当方の考えを書いて、通信参謀の上京の際持たすこととした。

伊六一潜の沈没遭難に対し、余輩は先に現場に行き、視察連絡に当たったが、長官は、別府行きを止めて、現場と佐鎮（佐世保鎮守府）に行くと言われる。誠に有り難い意志である。

この心ありて始めて、部下は上長のために喜んで死ねるのだ。大いに賛成してその手筈をした。

大分訓練も続いた、ちょっと一休みということとなり、幕僚連、一括別府に夕刻着、鳴海で懇親会をやり、それから蔦家に引き揚げてまた飲んだ。

十月二十五日〔半晴、夕刻バラ雨〕

鴨打ちか、鯛釣りかと、一つの目的にしてきたが、親爺は、昨日から飛び出して相手になってくれぬ。

十一時頃の朝食のところへ鳴海から迎えが来る。ミイラにしておいて、昼過ぎに出かけてみた。三々五々、それぞれ好きな道をやっているので安心した。

散歩をかねて、中山旅館に新任の醍醐少将を訪問したところ、山に出かけて不在、高須一艦隊長官の座敷へ入り込んで、四時過ぎに帰ってきた。

彼に会い雑談一時間、小雨の止んだときを見て、娘子に手をひかれ鳴海へ帰ったが、間もなく本陣へ引き揚げた。

夜、玉木、吉村、佐々木などの四五期連が押しかけてきたので、ちょっとにぎやかになった。按摩をとらして寝た。

十月二十六日〔半晴、風強し〕

十一時過ぎ出発、帰途に就く、駅に来てみると、なかなか同遊の士の多きことを認めた。やはり人間の考えることは同じようなところだ。

車中、陸軍将官連が多かった。参謀本部の連中もいた。宮崎で落下傘部隊の演習があるからだそうな。しっかり頼むよ、陸軍さん。

二時頃帰艦、四時、長官、飛行艇にて佐世保から帰艦せらる。大いに満足の気持ちになられた。いわゆるこれで幾分気が済んだというところ、もっともな次第で余輩もまた大いに嬉しい。

十月二十七日〔風やや衰えるも寒い〕

日米国交問題、その後多く聞かざるも、米国内に慎重論相当抬起するようなり。英蘭もまた、東洋に戦端を開くを不得策として、新聞論調においてもの分かりのした話を述べているようである。

本日、米の海軍記念日に際し、大統領、ノックス海軍長官及びスターク作戦部長の、ラジオ放送ありという。東洋問題、太平洋問題に触れる勇気とその準備ありや否や。

さて、彼らのことのみでは不可である。内閣更迭後の連絡会議でも早速開いて、当方の考えをはっきりしておいてもらいたいものだ。

十一月十五日、臨時議会を開催のこととあったが、軍事費や、追加予算の審議のみならず、国民をして充分知らしめ、国家として不退転の決意を固めるべきだ。

東條首相は、やりましょうし、その時期に投じていると見るのである。首相の言のように速やかなる実行は、今の時局に処し万事に必要なことである。

征韓論当時のものか、南洲遺訓一節、左の通り、

「正道を踏み、国を以て斃るる精神無くば、外國交際は全かる可からず。彼の强大に畏縮し、圓滑を主として、曲げて彼の意に順従する時は、輕侮を招き、好親却て破れ、終に彼の制を受くるに至らん。國の凌辱せらるに當りては、假令國を以て斃るる共、正道を踏み、義を盡すは、政府の本務也。然るに、平日、金穀理財の事を議するを聞けば、如何なる英雄豪傑かと見ゆれ共、血の出る事に臨めば、頭を一處に集め、唯目前の偸安を謀るのみ。戰の一字を恐れ、政府の本務を墜しなば、商法支配所と申すものにて、更々政府に非ざる也」

十月二十八日〔晴、なお寒い〕

午前は、過般実施する第一戦隊第一類作業の総合研究会を主催す。

士官幹部大部の異動と、下士官兵二〇％余りの転出に伴う五〇％の配置変更により、戦力は著しく低下することを如実に認めざるを得ず。

誠に遺憾千万なるも、今後格段の努力を強要して、万全を期するほか方法なし。機力と人力の関係、これを以て知るべし。

ル（ルーズベルト）大統領昨日の放送は、予期のごとく参戦熱をあおりたるも、ついに太平洋問題に及ばず、外交上の機微か、対日慎重か、東條内閣成立以来「スターク」作戦部長の艦隊鎮守府長官に対する秘密電報、二十四日までに一六通に達し前古未曾有なりという。

果たして彼に戦う自信ありや否や。ただ参れとぞ言わんのみなるべき。

我がほうも、本日東京より帰れる通信参謀の言によれば、「今後は白紙に返りて処理す」という辞

あり、真なるや否や。

しからば前陸相にして、今回の首・陸相は、これまでの御前会議の決定を反故にするや。運用は政府にあるも、国是に基づく一定の国策は、如何とも為し能わざるべし。

十月二十九日〔秋晴、暖かくなれり〕

1S、2Sのほか、大部出動訓練にて湾内寂し。富岡軍令部一課長、山本参謀同伴、作戦方針中央協定案等を持参来隊。

三時頃より七時半頃まで凝議す。当方としては相当の言い分もあり議を尽くせり。

託送の福留第一部長の書信、左の要点あり。

東條大命降下に当たり、白紙に立ち還りて国策の再検討為すべき御沙汰あり。二十三日以来連絡会議続開中、多分明日くらいには、結論に到達するものと存候。

もちろん、平和的打開策を根本通念として審議せられ居候も、事ここに至りては、希望案は出ても確信ある方策は容易に見出し得ず、未だ首相の意図は一言も表示しおらざるを以て、いかなる結論に到達すべきや予断の限りにあらざるも、実施部隊にありては、最悪の事態を予期し、ひたすらその準備に邁進致しくだされたい。

日米交渉は中絶にあらざるも進展せず、その他、英にもタイにも独伊にも一切外交しあらず、連絡会議決定の如何により政局不動とは言い難く、ここ数日の動き特に注目を要するものと存じ候。云々。

誰人が本時局に当たりても、引き下がり我が要求を緩和するか、戦を決意するか以外に方法なし。荏苒《じんぜん》日を空うするは、彼の術中に陥るものなり。開戦を決意し諸事を進め、しかしてその腹にて交渉すれば、案外に彼も我に追従すべし。

今日残された手はそれ以外にあらず。彼にして翻意するところ無くんば、すなわち武力発動のみなり。物の不足を遠き将来に案ずれば、到底戦は為し得ざるなり。窮するところ自ら通ずるは、世の中の常なり。

南方軍編制の場合、左の予定者、長官に挨拶のため佐伯に来泊す。依りて、夕刻急に思い立ち、これらを池彦に招待、意志の疎通をはかる。七時四十分出艦、十一時半帰艦。

参謀副長　青木中将（二五期）
〃　坂口少将（〃）不参
先任　石井大佐
航空　谷井大佐
作戦　荒尾中佐
（石井・谷井・荒尾）参謀本部時代熟知、荒尾は学生なり

十月三十日〔晴、風出て長濤あり〕

朝からのうねり、西進しつつありし台風の影響なり。北東に転進するものと認むるも、明朝の土佐沖仮泊は到底期すべくもあらず、予定の変更を命ず。

十一時過ぎ1AF長官、並び昨夜の陸軍連中来訪、後者に対しては、海軍作戦の容易ならず、陸軍の独自的善戦と、作戦の推移により、予定の変更やむなきを、強調しおきたり。

青木中将は、かつて（宇垣）一成大将の中佐副官たりしことあり、吾人の次の級なり。しかるにすでに本年三月、中将に進級せり。

以て陸軍の進級の早きを知る。人を羨まず、ただ、奉公の至らざることを。

南雲長官、特別任務に対しては格段の心配のようなり。もっとものところもあるも、これでは事前神経衰弱とならざるようねがう。

死生命あり、己に数倍する戦果を挙ぐれば以て冥するに足らずや。ただただ本任務を我に与えられたりとす、しかも親補の職に於て。

吾人はこれを以て武人一生の最光栄として全力を尽くして神助を俟たんのみ、何らの憂色無し。あれも心配、これも気がかりにては職はできぬなり。

六〇%以上の成算あらば、不運なる場合の手だてを練り置きて、勇猛果断、実行に当たるべし。

X日の決定を即刻の急として要求せらるるも、はて東京の空気昨今如何、まだまだ開戦に行くまじ、東條首相、白紙に返るも妙策は確立し得ざるべし。

斯くて前の内閣より陸相はこの際において、撤兵問題を承諾することもならざるべし。それは近衛内閣政見不一致の最大責任者たるにおいて、如何とも為し能わざるにあらずや。

十月三十一日　〔晴〕　七時半出港

所在の連合艦隊兵力を挙げて、第二四回応用訓練を土佐沖において実施す。

朝から昼へ、昼から夜へ、第五次まで、場面場面の、戦術訓練、けだし、一日のうち、命いくらありても足らざるべし。基礎的なるも、やるだけやはり効果あるなり。

夜は月明の夜戦、邀《むか》える者において、敵を撃攘する意志強ければ、容易に包囲は成り立たざるも、訓練の見地に立ちて、最後は受けてやるなり。

昭和十六年十一月

十一月一日〔晴、風強し〕午前十時出動

昨日来の二四回応用訓練、第七次甲昼戦第二法、及び第八次の丙夜戦訓練を行う。

前者においては、強風のため相当波をかぶり相当の出来なりしも、後者は月明の大部隊夜戦としては、突撃時珍無類のものとなれり。同じ型をやるにしても、天象地象等、そのときの模様に合致するごとく指導するの精神無かるべからず。

従来、動きもすれば情況にそぐわざる訓練に陥れる弊あるを認めたり。指導司令部として考慮すべき点なり。

午後四時半、緊急親展の飛電は大臣より長官に達せり。すなわち、「十一月三日正午までに官邸に参集ありたい、かなり目立たざるよういたしたい」、この電、何を意味するや。

すでに本日は十一月一日にして、廟議いずれかに決定してしかるべき日なり。余の、「いよいよ定まったか」の言に対し、長官は、「はっきりできぬから呼ぶのだ」と言われたり。

その両者のうち、いずれかと見るべし。前者の場合は問題なし。後者の場合、すなわち腹をきめて交渉してみる、それで行かなければ、すぐにやるはこのさい当然のことであり、これでなければ話にならぬ次第なり。

しかしてこの交渉において、海軍としては、何日まで忍び得るやの意見、聴取のこともあらん、との長官の注文に対し、考慮する次第なり。

連合艦隊としては、その戦備成り、月齢曜日の関係よき十二月八日を可とす。ただし、少々遅れてもやれぬということなし。

来年六月以降となるがごときは、最も不利とするところなり、との結論に達する。

長官招致の目的、その他にありや。政局問題は今のところ考えられざるも、もしこれに関係あることあらば、山本首相兼海相にして長官の意志に反す、などいろいろ考えをめぐらしつつ、夜戦訓練の終了は十時四十五分となれり。

それより北上中、小休止というところなり。

十一月二日〔好晴〕秋は見事なり

午前五時、佐伯湾錨地に帰泊す。満月とはいかざるも、十一夜の月は投錨直前山にかくる。我が任務終われり、というごとく。二四戦隊司令官、武田盛治少将伺候す。昨夜の件、及び米との交渉に関し、長官にお話しす。

十時二十分艦発、佐空より呉まで水偵二機、それより特急にて上京せらる。

午後一時より第二四戦隊旗艦報国丸を視察す。竣工後一年余りの新船にして、南米方面貨客船一万七〇〇〇トン、と海軍並みと言うべく、速力二〇とすれども一八くらいが関の山なるべし。ゆったりとしたところ、軍艦の生活から見れば話にならざるなり。

幸いに四〇〇名の三等船客収容力あり、本特設艦の旧式六インチ砲と、六年式魚雷が有効に使用されたる場合、敵商船船員の収容には何ら事欠かざる次第なり。

夕方、軍令部一部長より、陸海軍中央協定を、本月八日ないし十日東京〔話のところ〕にて実施するに交渉し、差し支えなきやの急電あり。差し支えなき旨、即刻回答す。

これにて、いよいよ、腹の定まったことを想察し得る。

十一月三日〔半晴〕

いよいよ緊迫せる時局は、明治の佳節を迎え、満艦飾翩翻《へんぽん》、秋空高く、思いは深し。ああ、明治の聖代、大帝の御聖徳、御鴻業を偲び、先人の苦難開拓の跡を顧みるとき、我らの勇気は百倍す。昭和の今日に生を受けるもの、此の国難を克服し以て皇業を恢弘し、国家を泰山の安きに置かずして可ならんや。

ポカポカの上甲板から鯵の群れるを認めて、釣糸を垂れる。上の行うところ下これに習う。時ならずして同好の士集まる。獲物は十数尾にすぎざるも、釣する者の心はそれにて満足なり。

　満艦飾仰ぎに来るか鯵の群

　　いくさ前釣糸たれて無我無想

夜八時、上京中の長官、明日午後呉着の電あり。

本日午後、大臣官邸の会談を終え、予定よりも一日早く帰艦のこととなれる次第、いよいよ決定なれる証左と見るべく、続いて一部長より、陸軍との協定日取りも八日ないし十日と決定の通知に接す。

万事オーケー、皆死ね、みな死ね、国のため俺も死ぬ。

十一月四日〔曇後晴〕　連合艦隊第三回特別訓練

本朝多数飛行機の来襲あり、碇泊艦攻撃は大部上達せるものと認め得る。新聞紙上、対米強硬論、極めて強し、今やちょうど宣伝の時機なり。

少し鐘を鳴らし、太鼓をたたき、世論を昂揚し、国民の覚悟を高むるとともに、米の反省を求め、その反向を確むべし。

しかして、いよいよ行かざれば、それからウンと調子を下げて、我屈服するやに見せよ。この一月が間の政戦両略こそ、極めて重要なるものはなし。一つ、うまくやってもらいたいものである。

午後二時半出港、21Ｓｆの雷撃訓練を受ける。我巧妙なる回避に、ほとんど有効なるものを認めざるは遺憾の次第なり。六時十五分より夜間射撃、月明満月の夜も案外方向によりて発見遅し。

九時、予定の作業を終わりて帰港せり。入港後四十五分、長官帰艦せらる。談、左の通り。

「東條内閣成立後、内府を経て対外策は従来の経緯にとらわれず、白紙に返りて再吟味せよとの御諚により、七カ条の条項につき、連絡会議一三回を開催し、今日執るべき道を決したり。

すなわち、対米交渉は可能なる範囲に要求を緩和してこれを継続する一方、陸海軍の作戦準備を進め、十二月一日午前零時までに左右を決し、開戦の場合は十二月初旬（海軍は八日をＸ日とする腹）、とするというにあり。

しかして、今明日のうち御前会議を開催、続いて、陸海軍軍事参議官に御諮詢ある予定。

十二月一日前、戦略展開中の作戦部隊は、命令一下、すぐに引き揚げることに対して、長官は然諾。海陸軍協定も、八日ないし十日に、その他も逐次実施し置く主議に決定せり。

なお海軍大臣はＧＦの人事につき、この際異動の必要有無に関し意見聴取あり、上層部一、二の異動も全軍の士気に影響するところ大なれば、この際一切希望せずと長官回答。

とにかくＧＦとしては開戦と腹を据えて、一層準備するにより、中央においてもその要求に応じ、速やかに処置を講ずるよう、希望ありたりと言う。

なお鎮守府要港部長官の参集も、六日頃ある由なり。要するに、外交交渉はなお継続するも、不調の場合に応ずる作戦準備を一層進め、しかも和戦の決定最後の時機を確定する状況なり。

さて経済問題、同盟問題は話がつくとしても、支那の撤兵問題をどう、東條首相はさばく自信があるだろうか。

乙案としては、東郷外相の主張する米の強化は、仏印進駐に近因するを以て、進駐以前の状態に帰するを前提として、話を進めようとするものらしいが、今となってそんなことができるか、また、したところで彼が納得するかどうか、大なる疑問と言わなくてはならぬ。

小策を弄せず、主眼となる撤兵問題から切り込め。そして、それにも見込みを早くつけて、いかぬ場合の欺瞞策として、経済問題、仏印撤退等に言及せよ。

どうも、安いほう、容易なほうからばかり入り込むのは泥棒の手、戦の手かもしれぬが、この場合の交渉には不適当だ。

別府病院にて静養中の後藤副官の慢性気管支炎、はかばかしく快癒せず、誠に残念ながら更迭電を発するのやむなきに至った。

十一月五日〔本当の秋日和〕

昨夜は次々の用務あり、艦隊宛て指令電、相当に多きを加えた。連合艦隊作戦命令、陸海軍協定案等、参謀連は血眼の奮闘を続けている。

如何とも少し粗雑であり、独り天狗である、と言って参謀長の出張ることは喜ばない。どうしても緻密にして、犀利文筆堪能の、作戦参謀を補充しなくてはならぬ。

適当の士がなかなか見当たらぬので困る。飛行機家がよいのだが、希望の士はくれずと来て、誠に心許ない。

昨夜から冬着にしたら、今日は汗が出るのでまた合服とした。長官の許に寄贈してきた「マタタビ」の塩漬けを初めて味わう。

短きさや豆のごとくにして、歯切りよく苦味あり、臭い高くして猫最もこれを好むという。山中に生ず、けだしホルモン多量の特種性媚薬か。若き人あまり食うべからず。

相当長くかかりたる歯の治療、本日にて切り上げる。慢性歯槽膿漏は依然として残る。

十一月六日　〔晴〕

明日の天候、飛行に一〇〇％適ならざるを予見し、本日上京のことに変更、八時直前、長官以下参謀艦発。佐伯より汽車にて大分に着す。

本朝、海上その時機霧かかり、特別訓練の乙軍飛行機、盛んに佐伯空を空襲す。大分上達せるは、近き将来における大成功を成す所以か。

一二四〇、中央より派遣の旅客機に搭乗、追い風に恵まれ秋晴の空を早くも三時十分、横空に到着、小憩の後、本日はそれぞれ分離行動を執らしめたり。

黄昏宅に帰る。一同不意に驚喜す。買い物の不便、食料の不足を訴えるも別に栄養不良にて痩せたるを見ず。

知子亡き後、一同の苦心は少なからざるも、どうにか立ち行くものなり。また、やっていかざるべからず。

十一月七日　金曜日　〔晴〕
午前九時半、本省に出頭、挨拶回りす。いずれの顔も愉快なる緊張ぶりにて、仕事は活気あり。人の勤務は気分のものなること、如実に現る。

永野軍令部総長は、三国同盟と切り離そうといろいろしたが如何ともならぬ、ここでも同盟問題を引っ張り出されたり。

今さらその論議は無用ならずや。独ソ同盟より今日の情勢を招来せるにあらず。満洲事変以来の問題なり。

なお総長は、日露戦争における初瀬・八島の触雷沈没の例を引き、油断大敵を戒められたり、これは誠に有り難き注意として嬉しく感じたり。

次官、次長、軍務局長、一、二部長にも会う。人事局長には相当注文を発したり。それより、第一会議室に参謀を集め、連合艦隊作戦命令の最後修正を行う。

なお、昨日艦を出る直前受領せる、大海令第一号及び大海指第一号電、

大海令第一号　十一月五日　奉勅　総長

山本連合艦隊長官ニ命令。

一、帝国ハ自存自衛ノ為、十二月上旬、米国、英国、及蘭国ニ対シ、開戦ヲ予期シ、諸般ノ作業準備ヲ完整スルニ決ス。

二、連合艦隊司令長官ハ、所要ノ作戦準備ヲ実施スベシ。

三、細項ニ関シテハ、軍令部総長ヲシテ指示セシム。

大海指第一号ノ一　十一月五日　総長

大海令第一号ニ基キ、山本連合艦隊司令長官ニ指示。

一、連合艦隊司令長官ハ、十二月上旬、米国、英国、次デ蘭国ニ対シ、開戦スルヲ目途トシ、適時所要ノ部隊ヲ、作戦開始前ノ待機地点ニ進出セシムベシ。

二、連合艦隊司令長官ハ、米国、英国、及蘭国軍不慮ノ攻撃ニ対シ警戒ヲ厳ニスベシ。

三、連合艦隊司令長官ハ、作戦上特ニ必要ナル偵察ニ限リ、隠密ニ之ヲ実施スルコトヲ得。
四、第四艦隊ヲシテ、其ノ防備計画ニ基キ、適時、南洋群島方面ノ機雷敷設ヲ開始スベシ。
五、作戦実施上準拠スベキ作戦方針、並陸海軍中央協定別冊ノ通。
六、連合艦隊司令長官ハ、海陸軍協同作戦ニ関シ、関係陸軍指揮官ト協定ヲ行フベシ。
七、作戦初頭ニ於ケル策源地ヲ、概ネ左ノ通定ム。
　横須賀　第四、第五、及第六艦隊。
　呉　　第一、第二艦隊、第一航空艦隊及連合艦隊直属部隊。
　佐世保　第三艦隊、南遣艦隊、及第一一航空艦隊。

（終）

以上、茲ニ連合艦隊作戦命令第一号（十一月五日）ニ基キ、作戦命令第二号トシテ第一開戦配備。
Ｙ日（開戦概定期日）、十二月八日ト発令ス。

十一月八日　土曜日　〔曇後少雨〕

連合艦隊及び第二艦隊と、南方軍との作戦協定、午前十時より、陸軍大学校において、かなり眼立たざる主義にて開始す。軍装帯勲一個、軍令部総長より挨拶あり、両軍各自顔合わせしたる後、下僚を以て協議を開始す。
午前中、隣室にありたるも別に用事なく、本省に引き揚げて用務を達す。五時頃、参謀来部して状況報告あり。
連合艦隊より提案のＸ日に先立ち敵艦隊出撃せる場合の方策は、「あも」作戦の根本的問題なるを以て、これを中央協定に譲ることとせり。したがって、GFに関する限り問題は少なきも、2Fは今夜徹夜して眼鼻をつける由。

用務一段落し、六時半より官邸における大臣の長官（山本長官欠席）、参謀長の招宴に臨む。水入らずの歓談、久しぶりに味わう。

つかさの料理。珍しくも抜かれたシャンペンの別盃、ともに思い出の種となりぬべし。総長の車に同乗、九時頃帰る。

十一月九日　日曜日　〔曇〕

午前中鉢植えの手入れ。当分水もやれまじ。

電話あり、午後一時には陸軍大学校に出頭。下協定の席にて諸事を聴く。文句は相当に続くものなり。薄暮終了帰る。

十一月十日　月曜日　〔曇〕

午前十一時半、陸大において本協定調印あり。寺内総軍司令官に対し、山本連合艦隊長官、近藤第二艦隊長官、それぞれ参謀長を具して座す。

杉山参謀総長、永野軍令部総長上座横に在り、調印し終わりて参謀総長の挨拶あり。正午過ぎ関係者一同、両総長の招宴に列す。

一時半、軍令部に至り、さらに残務を処理し、艦隊内打ち合わせを行う。作戦参謀、政策参謀の件、大体話はつきたり。これにて、大体上京の諸要務を終了したり。帰宅一同を相手に杯を重ね、それとなき別宴とせり。

十一月十一日　火曜日〔曇後晴〕

午前八時自宅出発、十時前横空着。平田横鎮長官、金沢参謀長、津田機関長先着。山本長官に挨拶あり。

岩本鼎少将、車中にて長官と同車し、余に対し面会のためわざわざ来隊す。したがって、出発は征途に上る見送りに近し。

十時四十分頃、輸送機にて出発。書類及び便乗者増加のため、中攻機一機を急に準備、同行の必要を生じたり。

相州方面風強く気流やや不良なりしも、飛ぶに従いて雲とれ、岡山沖より中国南岸に添う常航路と異なり、眼新しく感じたり。宇品沖の陸軍輸送船一〇〇隻は、特に眼につきたり。

一時半過ぎ、岩国着。前日単独回航せしめありたる長門に帰艦す。

十一月十二日　水曜日〔曇〕
数日の不在に加え、明日以降の準備もあり、用務雑然、追い追いと入港し来る艦あり、陸上到着の人も長官訪問に来る。
何となくザワザワとしたる一日なり。

十一月十三日　木曜日〔雨後晴〕
午前九時出艦、岩国航空隊において、連合艦隊作戦打ち合わせを行う。
ＧＦ司令部はもちろん、ＫＦ以外の各艦隊長官、参謀長及び先任参謀を集める。井上第四艦隊長官はお初なり。

山本長官の挨拶は、特に上出来なり。けだし帥を進むに当たりての最高指揮官の心理なり。続いて、参謀長の説明、いろいろの注意も加えたり。

昼食は、スルメ、勝栗にご馳走して、武運長久を祈る。一時、雨の中、玄関にて記念撮影、及び長官、参謀長の寄せ書きを行う。記念物たること好箇たり。

二時半頃、余の説明を終わり、後は南方部隊の打ち合わせに譲る。六時終了。自動車にて出る。岩国の料亭深川にて、打ち合わせ会参列者を招待す。酒あるも肴至らず、お酌十数名侍るも、興覚えず。やはり田舎は田舎なり。そこに味を見出す風流人もあり、世はさまざまなり。九時頃発、帰艦す。

十一月十四日　金曜日〔晴、心地よく晴れたり〕
各部隊間陸海軍協定始まる。九時半、陸海軍関係者集合。山本長官両軍最高指揮官を代表し挨拶あり。
終わって参謀長以上の自己紹介、それが済みて、

14 本間中将
16 今村中将　3F×14A16A
南海堀井少将　4F×南海支隊
▽⌒団菅原中将　11AF×▽飛行集団

の三組に分かれ、協定を開始す。

吾人、別に用事なきも、集まり来る司令官たちと挨拶し雑談す。各々真剣の様なり、早く命令を見んとする人あり、何に、大丈夫と言う者あり。

正午食堂にて関係者一同会食、武運長久を祝う。

一三〇〇過ぎ発、長官と共に帰艦す。昨日の作戦打ち合わせに、艦隊機関長を列席せしめなかりしとて、中村伍郎君より、血相を変えての申し入れあり。この際斯なことを言う人は少なし、陸上散歩でもしてきたらよからん。

今田軍医長や、大松沢主計長は、旨を体し、明後日出発上京し、差し迫れる用意を達しに行くと言う。三長も色々あり。

米国は、昨日を以て、商船武装禁止条項、及び交戦水域立入禁止条項、撤廃を含む中立法改正法案とも上下両院において可決し、大統領の署名を待つばかりとなれり。

相当の反対は、下院における大統領の教書により押さえつけられたるなり。

これにより、米の援英は一層積極化するとともに、参戦の時機は近き、英国は大西洋の余力を極東水域に振り向ける結果となり、帝国としても影響するところ少なからず。

すでに英国在東洋兵力も、戦艦四、航母二（東阿沿岸を含む）、その他あり、一度開戦の暁には、イタリア海軍の不振に伴い、地中海より増援期して待つべく、南方作戦上大なる考慮を要す。

この点、第二艦隊長官に注意を望み置きたり。

十一月十五日　土曜日　〔小春日和〕

何というい い お天気だろう。世の中は大暴風の中心に近づきつつあるのに。

本日を以て第七七臨時議会を召集せらる。明日の開院式後、審議すべき事項、及び全般の空気、誠に重大なる意義を有すとなす。

臨時軍事費特別会計三八億の要求あり、支那事変勃発以来の臨軍総額、ここに二六二億九七六万円余りに達し、しかもなお、目的達成に遠し。

さらに対数カ国開戦せんか、その軍費の多額なる、到底その比にあらざるべし。ほとんど全部が公債支弁となる。

すでに公債発行限度決定額を、二二六億一九〇〇万円に改め、本年度予定額は、一一一億四四九七万八〇〇〇円となる。

本日、兵学校、機関学校、経理学校卒業式挙行。新候補生、兵科四三二名は榛名に乗艦、夕刻当錨地にて在泊艦に乗艦す。人生の花時、将来の提督、本時局下海軍の戦力を高むること大なり。

日入りて、第二四戦隊勇躍進発す。いまだ、登舷礼式を行い見送る時機に達せず。

本隊のハンター任務こそ、愉快なる一つなり。もちろん拙ければ自艦の運命に関するも、遠くの外洋において過ぎ行く好餌を索《もと》めて、敵の意表に出る、余をしてやらしむれば、神出鬼没、多分の収獲をもたらすの自信あり。

十一月十六日　日曜日〔晴〕

南方軍総司令官、寺内大将十時頃岩空着、十一時半出艦航空隊に行く。陸海軍協定日、司令官室において、3F対、14A、16A、各別個取り行う。

余輩の地位は、東京におけるより一級上なることもちろんなり。これにて当地における協定を無事終了す。

十一時半、昼食は陸軍側の招待ということにて杯を挙げる。宴中挨拶のため、伊藤軍令部次長、東京より飛行機にて来着。第三艦隊の打ち合わせのため参集せる多数司令官たちに、奮闘と武運長久を祈って訣別す。

一時過ぎ帰艦、次長より情況を聞き乾杯して見送る。本日臨時議会開院式、臨御の下に行わる。来栖大使、特使としてクリッパー機にて太平洋横断、昨日午後ワシントンに安着し、野村大使と打ち合わせの上、いよいよ最後的交渉に入ることとなれり。

十一月十七日　月曜日〔快晴〕

七時、岩国沖発、単艦にて佐伯湾に回航す。呉に行く隊、出てくる船、このところ呉も内海策源地として多忙のことなるべし。

一時四十分、佐伯着。三時出艦、大任務を帯びて、今夜半より出発せんとする機動部隊将士に訣別のため旗艦赤城に至る。

各級指揮官、幕僚に、特に飛行科士官を加え、飛行甲板にて、山本長官挨拶を述べらる。切々、主将の言、肺腑を衝く。将士の面上、一種の凄味あるも、一般に落ちつきあり。各々覚悟定まり忠節の一心に固まれるを見る。

この挙、もとより若干の犠牲は予期せざるべからざるも神護によりて、願わくばその目的を達せんことを。

帰艦、間もなく第一航空艦隊長官以下、幕僚来艦、ここに杯を挙げてその成功を祈る。

草鹿参謀長、別るるに臨み「俺は鈍感なのか人は非常な大事をやるように言うが、何とも感じない」「それにて充分」と答えたり。

将と、幕僚の差は、心持ちにおいて当然なるも、あまりに心配するに当たらず、人事を尽くせば、必ずや神明の加護あらん。斃るるともまた何をか恨まん。

すなわち、いずれにしても可なり、我向かうところは一なり、以て安心立命の境地に達せん。久しぶりで両艦長を参集し、報告ならび打ち合わす。

本日、貴族院にて、東條首相、及び東郷外相の施政演説あり。言うところ、各々正しく我が決意を直裁的に述べたり。

米これにて反省せざれば、よほど鈍感なるか、豎子《じゅし》何のことぞあらん、と見たる結果なるべし。けだし、本演説は、目下の対米交渉に相当の影響をもたらすべしと信ず。本日、東條首相の、帝国の期するところとして率直に闡明《せんめい》した三点は次のごとし。
一、第三国が、帝国の企図する支那事変完遂を妨害せざること。
二、第三国が、日本に対する直接軍事的脅威、及び経済封鎖のごとき、敵性行為を解除すること。
三、欧州戦の東亜に波及するを極力防止すること。第三項は、米英ともに望まざるところなるも、これがためにも、第一項、第二項は必要なり、とは彼らの言うところなり。あと十四日の経過こそ誠に長し。

十一月十八日　火曜日〔晴後曇〕
七時四十五分、１Ｓ出港。第一類教練作業。正午より、高角砲、機銃、二時十五分より、主砲、副砲、の常装薬射撃。相当薄モヤありたるも、三万以上にてやれたり。
夜六時十分発動、前記の夜間射撃、見張り不良のため妙な対勢になりたるが、すぐに対処して無事射撃を終わり。九時二十分、入港。

十一月十九日　水曜日〔晴〕
昨夜半、急雨ありたりというも、本日は晴れて気持ちよし。八時四十五分、出港。怒和島水道を珍しくぬけて、柱島錨地に入る。日没時、中央浮標に繋留。

新聞も来らずラジオも聞かず、面舵か、取り舵？　佐伯湾を出て北上中、妙な形の無記号潜水艦の南航するに会す。

伊二二潜、第三潜水隊の司令潜水艦なり。格納筒搭載、本朝土佐沖に計五隻集合。一〇カイリ間隔にて、並進東航す。

X日の奇襲、まったくの奇兵なり。幾千の成果をもたらすやは論ずるに足らず、若手の大尉・中尉、含笑上艦不期生還の覚悟、誠に賞揚の限りなり。決死隊の精神、昔も今も変わりなし。安ずるに足る。

十一月二十日　木曜日〔晴後曇〕

午前、第四潜戦司令官吉富少将麾下指揮官、及び幕僚と共に別れの挨拶に来艦。同隊は午後出港す。

十一時頃第七戦隊、及び第三水雷戦隊、長門付近に一時泊。午後、両司令官、別離の挨拶に来る。三時半、四時、出港。待機地点に向かえり。最も危険を予期せらるる七戦隊司令官栗田少将は、最も平気にて落ち着きあり。たのもし。仏印北南部進駐にも、同方面に行動し、今度が三度目の点もあらん。

午後四時、福留軍令部第一部長、神大佐同伴、飛行機にて岩国空経由来着す。用件は明日付発令の大海令、及び大海指示、及び作戦上生起すべき場合の腹の打ち合わせなり。

外交交渉は、ハルは、世界均等機会主義を不必要とし除外を希望し、三国同盟問題は一層強くなりたりと言う。

来栖大使到着後、乙案により交渉するようになるべしと。仏印進駐前の状態に帰し、日支の問題には邪魔立てせしめぬ、ということは一層妥結困難と思われる。彼はなかなか強硬なり。結局は我が国力を下算し、我が決意のほどを知らざるによる。解らなければ、ガンと行くよりほかに手はあり得ない。

新聞では非常に書き立てているが、議会は低調だという。少し心細い。まだ話も残りおり、彼らの慰安を兼ねて、夕六時、黒島先任参謀、副官を加えて長官艇を出す。

暗夜難航、時に突堤に乗り上げなどして、ようやく岩国航空隊に着。もはや時間は過ぎて、客人希望の徳山行き不能。

当地の料亭釘萬にて緼袍《どてら》に着替えたり。酒も肴も相当豊富、田舎ながらも歓談するに足り、八千代、君等サービスに骨折る。相当呑んだと思う。この家父祖四代の料理屋なるに、父子相談の結果、近く旅館に改むという。時局の然らしむるところ。

十一月二十一日　金曜日　〔少雨曇〕

八時というに、やや暗く、間もなく少雨来る。

東京の客人牛肉を食わざること久しと言う。朝よりすき焼きを馳走す。何より御馳走と喜ぶ。昨夜、航空隊に依頼し五貫目の肉を飛行機に搭載、中央統帥部の栄養不良を補うこととせり。

果たして飛行機出来たるや否や、当方も用事あり、午前の第一類作業研究会は、一艦隊参謀長に押しつけたるも、午後はそうはいかず、十時先発帰艦す。

二時半より1S、1F付属部隊の、本年度殉職病没の将士の慰霊祭を執り行う。本職は委員長なり。萩原要少佐以下六八柱に及ぶ。伊六一潜は別なり、相当大なる数なり。痛むべし。惜しむべし。

遺族の身また同情の限りなり。

二艦隊の主隊、呉より回航し来る。本二十一日付を以て、GF長官に対し大海令五号発令せられ、所属の部隊をして作戦地に進発せしめ、また自衛のために、武力行使を許さる。よって午前零時連合艦隊に対し「第二開戦配備」を下令す。

予定通りの筋にて、全般は滞りなく動きつつあるをみる。願わくば第一開戦配備に復帰するに至らざることを。

ただ我が要求を樽俎《そんそ》において、貫徹し得たる場合は、矛をひくにやぶさかならずといえども、その算ますます減少しつつあるを如何せん。

本日臨時議会予定通り終了、閉院式あり。

十一月二十二日　土曜日〔曇〕

午前、1S—第一類教練作業研究会分科に属するも、聴くべきこともあり、言うべきこともあり。

第四水雷戦隊司令官西村少将訣別に来る。同隊は寺島水道に向かい、第三艦隊との打ち合わせを遂げたる後、馬公《マコウ》方面に向かうと。フィリピン北部の上陸護衛に当たる。

水上艦艇戦闘の公算、少なしとせず。武運長久を祈る。参謀連三名、呉鎮に打ち合わせに行く。

第二戦隊本早朝発、呉に回航す。書類は著しく減少し、各種要求の電報まで稀となれり。各部隊それぞれ雑務を離れて戦略展開中なる証左なり。

二十日までに日米折衝、公式三回、非公式一回を重ねたり。はて成果は？

十一月二十三日　日曜日〔曇〕

朝からポツリポツリ落ちて来て、午後は相当な雨となった。寒くもなった、北のほうへ行った部隊は急に寒さを覚えるであろう。

九時十五分、新嘗祭遥拝式施行。内外地を合計し、米産本年高八九二七万石。前年に比し二九万石の減となる。

飯の問題だけは何とかして心配のないようにするとともに、外米の小米は鶏にでも譲るようにしなくては、一般国民に気の毒だ。艦に居れば誠に贅沢で、何の心配もないが。

ニュースは今伝えた。昨夜ハル長官邸で、三時間の日米会談が行われた。もっとも、これは非公式であるが、これまでの協議と同様、一般的なりというも、米は五国代表と話している。

すなわち、非公式とはいえ、この五カ国会談後のものであるからは、あるいは、米が関係国へ渡りをつけたかもしれぬ。帝国現在の決意、幾分でも知らば彼としても到底黙止得ざるところであろうし、ぐずぐずできぬ。

妥結前に、英、濠、蘭、さては支那の意向を確かめ、その了解を得ることは、従前の主張より絶対必要とするところ、早きにしかず。切れ目は十二月一日午前零時たることを知らざるとも。

英は、東洋において戦いたくはなし、蘭も、本国がやられて、さらに蘭印を失うは策の得たるものにあらざることは充分知っているはず、ただ、米の強腰に依存して、協同でおんぶしてきたが、米のお伴をしていざ鎌倉となると、大いに躊躇せざるを得まい。

結局、米さえ折れれば、後に問題はないと思う。胡適駐米蔣代表、大いに活躍しつつあるも、これとて支那事変に米が干渉しないと腹をきめれは、泣き寝入りするほかはない。

結局において、こちらの腹は動かぬ以上、米の出様次第である。いずれを向いても米は世界の番犬である。何でも自分の思うようにするという考えさえ捨てれば、彼は救われるのだが、それが分からぬとなれば致し方はない。

「ハル」も大いに考えざるを得ぬだろうが、相当な賢明な奴さんだ、あるいは、体よく戦を避けるかもしれん。しかし、こちらとしては、主張が通り要求が完全に許容されるときに限るのだ。

あの東條が言った三原則は、どう収まりをつけるだろうか。姑息的一時的は、この際最も避くべきである。止めるなら、ここ数年は戦をせぬという前提でなくてはならぬ。

今や、連合艦隊は開戦に向かって展開しつつある。すべてを極秘裏に、——彼の米英蘭の戦備未だ整わざるに乗じて、——すなわち、作戦そのものより論ずれば、誠に最も有利なるときである。

またいずれのときか成算を以て、この作戦行動を執らしめ得るものぞ。

されども、兵者国之大事なり。対支那四年有余の聖戦は、物資の欠乏において相当の傷手を与えたり。

これからの大戦争を考えるとき、弱気の者は、まさに気絶するかもしれぬ。強気の者は、やってやれぬことはないと言う。

いずれにしても彼を完全に屈服せしむることにおいて、何ら確心の手段なきことは同じである。それで、さらに、兵者国之大事、不可察也、と言う。

しかし、一方において、この際やっつけなければ、永遠にその機会は来ないような気もするのだ。いよいよの際だ、世の中はなるようにしかならぬが、常則であり、余輩の諦観でもある。

くだらぬ考えよしにして、今日も寝るとするか。

十一月二十四日　月曜日〔曇〕

作戦図に色付けして、壁に貼ってにらめっこすることにした。

いずれを見ても赤色の敵ばかり、太平洋は広い、はて、どれから手をつける。手をつける方法は定まっており、すでに開戦配備に展開中であるが、各種の場合を想到すると、容易ではない。

この通りいけば満点だが、変に応じ、機に処するの道が大切だ。この点、少し独り角力《ずもう》に過ぎるおそれが始終ある。計画は計画、実行において我の責務最も重大なるを思うのである。

兵力だけ並べて、何でもそう行くなら戦というものは苦労はない。ちょうど将棋の駒が、我一つ、敵一つ、動くところに、千種万態の様想を呈して行くように、いろいろのことが起きよう。

飛行機をいくら集中しても、天候が悪ければ使えぬのだ、海は広い、若干の機雷を敷設し、潜水艦を配備しても、知らぬが仏でどんどん行動して被害を受けぬこともあろう。

数ばかりにとらわれてはならぬ、「数の上の数」というものがある、——実力を別にしても——だから、この海面にはこれだけのものを置いてあるからといって、安心はならぬのだ。

自らの計画に対しては痛いところは多いものだ。どうせ無理な戦争なのだから、これをいちいち気にしていては、今度の戦はなり立つまい。押し切りの手と、応変の腕だ、そして、死力を尽くすのだ。

午後三時、近藤第二艦隊長官、幕僚と共に訣別に来艦、別盃を汲む。藤田第一一航戦司令官、続いて訣別に来艦、四時前、愛宕に第二艦隊司令部を答訪し、さようなら。

人ばかり見送るが、さて我を見送ってくれるものは誰もない。港務部の曳船くらい？　呵々。

十一月二十五日　火曜日〔晴〕
午前七時、柱島出港。呉に回航す。豊田長官、岸第九戦隊司令官、その他来訪。十一時半、艦発にて水交社に行き、答訪省略。
鎮守府長官の午餐招待。一旦帰艦後、一号艦視察に行く。強大なる兵力の一方、居住方面はそう楽にあらず。帰来長門は巡洋艦に見倣さるるも、またよきところあり。
五時発、上陸。一旦、吉川に行き一浴して、華山の司令部宴に列す。

十一月二十六日　水曜日〔晴〕

十一時より好天気の下、二河瀧方面に単独散策す。

秋色やや過ぎたるも、自然の大気を吸うて浩然帰路、華山に立ち寄りて若者どもの元気を見て安心。夕刻まで揮毫練習。

六時前、軍令部渡名喜部員、蘭印工作問題にて来るに会す。黒島、渡辺を交えて飲む。

日米交渉、相当に進みつつあるがごとし。成否は分からず。

本日、北より例の部隊は出発したるはずなり。相当苦難の行なり。成功を祈る。多賀幸の横笛、松栄の歌謡曲興を添う。

十一月二十七日　木曜日〔曇〕
午前中、約束の揮毫に当たる。昨日の天気に比べて出る気にもならず、そのまま居すわる。
花を浮べて流れる水の

あすの行末は知らねども
今宵写した二人の姿
消えて呉れるな何時迄も
静中見得天機妙　閑裏回顔世路難
勇士不怯死而滅名　忠臣不先身而後君
忠臣不私私言不忠　履正奉公臣子之節

二時半より運動に出る。海兵団に松山少将を訪問。それから水交社物品部を見たが、買う物はない。

八幡様の下、かつて少佐時代間借りしていた家、高橋を探したがクルクル回ってもついに見つからず。本通、中通と散歩して帰る。

雨になった。松山が来て、入船が来て、三人で大いに飲んだ。東京から三和参謀が帰ってきたので用談す。日米会談、まさに困難、不成立明らかとなった。

十一月二十八日　金曜日　〔曇後晴〕

二十六日にハルは野村・来栖両大使と会見、書物を以て米国の言わんとするところを手交した。彼のいわゆる四原則を振り回し、支那及び仏印より全部撤兵を要求し、援蔣は止めぬ、三国同盟は死文化なりと言われたのでは、顔は丸潰れではないか。

もはや致し方はない、やるだけだ。こうと腹を定めたら外交をあまりギリギリにやらぬようにすべきだ。少し、強すぎのようだ。

華山から電話三度あり、長官もお出になっておられるから、ぜひにとのこと。一時頃出掛けた。皆よい気持ちになっていた。夕方帰艦の心組みでいたところ、豊田長官が招待するとのことで、またずるずるも体に悪い。信やを連れて、二河の瀧まで散歩し、半月の光を踏んで帰る。六時半より華山にて長官のご馳走あり。昼から酒にて大いに回る。吉川に引き返し、十一時過ぎに波止場より乗る。呉の土もこれでおしまいか。

十一月二十九日　土曜日　〔晴〕　十時出港す

別に変わった気持ちも起きぬ、ちょうど、いつものように。

十二時四十五分、柱島錨地に着。明日の出港に先立ち、五藤第六戦隊司令官、訣別に来る。出て行く最後の部隊なり。

天気は極めてよい。北のほうを東に向かっている機動部隊のほうはどうかと天気図に見入る、苦労しているだろう。願わくば補給可能の天気二日を、与えられんことを天に祈る。

日米会談概要。十一月二十六日、野村・ハル会談は、英、濠、蘭、蔣、大公使との会談の結果を、米側結論の通達のごとき型式となれるものにして、帝国提案乙案は、各国とも不同意。米側六月二十一日案、帝国案九月二十五日との調整案なりとして文書手交せるなり。

第一項　政策に関する相互宣言案。

左記根本諸原則を積極的に支持し、かつこれを実際的に適用すべき旨闡明《せんめい》、

(一)　一切の国家の領土の保全、及び主権不可侵原則。

(二)　他の諸国の国内問題に対する不干与の原則。

(三)　通商上の機会、及び待遇平等原則。

(四)　紛争の防止、及び平和的解決、並び平和的方法、及び手続きによる国際情勢改善のため、

国際協力、及び国際調停遵拠の原則。

第二項　合衆国政府、及び日本国政府の執るべき措置。

㈠日、英、米、ソ、支、蘭、タイ間の多辺的不侵略条約締結。

㈡仏印の主権、領土尊重を目的とする、日、英、米、支、蘭、タイ間の協定締結。

㈢日本国政府は、支那、及び仏印より一切の陸海空軍兵力、及び警察力を撤収すべし。（全面撤兵）

㈣合衆国政府、及び日本政府は、臨時に首都を重慶に置ける中華民国国民政府以外の支那における政府、もしくは政権をも軍事的、政事的、経済的に支持せざるべし。（蔣政権以外の国民政府解消）

㈤支那における租界、治外法権の撤回。

㈥日米互恵最恵国待遇、及び通商隔壁の低減。

㈦日米両国間の資金凍結措置の撤廃。

㈧円ドル為替安定協定。

㈨両国政府はそのいずれか一方が第三国と締結し居るいかなる協定も、同国により本協定の根本目的、すなわち太平洋地域全汎の平和確立、及び保持に矛盾するごとく解釈せられざるべきことを同意すべし。（三国同盟死文化）

㈩日米両国は、本協定の実際的適用に関しその勢力を行使すべし。

十一月二十七日、「ル」大統領が野村、来栖と会見（ハル同席）、「野村・来栖」「二十六日、米側提案は、日本政府を失望せしむるものなり」「ル」さきに日米国交調整最中、中南部仏印進駐あり。米国は冷水を浴びせかけられたり。今回もまた、南部仏印に増兵中なるが、再度冷水を浴びせかけらるるにあらずやと危惧しあり。

暫定協定を締結しても、根本原則が一致せぬときは、結局破綻を来すべし、明日より離華（華＝ワシントン）、来週水曜までに帰華すべし、そのときさらに会談することを期待す。以上いずれを見るも、帝国の主張するところは一も容るるところなく、米本来の勝手なる主張に、各国の希望条件さえ多分に織り込まれあり。

今さら何の考慮や研究の必要あらん、米国をやっつけるほかに方法なし。これだけ言いたいことを主張せられては、外交官はもとより、いかなる軟派も一言の文句もあるまじ。明瞭にして可なりと言うべきであろう。呵々。

しかしながら、これだけの処置を執りて、彼らも泰平楽を並べ居るわけにも行くまじ。俄然関係諸国とも、対日開戦準備ないしＡＢＣＤ包囲陣の強化に奔命し来れるは、諸種の情報によりて明なるところなり。

十一月三十日　日曜日〔晴〕

午前四時柱島を出港。怒和島水道を回り、伊予灘を経て、豊後水道沖に出動。これが最後と思わる る外洋訓練に従事す。

航空戦隊を除く主力部隊の特別訓練と言うべく、本職の主張にかかる。やってみれば、すべてにおいて未だ不充分、不具合の点多し。

伊予灘における測的訓練、掃海水道の高速通過、主砲偏弾射撃、夜間副砲射撃、駆逐隊襲撃教練、見張照射訓練、高速水道入港など、相当の訓練を実施せり。

最も不愉快なりしは防雷具の故障なり。何とかせざるべからず。開戦前とて、行動区域の対潜警戒には実際に重きを置きたり。
夜、また諸情報は、敵側の緊張ぶりを伝えること極めて多きを加える。

昭和十六年十二月

十二月一日　月曜日〔晴〕

昨夜はわずかに一時間の仮眠を以て、訓練並び艦橋に在り。八時、怒和島、水島を通過して九時錨地に就く。

ついに十二月一日午前零時を過ぎたり。決定の時機に到着せり。果たして考慮の余地ありや。

長官、三日十時四十五分？　宮中に召され、出征前の拝謁と勅語を賜るため、四時、岩国より汽車乗車のため出発せらる。副官一名随行。

勅語奉答、並び御下問奉答に対し、自らいろいろ筆をとり参考に差し出したり。

勅語奉答案。（軍令部と協議の後決定）

「開戦に先《さきだ》ち、優渥なる勅語を賜り、恐懼感激の至りに御座います。謹んで大命を奉じ、連合艦隊の将兵一同、粉骨砕身、誓って出師の目的を貫徹し、以って聖旨に応え奉つるの覚悟で御座います。」

次に御下問ありたる場合の奉答に関し、次のように起案し、連合艦隊の言わんとするところを記せり。長官全部同感を表せらる。

いかなる自信（信念、考え）を以て、本作戦の遂行に当たらんとするか、等の御下問に対する奉答。（案）

「今回の戦争は、未曾有に大規模なる対数カ国作戦でありまして、連合艦隊と致しましては、非常に慎重なる考慮を要すべき次第で御座います。

作戦方針に就きましては、大海令に依ります御命令及び指示を遵奉致すこと固よりで御座いますが、作戦遂行上の精神（心構え）と致しましては、帝国陸軍部隊と密接なる連繋を以て、協同作戦の完璧を期しますと共に、光輝ある帝国海軍の伝統精神を益々発揚致し、情況の許す限り、先制奇襲、積極果敢なる行動を執り度所存で御座います。

開戦後、作戦の推移は予定通りすべてが満足に進捗するものとは限りませぬ。又或る局面に於きましては、損害多く、相当の苦戦に陥る場合等も起こることと覚悟致して居ります。

しかしながら、連合艦隊の将兵は、赤誠の一念と、必勝の信念とを持ちまして、死力を尽くす決心でありますれば、御稜威と、神助により、必ず作戦目的を達成し得るものと、深く確心致して居る次第で御座います。」

夜に入りて、次長親展電報あり、過般前送の封密書開封の指示あり（一日一七〇〇発電）。これにより、大海令を以て（第九号）帝国は十二月初旬米、英、及び蘭に対し、開戦するに決す。連合艦隊は……、方面艦隊は……、各鎮守府は何々、などの命令せらる。

ただし、開戦即武力行使発動の時機は後令となる。これと同時に、大海指を以て作戦実施の大綱を指示せらる。万事はこれにて決す。何も言わずとも可なる様も、X日の発令遅れる場合を考慮し、各長官に対し「決定す、期日後令」を親展電報す。

ラジオは伝える、本日午前九時、閣議開催。同三十分終了せり。

なお、日米関係の急迫せる今日といえども、平和を希願する帝国としては、さらに米の再考を促すの方策を講ずと。しかるに「ウォームスプリング」に静養に出掛けたるばかりの「ル」大統領は、一日午前急遽帰華（ワシントン）すと。

果たして何事もなきがごとく装いて開戦することの、極めて困難なるを実証せり。一部外交の罪、一部兵力の移動は、如何ともし難き原因なり。英のタイ進駐も、あるいはX日以前に起こるやもしれず。

一方、英艦隊、東洋近接も伝えらる。当然なりといえども、あと一週間の雲行、かなり平静に願いたし。

十二月二日 火曜日〔曇〕

機動部隊は昨日西経に入る。恰《あたか》もよし、東進の高気圧、後を追いて迫り、補給可能なるべし。全部隊奇襲に当たるか、補給不能の艦を分離せしむるかの岐路に当たり、本天候に恵まる、天祐神助と言うべし。

この御軍たるや、自存自衛の聖戦にして、まさに東亜民族の犠牲なり。誠忠の一念、以て皇国に殉ぜんとする我ら軍人の向かうところ、必ずや天祐神助の加護あるべし。期待は不可なるも、必ずや恵まれん。これすなわち身を擲《なげう》つものの心理なり。恵まれざるもまた運命なり。

「君国のため、また何をか求めん、開戦に当たりて、長官より連合艦隊に対し訓示なかるべからず。相当以前より参謀に命じ置きたるも、衆知ついに妙案を得ず、昨夜来机に向かって自ら案を練る。

皇国興亡　懸在此役
粉骨砕身　各完其任

というに落ちつき、戦務渡辺参謀に示し、一同に相談せよと命ず。彼、後刻来りて、「役を軍に」、「任を分に」、訂正方を希望す。一考すべきを約せり。日本海海戦に当たりて、東郷長官のZ旗はいかなる信号なりしぞ。

皇国興廃　在此一戦
各員一層　奮励努力

右に対比して、いささかも遜色を許さず。これいずれのときも戦は真に国家の運命を堵するものなるも、我がことより言わば、すなわち現在その場面に直面するものの感想としては、今回こそは真に興亡の秋《とき》なりと感ず。

日清日露の両役よりも、人間は自分に関することを、前代よりも、祖先よりも、強く思う癖は大体にあるが、このたびのことだけは少し違う。

後世の人はまた例の通りと見るかもしれぬが、これだけの戦は、将来においては、日本一国が、世界全部を相手とするに匹敵するものと余輩は見るのである。

午後五時頃、大海令第一二号を開封すべき電を次長より受領す。すなわち十二月八日午前零時以後、武力発動を令せられたり。支那方面艦隊、各鎮は、連合艦隊の第一撃の報により、武力発動となる。有り難し。

午後五時半、連合艦隊に対し、「新高山登れ一二〇八」「X日を十二月八日午前零時と定める」の意味なり、を発す。今夜中には大体全軍に到達せん。我が連合艦隊の将士、以て如何の感をか致す。こいねがわくば、我らと共に、真の死力を尽くせ、麾下ばかりが死地に投ずるにあらず。吾らもまた遠からずしからん。すべては君のおため、国のために。

軍令部使者は海上破壊作戦に関する総長指示をもたらす。従来、指示しあるところと多少の相違あるも、二四戦隊以外には特に電報せず、書類によることとせり。

一九〇〇、新竹州二〇キロメートルの沖合を、国籍不明の軍艦七隻北上す、との陸軍電報に接す。これは少し怪しき電報なり。

「ル」大統領はワシントンへ帰り「ハル」「スターク」と会談せり。野村・来栖は、一日午後「ウェルズ」国務次官と一時間余りにわたり会談せりという。外交の成立の公算あるがごとくひっぱるに限る。

この際においては、在米諸氏、すべからく、我のかねて言うところを体せよ。シンガポール、マレー、フィリピン方面、いよいよ緊張し来る。

眼をつぶって十二月八日まで我慢せよ。第二艦隊は少し恐慌を来し、陸軍部隊に対し、X日繰り上げの意見を求めたる形跡あり。

神経過敏、恐敵は最も慎戒を要す。鉄道大臣に八田嘉明、拓務大臣井野農相兼任、東郷外相は専ら外交に当たることとなる。

十二月三日　水曜日　〔晴〕

降るかと見た今朝は見事な天気となった。前後繋留のおかげで午後はとても暑く、夕方は蒸気を加えた。通風をかけたようである。

本日午前、山本長官拝謁。勅語を拝受せられたるはず。伏見、高松両宮殿下にも拝謁ある予定。

二日シンガポールに、英の新戦艦プリンスオブウェールス、来着せりと。その他にも戦艦四隻程度、インド洋方面にあるがごとし。

夕刻2F、3F、11AFなどに、作戦打ち合わせに行きたる三和参謀帰艦す。

天候不良のため、ついに三亜に在るKF旗艦に達し得ざりしはやむを得ず。心配していた英の増勢に対し、2Fが動揺してはせんかということは、杞憂であったので、安心した。

この大切な時機、情況に合するよう、多少の変更は可なるも、大筋を過度に心配して動かしてはならぬ。

博光、誠之より来信。彼らは案外平気、それにて可なり。晴夫と三人は「タイアップ」して、しっかりやることが最も望まし。

機動部隊進出中の海面一体、高気圧に覆われ、当分大なる動きなし。昭和十一年十一月十三日の天気図と合致し、弱風の海面続くべし。何たる天祐ぞ。

「ル」大統領が、陸海軍長官やら、参謀総長、海軍作戦部長と凝議し、なお二日の「ウェルズ」、野村・来栖会談において、最近の情勢に対する帝国の説明やら、今後の企図を求めつつある間に、最も大なる刃が、あと四日、喉元に迫りつつあるを知らざるか。神に祈る。

それまで何事もなく経過せんことを。まったく神助に俟つ。

東京より電話あり。長官天候のため飛行機によらず、明後五日午前六時、宮島着と、それにて可なり。

十二月四日　木曜日　〔半晴〕

米海軍は、十二月一日付人事異動を行い、盛んにその電報を発信している。

一方、ハワイの軍需部から、中央軍需局長に宛てたる十一月分の燃料費額、さらに十二月分の要求額は少しも増額を示しておらぬ。

ちょうどよい、寝込みを襲うは卑怯にあらず、勝ち易きに勝つ所以だ。

この大敵、衆敵を処分するには、それよりほかに出鼻を挫く方法はない。世論も、そんなにやかましくなきように見える。このところ、外交の不得要領と併せて、概ね我が意見に合った指導ぶりなり。誉めてつかわす。

昨夜来、マレー先遣隊の上陸は、甲法によるべき旨、軍令部より指示あり。KF長官の前もっての意見に合致するところなるも、改めて電令す。

本日は、三亜を出発し南下を始めたり。南方部隊主力の、1D／4S、2D／3S、dg×2なども本日馬公発。南シナ海に、マレー部隊支援のため出陣せり。

英海軍は、本国艦隊、地中海艦隊、と並列に、極東艦隊を編成し、フィリプス大将を長官に、「プリンスオブウェールス」を旗艦としたり。

それにて、プ号の南ア経由急航したる理由読めたり。これをやっつけたら、次は「キング」、または「ジョージ五世」でも、「六世」でもよし。

大洋丸にて先月ハワイを視察し来れる鈴木英少佐、中央より派遣せられ視察談を為す。後日のためになるも、あと三日後に迫れる彼の部隊には、今さら如何ともし難し。

真珠湾に大艦隊あるものと、見て行くよりほかに方法なし。「ラハイナ」錨地に居らずとせば洋上なり。しからば、潜水艦にて逐次網を締めれば分かることなり。

今日の記事はこれで締め切りとしていたところ、夜十時になって、暗号長が持って来た緊急親展電を見ると、「本日〇四八五、AA第一四区海軍区司令官は、簡単なる緊急信を全軍に宛て発信せり。右の内容は判読し得ざるも、先遣部隊潜水艦、敵に発見せられたるものなるやも知れず」と。ちょうど、X—4、2BS 3BS／6Fが、ハワイより三五〇カイリ付近に在ることとなる。多分発見せられたるものなるべし。

当然あり得べきこととなるも、この時機は昼間は潜航しあるべきところなるに、機械の故障か、不注意か（これは翌正午までの耳を澄ました無線諜報によると、別にそれから特別な動きも見えぬ様子なるにより、安心した次第である）。

しかし、一方において、「パラオ」方面において飛行機は二隻ずつの潜航潜水艦六隻を発見せり。東北の針路より見れば、彼はいよいよ展開を始めたるものと認めらる。

十二月五日　金曜日〔晴〕

午前八時半長官帰艦せらる。東京における拝謁、勅語下賜奉答等。予定通り滞りなく終了。奉答の後にては、特に御下問なし。

朕ここに出師を令するに方《あた》り卿に委するに連合艦隊統率の任を以てす。惟《おも》うに、連合艦隊の責務は極めて重大にして、事の成敗は、真に国家興廃の繋がるところたり。卿、夫《そ》れ多年艦隊錬磨の績を、奮い進んで敵軍を勦滅《そうめつ》して、威武を中外に宣揚し、以て朕が倚信《いしん》に副《そ》わんことを期せよ。

奉答は前掲の通りなり。長官談によれば、中央としては何もない、むしろ連合艦隊が引き回すほうである。

総長大臣には、あまりに干渉して御将の弊を来さざること、及び戦争資材、人員の補充、に充分努力を要することを陳述せりと。

上、陛下におかせられても、開戦やむなきを御確認になりてより、極めて、明朗にあらせられ、本月一日の、最終御前会議においては、直に決定御裁可あらせられたりと漏れ承わる。

賢君の下、弱卒なし。我らただこの有り難き允文允武《いんぶんいんぶ》の大命を奉じて、七生報国の誓いあるのみ。

政務参謀として、藤井中佐着任す。政策関係において、六年間軍務局に在り。文筆も達者、大いに我が力として心強し。頭と、筆と、両立するにあらざれば、如何とも不経済なり。またしても、秋山真之将軍を追慕す。

コンドル島沖方面にも、潜水艦二隻、発見せり。

過般、一日台北を発し広東に向かいたる飛行機に、陸軍作戦重要命令、搭載しあり。悪天候のため、消息不明となり、次いで支那兵に発見せられ、重要機密、敵手に陥れるのおそれありとの中央電話あり。

これは大海令と同様、十二月初旬開戦するに決すのものなると、大陸令により作戦の全貌を指示するものなりと言う。

これにはちょっと心配せざるを得ぬ。そのうちにフィリピンの戦闘機、二十五分待機の発令ありたりと伝う。これが連関を有するものとせば油断はならじ。警告電を発す。

夜思い出したように十数枚揮毫したり。思うように出来ざるは、字の下手なる証拠なり。それでも今後の記念品たること請け合いなり。

時遂到勇躍就征途
粉骨砕身誓報君国

なお、午後から勉強して、親戚知友の親しきところへ、前記を名刺に記入して、開戦後郵便局に行くよう取り扱えり。


十二月六日　土曜日　〔晴〕　（X－2《X日まで2日》）

博光に申し残すため書信を認《したた》む。

中に特別の通知により開封するよう、頭髪、ならび切り爪を別封として封入す。いずこの髪？　と言うなかれ。まだ数え切れぬくらいは存在している。

済美会より寄贈の少将旗、利根において一度掲揚したるのみなるが、少将の間に今一度司令官たることも到底あらざるを以て、昨夜、揮毫の書を入れ、博光宛てに送付す。

午後、長門右舷に対する防潜網の取り付け試行あり。作戦状況まず順調なり。ハワイはまさに袋の中の鼠たる観あり。あと一日、大平の夢を貪り置け。

夕刻に至り、仏印南部を「シャム」湾に向かいつつある、南部タイ進駐先遣部隊の輸送船団、敵（英）大型機に触接せられ、撃墜命令を発したりと。

またサイゴン通信隊は、作戦緊急信を発したりと。不幸にして、本電待ち受けの不良によるか、受信するには至らざりしも、前触接飛行機に関するものにあらざるか。

さて、かくなれば、一番心配なのは明日の「シャム」湾の出来事なり。悪く行けば、明日火花を散らすようになる。

この場合、米が積極的に出なければ、米に対しては、予定通り明後日ということに指令しては如何との意見、先任参謀申し出たるも、どんと来たら、すべてにどんと行く大方針で来ている。

差し迫ったこの際、指示を従来に代えて、動揺しては全般的に見て不利であろう。理想通り統制がとれれば可なるも、舞台は広い、ちぐはぐになるのを最も惧《おそ》る。

明日の衝突も、飛行機間で済むかもしれぬ、この際利口に過ぎて、動揺すべきではないと提案をしりぞけた。さて明一日の経過やいかに！

一日千秋の思いとは、まさにこのことである。これ以上の千秋の思いというものは、おそらく世の中にあり得ない。国家の運命と、多数の人命を堵したる、人類最大の「ドラマ」である。

心配はない。なるようになる。その「なる」は神意である。神国は神意で動いていること、もちろんである。ここに我らの強味があるのだ。

十二月七日　日曜日〔晴〕（X－1）

午前零時、東京電信所より、連合艦隊全部に対し御勅語を賜わりたる次第、右に対する奉答別電を以て御勅語を謹んで伝達せしむ。

なお午前六時、同様の方法により長官訓示を電送す。右訓示は練りに練った簡単にして要を尽くし、しかも力強くかつ文として適切ならざるべからず。かねて本職の起案に基づくものなり。

皇国興廃繫在此征戦

粉骨砕身各員完其任

全太平洋に展開せる我が連合艦隊の将士以て如何とす。出撃命令によりて、午前八時以後一四ノット四時間待機となす。各艦四〇〇発の更新四〇サンチ弾も搭載を終わり、陸上との縁も断ちてここに準備は完成せり。

午前九時、第一艦隊長官高須中将、小林参謀長来訪。午後、桑原第三航戦司令官来訪。いずれも嬉しそうなり。これ武人の本懐なればなり。

火花散るかと考えし「シャム」湾の先遣兵団船隊も、雨に覆われたか特別の電来らず。やはり俺の見当が適中していた。

先任参謀三和参謀の心配は杞憂でありたり。三和曰く、参謀長に敗けたりと。英としては強がりは並べるも、東洋では戦は始めたくないのだ。それが自国に上陸せず、西航するものを見て、タイに行くことは考えても、自ら火蓋を切る勇気はあるまい。

したがって水上艦艇も北上して来ぬ、まだそれだけの準備と腹はできていない。大したことなく晩まで経過する公算多し、と言った通りで、日は暮れた。二時間の後には彼の地域も夜となるは確かだ。

正午、分散してから各上陸点に向かうところを見られなければ、以て成功すべし。ただし、午前九時頃「カモー」岬沖において英水上機を陸軍戦闘機にて撃墜せる電話、軍令部より来れり。そのくらいのところ、予想の通り。

その他あまり緊要なる電あらず。以て各部隊予定通り枚《ばい》を銜《ふく》んで進撃しつつあるを知る。第一撃は以て成功の算、確実となれり。

今夜タイに対する帝国軍隊の通過、港湾施設の使用、その他便宜供与の要求、状況によりては共同防衛まで進む交渉を為すはず。

北部仏印進駐後、タイ・仏印間の紛争調停を為し失地の回復まで取り計らいやりたる腹は、今日タイをして味方たらしめんがためのすべては準備工作なり。この瀬戸際において断固たる決意を以て臨まば、彼も服従のほかなからん。

事は数カ国作戦なり。タイそのものにまで兵力を使用せざるべからざるがごとき工作、交渉は、最も不可なりとす。押しの一手、言うことを聞かせよ。

日米交渉は如何になりしや。去る五日にも会見短時間ありしが、明朝午前四時（中央標準時）を期し、帝国は自由なる行動を執る旨通牒する段取りなりと。大いに可。

「マニラ」にては、昨日警急呼集あり、人員の避難命令を発したりという。少し騒ぎ出したるようなり。

米英ともに、未だ日本は戦争にはならざるも、その目的を達せんとして動きつつありと一般に観察しあり、との情報あり。それにて沢山。あと数時間の後には驚天動地の大活劇が、全世界を震駭《しんがい》することを知らずや。

大体このたびの開戦までの経過手段は、まず吾人を以てすれば満点に近しと評す。

（一）一昨年以来鋭意戦備に努め、概ね完成したること。もちろんいつまでたっても完全の域には達せず、吾進めば彼も進むは常なり。いずれの戦争も、而く満足なる状況に立ち上るものはなし。今度は殊に困《こう》じ果てたる結果なるにおいては、まずこれくらいなら上等なり。

（二）陸軍が「ノモンハン」事件以来、対「ソ」急進を抑えかつ支那事変の終結に手を焼き、南進に一時的にも目覚め来り、かつ海軍側がこれを利用して対仏印対タイ工作を進め、大体作戦し得る素地なれること。

（三）三国同盟の締結、対仏印進駐、事は米英を明らかに敵とし、開戦に至る背水の陣を布きたること。また、どうせやるなら独伊と結び、欧戦有利に展開中に始めるを可とする考えも起きること。

（四）支那事変を片付くるは最大重要国策なるにかかわらず、支那が反枢軸と固く結託してどうにもならず、事変と世界戦とまったくくっついて、米英を撃たねば東亜共栄圏の確立等はまったく望みなきに至りたること。国民もまた事変に飽きて一層その上を求め居ること。

（五）仏印南部進駐は予期せる以上に米に影響し、ついに全面的禁輸となれること（資金凍結による結果）。油を断たれてはジリ貧である、手持ちはわずか、国内生産は言うに足らず、加えるに年額二一八万トン供給契約の蘭印までが英米と腹を合わして資金凍結を生意気にも実施し、まったく自存上どうにもならぬ破目に陥ったことは、決心する最も力を与えたるものなり。

（六）いわゆるＡＢＣＤの包囲陣形が、刻々に強化を見、また米の軍備が時日の経過とともに強大となること。撃つならば今のうち、三、四年後は物的比は比較にならぬようになる。

（七）対「ソ」開戦準備は為したるものの、彼案外頑張り、幸運にもこちらより手を出す機会を失し、冬季迫り、この冬彼より積極的に米英に加担することなしと見極めたること。

（八）作戦上開戦時機は十二月初旬より遅延すべからず、もしこれを失するならば、当分開戦を不可とする強き主張の存在したること。

（九）開戦初動において手際よくやり、かつ必要地域を攻略占領し、敵の糧を求むる方法をとれば、何年でも持久できるの昨年度よりの研究が、一般特に要路者に了解せられ、やむを得ざればやれるの自信相当に付きたること（これには大分研鑽苦労をさせられたること、軍令部第一部長当時の思い出なり）。

（一〇）外交交渉において、米が馬鹿にも四カ国代表と交渉以来非常に強腰となり、姑息的方法より原則論に帰り極めて同意し難き三下り半を一思いにたたきつけくれたること（十一月二十六日）。いかなる軟派もこれを見ては重ねて交渉する気は出でまじ。これは反りて幸福でありしと思う。戦をしたくなき者は、とかく目前の緩和や小利に惑わされやすきものなるが、これも神意と申すべきか。廟議は異議なく決定す。

（一一）政略は完全に戦略に随従せること。大体作戦方針の樹立を速やかにして、すべてを引っ張り得るだけの準備ありしは幸いなり。これは中央と言わず艦隊と言わずだ。

（一二）本日あるを見越して早くより戦略展開を始め、このときを逸してはこれ以上の立ち上がりを求め得ざる状況に置き、以て決意するならこの際よりなしとせること。

今日から当分艦橋休憩室。

十二月八日　月曜日〔晴〕暖かい静かな開戦日（X日）

待ちに待ったその日はついに来た。午前三時というに自然と目は覚め、起き出て一服していると、当直でかつ航空掛かりの佐々木参謀が大急ぎで飛び込んで来て、

「三時十九分（ト）連送です」

と報告す。すなわちハワイに近迫せる機動部隊の第一回攻撃部隊の飛行機約二〇〇機が、真珠湾に対し突撃を下令せるなり。飛行機の電を直了せるところ、鮮かなるものなり。

それから作戦室に座り込んで、来る電報、電報に耳をそばだてる。飛行機上よりする、

「我、敵戦艦を雷撃、効果甚大」

「我、ヒッカム飛行場を攻撃、効果甚大」

などの味方電報と併せ、敵の平文電報の発信が最も興味を引き、戦況は手に取るように分かる。敵側の周章狼狽ぶりはまったく言語に絶するものがある。三時二十分頃と言えば、ちょど彼の地の朝食時前後で、ここへ不意に日本の大編隊飛行機群の御見舞いを受けたのだから、まったく青天の霹靂であったろう。

別紙電は狼狽ぶりの数例である。なお米海軍も平文にてドンドン命令を出し、

（一）「パール」より総艦の出港を下令す。

（二）ホード島南方水路の磁気及び繋留機雷の掃海を命ず。

（三）○四一五亜細亜艦隊長官は作戦計画第四号により作戦すべきを下令す。

その他

また「バーバルスポイント」の南西方に敵の輸送船（国籍不明）ありとか、六隻の軍艦ありとか、敵味方の区別さえつかず、味方討ちも相当起こしている。

SOS. …… attacked by Jap bomber here 6 ey Come again here come boy or ……

12—8　0432　感度 3

Oahu attacked by Jap dive bombers from Carrier

SOS Oahu

by Japs this …… ing ……

128　0440　感度 4

OQO ← Pearl Harbor NPy
Ship nationality unknown 10 miles of Kai ana Point
12―8　0642　感度２
WS 8 → RF 7
Jap this the real thing
SOS　12―8　0435　感度４
OQO → OF 2
eight men of war lat 21 10 long 160―0
12-8 0600

第一回の空襲に引き続き、第二回空襲が一時間後に行われ、その間に昨夜親潜より降ろされた五隻の豆潜が、湾内に侵入して敵艦を襲撃したはずである。これを敵は機雷敷設と間違えて、湾内の掃海を命じたものと思われる。

その豆潜が帰ればよし、帰らざるとき、これが苦心の功績を誰が証明し得るものぞ。恐らく敵側の状況により後日判定するほかなきを惜しむ。

一方「バタン」島を予定通り上陸占領した。

第一一航空艦隊のフィリピン爆撃は台湾基地霧のため出発延期、八時に出ると言うてきたが、後ほど一三三〇空襲と３Ｆ（第三艦隊）から定めたようだ。

マレー方面は一時三十分に上陸成功の報ありたるも、肝心の「コタバル」はどうも怪しい。敵の猛爆によりて避退したらしい。これが一番問題であって心配である。

十時、艦長、参謀長を集合せしめ、戦況を陳《の》べさし、後、今回の行動中の心得を申し渡した。

大体予定の通り、戦況は動いているから、中央との電話連絡も切って、正午主力部隊は予定に従って出撃、一四―一六―一八ノットの速力にて豊後水道東掃海水路を出撃（八時三十分）、南東方（一四〇度）にて警戒航行す。

この日午前十時四十五分、枢密院会議あり、米英に対し宣戦の大詔を発せられた。

なお陸海軍大臣を召されて特に軍人に勅語を賜わり、両大臣は代表して奉答せり。（別紙）

タイ国は帝国軍隊の通過便宜供与を許容せり。ただしバンコク方面に入りたる部隊に対し小抵抗ありたるがごとし。独伊は一両日内に米に対し開戦すという、当然なり。

CSF（支那方面艦隊）はGF（連合艦隊）のマレー方面第一撃の報によりすぐに香港攻略作戦を開始した。揚子江においては米砲艦拿捕、英砲艦を撃沈し、商船も相当量捕獲した。

本日の戦果

（一）1AF（第一航空艦隊）よりの報、戦艦二隻轟沈、同四隻大破、巡洋艦四隻大破、飛行機多数撃破（三〇〇機）、我が損傷飛行機三〇機、なお潜水艦により空母一隻撃沈せるがごとし。

（二）「ウエーキ」島、「グアム」島空襲相当の損害を与える。

（三）「バタン」島占領。

（四）「イバ」及び「クラークフィルド」において三五機撃墜、七一機撃破（我が五機損）。

（五）シンガポール飛行場空襲（夜間爆撃効果不明）。

（六）マレー四カ所の上陸。内「コタバル」は苦戦し、運送船三隻中一隻は一二〇名の死傷、一隻は「ダビット」損傷、一隻は水線下に一メートル直径の破口を蒙る。

（七）イ一二三操舵機故障、カムラン湾方面に向かう。イ一二二消息を絶つ（シンガポール西方）。香港、飛行場爆撃、英駆一大損害。

支那及び内地等にて大型二〇隻、小型二〇〇隻拿捕抑留（八万トン）。
大体大成功と称し得べし。これ先敵奇勝なり。参謀総長等より、夜に入りて赫々《かくかく》たる戦果に対して祝電あり。今や行動中にもあり。これくらいにて何の祝電かと返事は入港後に出すこととせり。

勅　語

さきに支那事変の発生を見るや、朕が陸海軍は勇奮健闘すでに四年有半にわたり不逞を膺懲《ようちょう》して戦果日に揚がるも、禍根今に至りなお収まらず。

朕禍因を深く米英の包蔵せる非望に在るに鑑み、朕が政府をして事態を平和の裡に解決せしめんとしたるも、米英は平和を顧念するの誠意を示さざるのみならず、却りて経済上、軍事上の脅威を増強し、以て帝国を屈服せしめんと図るに至れり。これにおいて朕は帝国の自存自衛と東亜永遠の平和確立とのため、ついに米英両国に対し戦を宣するに決せり。

朕は汝等軍人の忠誠勇武に信倚《しんい》し、よく出師の目的を貫徹し、以て帝国の光栄を全くせんことを期せよ。

十二月九日　火曜日　〔半晴〕　（X＋1）

大臣総長連名の祝電、陸軍大臣南方軍総司令官の謝意的祝電来るも、前同様一括処理にまかす。米英本朝帝国に対し宣戦布告をなす。

米国海軍長官「ノックス」より、米国各鎮守府司令長官総艦船宛て電、左のごとく笑止の至りなり。「敵海軍最初の痛烈叛逆的一撃は、吾人戦争に従事するすべての者に対し絶大の衝撃を与えたり。もはや一秒たりとも遅疑逡巡するの暇なし。我が国は一隻たりとも多くの艦艇を欲し、一門たりともより多くの大砲を必要とし、一人たりとも多くの人手を必要とするものなり。迅速を可とす。今や猶予

機動部隊の編制（ハワイ作戦）

部隊	指揮官	兵力
空襲部隊	第一航空艦隊司令長官 南雲中将（※警戒隊以下も統括）	第一航空戦隊（赤城、加賀） 第二航空戦隊（蒼龍、飛龍） 第五航空戦隊（瑞鶴、翔鶴）
警戒隊	第一水雷戦隊司令官 大森少将	第一水雷戦隊 阿武隈 第一七駆逐隊（谷風、浦風、磯風、浜風） 第一八駆逐隊（霞、霰、陽炎、不知火）
支援部隊	第三戦隊司令官 三川中将	第三戦隊（比叡、霧島） 第八戦隊（利根、筑摩）
哨戒隊	第二潜水隊司令 今泉大佐	第二潜水隊（イ一九、イ二一、イ二三潜水艦）
ミッドウェー破壊隊	第七駆逐隊司令 小西大佐	第七駆逐隊（曙、潮）
補給部隊	極東丸特務艦長	第一補給隊（極東丸、健洋丸、国洋丸、神洋丸、あけぼの丸） 第二補給隊（東邦丸、東栄丸、日本丸）

比島攻略部隊の編制

部隊	指揮官	兵力	任地
南方部隊本隊	第二艦隊司令長官 近藤中将	戦二（榛名、金剛）、重巡二（愛宕、高雄） 駆逐艦一〇隻	南方作戦全般支援
比島部隊主隊	第三艦隊司令長官 高橋中将	重巡二（足柄、摩耶）、軽巡一（球磨） 特設水上機母艦（讃岐丸、山陽丸）駆二	比島作戦支援
第一急襲隊	第五水雷戦隊司令官 原少将	軽巡一（名取）、駆六、掃三、 駆潜六	アパリ急襲
第二急襲隊	第四水雷戦隊司令官 西村少将	軽巡一（那珂）、駆六、掃六、 駆潜九	ビカン急襲
第三急襲隊	第二根拠地隊司令官 広瀬少将	駆一、水雷艇四、特駆潜九、特砲三、 哨戒艇二、敷設艇二、運送船一	バタン急襲
第四急襲隊	第一根拠地隊司令官 久保少将	軽巡一（長良）、駆六、敷一、 掃二、哨二、運六	レガスピー急襲
南比支援隊	第五戦隊司令官 高木少将	重巡三（妙高、羽黒、那智）、空母一（龍驤）、軽巡 一（神通）、駆七、哨二、水上機母艦（千歳、瑞穂）	ダバオ急襲 レガスピー攻略支援
敷設部隊	第一七戦隊司令官 小林少将	敷二、特敷一	機雷敷設

基地航空部隊（第一一航空艦隊司令長官　塚原二四三）

部隊	指揮官	兵力	基地
第一空襲部隊	第一一航空艦隊司令長官　塚原中将／第二一航空戦隊司令官　多田少将	一式陸攻　三〇	台中
		九六式陸攻　四二	台南
		九七式大艇　二四	パラオ
		九六式陸攻　一二	嘉義
第二空襲部隊	第二三航空戦隊司令官　竹中少将	一式陸攻　六二	高雄
		零式戦　五五、九六式戦　六、九八式陸偵　八	台南
		零式戦　五五、九六式戦　七、九八式陸偵　七	高雄

陸軍航空部隊（台湾）

戦　七二、偵　三九、軽爆　五四、重爆　二七

すべき一秒の時間なし。海軍よ、決起せよ。それすら海軍本来の歩むべき道にして、かつ国民の要望して止まざるところなり。

フランク・ノックス」

けだし完全に「ノックダウン」されたるを見るべし呵々。心配の種なりし「コタバル」上陸は、三水戦報告によれば本日なお続行再挙中なるも上陸用舟艇漂流亡失し相当困難ありたるがごときも、佗《たく》美《み》部隊は飛行場を占領しあること後刻判明安心せり。

一五一三伊六五潜はマレー半島プロコンドル島の一九六度二二五カイリにおいて、敵主力艦二隻針路三四〇度、速力一四ノットを発見報告するに及び、俄然作戦室は緊張せり。

潜水艦隊は接触を下令し、KF（南遣艦隊）は兵力を糾合し、2F（第二艦隊）は南下を急ぎ各種の命令の次々に出るを見る。

飛行機でやれるや、夜暗に入るまでに余裕ありや、潜水艦まさに活躍の一人舞台となるか、分散せる水戦巡洋艦を合して夜戦となるや、ここのところに最も興味ある予想となれり。

触接飛行機の敵情報告も絶えたる後、潜水艦一回、七戦隊一回、敵を見たるごときも攻撃機隊はついに敵を攻撃するに至らず。

敵針二〇度の報告により水上部隊は翌朝その前程を扼するごとくKF、2F合同し、間もなく敵の反転に会してついに長蛇を逸するに至りたり。

ϒ（飛行機）と△（潜水艦）と∩（軍艦）と協同する理想的夜戦ついに起こらずして、何をしつつありやと言いたい気持ちとなれり。彼の英艦隊の北上はそもそも何の目的によるや。

「コタバル」方面の我が上陸を阻止する目的か、後方を攪乱して獲物を求めんとするものか、あるいは英海軍の見敵必戦の一本槍にて兵術的特別の素地なくも、なるべく敵を制し得るの真価を表現せんとするものなるや、吾人の眼よりせばここに飛び込むは我が潜あり、機雷あり、大巡数隻水戦あり、加えるに高速戦艦二隻ある上、南部仏印に我が攻撃機隊の相当優勢なるものあるを知るや知らずや、無謀と言わざればその傍若無人ぶりを賞すべきなり。

最初は「レパルス」型と報じ、後一隻「キングジョージ」型と報告せり。

八日午前、シンガポールを偵察せる報告によれば、同地には「プリンスオブウェールス」及びほかに一隻の戦艦、巡洋艦四隻、駆逐艦数隻の存在するを確認せり。

しからば本二頭の兎は別物か。いずれにせよ相当有力なる部隊を擁しながら本夜これを葬り得ざりしは、誠に遺憾とするところにしてその原因と認むべきものを直感的に左に記す。

（一）潜水艦発見時刻と報告時刻には二時間の差あり。すべての手当てこれがために遅れたり。報告時刻に発見したるとして当該六五潜の功績を認めるべし。敵発見時刻は戦果に大なる影響を与えること、本例のごとく一切にして止まらず。

（二）潜水艦は散開配備の状況にあり。これより追躡《ついじょう》両側に触接を命じたるも、速力一三にして過小なりしと、相当分散また位置に不正確なりしにあらずや。

（三）天候視界良好ならず、驟雨《しゅうう》時々ふりたるにあらずや。

（四）飛行機の触接を継続するを得ず、水上艦艇を以て触接維持をはかるに努めざりしがごとし。敵艦位を明にすることはすべての攻撃の前提要件なり。

（五）攻撃飛行機到着時刻は、すでに夜暗に入り、ＫＦ旗艦鳥海を照明せるがごとく敵味方判別し得ざる状況なりしこと。

（六）ＫＦ長官の最初の計画は相当可なり。

（七）敵に二〇度の変針に当たり、全部隊がその前程に出んとして集結したるため、敵の反転を逸す

機動部隊行動図

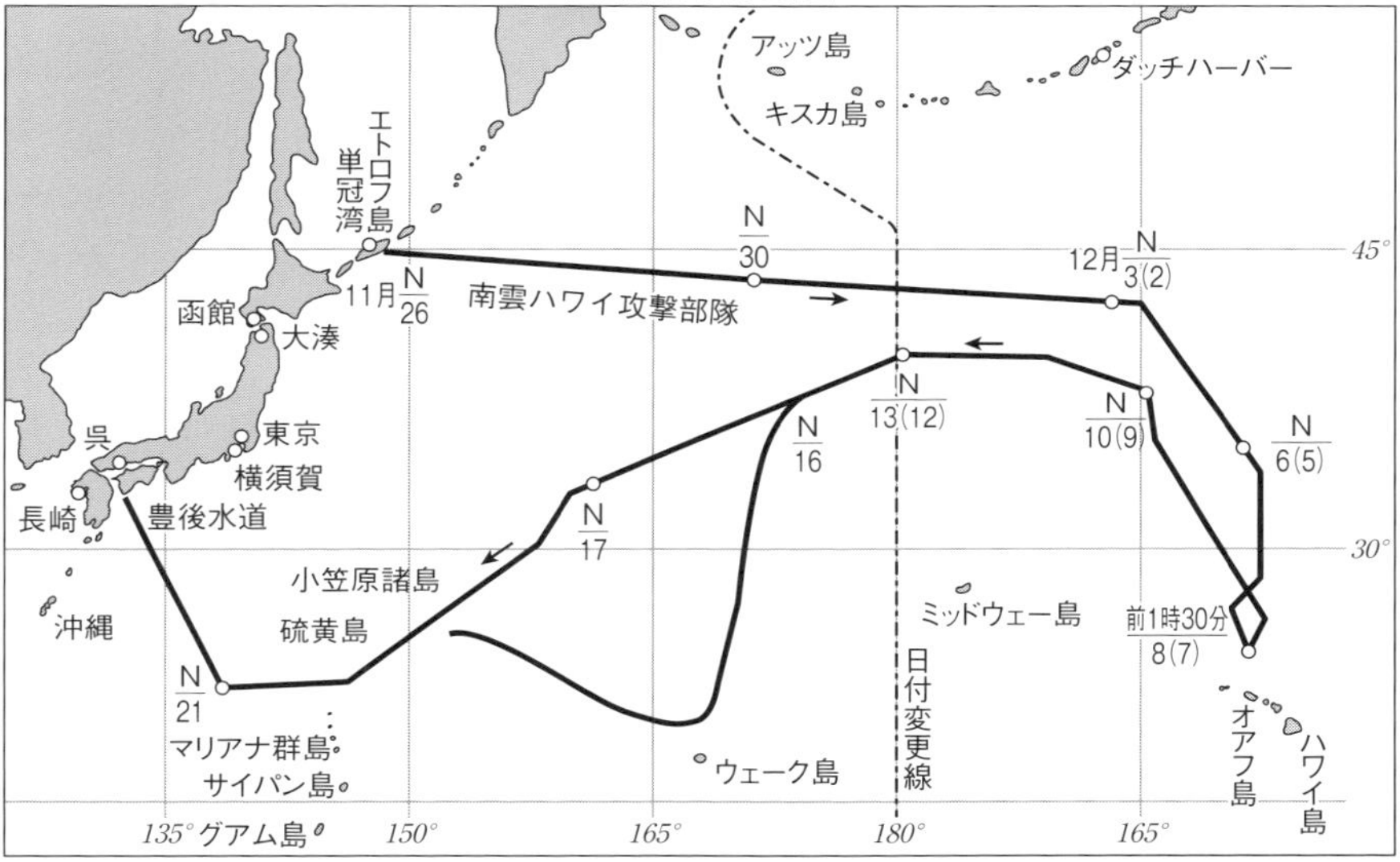

るに至りたるものなり。敵に釣られたる点なり。

さてこれを今夜のことさらに明朝という天象の明暗変化より敵の企図によりてもまた望みなきにあらず、このままにては済まされず帝国海軍翻弄せられたることとなるべし。

機動部隊は戦果報告と同時に第一航路を執り、L点を経て帰投するの電、昨夜到達す。泥棒の逃げ足と小成に安んずるの弊なしとせず。

わずかに三〇機を損耗したる程度においては、戦果の拡大は最も重要なることなり。昨夜主力部隊の行動を変化し、彼がLを通過するなら当方もまたこれに向かう改定案を参謀持ち来れるも応ぜず、本日の経過を俟たしむることとせるが、それは考えるところありたるによる。

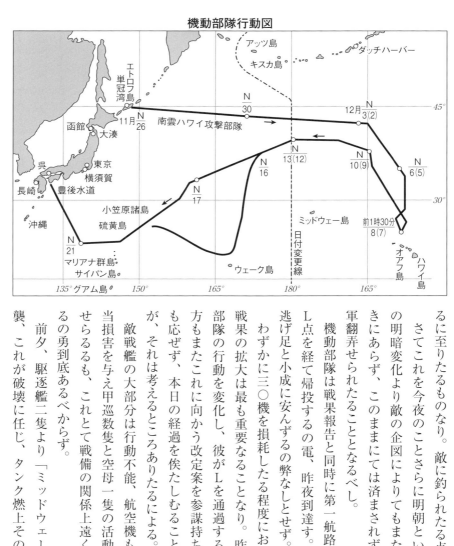

敵戦艦の大部分は行動不能、航空機もまた相当損害を与え甲巡数隻と空母一隻の活動が予期せらるるも、これとて戦備の関係上遠く追撃するの勇到底あるべからず。

前夕、駆逐艦二隻より「ミッドウェー」を急襲、これが破壊に任じ、タンク燃上その他の損害を与えたるも、夜間の駆逐艦二隻による砲撃何ほどのことやあらん。

よって同島の攻撃を提案せるところ、参謀連研究の結果同意せり。さらに、彼らのうちにも今一度ハワイ攻撃をやられてはと言う。もっとも至極な提案あり。研究を加えたるが、
(一)近接は奇襲的にやり得ざるべし。強襲となり、効果はあるも我が損害も大なるべし。敵空母機に横合いをつかれる手もあるべし。これは相当に痛手なり。敵への損害程度不明、之を知る者は彼なり。
(二)予定ができおらず、立て直して実行に移るは容易ならず、電波の輻射は到底免れざるべく、かつ同方面に停滞せる低気圧も移動を始め補給関係も困難を来すべし。
(三)最も大切なるは、精神的状態なり。本作戦の経緯を知るもの、誰かこれを強要するの可を唱うるものあらん。まず一杯一杯のところにして、これを立たしめんがためには怒らすよりほかに方法なし。将棋の指しすぎということもあり、まず無理ならざる程度に収むるが上なり。
ただし自分が指揮官たりしせば、この際においてさらに部下を鞭撻して戦果を拡大、真珠湾を壊滅するまでやる決心なり。自分は自分、人は人なり。よって本職の提案通り「ミッドウェー」空襲の原案に決し、次の電を1AF長官に発す。

「機動部隊は帰途情況の許す限り『ミッドウェー』島を空襲し、これが再度使用を不能ならしむるごとく徹底的撃破に努むべし」

針路一四〇度、依然たるも別に異状なきを以て夕より一四ノットに減速す。

本日、フィリピン方面小部隊の飛行機攻撃を加える。英米の空気騒然たるべきも「ラジオ」のほか判然せず。

十二月十日　水曜日　〔雨〕　（X＋2）

午前八時半、母島北硫黄島間通過のため九〇度に変針す。警戒飛行機は北硫黄島の北西五〇カイリ間に漁船？　の航跡を認めるの報により、十一時半頃より一六ノット北寄りに之字運動を行う。午前よりついに低気圧による雨となる。

「アパリ」「ビガン」ともに予定通り上陸、前者は何ら発見せられず、また抵抗なく上陸せるがごときも、後者は敵飛行機の攻撃を受け、第一〇掃海艇は機銃掃射により爆雷爆発し、準士官以上五名、下士官兵七〇名戦死、二十数名の負傷あり。

一一三〇頃ついに沈没せり。その他にも若干宛の損害あり。「グアム」島の上陸成功しこれを攻略せり。

フィリピン上陸作戦一覧図

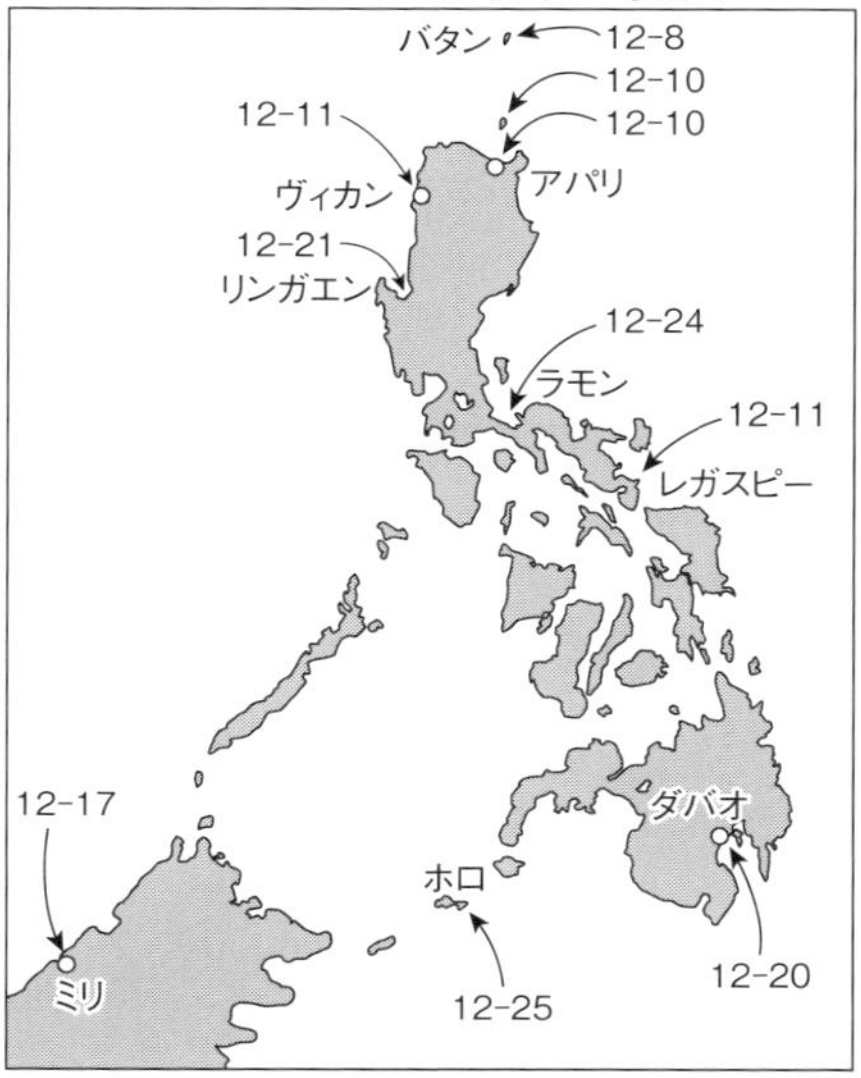

昨夜の獲物いかになるや、敵は二〇ノットを以て南下を始め我が潜水艦一隻これを襲撃せるも命中せず、機雷も外れあり後は飛行機による追い討ちよりほか出すべき手なく、2F、KFも追撃を止めて北上を開始せり。

十一時頃まで進発せる飛行機攻撃電報を直了に努む。敵発見の報にまず喜色溢れあと一隻はいかにせしやの飛行機群間の電報にて一隻をやりたること確実なるも委細不明、そのうち爆撃隊（△機）より攻撃―二発命中―爆沈―乗員は艦と共に運命を共にし、小数のもの駆逐艦にて救助中と判明す。

すなわち後報に知るところによれば、雷撃機（五一機）は両艦に多数魚雷を命中せしめ「レパルス」はこれにより一四二〇撃沈、「キングジョージ」は左舷に傾斜し東方に遁走中爆撃により爆発沈没、一四五〇。

我が損害、三機自爆、その他仏印南部に損傷不時着せるものわずかに数機にすぎず。これ以上の成功はなかるべし。

マレー半島「クワンタン」の九四度五五カイリという。鴨がねぎを負って現れたる海戦を何と命名するかは昨夜来の問題なりしが、自分は「カモー」岬沖海戦とすべきを提案し置きたるについに海戦に至らず、またしても飛行機の手柄となる。

後に至りて「キングジョージ」五世と見しは「プリンスオブウェールス」なりしこと判明、極東艦隊司令長官旗艦として急速回航せるばかりの最新鋭艦もその無暴なる行動により、脆くも飛行機のために海底の藻屑となる。

（いや水深三〇メートル引き揚げは極めて容易、我が戦艦籍に二隻を加えるも近きことなるべく藻屑とならざるべし）昨夜来の経過は確かに航空機の威力を確認せざるを得ず。かつては「ビスマルク」を葬るに参加せる新鋭の本戦艦も案外に防御力薄弱にして、独の復讐、江戸の讐《かたき》を長崎にて打ちたる格好となれり。

戦艦無用論、航空万能論これによりて一層熾烈を加えるべし。同時東西において我が海軍航空威力を全世界に明示せるものにしてその戦果たるや、けだし甚大なるものありと言うべし。

以上の戦況報告に夢中になり、今度はこちらに来る番という間もなく、午後四時前から父島飛行機より「敵主力見ゆ、母島の南四〇カイリ、敵主力は之字運動をなしつつあり」を傍受す。何たることぞ、これ我が主力部隊なり。

すぐに警告電を発するとともに、第一配備を下令し、誤爆を警戒す。後取り消しの電あり。同時に第七根司令官より、付近に味方潜水艦行動しつつありやの電、「ナシ……」の往復電に次いで、母島の南四〇カイリにおいて敵潜発見攻撃せりと通報す。我が前程なり、南に変針増速す。

そのうち日没後十分余りにして Speed 15 Knots YZ を傍受す。四隻あること応答ぶりにより明瞭となる。

二〇ノットに増速夜暗に入るに及び、さらに三五度に変針韜晦《とうかい》す。追躡《ついじょう》しあるか、発見せられたるか、感度高し。あまり気持ちは善きものにあらず。

七時十分、哨戒艦艇は我の後方四〇カイリに他一隻を発見し居れり。危きかな、眼に見えぬ敵。鳳翔は情況判断不良にして遅きに過ぎて飛行機を発進、これが収容に甲板燈を点し風上側に向かって反航す。誠に危険千万と申すべきなり。

　視界は暗黒にして不良、方位測定をおそれて電波戦闘管制を命ず。灯火による信号も避けたき希望あり。これらの原因のため、鳳翔及び駆逐艦（前部の直衛の一部及び後衛）三隻主力より分離行方不明となる。

　軍令部一部長の電によれば、真珠

マレー沖海戦（12月9、10日）

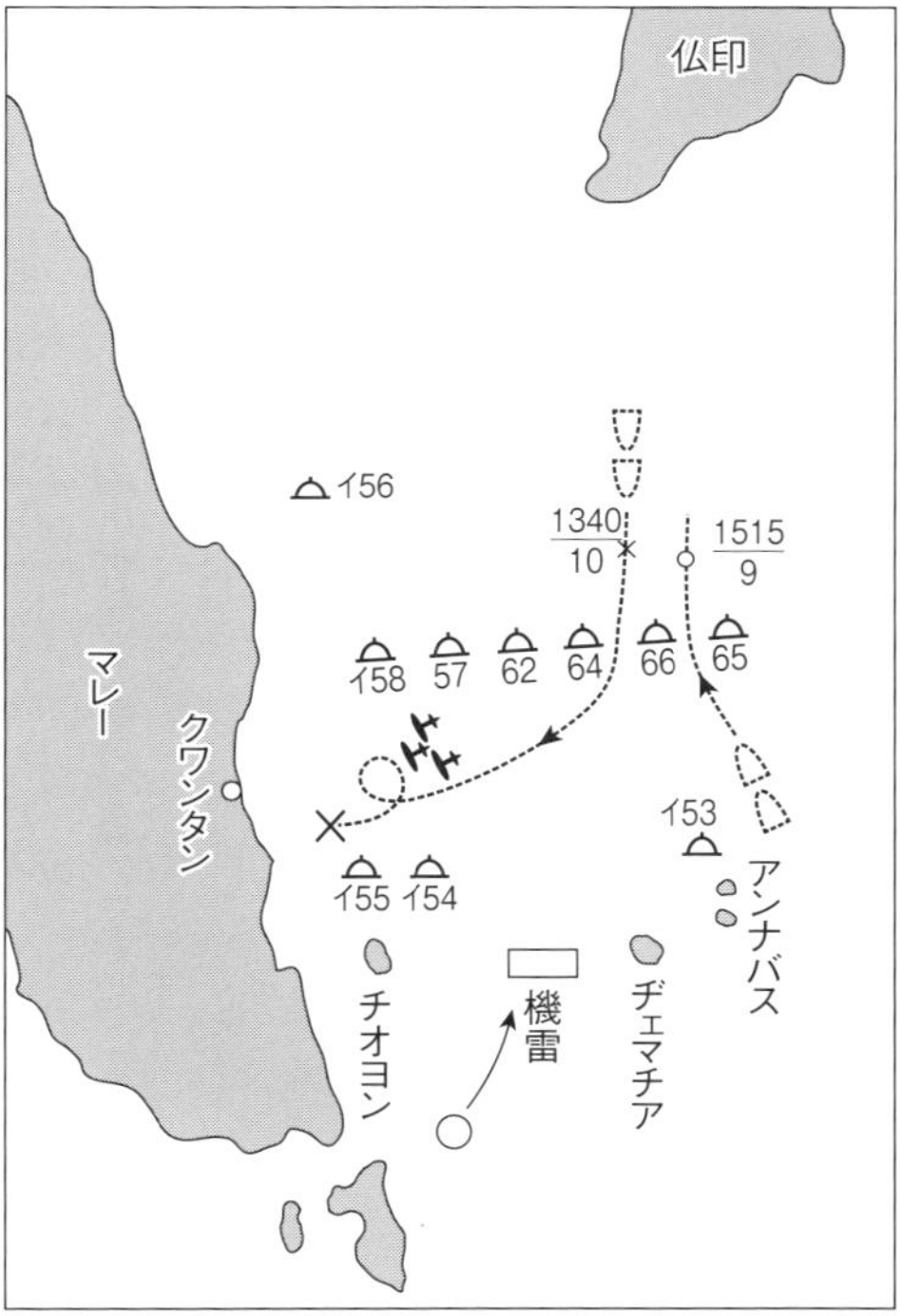

湾において九日午後戦艦一隻さらに沈没せられたること確実にして3Sg（第三潜水隊）の格納筒（特殊潜航艇）によるものと判断せらるるにより、収容潜水艦の引き揚げ時機に関し考慮ありたい申し越しあり。

豆潜五隻決死の行、八日における我れ奇襲成功「トラ」の電と併せ二隻は必ずや成功を収めたり。しかるに今に至るもこれらの収容を果たさず、痛心の至りなり。彼ら不滅の功績、今これを明にして酬《むく》ゆるを得ざるを遺憾とす。

去る十一月十七日、出発に先だち呉において一同会合打ち合わせし、我が水雷参謀有馬中佐を水交社に会食せる際の記念の寄せ書き二通のうち、左は額と為しあり。近き将来天覧に供するの要ありと認む。

尽忠報国　　海軍大尉　岩佐直治
至誠　　海軍中尉　松尾敬宇
断じて行へば鬼神も之を避く　　海軍中尉　横山正治
沈勇果断　　海軍中尉　古野繁実
七生報国　　海軍少尉　広尾　彰
細心胆大　　海軍少尉　酒巻和男

昭和十六年十一月十七日夜
於　呉水交社

本日軍令部総長を召され、連合艦隊司令長官に対する左の勅語を賜わりたる由、大海機密電報到着す。

連合艦隊は開戦劈頭善謀勇戦大にハワイ方面の敵艦隊及び航空兵力を撃破し偉功を奏せり。

朕深くこれを嘉尚す。将兵益々奮励して前途の大成を期せよ。

優渥なる御勅語、誠に感激の至りなり。ただこれがために小成に安んじて前途の大業を没却することー員たりともあるべからず。深くこの点今後の取り扱いにおいて考慮すべきなり。

南洋部隊は「ギルバート」諸島を占領し、基地を設置せり。「ラジオ」はハワイ防空指揮官や第一四海軍指揮官や「キンメル」米艦隊長官や「スターク」作戦部長とか、あるいは「ノックス」海軍長官を軍法会議に付するとかいろいろ伝えつつある。

それほどあの衝撃を物語るものなり。悪いこと起こらば失敗を起こさず、末梢神経の下僚のみ罰せんとするは大に誤りなり。国策を強行せんとする以上、これに伴う戦備なかるべからず。当方口に大言壮語して開戦の備えなければ敗るるは当然にして、その責任はむしろ大統領にあり。当方より法務官を派遣しそれに及ばず、日本はその点を狙いたるなり、罪は日本にありと弁護すべし、呵々。

この夜、一八ノットにて南西に回避し警戒を厳にす。

十二月十一日　木曜日　〔雨〕　（X＋3）

夜明くれども駆逐艦三隻どこにありや判明せず、かつ鳳翔の連絡応答なしという。そんな馬鹿げたることがあり得べしとも考えられざるも、昨夕の同艦の行動より見て、速やかに無電呼び出しをかけたり。

電波輻射を異方面より為さんと駆逐艦一隻に下令し暗号電文を信号送信せるに、受信誤り多く到底ものにならずと見て取り止む。

そのうち陸奥は副油圧筒の圧力降下により舵機故障を起こし、旋回しつつ落後し約十五分後修復せり。全部隊原速に落とす。敵潜あらば絶対の襲撃機会なり。

鳳翔及び分離駆逐艦は、いずれも列島線の東に在り。すでに距離五〇〇カイリに達す。いろいろのこと起こり、まさに活教訓を与えたり。

機動部隊収容の目的により、主力部隊出撃せるが、もはや機動部隊に向かうべき優力なる敵なく、残るところは「ミッドウェー」空襲に対する精神的援助なるも、これが帰途の対潜安全をもはかるため水戦の派遣も必要となれるにより、主力部隊はこのくらいにて引き揚げることに定める。

すなわち六時より西に、九時より北西に転じ、豊後水道に向かうこととす。

本日、不連続線のため、終日降雨、時々豪雨来る。夜に入れば敵潜の「カビテ」との連絡電波相当に感受す。あまり遠からざる海域に伏在するものと認めらる。

呉鎮より練習飛行機、佐田岬の北方たる伊予灘において潜没潜水艦らしきものを認むとの報あり。ますます以て油断はできず。

南洋部隊は、本朝「ウエーキ」島攻撃を計れり。相当難物らしく、4F長官は情勢により兵力をまとめて避退し可なりと命令せり。

本島兵力予想より多かりしも、而く大なりとも認められず。いかように進展しつつありや詳細不明なり。

比島航空部隊は本日マニラ周辺の飛行機及び諸施設艦船を空襲し、偉功を奏せり。撃墜及び撃破機数一〇六、これにて大部を得、残るところわずかに数十機となるべし。

陸軍飛行隊は何を為しつつありや、むしろ憐れむべきなり。発表のみはフィリピンの海軍戦果に便乗し、なおマレーの全部を撃破したるごとく称するも、戦争はまさに真価を発揮す。いかに人前を繕うとも、国民は信ぜざるべし。

独では国会召集の後「ヒ」総統の重要宣言あり、対米宣戦を布告せり。伊またこれに倣う。米は日本の攻撃に加担したる独伊に戦を宣し、作戦計画第四七を以て作戦すべしと命ず。今や実際の第二次世界大戦となれり。今後の作戦及び世界新秩序の指導まさに双肩にあり。世界は帝国を中心として動くべし。その考えこそ肝要なれ。独伊との新条約別紙の如し。

なおタイ国は帝国海軍の偉功を賞して、坪上、「ピブン」間に日泰攻守同盟の成立を伝える。初動の戦果如何は最も対外的に影響大なり。かねて本職の唱えるごとく、これにより「ソ」連は米英に加担し、対日参戦するの公算ほとんど皆無となれり。

解氷期に「ソ」の参戦までに南方を片付けざるべからず。それには四カ月を要す。したがって十一月中旬開戦を主張し、準備間に合わざるため、ハワイ奇襲を一時見合わさしめんとしたる軍令部も「若干遅らしてもこれを敢行するを可とす。これ対『ソ』関係において特に然ればなり。また発動遅れるも初動の戦果により全般の進捗は遅るることなし」と主張せる本職の言を思い当たりたることと今にして想起す。

十一月中旬の早きは元より可なるも、当時において帝国をして開戦に導き得るだけ廟議を引っ張り得る状況にあらざりしこと、及び対「ソ」開戦に備えて第一段作戦に余裕あらしむることも有利なるも、ハワイの奇襲を敢行して、初動の衝撃を以て全世界を驚倒せしむれば、「ソ」連など到底立つことなかるべしとは本職の議論なりしなり。

これに対し軍令部作戦部は、南方作戦は帝国自存上絶対必要にして必ず成功せしめざるべからず。したがって東方に兵力を派遣することは航空兵力を不充分ならしむるものにして、南方作戦の迅速なる遂行を阻害すべしというにあり。何とせよ作戦指示により、これを敢行し予期の成果を得たるは慶賀すべきなり。

日独伊三国間の新条約（十二月十一日調定）要旨

第一条　日独伊三国は米英両国により強制せられたる戦争と、その執り得る一切の強力手段を以て勝利に終わるまで遂行すべし。

第二条　日独伊三国は相互の完全なる了解によるにあらざれば、米英のいずれとも休戦または講和を為さざるべきことを約す。

第三条　日独伊三国は戦争を勝利を以て終結したる後においても、三国条約の意義における公正な新秩序招来のために最も密接に協力すべし。

第四条　本協定は三国条約と同一期間有効なるべし。

（終）

十二月十二日　金曜日　〔曇〕　（X＋4）

○本未明南部ルソン島「レガスピー」の上陸に成功せり。同地の警備相当に厳重にして、敵兵力もまた増強せられたるやの報ありたるも、何のことはなく無血上陸になりたるがごとし。物は思案するよりもやってみることなり。

○「ウエーキ」攻略の状況不明なるも、同艦隊参謀長は本職に対し空母の増派を要求し来れり。相当の損害を以て引き下がれるにあらずやを思う。

電不明の箇所多きを以て再送せしめ考慮することとす。

○一昨夕来の潜水艦警戒を続行す。七時より一八ノットに増速、之字運動を行う。午後三時四十分、従兵は体拭き用湯を用意せりと届く。例によって入浴できざるため、休憩室において体を拭う。終わって下着を着けんとするとき「配置に就け」の号音あり、敵潜現るとの報に接す。急遽艦橋に去る。三四〇度の針路において右舷三五度距離三・五ないし四キロメートルに警戒中の飛行機爆弾を投下す。

すぐに取り舵に九〇度回避、速力二〇ノットとなす。二駆逐艦を派遣し爆撃に努む。回避運動中、敵潜は電話に託して、

（A） Do you doing ?　　やっちょるか

（B） O,K　　もち

（C） nice, nice.　　上等

平凡にそのままに考えれば、対敵交信と認むること能わざれども、当時においてはちょっと気味悪く感ずるものなり。これにて確かに二隻は厳在するを知るとともに、その感度によりて遠近を判定することを得る。

神経戦には可なるも、この種通信員の恣《ほしいまま》なる私通信は慎むべきなり。そこに米海軍を評価するの資ともなり得る。しかも単独に在ること稀れ、必ず二隻以上行動を共にす。これ寂しさを感ずるか安全のためならん。

今夜も視界不良とまでは行かざるもあまり良好ならず、暗くなるに及び針路を〇度として北進す。沖島灯台を、減光とはいえ相当遠距離に発見、近接東水道を一六ノットにて進入す。

防雷具投入揚収時の減速は対敵上最も不利なり。何とか強度増強すべきこと前々より言いたるも、ことなきときは忘れ居るは罪なり。

〇本日連合艦隊長官に重ねて勅語を賜われり。

「連合艦隊航空部隊は敵英国東洋艦隊主力を南支那海に殲滅し武威を中外に宣揚せり。朕太《はなは》だ之を嘉《よみ》す」

奉答

重ねて優渥なる勅語を賜り、臣等恐懼感激の至りに堪えず謹みて奉答す。

連合艦隊司令長官　山本五十六

十二月十三日　土曜日　〔曇〕　（X＋5）

午前二時半、速吸瀬戸《はやすいのせと》を通過したる後防雷具を揚収、一六ノットにて伊予灘を東航す。途中、呉防戦の駆潜艇三隻を誰何《すいか》す。いずれも二日前の敵潜らしきものに対する警戒なり。「クダコ」水道を通りて六時半浮標に達す。夜明けたり。この夜睡眠ほとんどなきもあまり疲労を覚えず、責務に対する緊張もさることながら、三宅馨君より寄贈のメタポリン錠の効果も顕著なりと認む。体力維持はすべて源泉なり。

一浴後居眠ること暫し、副官来客を待つ。すなわち十時半まで徳永教育局長、鹿目軍令部副官、海軍大臣軍令部総長代理として中島呉鎮参謀長と共に来艦祝意を表す。何のこれしきのことにと思うも好意は有り難く受ける。

「初動はまず順調に行きたるも、これ三番叟《さんばそう》にして芝居はこれからなり。大して喜んでもいなければ、油断もしておらぬ。ますますやり遂げるにより、その旨御伝えを乞う」と伝言す。

二時、指揮官参集、両艦長より出撃中の状況を聞く。司令部付たる三機兵防水蓋に挟まれて即死し、本朝遺骸を呉に送りて荼毘に付す。長官と共に焼香す。惜しむべきもまた戦死傷たり得べし。

「ウエーキ」の攻略は心配の通り不結果に終わり、駆逐艦二隻を沈没せるほか小数宛の死傷ありて引き返せり。よって4F参謀長より要求の通り機動部隊中より一部を同方面に回すこととせり。

「ミッドウェー」空襲の報来らず。攻撃の新機軸なるによるや。はてまた補給不能にて困難しあるや。電波輻射は最大禁物、杳《よう》として分からず。

夕刻になり呉防戦の早苗、沖の島灯台の付近三カイリに敵潜を発見せりとの報あり。

吾人出撃中に遭遇せんとせしものなるや、または別物なりや不明なるも、ちょうどこの時機主力部隊より分離せし鳳翔の入港時刻なり。駆逐艦一隊及び飛行機を以て特に警戒を厳にせしめたるも、注意を要す。

七日以来の新聞来る。開戦よりの一般気構えは充分なるがごときも、これまた時間の経過とともに醒むるにあらずや、当分は戦況の推移によりそのことなからんも、持久戦に入りての五年、十年、よく国民の士気を維持し万難を克服に徹底し得るや否や。フィリピンの航空部隊は本日の攻撃に上り相当の損害を与えたり。

十二月十四日　日曜日　〔曇〕　（X＋6）

南方方面の作戦促進の気運濃厚となり来れり。勢に乗ずるは兵の撰ぶべき道なり。孫子曰く、
　激水之疾至於漂石看勢也、鷙鳥之疾至於毀折者節也、是故善戦者其勢険其節短。
このときに当たりて当司令部たるもの孫子の言う、
　任勢者其戦人也、如転木石、木石之性安則静、色則動方則止、図則行、故善戦人之勢如転円石於千仭之山者勢也。
の覚悟を以て作戦指導を為すの要あり。
午前九時半頃、瑞鳳飛行機、八島の南方一二カイリ潜航中の敵潜を発見す。さては御敵御参なれ、昨日夕刻危くも鳳翔を攻撃せんとして潜望鏡を揚げたるものなるや、あるいは過日呉鎮飛行機の疑問としたるものなるや、いずれにせよ潜入せること確実なり。

彼の必ず僚艦を伴う習癖は他にさらに潜入せるものあるを予想せざるべからず。艦隊はすぐにこの対応策を講じ警戒することとせるが、どうもこれくらい不安心なものはなし。

豊後水道の防備はいろいろの物を以て何重にも構成するも、その総合において何ら絶対的なる結果とならず。潜入せんとせば容易なる業なることを知れることとしては特に心配なり。殊に敵にしてすでに潜入せし以上、今後もしばしば出入りするは当然なり。

速吸瀬戸を小艦艇を以て押さえるにしかず。防備隊を佐伯湾に進出せしめたる効果は皆無なり。この上は柱島錨地周辺を固めるほか良策なしと認む。

十二月十五日　月曜日　〔曇〕　（X＋7）

午前一時直前、哨艇号星を揚げると参謀報告す。来たかと半信半疑、軍装して艦橋に到る。後より聞くところによれば、長門の水雷艇哨区に就き交代せんとするとき防御網の繋留しありたるを見て潜水艦と誤認したるに始まると。指揮少しあわてたりと言うべし。

ちょうど作戦室にて一服の最中通信室より暗号長の呼ぶあり。「ミッドウェー」を空襲したという者ありたるも、反対に機動部隊より天候不良のためこれを取り止め十七日（L）点を通過帰るという。少々失望せざるを得ず。

補給不能ならばやむなし、南下一部を以て「ウエーキ」を打つにしかず。しかるのち、「ウエーキ」より「ミッドウェー」を衝くの手ありと認めらる。

開戦以来、敵艦艇飛行機の利用を困難ならしむるため中央放送局に大部を集中し、かつ波長の変更、方位測定の妨害の電波を輻射するためか、「ラジオ」はやかましくて要領を得ず。何とかせざればせっかくの報道機関も無意味なり。本日を以て臨時議会を招集せらる。国民の声いかに議事堂に反響するや。

十二月十六日　火曜日　〔曇〕　（X＋8）

曇り勝ちにして風相当に有りて寒し。冬来る。八時半より1S、2S、3SF（第一戦隊、第二戦隊、第三航空戦隊）を会し過般の出撃行動及び当地における警戒碇泊を主題として研究会を開く。本朝「ミリ」上陸に成功の報至る。

機動部隊は、新命令に基づき二十二日「トラック」に入港するに予定を変更せり。この際においては、当然執るべき道なり。爾後、南洋部隊に協力一片付するが現下に適する方策なり。ただ南下の中途において「ウエーキ」を打つがさらに良策と認むるも果たしていかに出るや。

午前九時頃、富岡軍令部第一課長内田部員を随行来艦、開戦後の状況判断打ち合わせをなす。本件すでに書物にして本職の意見は先任参謀に交付し在りたるが、艦隊側も中央も考えるところはほとんどその軌を一にしあり。ただ陸軍側も南方一段落せば対「ソ」開戦の腹相当に強しという。乞食根性百まで去らず。

本日もまた飛行機艦艇を以て内海の潜水艦狩りに尽くしたるも何ら異状なし。イルカの群、伊予灘に在りたりという。あるいはこれが誤認によるか。

呉防は、十三日機雷原における異変及び鳳翔入港時、早苗の攻撃を以て敵潜二隻を撃破せること確実なるものと認めあり。如何、効果判然せざるは残念なり。

本日臨時議会開院式首相演説戦況報告あり。海軍大臣嶋田大将なかなか上出来にして全堂を圧する拍手喝采まさに海軍に対する感謝の表徴たらずして何ぞや。ますます奮闘国民の信頼に向かうべし。

機動部隊は、いったん「トラック」に回航する由申し来りしたが、補給その他の関係上、内地帰還に変更し来り処置少しくゴタつく。一部を以て「ウエーキ」を打ち帰るにしかず、その通り進むことに改む。

本日を以て大和竣工、艦籍に入り第一戦隊に編入せらる。大威力を加えたるを喜ぶ。

十二月十七日　水曜日　〔半晴〕　（X＋9）

夕刻に至り、機動部隊のハワイ奇襲戦闘概報来る。

稜威の下天祐神助を確信せる機動部隊は、十二月八日黎明、真珠湾の北方二〇〇カイリに進出、当時うねりのため艦動揺最大一〇度に及び発着至難なりしも、艦攻、艦爆、艦戦、水偵計三六一機は、〇一〇〇相次いで発進折からの熾烈なる防御砲火を冒し、〇三三〇より〇五〇〇にわたり予定通りハワイ空襲を決行せり。

〇九〇〇飛行隊を収容、全軍予定のごとくおおむね北に西に離脱せり。当日反撃に来る敵なく、飛行機若干の追躡を受けたるのみ。

二、効果（写真）その他による総合検討の結果、確実と認むるもの

（イ）艦艇

（一）轟沈戦艦四隻

カリフォルニア型一　火薬庫に爆弾命中轟沈
メリーランド型　一
アリゾナ型　一　魚雷及び爆弾により船体切断
艦型不詳　一　魚雷により轟沈

甲巡または乙巡二（魚雷四本二五番五弾命中）

給油船一　（二五番五弾命中）
（二）大破（修理不能または極めて困難と認むるもの）
戦艦二隻
カリフォルニア型一　魚雷四本二五番四弾命中
メリーランド型一　八〇番三弾二五番数弾命中大火災
軽巡二隻
駆逐艦一隻（二五番各一弾以上命中）
（三）中破（修理可能と認むるもの）
戦艦二隻　ネバダ型一　五〇番二弾直撃火災
ネバダ型一　魚雷一命中
乙巡四隻　二五番計七弾直撃
（ロ）空機及び陸上施設
（一）撃墜一四機
（二）格納庫一六棟炎上二機破壊
（三）庫外飛行機銃撃爆撃により炎上せるもの二二二機以上
総合推定炎上機四五〇及び炎上せざるも銃爆撃により撃破せるもの多数あり。

以上に加うるに、先遣部隊特攻隊の壮烈無比なる奮戦により甚大なる戦果を挙げしこと確実なるを以て、敵太平洋艦隊戦闘部隊の主力並びにハワイ方面敵海陸航空兵力は開戦後一時間半にしてほぼ殲滅せるものと認む。
三、被害

艦戦　九
艦爆　一五
艦攻　五
（以上）主として敵防御砲火のため壮烈なる戦死を遂げたり。

四、所見

（イ）八〇番爆弾五号　九一式魚雷

五―六発の直撃弾または同数の命中魚雷により現有戦艦に致命的打撃

（ロ）戦時術力

八〇番五号　11/49以上　直撃

魚雷　35/40以上　駛走命中

（ハ）敵大型機　公表より若干低劣

天佑神助、誠に素晴らしき戦果慶賀至極、五五三比率は大和の編入とともにまったく反対となれり。条約にして成らず力を以て仇を報ず。今ぞ思い知れ。辛苦二十年の実はまさに結ばれたり。先輩諸士の苦心努力に対し敬意を表す。

さりながらハワイにおける第一撃は彼の心魂に徹したる恨みなるべし。航空母艦なり、優勢なる航空兵力なり、この復讐を期していかなる手を用うるやもはかられず、我としても油断いささかもあるべからず。

駆逐艦東雲、北ボルネオ「バラム」灯台の北方一五キロメートルにおいて火災とともに白煙天に冲し沈没せるがごとし。駆逐艦これにて三隻、掃海艇二隻に達す。小艦艇の損害割合に多し、爆雷の誘爆その因たるもの多し。

ハワイの戦勝戦果を転電して間もなく新聞電報を見るに、

「リスボン」十五日「ワシントン」来電、「ノックス」海軍長官はハワイの損害を左のごとく公表した。

一、沈没戦艦「アリゾナ」、旧式戦艦「ユタ」、駆逐艦「カッシン、ダウンス、ショー」、水雷敷設艦「オグララ」ほか一隻

一、転覆戦艦「オクラホマ」

一、戦死二七二（内士官九一）、戦傷六五七（内士官二一）、飛行機の損害極めて大きく若干の格納庫も損傷せり。

機動部隊の報告と似たる点も一、二あるも、艦艇のほうは艦名といい大分開きあるがごとし。米国は而く欺瞞的発表のできざる国なり。ハテハテ。損傷は事実なるも沈没艦名は明瞭ならず。

さらに本日、潜水艦飛行機を以て港内偵密の結果は戦艦四隻内一は籠檣《ろうしょう》他は損傷して分明せず、また沈没のものも充分分からず、他空母一隻及び巡洋艦数隻ありと。

十二月十八日　木曜日〔快晴〕（X＋10）

臨時第七八議会も昨日臨時軍事費二七億円議案若干を可決し、衆院は大東亜戦争目的貫徹に関する決議を以て閉院せり。

言や誠に可、辞やすこぶる強し。ただ眼前の小捷《しょうしょう》に意驕らず、十年の苦難に堪ゆべし。

昨夜ウエーキ島方面哨戒中の我がロ号六六潜同六二号と衝突、瞬時にして沈没せりと。何たることぞ惜しむべし。同島は少し魔物なり。

機動部隊中の8S、2SF（第八戦隊、第二航空戦隊）及び駆逐艦二を臨時第四艦隊の指揮下に入れ、今度こそ攻略目的を達せしむることとせり。

機動部隊も敵潜出現のため、南硫黄島南方を迂回することとなり、これに対し駆逐隊二隊を警戒に増派するとともに諸項注意を与えたり。

前後繋留右舷に幸したるも、防御網損傷大なるにより本日午後振れ繋がりに変更。

本日の戦況大なることなし。

十二月十九日　金曜日　〔晴〕（X＋11）

午前九時過ぎ、哨戒機は小水無瀬島至近に敵潜を発見し、駆逐艦初春すぐに攻撃、油浮上、さらに十一時頃、八島至近に他の一隻発見、早苗これを爆雷攻撃すと。

呉鎮は早速潜水器を入れ後の処分をどうするかなど、ずいぶん気の早いことを聞き合わし来り、潜ってみたら油の小筒の外藻抜けの殻という様なることとなるべし。

夕刻に至りさらに八島のものは速吸に向かい南航しつつあるがごとし。またしても逸したるか、それにしても屋代島の南に在りとせば壁一重向こうなり。用心、用心。

　敵潜を仕止めたりけり海豚《イルカ》群

機動部隊の戦果詳報に加えて豆潜水艦の活動を中央より発表し、新聞種はにわかに増加せり。米は真珠湾内外においてこれを捕獲し、その要目はワシントン電としてイタリアより伝わりたる今日、これが発表もやむを得ざるに出たるもの。決死の十勇士の功績を称するには極めて可なり。ただ将来秘密裡に米西岸に使用せんとするに当たり、彼をして警戒せしむるに至るは遺憾なり。

平仄なき陣中の手前味噌。

　驕慢横暴恨徹骨髄

　蹶然立報東亜之仇

善謀神速覆太平洋
天地震駭忽制大勢

十二月二十日　土曜日　〔曇〕　（X＋12）

本朝午前四時、陸海軍協同ダバオ上陸に成功せり。多数在留邦人の喜びや如何。若干日後には我が航空部隊移駐し、「スル」海方面敵の存在を許さざるに至るべし。

昨日来の敵潜、油湧出するというも未だその本体を捕捉し得ず。爾後に及びて大分空飛行機、藻島の南方に移動する油を発見爆撃するとともに警戒艇これを攻撃す。少なくも内海に入りたるものただにて帰すべからず。一度は二度となり、二度は三度となり、危害恐るべし。癖にならしめざること肝要。

午後四時頃、嶋田海軍大臣飛行機にて岩国空着、慶祝のため来艦せらる。議会並び一般の海軍に対する敬慕信頼を語らる。晩餐は一艦隊長官桑原司令官を加えて共にす。大臣本夜陸奥に宿泊せらる。歯痛、戦闘は口腔内に起これり。大臣と長官は相当長話あり。九時四十分頃しばらくにして陸奥に赴かる。水入らずの級友、共に国家を語る大いによし。

十二月二十一日　日曜日　〔雨〕　（X＋13）

海軍大臣陸奥より再度来艦、朝食を共にし記念撮影し後艦発、岩国航空隊より飛行機にて帰京せらる。

数々の東京土産に対し酬《むく》ゆるに牛肉を以てす。東京には牛住まず、正午過ぎ大和入泊、長門の西に錨を下ろし、我が連合艦隊の威力はとみに上がれり。

今日までの会議その他の成績極めて良好なりといえども、これをこの連合艦隊旗艦として安んじて本拠を移すまでにはよほどの訓練を要す。艦長以下の労苦なかなかなり。

十二月二十二日　月曜日　〔曇〕　（X＋14）

午前五時、比島本攻略部隊リンガエン湾に入泊上陸す。特に敵の抵抗なきがごとし。敵の戦意まったく喪失せるを見る。

半ばフィリピンを捨ててもシンガポールを固守せんと新聞にあり。フィリピンを捨つる者よくシンガポールを維持し得るや。香港今や命旦夕《たんせき》なり。シンガポールまた予定より早きを疑わず。

ミッドウェーを夜間砲撃せる第七駆逐隊の二艦入港す。その労苦を多とす。

十二月二十三日　火曜日　〔晴〕　（X＋15）

八時四十五分艦発、三番艦大和の巡視を行う。巨艦なかなかよく出来ているも、どうかと思う節々もまた少なしとせず、これ旧来の考えより出るが、今後さらに研究を要すべし。

十一時過ぎ帰り来れば釣島水道の西口近く、またまた飛行機により潜水艦らしきものを発見し、警戒艦急行攻撃を行うと。後刻駆逐艦よりの電報によれば、瀬に潮の渦を為すものを見誤りたること確実となれり。

一事が万事この類いならざるやを思わしむ。敵の潜水艦に積極的の戦意に乏しくかつ技量極めて拙劣なり。何んぞ豊後水道を通過して内海に入るを得んやと思わる。

しかれども今日までの発見がすべて疑心暗鬼によるものなるの確証を得ざる限り未だ安心することは過早なり。速やかに発見者を一堂に会して、忌憚なく当時の状況を語らしめ、またあるいは潜航中の潜水艦状況を実際に視認せしめてその正否を確むること必要なり。本件しばしばこれを参謀連に注意せるも未だ実行せず。

午後零時四十五分艦発、給糧艦伊良湖を巡視す。一万三〇〇〇トン近き川崎製特務艦長は艤装上いろいろ不備を述べたるも、その貯蔵量においては△万人△日分なり。特に野菜倉庫はその量を増し菓子類製造能力は優秀なるものなり。

速力一七ノット計画に対し一八ノット余りは対潜警戒の要、特に必要なる今日大いに意を強くするに足る。

尻矢特務艦長東郷実大佐、補給任務を終わりての話は従来八ノットにて行動せり。それを一〇ノットの回転に為さしめたるが、実速は八ノットに過ぎず、小笠原方面行動中、敵潜出没の報、あるいはまた、実際視認により回避せんとするも、なにぶんにも最大一一・五ノットにて大いに苦労せりと、さもあらん。

海軍の特務艦は今後二〇ノットの速力を出し得ること絶対的なり。徴用船舶もまた然るを要す。ここにおいて平素より優速船の建造奨励に関し一段の努力必要なりと認む。

難物の「ウエーキ」攻略本未明なりとするもなかなかに電報来らず。焼きもきせるは先任参謀のみならず。

十一時頃情報来る。午前零時三十五分接岸揚陸開始、頑強なる敵の抵抗に対し風波を冒して上陸十時しばらく両島を攻略せりとまず以て安心なり。

多大の犠牲を払って攻略遅延せる本作戦の再挙、井上第四艦隊長官の苦衷察するに余りあり。今日まで急かずあせらず我慢したるところ、やはり我ら大学校の学生長なり。

ともすれば同艦隊参謀長の電を見て、第四艦隊は少しあわてている、あせっているなど言いて、しかもこれを冷静に静めんとするがごとき一部には、我かねて同意表せず。

君がその立場になってみたまえ、当然ではないか、不足の兵力を当てがってこれにてやれという連合艦隊司令部に無理があった理なれば、戦のしやすきようにかなり早く目的を達するように仕向けることが肝要なりと諭したることあり。これにて第八戦隊と第二航戦の第四艦隊長官の指揮を解きたり。

日没時、機動部隊の姿クダコ水道東方より北上し来れり。六時半投錨せるにより夜暗をいとわず、すぐに旗艦赤城に南雲長官、草鹿参謀長を訪《とぶら》い凱旋を祝し感謝の意を表す。

一、今回の大成功に対しては必要だとするときすべて都合よく進み、天佑神助なりと認むるほかなし。

二、無線封止の情況において全隊を分離せずして行動せしむることにおいて長官として大いに苦心せり。

三、補給艦の艦長以下まったく献身的にして技量も上手となり賞讃に値す。

四、帰途におけるミッドウェー空襲命令は情況許す限りなりしも、参謀長自身としては腹が立ちたり。

など主なる所見なり。

飛行機二九機、戦死五五名のほか数名の犠牲者ある程度艦体兵器もまた若干の損傷あるも言うに足らずとすべし。偉勲を立つるも空母二隻も喪失せんか今日入泊に際して、かほどに士気昂揚を見ざるべし。

十二月二十四日　水曜日　〔晴〕　（X＋16）

「ラモン」湾本早朝上陸成功、波静かにして敵の抵抗を見ずと、結構至極。

七時過ぎ、南雲第一航空艦隊長官以下来艦。永野軍令部総長、汽車事故のため遅延、九時半来艦せらる。

ここにてハワイ海戦の戦況報告を聴き終わって乾杯、記念撮影、十一時過ぎより旗艦赤城に赴き、山本連合艦隊長官の機動部隊各級指揮官に対する訓示、軍令部総長の挨拶、記念撮影、士官室における祝杯等の行事ありて十二時四十分頃帰艦す。

永野総長、片桐航空本部長の大和視察に同行す。両人とも三時過ぎ呉と岩国に向かう。

歯痛ますます加わる。

十二月二十五日　木曜日　〔曇〕

本早朝「ホロ」の占領に成功せり。

「クーチン」侵入には我が輸送船四隻、敵潜の攻撃を受けたるほか駆逐艦狭霧もまた魚雷命中、爆雷及び爆薬庫の誘爆により沈没。乗員半数救助せられたり。同一の原因により駆逐艦、掃海艇等を逐次亡失す。速やかに対策を講ずるの要あり。

防弾鈑砂嚢を以て爆雷を防御し、さらに直接必要少なき魚雷を陸揚げし、誘爆せざる炸薬を使用することもっとも肝要なりとす。

午前、午後とも歯痛甚しく勢力半減、夜に入りて二時間余り治療を受ける。十時半早めながら床に入る。間もなく香港降服の快報を届け来れり。皇軍克く猛攻せり。英守備もまた克く防守せり。

さすがは英国人なりと敵ながら賞辞を与うるに吝《やぶさ》かならず。これにて英が阿片戦争以来支那を侵害し、かつ本時事変にて策謀の本拠となれるこの地を覆滅せること最も有意義として、英勢力を東亜より駆逐するの前提となれり。

十二月二十六日　金曜日　〔曇〕

「クーチン」沖にまたしても掃海艇と運送船一隻を犠牲と為せり。

一二駆逐隊司令護衛中なるが該方面もっとも英の飛行基地に近く、かつ敵潜の跳梁あり一部揚陸を了したる後は飛行基地完成するまで避退するを可とすとは、先任参謀の所見なるも基地設営班の物件揚がらず、もう少しとの考にて損害を招きつつあるものとも考えらる。

「ミリ」の飛行場水浸りにて案外使えず。ちょっと遠き観あり。南遣艦隊よりは航空母艦の派遣を希望し来れるが、敵潜と敵機の目標に空母をこの海域に進むるは極めて危険なるうえ、今のところ派遣の兵力として余力なし。

本日一二〇〇第一段作戦、第二兵力部署に転換を命ず。

第二次格納筒（特殊潜航艇）の使用準備を計画す。

米の機動部隊（空襲部隊を含む）の編制、航路、時機及びこれを必殺するの方途研究を要す。彼といえども新編成を終わり一角の準備できたらば、必ず報復の挙に出づべし。これを反対に全滅せしめば以て当分参るべし。

これだけは必ずやらざるべからず、東京を空襲せしむべからず、これ我のもっとも重要視するところなり。昨夜の治療の結果、歯痛ほとんど去りたり。

昨日、猪口砲校教頭より祝詞の後マレー沖海戦に我が巨砲の成果を見るは、このときと大いに期待しいたるに、またしても飛行機に功を譲り髀肉の歎ありとの通信あり。

もっともなる次第なるも戦は永し。いろいろの情況は今後も起こるべし。主力艦の巨砲大いに物を言うことありと知らずや。

いろいろ策を与えて三和参謀打ち合わせのため上京す。

思い出して記す。軍令部総長一昨日の昼食、食卓にて余に向かい「南部仏印進駐は大いに役立ったね」と言われたり。余は「日米開戦の近因となれるも作戦する上には絶対的なり」と答える。

永野総長の時代となりて実現せるものなるも、自慢的の言にあらずして、総長がたびたび言われたる「君らのやった尻拭いでどうにもならぬ」を打ち消し、反対に賞揚せられたるものと見るべし。

その結果が善くなれば先見の明ありたることとなり、もし戦果今日に反対しあらば糞味噌なりと思はる。

人間の世界この類にして、三国同盟もそのうちますます光輝を表さん。要は前途を達観し、国家的に必要と認むることは早期に断行すべきなり。その批判を俟って行うは時機すでに遅し。世の大事を為すもの深く心得べきことなり。

十二月二十七日　土曜日　〔半晴〕

本日戦況に大なる変化なきもマレー半島の陸軍は東西にわたり極めて早く南下しつつあると陸軍航空隊が先般三次にわたりヤンゴンを攻撃し、敵機多数を撃破せるは賞すべきなり。

新聞は香港陥落によりて賑やかなり。

第一一航空艦隊の南下やや遅き観あり。調査したるに大体は計画通りなり。ただ「ダバオ」の攻略若干予定より遅れたるためなるべし。

「クーチン」沖の損害より飛行機の警戒を希望せるに対し、「ミリ」飛行機隊指揮官は神戸の防空を霞浦よりするがごとしと言いたり。もっともなるべし。

戦闘機増槽を付せざれば、一杯一杯これを用いて十五分の滞空時間あるのみなりという。苦しくなればお互いに言い分あるものなり。これ言い分をかなり少なからしむるごとく計画し実行するとともに、臨機処置を講じてあまり弱気は言わぬが花なり。

石炭補給のため「カムラン」湾に派遣中の特務艦野島、香港南方海面において敵潜の襲撃を受け二番船艙を貫通し浸水のため支那沿岸に避退投錨す。処置適当なり。

魚雷は爆発せずして貫通したるもののごとし。演習用頭部というものあり。野島の船体腐蝕し爆発尖作動に至らずなどと評するものあり。共に笑談、作戦室も余裕あり。

今明日、泊地において潜校練習潜水艦を潜航せしめ、飛行機搭乗員及び見張員の訓練を行う。

田口軍令部二課長、田村通信部員と共に来艦す。今後の作戦指導もとより自主的なるを要するも、敵状判断を充分にして逆手を打つの必要あり。ただ漫然と概念的にては不充分なるを以て兵科参謀に研究を課したり。

すなわち米英最高司令部並び太平洋艦隊、亜細亜艦隊、極東艦隊の作戦主務参謀と仮定し、今後執るべき対日作戦を研究計画し具体的答案を提出せしむることとせり。

午後の御茶に餅あり、本日長門の餅搗きなりという。すでに師走も残り少し。割合に暖かし。

十二月二十八日　日曜日　〔曇後晴〕

艦隊錨地付近の防潜網展張を終われり。これにて少し安心できるべく昼夜を分かたざる哨戒艇も半減して可ならずやと思う。

歯痛収まらず。活動中の諸隊には過労より歯痛を来せるものも相当にあるべく同情に値す。生死の間に往復せば痛みもまた而く感ぜずとせば、今の我が身は余裕ありすぎて贅沢と言うべし。

十二月二十九日　月曜日〔半晴、風強まる〕

午後一時半頃、遥かに東方を第八戦隊北上、呉に向かって帰還す。懐かしの艦影！　わずか三カ月余りの短期間なりしも、余が最も真剣にかつもっとも愉快に指揮統率せし戦隊、よくぞ偉勲を奏してめでたく帰着せる子供の凱旋を迎うる親心なるべし。

三十分間を置いて第二航空戦隊通過す。級友山口多聞少将の心労を多とす。

夕刻、三和参謀東京連絡より帰艦す。些事多く特に大なる変化なし。当面の問題はいずれにせよ大事なかるべし。占領地爾後の経綸についてなお中央未決定なる点多し。

フィリピンは保護国として独立せしむるか、マレーは我が永久領土となすか、蘭印は彼が資本利用のためその存在を是認するや否や、満洲、支那の取り扱いに懲りて大方針を有せざるは不可なり。

これ占領前より兵を用うる上において、各々差異あればなり。大東亜共栄圏の手前へ、むやみに領土となすも考えものなりといえども、必要の地域はこれを占有し上手に運用すること自存自衛上肝要とす。

帝国は戦に強けれども、どうも殖民地政策には手腕少なきを憾《うら》む（本件軍令部一部長として昨春頃よりその研究を望みしところなるも、開戦後に至りてなお決せざるは遅緩と言うべし）。

雑誌の中より泉岳寺における大石内蔵助の述懐の和歌、

あら楽や思は晴るゝ身は捨つる
　浮世の月にかゝる雲なし

この心境まさに神なり。このたびの征戦我いずれのとき斯かる境域に達し得るぞ。第一段作戦は国民の喜びのままに進捗せしめ得んも、爾後の作戦と終局に思いを馳するとき、果たして憂いなきのときあらんや。

十二月三十日　火曜日　〔晴〕

マレー陸上進撃はなかなかに早し。フィリピン「ラモン」上陸部隊は南東より「リンガエン」上陸部隊は大挙北方よりいずれもマニラ目掛けて進撃中。その行程の半ばに達し、両者の危急外国電によりてやかましく伝えらる。

状況視察、及び第四艦隊、第六艦隊司令部との打ち合わせのため、渡辺参謀（南洋作戦分担）を本日飛行機にて東京回り作戦地に出発せしむ。

占領地処理方針決定を要する時機なりと述べ居たるところ、中央にてもその議あり、藤井政務参謀の上京を求めたるを以て、本日準拠すべき案を作りて彼に授く。本件につきての余の見解は次のごとし。

前提として考慮すべき事項、

（一）人道的観点

（イ）八紘一宇の理念
（ロ）世界新秩序の建設
（ハ）東亜共栄圏の確立
（ニ）大東亜戦争の起因

以上（イ）～（ニ）：東洋民族の興隆

この看板はあくまで掲げて表面矛盾あるべからず。

（二）国家（主義）的観点

（イ）戦争収拾の捷径

支那事変本戦争の速やかなる目的達成を計る手段、個々撃破、分離講和、植民地分離、必要物資の敵性国への流出防止。
（ロ）自衛的方策
防衛の形成、要点の占有。
（ハ）自存的方策
必要物資の絶対確保永続。

本諸項は帝国興廃の繋がるところ必ずその目的を貫徹するを要し、前提条件中の最上位とす。
（三）経済的観点
（イ）英米のごとく帝国は殖民政策上手ならず。搾取主義は執り得ず、人道的同化温情主義に流れやすし。
（ロ）帝国が物質的援助を必要とするがごときは極力これを避くるを要す。ただし有無融通し共栄的方法はこれを尊重す。
（ハ）軍事的支援は帝国防守上の自守的見地に立ちその最小限度を出でず。
（ニ）隣接地境人種等を考慮しなるべく速やかに人心の安心を致すとともに、紛争の禍根を残さざるを要す。
以上の見地より左記判決に達す。
将来保有すべき軍事要点
香港、マニラ付近、ダバオ、タラカン（バリックパパン）、スラバヤ、シンガポール、アナバ島、セイロン島等。
占領地の処理（人種・歴史・宗教・統御上の便否を考慮し適宜範囲を変更するを要す）

フィリピン、独立せしめ保護国とす。ただしミンダナオは特別に取り扱いも可。

北ボルネオ、適宜に所属せしむ。

マレー殖民地、概ね現有機構のまま帝国領とす。

ビルマ、独立せしめ保護国とす。一部はタイに割譲。

インド、ビルマを通じ独立に進ましむ。

ニュージーランド、攪乱、英国より分離せしむ。

グアム、ウエーキ、ギルバート、オーション、ナウル、帝国領とす。

蘭印、（第一案）早期降服の場合
　蘭本国と分離せし現機構存続、総督制現状をしばらく維持。

（第二案）徹底的に兵力使用占領の場合
世界的に和蘭抹殺帝国領とす。ただし土民の進歩により数個の分立州国としてその上を帝国統治す。

蘭印処理は独の蘭本国に対する思惑もあり、最も機微なり、いずれにするも帝国の自由になることが必要なれば荒療治もまた覚悟しあるべし。

この案を提げて藤井参謀は行く、中央は何と言うだろう、余りに技巧は我らの執らざるところなり。

支那事変は猫も杓子も乗り出してつつき回したり。国家の自存自衛を最大の目的とする本征戦なり。素直なる軍人の考えが一番機宜に適せるにあらずや。

軍務の要路時に智謀小細工に走りすぎるを戒む。同時に蘭印の処理にせよ何の遠慮が要せん。まず独に対し本件処理の決意を通牒し置くのみにて可なり。

もちろん欧戦勃発前の独人権益はこれを尊重し、枢軸側の必要とする物資もこれを融通すべし。従来帝国としては客観情勢の有利なる展開を希求するところありたるが、すでに本征戦を始めたる以上、軍事的はもちろん、世界新秩序の建設にも帝国は指導的立場に立ち独伊枢軸国をしてこれに追従協同せしむるの挙に出ること絶対必要なり。

いわんや東洋方面に関することにおいてをや。

十二月三十一日　水曜日〔曇〕

十一時半頃、山口第二航戦隊司令官、打ち合わせのために来艦、大いに元気なる顔を見る。誠に嬉し。

機動部隊帰還の行動に関し、当方考えるところと同様の意見ありしもこれは省略するを可とせん。二航戦撮影のハワイ空襲写真により、明に覆没せる敵艦を認め、またウエーキの写真を始めて見るを得、大いに心強く覚える。

午後、左上奥より二番目の臼歯を抜く。問題の歯約二年これがために困《こう》じたり。

八時半、晦日蕎麦を一同集まりていただく。飾鏡餅松竹梅など一通りの祝品揃う。この大戦争中に贅沢をぞ思う。餅米を搭載しながらこれを搗《つ》く暇なき作戦中の部隊に同情の念禁ぜず。

昭和十六年・皇紀二六〇一年——日本歴史、いや世界歴史に特筆すべきこの年——を送る。感無量。

昭和十七年一月

一月一日　木曜日〔晴〕（X＋24）

支那事変以来第六年、大東亜戦争第二年の新春を迎える。竹の園生《そのう》の弥栄《いやさか》と国運の画期的発展を祈るとともに、速やかに征戦の目的貫徹を期す。

開戦以来まだ二十五日に過ぎざるも、作戦の経過順調にして三月一杯を俟たずして第一段作戦を終わるの望み充分なり。

しかしてその後に起きるべき諸象如何。陸軍一部の妄動によりて対「ソ」用兵のやむなきに至るか、米英勢力を挽回して機動に出で、太平洋上龍虎相撃つの決戦を展開するや、前途は光明に輝く。本十七年の成果はまさに本戦争の中核なり努めざるべからず。励まざるべからず、すべては勝つにあり、我必ず勝つ。

遥拝式、御写真奉拝、祝杯、記念撮影等の行事例による。太平洋の東西南北に展開飛躍する我が軍を思いて、

　年あらた総進軍の喇叭鳴り
椰子の下戦車止まれり初日の出
南国や椰子の実吸ふて屠蘇代り
屠蘇代り水杯の船出哉
蔭膳の雑煮一つも腹に来ず
戦陣に祈る心や初日の出
八点の鐘は響きぬ初詣で
屠蘇酒は戦勝祈念と上戸云ひ

進軍や元旦もなし屠蘇もなし

「コタバル」に上陸せる陸軍佗美枝隊は、マレー東岸に南進を続け、昨日午前、敵の航空基地「クワンタン」を占領せり。これ挙げたるや、而く簡単に行われたるにあらず。

一時は海上より兵力転進を企図し、これをQ作戦と称して実行の腹なりしも、陸上前進によりその目的を果たせる、けだし称揚すべきなり。

午後四時半、伊三潜は「オアフ」の二三〇度一〇〇カイリに敵航空母艦一隻、巡洋艦二隻、針路二七〇度と報ず。

その目的如何、単に近海の警戒なるや「ミッドウェー」の報復的空襲なるや我が本土に対する機動勢力としては不足なり。よき獲物御座んなれ。

「クエゼリン」に在りて整備中の一個潜戦をすぐにその前程に伏せ、米西岸よりハワイ近海まで引き揚げ中の一ヶ潜戦後方より掃蕩す。「ウエーキ」に中攻及び飛行艇を進出せしめば、先以てこれを撃破し得ん。

ただ「ウエーキ」に戦闘機を有せざるを遺憾とす。右と同時に呉にて準備中の機動部隊をかなり速やかに発進せしめ得る状況となし万一に備うべし。

一月二日　金曜日　〔晴、風強く寒し〕

昨日ハワイ方面にて発見の空母と巡洋艦に対し、第六艦隊は概ね所要の命令を下し潜水艦を配置したり。されども再度敵発見の情報来らず劣速ついにこれを逸したるか。

長官曰く、軍縮会議において帝国は潜水艦は防御的にして決して攻撃的にあらずとて、これが廃止に反対したるが、今や実際に防御的となれるの観あり。ただし一隻でもやれば元気は出るべしと。

商船以外まだ有力なる敵艦を撃沈するに至らざるは斯兵のため惜しむべく、あるいはまた過早に結論を誘発するの惧《おそれ》なしとせず。

陸軍はフィリピンにおいて急進を続け本未明にはマニラを距《へだて》る北方一二里となり、四八師団に対し進入を下令せり。夕方のラジオは二里半と報ず。明日の入城確実となれり。

ハワイ海戦の写真、元旦の各新聞に大きく公表せられ国民は何よりの贈物として喜悦せるがごとし。

第九戦隊工事を終えて入港し、岸司令官来訪、早く太平洋に出撃させよと希望して止まず。内海に在りては従軍したことにならずという。然るや否や、いずれにせよ訓練が先決なり。

一月三日　土曜日〔晴、風凪ぐ〕

元始祭遥拝式定時施行。

第四八師団の先頭、海軍通信部隊の一部は昨夕方、主力は本日午前十時マニラに入城せり。マニラ市は重油槽の火災のほか抵抗なし。

守備軍並びに首脳ともいずれに逃避せるや、オーストラリアの「ポートダーウィン」と言い、「コレキドル」要塞とも報ず。マニラ市は迅速に陥落せるも、海正面の「コレキドル」は三〇サンチ砲以下多数のカノン榴弾砲を有し防備極めて高度なり。

これを片付けざれば艦艇の出入は不可能なるべく、多分の犠牲を払うことなくその目的を達するには、八〇番爆弾（八〇〇トン爆弾）による空よりの攻撃を可とし、最後は湾内よりする強襲上陸に俟つか、とにかく厄介なる代物なりと言うべし。

夕刻特攻隊たる伊一六潜「クエゼリン」より帰着し、同艦長及び松尾中尉（状況視察のためハワイに商船船員に化けて行き参謀格として残り本回の決行には乗り組みせざりし者）の報告あり。

格納筒を搭載しての航海中の苦心、真珠湾五カイリないし一〇カイリに近接しての離脱、爆雷攻撃を受けつつ監視哨戒、及び筒の収揚を期するの心情、ともにその労苦苦心察すべきなり。

親艦と筒との協同訓練、筒の搭載法、搭載中の処理はもちろん、筒そのものの攻撃行動等につき、なお研究の余地大なるがごとし。

これを充分解決して次回の使用を計画すること肝要なり。一六潜の帰着を命じたるけだしこれがためなり。

歯痛始まりてよりすでに旬余、抜歯後痛みなお去らず不愉快至極。今日も次の抜き方見合わせとなれり。

一月四日　日曜日　〔晴〕

ハワイ付近にて発見せる空母及び巡洋艦二隻につきその後何らの情報至らず、また特に命じて第四艦隊の動きを傍受するに務めたるも、警戒しおるがごとき様子も見えず、昨日敵より受けたるグリニッチ島の被害に対し、本四日より「ラボール」（ラバウル）攻撃すべく下令せり。

敵機動する場合には、六日頃にはウエーキ空襲の可能性あり。よって同艦隊参謀長に対し情況判断を求めたり。

昨三日を以て従来の南遣艦隊を第一南遣艦隊と改名し、新たにフィリピン方面作戦及び警戒に任ずるため第三南遣艦隊編成せられ、杉山中将司令長官に親補せらる。

マニラ陥落の日を以てし、第三艦隊これより蘭印作戦に南下せんとす。時機に適合したる処理と認む。右改編に応じて連合艦隊命令中一部名称の改変を行う。

本日午前ダバオ付近のマララグ錨地に対し、敵の四発爆撃機八機高度七〇〇〇メートルにて北西方向より来襲、在泊中の第五戦隊旗艦妙高に二五〇キロ一弾命中、一、二、三番砲塔に相当の損害を受け死傷六十数名を生じたり。

妙高は旗艦を那智に変更、高雄に回航せしむることとなれり。空中警戒機二機ありしほか、ほとんど全部の搭載機を発進し、対空射撃に努めたるも高度高くまんまとやられたり。

この時機、この地点に多数艦船の集中碇泊は策の得たるものにあらざること、同司令官の今後に処する所見の通りなり。アンボン方面より来りたるものか、速やかにこの方面も手をつける必要あり。

第一一航空艦隊との打ち合わせのため高雄に赴ける佐々木参謀まったくのお飛脚にて本日夕刻帰艦せり。南方航空隊は一同元気にして作戦進捗極めて順調なる上、予期に反し損害寡少なるため支那より弱しと士気大いに揚がれるを聴く。慶すべきかな。

一月五日　月曜日　〔晴、寒し〕

第四艦隊参謀長より昨日問い合わせたる情況判断返事あり、また第六艦隊長官よりも別に電あり、大体は当方の考えと一致しウエーキ、マーシャル諸島に対しても相当の警戒を為し得るを以て別に指令を発せず。

機動部隊は一部を除き準備完成、本日呉出港飛行機揚収に着手せり。万一にも米機動部隊本土奇襲を企図する場合を考慮し、ラボール方面作戦のため南下する我が機動部隊をして、南鳥島北東部を捜索せしむることとす。

第一段作戦は、大体三月中旬を以て一応進攻作戦に関する限りこれを終わらし得べし。以後、いかなる手を延ばすや、オーストラリアに進むか、インドに進むか、ハワイ攻撃に出掛かるや、ないしはソ連の出様に備え好機これを打倒するか、いずれにせよ二月中くらいには計画樹立しあるを要し、これがため参謀連に研究せしむることとせり。

先任参謀はこのまま放任せば、陸軍は対「ソ」開戦に持ち行くを以て何とかこれを南に控置するを可とするがごとき、前提なるも、これは大いなる出師目的達成に主眼を置くを要す。

米の立て直しは必定なる上、英東洋兵力も増加の傾向を辿るは明なり。

加うるに「ソ」連も今のところ自ら対日関係に出ることは考えられざるも、欧露において独の攻勢が春期以後加わりてその勢い落ち目とならば、米は「ソ」領の使用を強要すべく、ここにおいてやむなく対「ソ」開戦ともなり、また独の成功により熟柿となれる場合、これを拾うの要もありて必要以外にあまりに手を拡げおくことは融通の利かざる結果に陥るゆえに、まず自存上必要とする資源地域の獲得維持をその範囲とし、英の分裂を誘致し得る方途にして多分の兵力を要せざるものはこれを遂行するもまた可なるが、兵力の余裕を存すること肝要とす。

ハワイ攻略の可否また問題たるべし。これが着手は艦隊決戦を前提としてかからざるべからず。

パナマ方面に潜水艦派遣、及びボンベイ方面インド洋にも潜水艦を以て通商破壊に任ぜしむることも提議しおきたり。研究事項の多きかな。連合艦隊司令部は決して遊びおらず、この大戦争の遂行はまったく未曾有の責務たり。

本日は新年宴会当日のためか、夕食はすき焼きの御馳走なるも、この歯これを味わうを得ず。朝夕の受療相当の骨折りなり、今のうちに固めおかざればマサカのときに差し支えありと精々通うなり。

一月六日　火曜日　〔晴、暖かなり〕

米国ラジオは四日（当方五日）航母及び巡洋艦、ラハイナ北方水道にて日本潜水艦の襲撃を受けたるも危く遁《のが》れ、飛行機を以て該潜水艦を攻撃撃沈したるものと認むる由報ず。

これすなわち、さきに真珠湾を出撃したるものに相違なく、当方の知らんとする敵情を敵を通して獲得せるなり。これにより機動部隊の南鳥島方面捜索を取り止むることとせり。

なお敵にして智恵あらば平文にてこの種の放送をなし本物は刻々と隠密裡に我に接近するの手もあり。

六艦隊に本件に関し問い合わせを為せり。潜水艦応答なければ被害あり、斯かる敵発見なければ敵の誤判断か虚偽なり。

本日天気よきにより長官その他と共に大見山見張所及び情島特設砲台を巡視す。一時艦発、和佐に上陸、一時四十分より登攀《とうはん》を始める。

急峻難路相当の息切れと流汗を伴う。一時間余りにして過般建設せる見張所に達す。諸島クダコの諸水道を眼下に眺め伊予松山城を望見し得て眺望絶佳、主として南方に対する対空警戒兼ねて潜水艦見張りに備える。

見張指揮官一、兵九にて四日間を担当す。従来は天幕生活なりしもの、本月五日、本建築竣工引き移れるものなり。山上の一別荘と言うべきか、四〇平方メートル建築費四〇〇〇円という。何ぞ高価にして設計の下手なる、海軍の建築家は何処に行っても誉められぬなり。

記念撮影等なして後山を下る。一瀉千里ときどき身を保つに苦しむ士あり。山上蜜柑畑あり、中腹以上に水田あり、よくも耕せるものぞ。その働く人々を見るに血気盛りの者極めて少なし。

征戦のことに従うか、海外出稼ぎによるか、和佐の地相当の経歴を有し金持ち多し。さりながらこの狭隘の天地耕すに田畑を求むること充分ならず、自然海外活動ともなりたらん。

米国西海岸に、あるいはハワイに今や拘禁の身となりたるものなきを保せず、気の毒にぞ思う。今後は南へ行って活動せよと望みたいなり。

四時十分、筏宮近くより乗艇、防潜網の付近を通過して情島に着岸、長門、陸奥分担の八サンチ砲四門の砲台及び宿所などを巡視す。

二門ずつ諸島水道東西水路を睥睨《へいげい》すと言えばいかにも立派なるも、旧式の短八サンチ砲射程は五〇〇〇メートル、最近砲座に据えたり。それまでは艦より揚げたる八サンチカノン砲の演習弾しかも旋回俯仰の利かざるもの。

島民曰く、日露戦争のときもこの地砲台を備えたるも左右上下に大砲は動けりと、呵々。流潮極めて迅、岩石の小島小樹を冠りて風趣特に優なるものあり。

この地は漁村にして和佐に比すれば家屋よりして数段落ちるなり。ここに仮当直する兵も気の毒なり。しかして艦に居りて哨戒任務に従事するよりは彼らこれを選ばん。

いずれにせよ、海軍大将の来島は嚆矢とすべしと為し、乗艇流汗後の寒冷に堪え六時帰艦す。半日よき運動をなしたり。上陸したくなれるものは必ず大見山に登れと、行かざりし人々に申し渡しけり。

本日、三川第三戦隊司令官来艦打ち合わせす。明日、伊予灘にて各種教練射撃を行い、明後日、機動部隊として南下の予定なりと。

一月七日　水曜日〔雨後晴〕
六艦隊中の潜水艦は最近ラハイナ方面にて、敵空母、敵巡を攻撃せることなく、彼は一日生起のことを、殊さらに日取りを変更し発表せるものなるべし、との返電あり。
あるいは然らん。あるいは敵の見誤りか、いずれにしてもウエーキ方面来たらざることは、五日夕刻の潜水艦飛行機による港内偵察の結果により空母帰港しあること確実なる点より断定し得べし。

第五艦隊の哨戒配備を問い合わせたるに対し、同隊は二一戦隊及び君川丸の急速進出を命じたり。相当に響くところ大なるものなるを以て考慮を要す。

さりながら慢然として何ら警戒の手段を講じあらざるは善しからず。木曾など横須賀船渠において修理中なれば、特に遺算あるべからず。

十一時半、第一航空艦隊幹部来艦、昼食を共にす。飛行機の収容等準備終わり、明早朝南洋に向け出動するはず。

ラボール作戦については、機動部隊は南方部隊に協力し、主として敵飛行機及び艦艇の攻撃に任じ敵艦艇攻撃の場合、要すれば、第四艦隊中の付近艦艇を指揮することとなれり。先後任の関係はいつもながら問題なり。

南方方面も二月二十六日頃にはジャワに本上陸するごとき部隊間の協定成り立たんとしつつあり。早きかな、まさに三月中旬には予期のごとく一段落せん。

雨夜明け前より降りて間もなく上がる。これに代わりて北西の風一五メートル、時に二〇メートルに及ぶ。防御網の損傷大なり。何とか別工夫を為さらざるべからず。

一月八日　木曜日　〔晴〕

開戦以来一カ月経過せり。各月八日は大詔奉戴日として興亜奉公日に代わることとなれり。興亜奉公日の不快なりしに比し相当改善せるがごとし。何でもすべからず主義は消極化して不可なり。

進取積極、大東亜戦争の目的を貫徹し、皇運の飛躍的発展を期するものたらざるべからず。為政者すべからく大帝国建設を目途として事に当たるべし。日本の政治家に政治家らしき大物を見ず。右顧《うこ》左眄《さべん》、井中《せいちゅう》の鮒に類するもの何ぞ多き。

皇軍の向かうところ敵なく、いかに偉勲を奏するもこれに伴う国家経綸の大策なからずんば、死生を賭するの業徒為に終わらんのみ。

先般来訪米の英首相チャーチルは、「ル」大統領と敗戦会談を続け、反枢軸連合諸国の単一軍司令部の新設を為せり。

曰く西太平洋方面においては英インド軍司令官ウエーベルが全般を指揮し、過般補任のマレー司令官パウナルは総参謀長に、また「ハート」米亜細亜艦隊長官がウエーベルの下にて艦隊を指揮すという。

さらに支那、仏印、タイに対しては、蔣介石が総指揮権を握ると、笑止千万なり。反枢軸国すべての智将、勇将、猛将を網羅し来るとも我何をか惧《おそ》れん。

連合軍の弱体はますますその欠陥を暴露し、日ならずして彼らその居所に迷うを知らずや。見よ、後二カ月、しかしてその間充分に余命を楽しむことを彼らに勧誘し置かんのみ。

米西岸、ハワイ近海を経て掃蕩帰路にある第四潜水隊の一艦は、本朝七時、「ジョンストン」と「マーシャル」の中間において、「ラングレー型」敵航空母艦を撃沈せるの電、夕刻受信す。「レキシントン」なりせば、水雷参謀は麦酒一ダースの賞に与るところを惜しきこととせり。

第三艦隊を主とする蘭印部隊は「ダバオ」方面を発し、十一日早朝の「タラカン」「メナド」攻略に向かえり。英、米、蘭はすでに本情報を手にせるがごとし。

蘭印地中海に引退することなく、少しは活路を求めんことを彼ら敵に奨むなり。戦は勢いなり、またなお如何ともし難きか。

機動部隊（8S、2SF、加賀欠）本朝発、南下第二次作戦に向かう。

一月九日　金曜日〔半晴、風力強し〕

マレーの敵飛行機は、偵察の結果によれば一三四機に達すという。彼相当増強したるものと認む。来れ我これを喰わんのみ。

第五艦隊及び横鎮の東京方面空襲に備える陣容充分ならず。近き将来、兵力を増強しその計画を新たにする必要を認む。東京は断じて空襲せしむべからず。

第八戦隊呉より出港、西之五番付近に仮泊す。阿部司令官挨拶に来る希望なりしも海上風波高く信号を寄越せり。明早朝加賀と共に「ラボール」作戦に向かう。さらに奮闘を祈る。

朝は南西の風にて大いに暖かなりしも、張り出し来れる高気圧のため、北西に変じ夕刻は風力三〇メートルに及ぶ。防御網の框《かまち》、舷側に衝撃、震動と奇音を来し、まったく不愉快至極航海中の波濤以上なり。

鷗に水搔きありや無しや、昨日夕食の問題となり、余と艦隊機関長は無きほうなりしが、本日ありと決定、麦酒一ダースの損耗となれり。陣中にはこの種のことも望まし。

一月十日　土曜日〔晴〕

昨日の強風ようやく収まり、各艦防御網の修繕に骨を折る。実に厄介至極の代物たるかな。

マレー西岸の進撃は極めて有利に進展しつつあり。フィリピン・バタアン半島の敵は相当頑強に抵抗しつつあるも、我が猛攻に逐次追いつめられ、かつ食料に欠乏を来せるがごとし。兵糧攻めは古来の妙法なり。

コレキドルには相当の蓄積あるべけんも贅沢の生活に慣れたる彼ら、そも幾日を支えん。

一月十一日　日曜日〔曇〕

しばらく鳴りをひそめて準備中なりし比島部隊は、本日午前零時に第一次、四時第二次を以てタカラン上陸に成功せり。

また午前六時、セレベス島北端のメナドに対し上陸成功せり。本上陸には一〇一部隊たる落下傘部隊を以てカカス飛行場の占領を計りたるはず。

立ち遅れて同部隊の訓練整備には多大の気をもましたるところなるが、本日最初の実戦使用に満足の成果を挙げおらんことを望む。

天気快晴、飛行最適、その他両地方とも敵機の来襲ありたるを報ずるも、未だ具体的報告に接せず。

二航戦呉より出港北方錨地に投錨、山口司令官以下幹部挨拶に来る。永田航海参謀、十時発西下飛行機にて高雄ダバオ方面出張、第二艦隊、第三艦隊司令部と打ち合わせ連絡に出発す。

一昨日ダバオ南方沖合警戒中、第一砲艦隊咸興丸は、前程至近に敵潜望鏡と同時に三本の雷跡を発見、速やかに回避せるもその一本命中の厄に遭ひ、二、三番船艙浸水、主機械使用不能に陥り百方手を尽くしいる間に、艦橋前部にて船体切断沈没せり。

戦死は三名にして他は重軽傷者を併せ救助せるが、砲艦長海軍少佐野口保一は終始艦橋に在りて指揮しいたるが、ついに艦と運命を共にし壮烈なる戦死を遂げたりという。

思うに避難の余地はありたらんも、砲艦長の責任を重んじ従容《しょうよう》艦と共に運命を共にせるものと認む。

特進応召の士官として誠に天晴なる精神なり。特にこれが取り扱いには眼をかけること当事者に望むところなり。本日より執筆情況判断として作戦指導要綱を起案す。

一月十二日　月曜日〔晴〕

昨日のタラカン上陸作戦はまさに成功せるが、本朝午前八時過ぎ同地蘭印司令官は降服を申し込みたるにより、攻略部隊（4Sd）の入泊を企図し、掃海部隊をして掃海進入せしめたるところ、正午砲台より砲撃開始、第一三、第一四掃海艇は砲撃と触雷の結果沈没に至り、有終の美を為さざりしを恥ずるの第二護衛部隊指揮官の報告あり。誠に気の毒とぞ思う。

降服につれて全部をして攻撃を終止せしむるとともに、機雷敷設その他の危険物の有無をも白状せしめたる後にても可なり。

由来、陸海軍の先陣を争う。その精神必ずしも不可ならざれども、これがため相当の無理を惹起することあり。その根源に至りては海陸軍相互間に言語に言えざる立場あればなり。マニラ海陸軍現地協定の纏まらざるもまたここに存す。

メナド方面は順調なり。落下傘部隊は準士官以上三名及び下士官兵の戦死ありたるも、「カカス」飛行場を略取し飛行機二機は医療人員を輸送しトンドノ湖に着水せり。

なおケマ方面より上陸せる陸戦隊も同湖を迂回しこれと合わしたるがごとし。付近標高千数百メートルの高山もあり、将来別荘地としてこの地数万町歩を手に入るるか、呵々。

有馬水雷参謀最も得意気にしばしば電報を届けたり。

曰く、一四四一伊八潜ジョンストンの六〇度二七〇カイリにおいて敵空母「レキシントン」、重巡一隻、駆逐艦二隻、針路一二六度速力一四ノットを発見し空母に対し攻撃、魚雷二本確実に命中、その後七分にして二回爆発の音響を聞く。

敵の爆雷攻撃を受けたるにより、三時間後浮上せるに何物も発見せず。敵空母は撃沈し得たるものと認むと。なおその付近に相当の我が潜水艦捜索に従事しあり、例え半死にて航海するとも爾後の捕捉容易にして泡よくば重巡も撃沈し得ん。

潜水艦乗組諸士、今日まで実に限りなき苦難に従事したるが、過日「ラングレー」を葬り、今また「レキシントン」を藻屑とせば、その労やまさに報いられ潜水艦の欠くべからざるを実証せり。

余としては限りなき喜びなり。これとかく航空の華々しきに眩惑せられ潜水艦の影薄しとするの傾向生じつつあるをかねて遺憾とせるを以てなり。水雷参謀はここにおいて長官約束の麦酒五ダースを獲得すべし。

午前十時、第九戦隊旗艦大井の改装状況を視察す。余は少佐に進級の後、本艦砲術長として一年間の勤務思い出ある艦、今や艦橋後部より艦尾にわたり、上甲板の改装を行い、四連装発射管各艦五基の重雷装艦となり、砲装は前部三門に削減せられたり。

本戦隊の用法についてかねて研究を命じ置きたるが、参謀連はただ後衛の不足を補わんとす。一理なきにあらざるも、余は本艦の特質発揮すなわち魚雷力の利用価値発揮を主眼としあり、森下艦長の意見もほぼ同様なり。さらに戦隊を分割し、個艦的に異射点法を画するも研究すべきなり。

一月十三日　火曜日　〔晴〕

「レキシントン」を果たして轟沈し得たるや否や、沈没せば付近相当の浮流物は当然残留し、かつ乗員救助に同隊の艦中、駆逐艦は少なくも残留すべし。

この地点より約一〇〇カイリ南東方向に他の潜水艦は油の浮流を発見せるのみなり。我が潜水艦も爆撃及び爆雷攻撃には最大の脅威を感ずるものと認む。いま少し冷静に処置し得ざるや。

この点なかなか難しき問題なりと認む。六艦隊長官は沈没し得たるものと認め第二潜水部隊のクエゼリン帰投を命じたり。

本日陸海軍航空部隊協同、戦闘機を随伴してシンガポールの大空襲を実施せるところ、海軍部隊は天候に災されて中途引き返したるもの、盲爆に終われるものなどありて陸軍機のごとく戦果を発揮し得ざりしを憾《うら》む。

第九戦隊発射訓練のため伊予灘に出動す。近く護衛任務に従事せしむることに予定せり。今夜大海命による指示あり。第二師団を門司より高雄に護衛することとなる。9S、d×2及び鎮海の駆逐隊一隊を以てすることとする。

一月十四日　水曜日〔半晴〕

第九戦隊早朝入港、八時まで呉に回航す。その間司令官打ち合わせに来る。作戦任務を受けて勇めるは可なり。天候良しからず。せっかくの発射を中止せるを惜しむ。

陸軍機はシンガポールに大型空母の在泊するを報ず。南遣艦隊は攻撃命令を出せり。陸軍機の大活動に比し海軍機は天候障害のため近来とみに攻撃力を減じたり。

セレベス島南西を敵潜三〇隻潜航北上するを偵察機発見せり。数において疑あるも確実と言う。第六潜水隊の潜水艦は、チモール島南方にてヒューストン及び駆逐艦二隻を発見、これを追躡中ポートダーウィンに行くものと見て、他の潜水艦を配備せり。獲物はなかなか発見せず。要は攻撃実効果なり。

四日間の努力により作戦指導要綱を書き上げたり。結論としては六月以降ミッドウェー、ジョンストン、パルミラを攻略し、航空勢力を前進せしめ、右概ね成れるの時機、決戦兵力、攻略部隊大挙してハワイに進出、これを攻略するとともに敵艦隊と決戦しこれを撃滅するに結着せり。

本計画に同意するものそも何人ありや、試みにその理由とするところを記せば、
一、米の痛手は艦隊勢力の喪失とハワイの攻略にあり。
二、ハワイの攻略及びその近海における艦隊決戦は一見無謀なるごときも成算多分なり。
三、時日の経過はこれまでの戦果を失うのみならず勢力の増大を来し、我は拱手彼の来攻を待つほか策なきに至る。
四、時は戦争における重要要素なり。節は短なるを要す。長期戦を覚悟するも自ら求むるの愚はなし。
五、独の英本土攻略作戦後においては、帝国海軍の作戦は反りて重圧に陥るおそれあり。
六、米艦隊の撃滅は以て英海軍の撃滅となり、爾後何をするも勝手放題にて戦争収拾の最捷径《しょうけい》なり。
これは先任参謀に渡して詳細を練ることにせり。参謀連は一つも答案を提出し来らず。

歯痛ようやく至れり。

一月十五日　木曜日〔晴〕

昨日発見せる獲物に対しては未だ何の便りもなし。大本営は過般伊六潜の発見雷撃せる敵空母レキシントンの沈没を情況を具し撃沈せるものと認むと昨夜発表せり。

本朝刊はこれを大々的に記載せり。沈没せる同艦が今後また紙上はもちろん海上に現れざらんことを望む。海軍は嘘は言わぬが立前なり。

第二戦隊呉より帰る艶種の戦闘詳報如何。

一月十六日　金曜日　〔半晴〕

「ヒューストン」は「ポートダーウィン」に入らず。「セレベス」島の南東に在ること確実となれり。潜水艦は待ちぼうけとなれり。

あまつさえその沖合において切断せんとしたる海底電線は拘束するに至らずして拘束索を切断せり。二八潜水隊の無念想うべし。

敵潜三〇隻北上との報により、一夜二水戦その他を以て潜水艦狩りを行いしも獲物なかりしがごとし。敵は反転南下せるか、さりとは戦意まったくなしと言うべし。潜水艦の用法を教えるの要あらん。

シンガポールにはまさに敵戦艦一隻を発見せり。本早朝より攻撃機、戦闘機出撃せるも吉報なし。爆撃せる目標陸上と認むるが、その直後偵察機はシンガポール西岸の西方二〇カイリに二四〇度の針路三〇ノットの速力にて航走しつつある敵戦艦を発見せり。惜しかな、長蛇を逸す。

ただしマラッカ海峡を北上するとせば、いかに高速を出すも明日午前なお我が爆撃圏内に在り。加うるに五潜戦の二潜水艦、本夜マラッカ海峡北端に達し〇二〇〇より一四〇度の針路にて捜索に従事す。

潜水艦と飛行機の協同よろしきを得て明日の成功を祈る。それにしてもこの戦艦よくぞシンガポールに現れたり。その要件如何、「レナウン」級の優速と大運搬能力を活用、シンガポールに対する急速なる兵力輸送と見るほかなし。マレー西岸に対する海軍航空部隊の基地設置及び進出の遅延せるは誠に残念なり。

一月十七日　土曜日〔晴〕

寒風相当のものなり。

シンガポールを脱出せる英戦隊についてついに情報なし。飛行機隊は陸上を爆撃するのみ。ヒューストンは昨夜ポートダーウィンに進入せり。我が潜水艦一万メートルに視認したるも襲撃し得ず。

教育局長、三課長等、大和の一類作業視察に来る。渡辺参謀客臘《かくろう》末以来、第四艦隊、第六艦隊に出張せしめたるが午前帰艦、グアムや「ウエーキ」の土産話豊富なり。

いずれも元気にて士気旺盛なりという。結構のことなり。

イ号第六八潜水艦長、修理のため同艦呉に回航せるを以て報告のため来艦し、ハワイ沖における爆雷攻撃の猛烈ぶりを語れり。

夜になり香港攻略の映画を短時間見る。

一月十八日　日曜日〔半晴、雪が交じる〕

午前五時過ぎ起床、六時発にて将旗を大和に移す。

大和六時半出港、釣島通過伊予灘に出づ。三日月警戒に随伴す、正午より高角砲機銃射撃、二時より増速二五ノットとし、主砲艦にて副砲の弱装薬教練射撃を行う。

大体順当終わりて応急運転、三時四十五分昼間作業を修了。一八三〇より副砲の両舷射撃を行う。

本日陸奥曳的艦として出動せり。二一〇〇安下庄に仮泊す。大和に宿泊。本日大なる戦況の変化なし。

一月十九日　月曜日〔晴、好天気〕

昨日に引き換え快晴、風も凪ぎたり。七時半安下庄発、陸奥標的曳航続行、矢風、三日月警戒艇となる。

九時過ぎクダコ水道に入る。陸奥は釣島を回る。一二〇〇憩潮にて当時は上潮の最張時なり。どうかと思いしが、航海長、大丈夫です退潮ですからと言う。しからばというので許したり。

まさに水道を抜けて北に変針せんとするとき、汽帆船左艦首に近く同航す。最初汽笛にて警戒を与えその船尾を回り帆船を右にかわさんとせり。しかるに接近するに及び彼は取り舵に変針停止せり、よって面舵に操舵これを左に見続けて反対操舵一杯にて艦尾をかわしたり。

中途において戻舵、しばらくして反対にあて舵を令したるも、回頭の舵力去らず、右舷停止、なお停まらず、両舷投錨用意錨鎖離れを令し、両舷後進一杯を下令し、怒和島の東南風切鼻に七三〇メートルまで接近し、しばらくに行き足を止め得たり。

本事故の原因は汽帆船をかわさんとして取り舵一杯を為し、これが戻舵を命じたるも、本艦回頭舵角の大と潮流艦尾を抑圧せるによるものと認めらる。退潮のときは出口が大切なりとは教えられたるところなるが、まったく注意を要す。

十一時三十分柱島に帰投。午後、一類作業研究会を行い三時半過ぎ将旗を長門に復帰す。

該研究会において主力艦の必要連合艦隊旗艦としても第一号艦としても大いに努力すべきを強調し置きたり。未だ充分になじまず、使いこなす点まで行きおらざるも大体の成績は良好なり。竣工就役一カ月後にては上出来なり。

総軍司令部、第二艦隊、第一南遣艦隊間にマレー東岸南部（エンドウメルシング）作戦、多小意見の相違あるも何とか落ち着くべし。
伏見宮付中根宮内事務官より左の書信あり。
拝復　新年の御祝詞並びに御機嫌奉伺の御書状を拝受し、博恭王殿下の御覧に供し候処、貴翰追伸の簡明なる字句の中にも我艦隊の意気高揚し本年の作戦に対する参謀長の抱負信念の躍如たるものあるを御感得被遊《あそばされ》、之有哉と被仰只管貴官の御健康を祈らせられ候。右御諒承有之度命に依り申進候。
敬具
昭和十七年一月十五日
中根宮内事務官
宇垣参謀長殿
思召しのほど感激のほかなし。ますます勇奮敢闘を期す。

一月二十日　火曜日〔晴〕

前回休養以来ほとんど二カ月に垂《なんな》んとし、士気の維持上にも必要あり。なお四〇サンチ弾丸一部入れ替えのためもあり。大和を残し長門、陸奥の両艦午前八時出港、十一時半呉に入泊す。

本日誠に上天気、永田参謀フィリピン方面帰来任務報告す。大野人事局員人事取り扱いについて打ち合わせに来る。用務は相当多く長官鎮守府訪問、戦傷病者の見舞い、英霊拝霊等ありたるも随行せず。

六時発。水交社より長官と同行、華山に赴き呉鎮守府の主役連を招待す。

久しぶりの酒宴なるが侍る者皆感謝と祝意を表せざる者なし。以て一般の空気を知るに足る。定宿吉川に帰りてさらに一献を傾け、久しぶりに畳の上に寝る。

一月二十一日　水曜日〔晴〕

十一時、一日分の電報を持ちて市吉参謀来る。戦況大なる変化なし。

一月二十二日　木曜日〔晴〕

中島呉鎮参謀長を招じ、吉川にて会食す。昨日に引き換え今日は極めて静かに飲む。藤井参謀来りてさらに一杯。十時前一同に見送られて最終定期にて帰艦す。

一月二十三日　金曜日〔晴〕

本日午前二時、ラボール及びカビエンの上陸に成功せり。

思えば四日間よく運動もしたり、よく飲みもしたり、さらに数戦を新にして次回の休養を夢見む。

一月二十四日　土曜日〔曇〕

本朝二時、バリックパパン及びケンダリーの上陸成功す。巡洋艦一隻前者の港に侵入するの誤報電により蘭印部隊は南下を始めたり。

十時出港、柱島錨地に回航す。視界良好ならず似島南方にて入港し来れる八雲と会う。懐かしの思い出あるも人皆代われる今日の出会い、艦の操艦ぶりは感心せず、矢形石燈台の北にて一戦隊は一回りするの失礼を起こしたり。

本日、第一段作戦第三兵力部署に転換を下令す。

一月二十五日　日曜日〔晴、まったく晴日和〕

バリックパパン方面運送船、給油船、哨戒艇各一隻損傷したり。侵入せる敵潜飛行機によるものと認めらる。その他長良、初春、驟雨中衝突事件等起こり、一般に損傷多きを数える。敵地に進むほど当然なるも充分なる注意を要す。

午前十時、岩村艦政本部長、呉工廠長、造船部長等来訪、目下艦隊側にて必要とする事項を説明要求したり。下級にてはなかなか手応え少なきも、今日は相当に通るところあるべし。

一時過ぎより現下の作戦状況及び計画中のものにつき、各参謀の説明を聴取し終わりて藤井参謀のフィリピン方面出張の報告あり。今後の作戦大方針については中央も未定。

総軍司令部にも考慮中のこと多し。この際、当司令部の方針確立こそ速刻なるを要するも、参謀連研究中と言うのみにて一向にはかどらず。

敵空母「レキシントン」襲撃当時の詳電昨日到達せしが、これによれば轟沈確実と認めらる。米以外の外電はこれを素っ破抜き、米当局は否定もせず、国内喧々として湧き立ちありと。

陸軍部隊はタイの道なき高嶺を越えてビルマに入り、本式にヤンゴンを衝くの態勢を整えたり。喜ぶべし。

一月二十六日　月曜日〔半晴〕

昨日正午を以て、タイは英軍に対し宣戦を布告するに至れり。

彼己を知りて賢明なりと言うべし。しかして従来国境において専ら英軍の侵入阻止に当たりしもの我と協同、ビルマに出撃せり。我が軍の山越えもタイ側の道路急造に負うところ多きがごとし。「ムールメン」以南の土地タイに賞与すべし。

マレーにおける南下進攻は日一日と進み、シンガポールに八〇キロメートルくらいまで押し進めり。

陸軍機のスマトラ、パレンバン攻撃もなかなか勇敢によく出たり。陸軍機の最遠最長の攻撃記録ともいう。兎にも角にも陸軍航空の発達進歩として喜びに堪えず。

新聞はハワイ敗戦査問会の報告を発表せり。

米国艦隊司令長官「キンメル」及びハワイ航空司令官「ショート」は共に十一月二十七日、参謀総長及び作戦部長より対日警戒の下令ありたるにかかわらず必要なる手段を講ぜず、十二月七日被攻撃の一時間前に航行禁止の真珠港至近に輸送艦は潜水艦を発見し、駆逐艦これを攻撃し、その報告はすぐに参謀長に致されたるも何ら処置を執らず。

また探知員は飛行機の近接を報じたるに掛かり士官は同時刻飛行予定の味方飛行機と断じ放任し、さらに港口の閘門《こうもん》は夜間掃海艇二隻の入港のため午前八時過ぎ開放のままなりしを列挙せり。

例え警告を日本に対する文書交付後一般に発布せりとするも、ハワイまですぐに来るとは考えざるを普通とすべく、したがってこれらの油断を生じたるものと認む。

人を責める前にこの警告を発したる両人ないしは「ハル」にしても、「ルーズベルト」にしても、真にハワイ危しと感じたるや否や、単に一般的の警告は責任逃れと言うべし。

本日午後、参謀連作戦計画の研究を為せるが余の列席は言いたいことをよう言わぬからとて断れり。日一日の遷延は後日百日の遅延となる。

一月二十七日　火曜日　〔晴〕

高気圧張り出して北西風強かるべしとの予報は外れ、お蔭で今日も割合に暖かなり。俳句もなかなか研究すると面白い。根からその心も多少はあり、悪口も言いたしである。暇のあるとき、この頃虚子の「俳句は如何なるものか」を読む。

先任参謀来りて昨日参謀連にて研究せる今後の作戦方針につき説明す。彼我共に考えを同じくしてハワイの攻略艦隊決戦を研究せるところ基地航空兵力の撃破において妙策なし。

この際西に向かって作戦するを可とすと言うにあり。多少見解の相異なきにあらざるも、最初余の考えたるところにてもあり、成算少なきあるいは過度に損害ある作戦を強行するの要はなく、順序を逆にしたるまでのことなれば、これに同意したり、ただしこれが計画に当たりては左の件注意を要す。

一、ソ連は立たざるべしと考うるも、西進中不意を打たれざるの用意充分あること、陸軍の在満兵力の整備には特に注意すること。

二、米の機動作戦を押さえるの手だてあること。

三、開始の時機は第一段作戦後、兵力の整頓を為したる後にして、かつ為し得る限り独の近東中東に対する作戦を同時機たらしむること。ただしビルマを通ずる陸上作戦は引き続き実施し差し支えなし。

四、作戦の目的を頭初より明確ならしむること。

第一、敵艦隊の撃滅

第二、要地の攻略、敵根拠地の覆滅

第三、インドの反英

第四、枢軸国間東西の連絡

一月二十八日　水曜日〔晴〕

蘭印作戦に関し日程上多少のごたごたあり。中央と出先電報の往復ありたるも大したことなし。ただ水路の難と被害を考慮し、パンジャルマシンには陸路侵攻し、その代わりにバリ島を占領してジャワ作戦前戦闘機を進出せしむるという案、果たして可なるや否や。スラバヤの目と鼻の先なるバリ島の占領に当たりてうまくいかんことを望む。

日独伊の軍事協定文書昨夜郵送し来れり。内容まったく平凡何ら特種のことなし。これを称して、待って甲斐なき阿呆鳥と言えり。

ただ独の中央作戦すなわち東漸と帝国の西漸を物したるも、その内容さらになし。果たして彼の実行の成算ありや。

これにとらわれて帝国が作戦を左右するは大いに慎むべし。工作機械を貰えるとか、飛行機を空輸するとか、少し宛が大きすぎる。自主邁進の方針が一番強い。共同の敵だから、結局それが一番の効力的協同作戦ではあるまいか。

一月二十九日　木曜日〔半晴〕

夕刻珍しく太陽が船の室にもさした。部屋の虫干みたいに……。

夕刻になりて藤井参謀の書いた大東亜戦争指導大綱を持って来る。これで中央に物を言うとすると大分考えるべき点もあるので充分研究することとす。

三和参謀はハワイ攻略のときその南面はダンケルクの二の舞を演ずるから、ここに機動部隊を注ぎ込む案を持って来た。考慮すべき点を指示して再考を促した。

伊号一二四潜、去る十九日夜ポートダーウィン沖にて哨戒中なりしが、爾後電話応答なく送信機の故障にあらざるやの懸念にて、予定帰着路に他潜を配し待ち受けたるもついにその姿を見せず。一方、英の発表によれば太平洋において潜水艦一隻を撃沈せりと。これに符合する点あり、司令以下艦と共に運命を共にせるものと認む。惜しむべし。

昨年十月一日、九州において遭難沈没せる伊号六一潜水艦は作業隊の不撓の努力により引き揚げを完了し、遺体六〇を収容す。これまた感慨無量なり。

一月三十日　金曜日〔晴〕

昨夜の戦争指導大綱を吟味し、修正すべき点を指示して諾。

ジャワ南方へ機動部隊の派遣は、１ＡＦ参謀長の上京中なるに連絡せるに、希望すとのことにてもあり、いささか手刀を使用し、また多少の損害あるべきも予想し実施のことに定む。

山本軍令部員打ち合わせのため来艦す。別に大なる土産話もなし、ただ当方の考えを充方頭に入れ置きたり。

一月三十一日　土曜日〔晴〕

八時十分艦発、長官と共に千代田に乗艦。格納筒（特潜）の降ろし方及び襲撃訓練状況を観る。

塞風強烈の中、関係者の努力極めて大にして、若手の艇長たちの意気やまさに壮なり。心強き限りなり。

かくてこの小艇を以て単独虎口に入りて巨艦を葬るを得べし。今後ますますこれが活用を計るのため、本日長官の視察を乞える次第なり。襲撃の行動を視察し前島付近にて退艦、長官艇にて十一時半帰艦す。

南方潜水部隊の中伊六〇潜、一月十二日以来連絡なく予定帰着日に未だ到着せずと、あるいはまた損傷せるものなるやも知れず。

米のラジオニュースは盛んに日本側の損傷を大袈裟に発表し自己の損害を隠蔽す。笑止の至りにて概ね一〇倍以上の妄想狂なり。

しかして英や蘭の友軍の状況はある程度真なり。人即ち友軍の状況は不良でもよし、自国だけよければの考えなりと認められ、陋劣さは支那以上と言うべし。

正月も行けり。その最後の日の〇二三〇アンボン上陸に成功せり。これは予定よりも遅れたるほうなり。早くこの線を切るの必要を認むるも征馬進まず。

昭和十七年二月

二月一日　日曜日〔雨後曇〕

七時前、マーシャル群島空襲されましたと報告し来る。来たか、やはり彼も相当なものなり。〇四〇〇頃より敵空母一隻、巡洋艦三隻、駆逐艦若干よりなる機動部隊はウオッジエ、エニウエタック、クエゼリン、ヤルート等を空襲し、なおこれを砲撃せり。最初戦艦二隻とも報告し、敵兵力については判然せず。

第四艦隊はさらに他の空母あるようにも言う。敵位置についてもまた正確ならず、暗号電文は作れども作製の誤りあり。攻撃を受ける身にならばハワイ奇襲時の敵の狼狽決して笑えるものにあらず。ラボール方面作戦のため、トラックに在りし中攻及び飛行機などを急遽東進せしめ、第六戦隊にも東航を命じ、第六艦隊の潜水艦数隻は急速出港配備に就けり。

機動部隊はあたかもトラックに在りて待機中なりしが、十一時出撃、東方に向かえり。これらはすべて当面の長官において指令せり。

南方を打つとき北方即本州東岸に対し警戒の要あり。第五艦隊に警戒を令し、正午過ぎ対米国艦隊第三配備軍隊区分現在の通りを下令す。

作戦の重点が南西方面に集中せられ「マーシャル」また手薄なりしに乗じ、敵のこの挙は時機を得たるもの、効果相当大なる上、我が兵力の牽制目的を達したり。

空母も至近なれば大巡の砲撃も思い切ったる大担不敵の行動と言わざるべからず。少し馬鹿にされた観あり。

これに酬《むく》ゆるに、わずかに大巡一隻に爆弾若干中部炎上し一時速力を減じたるに過ぎず。トラックよりの飛行機の果たして速なりしならば、今夜の満月を利用し相当攻撃を加え得んも残念なることなり。

明朝再来の公算少なくせっかくの獲物を逸す。彼これを以て奏功を大々的に吹聴するとともに、さらにこの種の奇襲を反覆すべし。

ハワイ海戦はまったくの奇襲なり。開戦後のこの被襲撃は寝首をかかれたりと言うを得ず、これほど近く接近せらるるまで何事も知らざりし迂闊さは残念なり。

もっとも第六通信隊は昨日正午頃、敵は何事か積極行動を企図しありと警告したるも本朝受信せる次第にて後の祭たり。

作戦の順調とレキシントン撃沈の結果に酔うて敵の空襲をまったくやり得ざるものとしたる人々に対し、最も適切なる教訓を与えたるものと言うべし。

いかにも先般来米首脳部の議会における言、諜者報による作戦部情報等よりあるいは「マーシャル」方面敵潜水艦の集中等より敵は何か企図しおるような感、胸中にひらめきつつありしがまさに実現せり。大いに考えざるべからず。

今日まで作戦指導に当たりどうも気懸かりなり、あるいは斯くするかこの際必要なり、これはよしたほうがよいなど、自ら感じながら参謀の顔を立てる意味とか、彼らの一方的主張に災されて断乎実行を下命せずしてその結果の面白からざるものすでに数件に及びたり。

戦は不明瞭なる分子多量を含む。直感とか第六感はまさに正しきにかかわらず多人数よりて物を議するとかその感じの薄き人を相手とすると、せっかくのこのひらめきが没却せられ終わる。

ヒットラーは最高権威を持ち、決行については独裁的にして、人の意表に出で従来卓抜なる業績を挙げ、為政においても統帥作戦においても名手と歌わるるところは、まったくこのひらめきが判然として強く、しかもこれを断乎実行するに外ならずと悟れり。

このひらめきこれをただに感と言うも愚なり。もちろんこれは天稟《てんぴん》によるところ多きも、彼を知り己を知り天地万物の智識なくしてはその働き全《まつた》からず、しかも各種の事態状況において試練を積みたるものにおいて玉は光を発すべし。

磨かざるべからずこの玉、しかして将来頭に浮かびたることは遠慮なくこれを実行に移すよう努めん。これは決して人の意見を用ひざるにあらず、また我執あるにもあらざるなり。

それにしても敵機六機撃墜及び大巡に若干の損害を与えたるに比し、我が損害は各地相当大にして特設艦艇の沈没も数隻あり。当方面警備は、第六根拠地隊の任にして司令官海軍少将八代祐吉全身爆焼により戦死せり。

八代君は我と同級にして兵学校時代同室なりしこともあり。大尉学生時代、横須賀中里の近くに住みたる記憶もあり、一昨年編制強化による根拠地隊を設置せらるるや、選ばれて司令官として渡南し、昨年初頭と思う、軍令部に挨拶に来られたるが訣別となれり。

豪毅、潜水艦に多大の経験を有したるが惜しむべし。将官の戦死君を以て嚆矢とす。

二月二日　月曜日　〔曇、風凪ぎ暖かなり〕

昨日マーシャルに出現せる敵奇襲部隊は、彼の「タスクフォース」二隊にあらざりしや。昨日午後、水上機触接を失し夜に入りて彼また無線封止にてついに踪跡をくらませり。パルミラ方面に退避せる公算多し。

本日彼は速やかにラジオにてこの戦果を放送せる由。大物はなかりしも所在の敵を撃破し二艦若干の損害あるほか飛行機一一機帰らずと。

今回のことまさに頂門の一針なり。開戦以来すでに二カ月に垂《なんな》んとす。

彼もまた無策に終わるはずなし。ずいぶんと思い切り人を小馬鹿にしたるやり方なりと言わざるべからず。

冒険性は彼の特徴なり、今や戦局南に西に火花を散らすの時機に投じたりと言うべし、実効果と合わせ牽制の目的を達したり。

今後といえども彼として最もやりよくかつ効果的なる本法を執るべし。その最大なるものを帝都空襲なりとす。すでに一〇隻の特設空母を用意し、さらに優秀船の利用と航空資材人員の補充と相俟ってますます強化の一途を辿るべし。

彼にして直接帝都を窺わず、この時機南東方にかすり傷を与え、かつ充分なる教訓をもたらせるは幸なりしかな。よって思い付きたる所感を記して参謀の参考とせり。

我がマレー陸軍部隊は一月三十一日を以てアジア大陸最南端のジョホールバハールに達せり。その征《ゆ》くや壮、その攻むるや迅《はや》し、けだしこれを驚異的となす。

藤井参謀戦争指導大綱その他占領地処理等の用務を帯びて上京せしむ。

二月三日　火曜日　〔曇〕

マーシャルに来攻せる敵は二個「タスクフォース」にして、一はウオジエの北東、一はヤルートの南東よりせるものなること、敵出撃攻撃の方法、及び通信諜報により確実となれり。

水平爆撃、急降下爆撃、次いで雷撃の順にしてその損傷大、いずれの技量も我より数等劣る。これ現地航空部隊よりの報なり。

スマトラ東岸バンカ付近に敵巡五隻、駆逐艦一隻あり。二二航戦の好獲物、さらにスラバヤ方面に戦艦二隻を発見すという。手を伸ばせ、足を伸ばしてやっつけたきものなり。

第一南遣艦隊と三八師団間にパレンバン攻略の細部協定成立せり。

四時半、目覚める。勝手なものなり。書類を一覧して準備をなし午前六時長官艇にて出発、暁闇を衝いて鴨猟に出る。獲物は本鴨の青頭一、中鴨三、小鴨二、鶉に似て否なるもぐり屋の大物二、鷗一。

十二時帰艦。夕食は早速すき焼きとして一同の談笑裡においしく食べたり。捕らえる身はこの方は如何でもよきも、一同愉快になることは特に嬉し。

二月四日　水曜日　〔晴〕

今日もうららかなる日和なり。戦争によりて気圧配置変なりとは気象長の笑話なり。

四艦隊長官より無慮一万字に余るマーシャル方面戦闘報告電あり。開戦以来最大最長の電報にして翻訳に△時間を要したりと言う。各地の損害は最初の報告より累計してみれば相当大なり。

第四艦隊の言い分もあるも奇襲を受けたるは何としても遺憾なり。一一航空艦隊を以てするジャワ方面の攻撃は敵機七〇機を葬る大成功と言うべし。

アンボン上陸成功後陸上の占領には相当困難を嘗めたる上、掃九は機雷により沈没、掃一二、一七は機雷掃海索にて爆発、両艦とも自力航行不可能なる損害を蒙れり。浅深度敷設機雷に対し掃海法を考慮するを要す。

本朝午前五時、見張所は怒和島水道南端にて敵潜水艦を確認すと報告し、警戒にまた一努力なり。真偽のほど今少し明瞭ならしむるを要す。

午後三時、山崎第二潜水戦隊司令官、佐々木第九潜水隊司令ハワイより帰還、横須賀より報告のため来艦す。同司令官は今のところ元気なるも余り丈夫ならざるを憂いてか、当局は近く市岡兵学校教頭を以て交代へ取り計らえり。

本日、市岡君も来隊せり。佐々木司令も出港直前格納筒を搭載せしめられ、これが道中二荒天にて相当心配しハワイ真珠湾直前にて発進し、またその収容にいかばかり苦労したらんと思う。

二月五日　木曜日〔晴〕

昨日午後、オランダ巡洋艦三隻（ジャバ、スマトラ）及び米マーブルヘッド、蘭駆八隻、マカッサル南西航行中を我が飛行機発見、中攻隊の攻撃を集中しジャバ一隻轟沈、スマトラ型大損害なるも未だ沈没せず。他の二巡洋艦にも相当の損害を与えたり。

なお２ＳＦの飛行機は駆逐艦に護衛せられマカッサル方面に向かう。五〇〇〇トン輸送船を撃破炎上せしめたり。

月夜を利用し、夜間攻撃続行を計画、できれば有利なるがついに実施不能、本朝より再攻撃に移れるが吉報来らずして終われり。

バンカ島バリックパパン方面二日延期、十二日上陸となれり。ビルマの進攻もムールメンを奪いサルウィン河を渡河していよいよ進捗しつつあり。

ポートダーウィンの攻略は中央不賛成、徹底的破壊を為す趣旨にて、クーパンと同時にデリーの占領を為すべきこと、及びアンダマン島の占領に対しそれぞれ近々指令あるおもむき、一部長（軍令部一部長）より昨日通知あり。

西進作戦の細項中央における雲行きいかになりしや一向に様子なし。

本日昼頃まで誠にうららかにして、甲板上はまったく春の心地す。春来たりなば、
何事ぞ花咲く頃に戦沙汰

実際桜咲く頃までには手近の塵を掃除し置きたいものと各部隊が死力を尽くしつつあり。

二月六日　金曜日〔曇〕

午前十時艦発、大畠瀬戸特設砲台視察に長官及び幕僚八名行く。

十一時半着、内山氏邸宅の庭園内水道を見晴らしたる絶好の位置に砲二門（短八サンチ）を据え扶桑の分担なり。宿舎といい景色といい特設砲台及び見張中の最上位なり。

内山氏邸にて風呂も立てあり。昼食は鯛の刺身やちり。飲物は同氏醸造の日本酒「国粋」を以てす。食え食えと次々に歓待せられ、長官は帰途陸奥にて用便達せられたるほどなり。以て知るべし。

二時過ぎ出発、瀬戸の流れ極めて急なり。往返とも猟銃を弄ぶ。何故か本方面の鴨一向に人を近よせず打つも半分は不発という惨さ、ついに何らの獲物を得ず。

去る四日、ジャワ海における獲物は相当大なり。

すなわち鹿空二七、高雄空九、一空二四機の陸攻を以て、カンボアン島の南三〇カイリを針路東南二四ノットの速力を以て航行する蘭米艦隊に対し、十一時三十分及び一時三十分、熾烈なる敵砲火を冒し爆撃を実施し、その結果左のごとし。

デロイテル型一番艦二五番二及び四の至近弾を以て間もなく沈没せること概ね確実、ジャバ型二番艦二五番二にて轟沈、同三番艦六番及び至近弾により中破、米重巡六番一〇命中、同二及び二五番二の舷側中央至近弾により大破。

米艦マーブルヘッドのみは無事なるを得たるがごとし。彼ら以て如何の感がある。

スマトラ上陸作戦はクワンタン、クーチン、レド等の基地整備遅延し、第一南遣艦隊は十八日頃実施のほかなきを訴え、第二艦隊は全般作戦より損害を顧みず実行を迫り両者意見の対立あり。

よって中央とも連絡し余り急がざるを可とする旨、第二艦隊参謀長に申し送る。

藤井参謀より電話あり、中央にては次期作戦に対し何ら具体的考えなかりしが、連合艦隊意見を以て啓発に努め、大いに誘引の功を奏しつつありという。当方また作戦指導要領を策定す。

二月七日　土曜日　〔半晴〕

本日の新聞はジャワ海戦公表により大々的に掲載す。それほどとも思わぬが蘭印の主力を葬りなお米巡（大巡と言う）に大損害を与え得たるは愉快なり。

ジャワ作戦進捗に伴い機動部隊を増勢したるにより策定されたる第二艦隊の方針は、適当にして同意を表するところなり。

さて参謀の言うようにジャワ南面においてダンケルクの二の舞、三の舞を演じ、また英の大物が網にかかるや否や、見物のしどころあり。

過般「マーシャル」方面敵来襲時各部はよく奮戦せり。注意すべき点もあるが一応何とか言うほうが良いとの見地から、若干誉めて今後の警戒に抜かりなからんことを、長官より第四艦隊、第六艦隊長官に電報す。

南洋方面各地に対し、生糧品補給に任じたる伊良湖初めての航海を終わりて錨地に帰れり。野菜類五〇〇余トンのうち二〇〇余トンしか配給せざりし由、船繰りに関し今少し巧妙なるを要す。

サイパンにおいて八〇トンの砂糖を持ち帰れり。気の利いた処置なるも、これを海軍関係に収めるという主計長のやり方には同意を表せず。海軍は砂糖には而く不自由しおらず、民間最も大なり。

可愛き子供たちにこそ増強すべし。船腹不足の際も少し尻の穴を大きく国家的に考えるべし。

二月八日　日曜日〔半晴〕

ジャワ沖海戦の先頭は写真引き伸ばしの調査によれば、まさに米重巡なること確実なりという。現地航空隊の電あり。麦酒五ダース長官出さるるや否やにて食卓賑わう。

昨夕通信部長の電によれば、大和田の約五〇度方面に四―五隻の電報を聞くと、よってあるいは敵の本土奇襲を企図するものにあらざるやの疑あり。

所要の向きに警戒を令するとともに第一艦隊長官を指揮官とする2S、9S、3SF、5SF、d×2を以て警戒部隊を編成し万一に備える。

夜半までに別に確たる電波を聞かざりしを以て出動は命せず。一艦隊司令部なかなか手回しよく用意をしたり。

二月九日　月曜日〔半晴、風相当なり〕

昨夜半、一部はマカッサル付近に、本朝四時、マカッサル上陸に成功せり。四水戦夏潮は同南方において敵潜の魚雷命中、沈没は免れたるも航行不能に陥る。

問題のバンカ、バリックパパン上陸日は十五日実施のことに一南遣艦隊決定せり。

二月十日　火曜日〔半晴〕

夏潮は九日午前八時過ぎ、ついに沈没するに至る。

八日以来シンガポール島進攻の態勢を執れる我が陸軍は、砲兵並びに飛行機の攻撃後、九日午前零時、北西方より一斉にジョホール水道を渡り進撃せり。

その苦心思うべし。さらに本日午後のラジオはテンガ飛行場を占領せりと伝う。

午前六時出発、由宇沖より宝島近くまで狩猟に行き正午帰艦、本日は極めて不猟にしてわずかに二羽を獲たるのみ。

大和修理終わりて呉より帰着す。

二月十一日 水曜日〔晴〕

皇紀二六〇二年の紀元佳節を、大東亜戦争第二年に迎える。我ら皇国に生を享くる者、誰か本日に際して感なきを得ん。覚悟を新たにして一億一心、あらゆる苦難を突破して八紘一宇の理念を貫徹せんのみ。

戦時中なれば満艦飾皇礼砲を行わず、定時遥拝式御写真奉拝士官室における祝杯等あり。

シンガポール島に進入せる皇軍は、マンタイ高地を占領、市及び港湾方面を俯瞰するに至る。

旗艦変更の準備に従兵たち多忙にて喧噪なれば、二時過ぎより出猟す。

バリックパパンより陸上を進撃せる陸軍部隊は本日、パンゼルマシンを占領せり。

二月十二日 木曜日〔晴〕

午前九時、旗艦を大和に変更す。長門は竣工以来十一年、連合艦隊旗艦を務めたり。御苦労と言うべし。二年有半在艦せられし長官の思い出は我らの到底比較にもならざるべしと推察す。

吾人も相当に縁あり。昭和八年第四艦隊先任参謀、昭和十一年連合艦隊先任参謀と本回参謀長としての三回なり。いずれも司令部としてなるも本艦の武運長久を祈りて止まず。

大和それは大したものなり。連合艦隊旗艦として充分完全その任を果たせ。それぞれ多少の言い分はあるも、長門に比して幕僚いずれも居住は数段上等と喜びおれり。

家でも艦でも新築したばかりの空き家は寂しいが、人が入って住めば数等見上げるようになると同様に、軍艦の部屋もまさにその通りなり。

二月十三日　金曜日〔晴〕

シンガポール等に進攻せる皇軍その後いかにせしや。一向進展せざるがごとし。

三時過ぎ第二四戦隊帰着、武田少将司令官両艦長と共に報告に来る。夕食を共にしたる後、新谷先任参謀の長い報告を聴く。いくら詳しくても得物は結局米商船二隻の撃沈のみなり。

行程日数九十余日、直接敵船捜索期間四十日少し商売にならぬ話、今後当隊の使用は一考を要す。

潜水艦と協同、これに補給しつつ南アフリカ、インド洋方面、またはパナマ方面の通商破壊に任ぜしむるを可とするとともに、造水能力、燃料搭載量増加の要あり。

また戦隊として司令部を置くの必要も少なし、これらの諸件中央に申し込む。

二月十四日　土曜日〔曇〕

シンガポール島の占領停滞はいかにも何かあると見おりたるところ、はたして大ありなり。

海上に指向せられある敵巨砲は、豈《あに》図らんや、我が軍の占領せる背面高地にその威力を発揮し、これが対策を執るのやむを得ざるに至れり。

飛行機を以て巨弾をその頭上に見舞い、側面防御砲火を制圧して砲台に飛び込むほか方法なきに似たり。マニラ湾、バタン半島の二の舞とならざることを望む。

されどもすでに八日、ウビン島を占領し、本日海軍一部隊（陸上より先遣）はセレタ軍港を攻略して長官官邸に軍艦旗を押し立てたりという。それにしてもここ数日来シンガポールより南下する輸送船の多き、これをまた護衛する巡洋艦、駆逐艦相当往来す。

英はノルウェーにダンケルクに、はたまたギリシャ・クレタ島に撤退の経験を有し、決意せば早目に諸準備を整え、損害を軽減するため夜間乗船するなどの方法を採りあり。

相当多数の航空部隊もあるも、いかにもこれら艦艇の攻撃手緩き感あり。ハワイ作戦もあり、各参謀長に注意を与えたり。

十一時半、陸軍落下傘部隊はパレンバン飛行場に落下、これが占領に成功せり。陸軍はこの挙を完遂するまで海軍の落下傘部隊（一〇〇一部隊）の使用を公報せざるよう希望せるが、これにてようやく安堵せることならん。

アンダマン作戦、ビルマ作戦の実施に伴い、英国艦隊の同方面策動も予期せらるるところなるを以て、機動部隊を以てセイロン島以東のインド洋に作戦せしめ、機を見てセイロン島に奇襲せしむるの作戦実行を決せり。三月下旬の頃とす。

第二段作戦に関する研究を主とし、本月二十日よりの図演実施計画を発布す。余裕なき事常なり。

二月十五日　日曜日〔晴〕

朝倉前副官来たりて、今日は参謀長の誕生日に付き赤飯を用意せりと告ぐ。なるほど今日は誕生日なり。まさに明治二十三年の本月本日、余はこの世に呱々《ここ》の声を挙げたるなり。

爾来五十二年何すれぞその経過の早き。気のみは少尉時代と何ら変わるところなきがごときも、歯は相当に参り頭髪も霜とところどころに降る。

されどこの頃は下腹張りて余裕なき軍服は終日相当に窮屈を感ず。若干体重増加せりと認むるなり以て喜ぶべし。

人世五十を過ぎ何の欲望もあらざるべきも、内実は必ずしも然らず。大なる欲望は大東亜戦争の目的貫徹にあり。これさえ為し遂げれば他は言うを要せず。旺盛なる気力、攻撃精神と多忙なる参謀長の仕事は体力に俟つところ大なり。

今後ますます為すべきことの多きを顧みて、自ら天与の大使命を果たすの覚悟を新にし、以て亡き父母の霊を慰むるなり。

朝膳は赤飯に頭付きなり。少しく長官の前にて恥ずかしき心地するも有り難くいただく。知子（亡妻）在世せばまだしも、近来は東京に在りてもこれほどのことはできまじと思いぬ。

昼食前、参謀は電報をもたらしてバンカ島北東に敵巡洋艦三隻、駆逐艦六隻の随伴にて北上すと報告す。発見時刻午前九時なり。

第一南遣艦隊長官は適時各部隊の攻撃指令を発せしが、飛行機は戦艦三隻、巡洋艦三隻、駆逐艦八隻と報告するに及び、せっかく一〇〇カイリそこそこにありたる鳥海、七戦隊川内、由良、駆逐隊等を一時避退せしめ、航空部隊を以て戦艦撃破後決戦に転ずることと為せり。

もっともなる処置なるが、その後偵察によれば戦艦不在にていずれも巡洋艦なること判明せり。

龍驤その他の飛行機攻撃せるも奏功せざりしがごとし。好餌を逸し遺憾なるも、いずれは我が飛行機の餌食たるべし。ただ我が砲火を以てこれを撃破し得て大砲威力の試験台と為し得ざりしは憾《うら》むべきなり。

夕食には鶏のすき焼きに酒の徳利、誕生日と日曜と転居祝と合わしたるものならん。バタン島中の敵味方の話、食卓賑わう。

食後部屋に帰れば、参謀間もなく本日午後二時シンガポールの敵は降伏を申し込めりとの吉報を報告す。然らん、然らん、到底戦うも敗退壊滅のほかなき彼、翻然降伏の挙に出でたるは賢明と言うべし。誕生日記念品これ以上の贈物はあらざるべし。

八時半より高柳本艦艦長、三長を招待して祝杯を挙げ夜半に及ぶ。

シンガポールの敵は午後二時降伏を申し込み、七時半第二五軍司令官及びパーシバル防衛軍指揮官と会見、十時交戦を止め無条件降伏となりたるもの、捕虜六万と称す。

昨昼にパレンバンに落下せる陸軍落下傘部隊の成功に相次ぎ本朝四時バンカ島ムントクを占領せり。これらの作戦及び敗退兵輸送船の撃破は、ともにシンガポール陥落を早めたる因なるべしと認む。

誕生日新嘉坡《シンガポール》は陥ちてけり

（春寒に）

武夫の夢はまどかぞ螢飛ぶ

二月十六日　月曜日　〔晴〕

シンガポール陥落の祝電及び答電しきりなり。

午前十時四十五分、鮫島侍従武官呉より来着、左の聖旨及び令旨を伝達せらる。

連合艦隊司令長官以下一同が開戦劈頭偉大なる戦功を奏して皇軍の威武を中外に宣揚し、引き続き広範なる区域に亘りて勇戦し、困苦欠乏に堪えて精強なる実力を発揮し、また陸軍と協力して連りに東洋における敵の要地を攻略して大東亜戦争の目的達成に努めつつあるは深く苦労に思う。

なお戦局の前途遼遠なるに鑑み、各自一層堅忍自重してその本分を完《まっと》うするよう申し伝えよ。

令旨

連合艦隊司令長官以下一同が今次戦争に当たり、大敵を制して克くその重任を完うしまた広大なる地域において幾多の困難を排し大に帝国海軍の武威を世界に示しつつあるは洵《まこと》に苦労に思う。殊に君国のため職務に殪《たお》れたる者に対しては気の毒に堪えず。戦域の広範に亘り気候風土の異なる地方多き故、全軍将兵一層自愛して奉公を励むようまた傷病者は厚く労わり遣わせ。

なお長官に対しては清酒、一般には煙草を下賜せられ、皇后陛下より御手づから御刺繍相成りたる軍艦旗上飛行機の飛べるものを特に長官に下賜あらせらる。

両陛下の聖旨並び令旨を奉戴してますます奮闘すべきこと本光栄に浴する隊員一同の責務なり。

大元帥陛下には本日陸海軍幕僚長を召させられ、南方方面軍最高指揮官並びに連合艦隊司令長官に対し左の勅語を賜りたり。

勅語

馬来《マレー》方面に作戦せる陸海軍部隊は緊密適切なる協同の下に困難なる海上護衛並び輸送と果敢なる上陸作戦とを断行し、炎熱に耐え瘴癘《しようれい》を冒し、長駆進撃、随所に勁敵《けいてき》を破り、神速克く新嘉坡《シンガポール》を攻略し、以て東亜における英国の根拠を覆滅せり。

朕深く之を嘉尚す。

零時半より前甲板において侍従武官を中心として記念撮影を行い、終わって作戦室において作戦経過、今後の予定などを説明す。

侍従武官二時より日向、第一艦隊に赴かれ、帰艦後大和を視察、晩餐は一艇隊長官、幕僚、九戦隊司令官を陪席して歓迎の意を表す。

神島、安倍より大きな鏡餅を送付し来る。幸子の厚意を謝すること時あたかもよし。

二月十七日　火曜日〔晴〕

侍従武官、宿泊艦長門より一応大和に帰艦、午前九時退艦、呉を経て福岡より飛行機にて支那方面艦隊に向かわせらる。

昨日休会中の議会は緊急本会議を開き、全院一致陸海軍に対する感謝決議案を可決せり。

本会議劈頭東條首相は大東亜処理の大綱を演説せり。

ビルマ人のビルマ建設に積極的協力、インドはインドとして本来の地位を回復すべきを期待し敢て援助を惜しまず、蘭印はインドネシアの安住の地たらしめんとす。

オーストラリア及びニュージーランドも恃《たの》むべからざる米英の援助による無益の戦争はこれを避け、民衆の福祉となる公正なる態度に出でよと言い、かねて余の立案中央に持ち込みたるところと合致す。首相の言や、政府の大方針決定によるところなるべく賀すべきなり。

過般七日、ハート司令長官病気によりその職を「ヘルウッヒ」オランダ中将に譲れり。よってハートはヒューストンと共に沈没戦死せるものなりと昨日スラバヤの上海電は報ぜり。

案のごとくこれは軍令部のトリックなること判明、長官のビールを飲みたる参謀連、本日これを吐き出さざるべからざるに至る。笑止とや言わん。

本日の新聞はシンガポール陥落号なり。寺内大将の最高指揮官、塚田中将の総参謀長、昨日を以て覆面を脱す。

シンガポール島は爾今昭南島（港）と呼称する旨大本営は発表せり。命名の由来は世界新秩序建設に邁進する我が大和民族が雄渾壮大なる南方作戦を進め、英の東洋侵略の牙城シンガポールを陥落せしめた昭和の大南進を記念したるものなり。

湯沢三千男内務次官、本日親任式にて内務大臣に昇進せり。議員選挙を四月に控えて必要なる処置、東條首相の三役も之にて二役にて足る。

足許強化はこの際内閣として必要なり。大体よくやりつつある東條内閣も言う者より言えば相当瑕があるようなればなり。

二月十八日　水曜日　〔曇〕

大東亜戦争戦捷第一次奉祝日、政府これを定め各地に奉祝の挙あり。

畏《かしこ》くも大元帥陛下におかせられては、午後一時十分白雪に乗御、二重橋上に出でさせらる。また、皇后陛下におかせられては各皇子皇女殿下と共に時刻を後にして同様、一般の奉祝を受けさせらる。昭和十三年武漢三鎮陥落後始めての御事なり。

二月十九日　木曜日　〔晴〕

六時、暁雨の中に第一戦隊訓練のため伊予灘に出動。本日は大和を一番艦、陸奥を二番艦、長門三番艦と変更、隊最初の訓練にて主として運動力比較を行い諸訓練を実施す。

本朝八時過ぎ、機動部隊は大挙してポートダーウィンを奇襲し、所在駆逐艦三、駆潜艇一、商船八、飛行機二八（全部）施設等を撃沈破壊せり。オーストラリアの土地これがため震駭、彼ら青くなりたること必せり。

一方、蘭印部隊は陸軍と協同バリ島に敵前上陸せるも敵の抵抗なく十時までには飛行場を占領するを得たり。ただ陸軍輸送船一隻敵飛行機のため損傷す。

飛行場は戦闘機に対しすぐに使用可能の状況にあるは極めて有利なり。すぐに飛行機の進出を要す。

警戒掩護中の第八駆隊は今夜半オランダ・ジャバ型一隻、ロカルノ型一隻、駆逐艦三隻と夜半遭遇夜戦の結果、蘭巡はスラバヤ方面に辛うじて避退し残れる駆逐艦二隻を撃沈、一隻を大破せり、これがため満潮損害を蒙り行動不能に陥れり。

二月二十日 金曜日 〔晴〕

午前八時半より打ち合わせを為したる後、第一回図上演習を開始す。本図演は第一段作戦後五月中旬以降を主とせるものにしてインド洋作戦の研究にあり。

高松宮殿下ほか軍令部員来隊視察。同飛行機にて三戸第六艦隊参謀長打ち合わせのため来艦、清水長官過般の負傷（もはや何のことなし）の報により人事局は小松第一遣支艦隊と交替のことに取り計らい、すでにどうにもならぬ破目にありという。初耳なり。

中瀬人事局一課長も来艦、二階級進級問題及び学生教育問題につき打ち合わせを為す。

本日北西の風強く寒冷なり。

九時、索敵飛行機はラボールの六五度四五〇カイリに敵の大部隊針路三一五度なるを発見し、四艦隊は攻撃命令を発したり。なお第一航空隊アンボンに在り。

今のところ大なる用事なきを以て急速トラック方面に進出、四艦隊長官の指揮を受けしむることに発令。夕刻になり一三五度に変針速力一五ノットと報ず。

今度こそと思いしに、彼は企図を察知せられあるを以てついに避退せるか。大部隊といい、有力部隊といい、あるいは主力部隊といい、その敵の内容については何ら述べるところなし。これなきにおいては高級統帥部の適当の処置に迷うなり。

結局するに戦艦一、空母一、巡洋艦三、駆逐艦なることに帰着するがごとし。

この敵に対し午後三時過ぎ、ラボールより中攻一七機攻撃せるが帰還せるものわずかに二機、敵の遠距離精度良好なる対空射撃と戦闘機に葬られたるなり。しかも与えたる損害巡洋艦か駆逐艦一を航行停止せしめたるのみ。

遺憾千万とや言わん。敵の一三五度変針避退は電報の誤りにして三一五度なり。夜に入りて多少の変針せることよりやはり来るか、来るなら今度こそと思うが攻撃機の被害至大なるはいかにも残念なり。

本朝チモール島クーパンに対し上陸す。陸軍部隊と海軍陸戦隊の両者なり。抵抗なく飛行場を占領せるも、一方ポルトガル領デリーに占領せる部隊は敵の多大の抵抗に会したるも飛行場を占領せり。当地上陸はポルトガルを敵に回さざるため外交的に相当苦心せるところにして、上陸後すぐにポルトガル公使に英蘭国兵の占領は我が軍事行動を阻害するにより、これが撃攘を目的とし帝国としては他意なく、ポルトガルの主権を尊重しその必要なきに至らば、すぐに撤兵する旨通告するとともに政府の声明となれり。実にポルトガルと英国とは本問題に対し相当紛争しポルトガルは守備軍とし若干部隊を派遣、英兵と交代せしむることとなり、今やインド洋を東航中なり。妙な回り合わせと言うべし。

二月二十一日　土曜日　〔晴、上天気〕

昨日に引き続き図演第二日なり。

ラボール東北東の敵、本朝来捜索せるもついに予定地点に発見せず。引き返したるか一切不明。

さらに昨夜ウエーキの南東、南南西水準線に閃光的灯光を認め本朝周辺を捜索せるも、これまた敵を認めず一切不明なり。かく南方に注意を牽制し北方より進攻するにあらずや警戒を要す。

かねて長官より約束もあり一艦隊長官、参謀長を招じ、先般狩猟の鳥にてすき焼き会を行う。

酒は汐崎与吉氏の知人灘の酒造家紀元節の初しぼりを一ダース、酒淬多量とともに送付し来れるものなり、火の入らざるもろみ味掬《きく》すべきも素人口には少し強口なりしを惜しむ。

二月二十二日　日曜日　〔曇後雨〕

図演第三日午前中にて実演を止む。インド洋作戦の構想上手ならず。セイロン島に上陸せるも敵艦隊主力を逸し、かつ敵地航空勢力に災いせられたり。作戦実施の場合さらに研究を要す。

バンダ海峡における第八駆逐隊の海戦ぶりは誠に見事なり。蘭巡二、蘭米駆逐艦三撃沈、その他二に大損害を与えたり。

これをバンダ海峡海戦と銘を打って世に問うべきなり。開戦以来真に海戦らしき海戦なればなり。一駆逐隊を以て誠に立派なる夜戦なり。司令は阿部弘毅少将の弟なりという。

ラボール東北方に出現せる敵はその後杳《よう》として消息を絶てり。二四航空戦隊の攻撃の成果を写真により調査するに、サラトガ型にあらざる空母一隻を轟沈せること確実なりという。敵避退の行動に鑑みあるいは真ならんと思わる。

あれだけの飛行機の損害ありたるこれくらいは成果を挙げ得べきはずなり。

二月二十三日　月曜日　〔晴〕

ジャワ島上陸日程は敵艦隊及び飛行機相当に残存する状態に鑑み二日延期、二十八日決行のことに決定す。

図演第四日、高松宮、竹田宮殿下御列席の下に研究会を開催、正午終了。午餐を共にす。竹田宮殿下は宮島へ、高松宮殿下は長門へ、福留一部長以下は徳山へ、しかして明日の艦隊輸送機により帰京のこととなる。

作戦打ち合わせ及び図演研究会において相当艦隊側の意見を強調し置きたり。

参謀本部員らはソ連問題を楽観し、本年中にとやかく言うことなしと言うも、現在関東軍を抑えあるは梅津司令官にしてこれに慊焉《けんえん》たる部下には司令官の更迭運動を計るものあり。

さらに東條首相も対ソ開戦すべからずという明徹なる観念を欠くと思わるる節あり。三月以後対ソ警戒は怠るべからずとは一部長の漏らせるところなり注意を要す。

二月二十四日　火曜日　〔雨後曇〕

本朝五時過ぎ、ウエーキ島哨戒機はその至近一〇カイリに大巡二、軽巡二、空母一隻及び駆逐艦四を発見せり。

例によりて艦といい空母といい、あるいはまた駆逐艦といい、正体を捕捉するに容易ならず。敵は艦載機七機、艦爆五〇機を以て空襲してかつ巡洋艦を以て砲撃せり。

我は陸上砲台を以て敵機二撃墜、敵巡洋艦に火災を生ぜしめたるが、敵は四〇度ないし六〇度方向に高速にて避退せり。

飛行艇よく触接し中攻隊十数機ルオットより攻撃し敵巡洋艦の艦尾に二五番一発命中、これを落伍せしめたり。充分なる効果を挙げ得ざりしを惜しむ。

米にとりては本日はワシントンの誕生日とかにて大統領の炉辺漫談ある当日なり。何かなさざれば米海軍の存在を疑わると言うにあるべし。

それにしても南北に各一群の機動部隊を備え両者の協同を行うところも若干の兵術味あるも、その行動たるや余り誉められたるものにあらず。

ただ人を食ったやり方、すなわち島嶼の至近にて直接砲撃を行いまたは飛行機を発する点は思い切ったる処置なり。いずれの日か眼に物見せん。これが壊滅の絶好の機会来たらん。

シンガポール方面海上掃海続行中のところ昨日水路啓開なり、一部兵力セレタ軍港に入泊し、ここに「ユニオンジャック」に代われり。

ジャワ方面東部は屢次の我が空襲により敵航空勢力は一掃せられ、西部に六、七〇機を余すのみとなれり。ジャワ島の攻略もはや可能の時機となれり。

世界の楽園と称せらるるバリ島の占領により、わずかに二キロメートルを離れあるジャワの運命まさに旦夕なること敵もよく了解して、蘭も米も訴えおるも如何ともすべからざるなり。すなわちこれ我の手なりと知るべし。

本朝来低気圧急に迫り降雨となる。せっかく用意したる連合艦隊飛行機も使用できず。両殿下汽車により帰京遊ばさる。

二月二十五日　水曜日　〔半晴〕

戦況大なる変化なし。

二月二十六日　木曜日　〔小雨曇〕

ジャワ島攻略前の静けさ、大なる変化なきも、クーパンの二二〇度三四五カイリにレンジャー型空母一隻、潜水艦一隻を伴い針路三三〇度チラチャプに向かうもののごとし。

夕食後映画ニュース、メナドにおける海軍落下傘部隊の行動を見る。帝国嚆矢の試練見事にやり遂げたる感銘のほかなし。

二月二十七日　金曜日〔晴〕

第一戦隊本日の出動訓練視界不良のため、明日に延期す。風南にしてガスあり、春日近きたるを思わしむ。実に三月は間近なり。第一段作戦の終了も間近なり。

昨日発見せる空母は敵信傍受（敵一六機の攻撃を受けつつあり）によれば、沈没せるはずのラングレーなるやの疑いありという。

襲撃後潜水艦は自衛のため潜航しその最後を完全に見届けず。飛行機の攻撃も二重三重に勘定しあるいは沈没まで確認せずして沈没せること確実なりと認むと報告すれば、次は沈没に明記せらるるに至る。故意あるにあらざるも自然の成り行きなり。

ここに彼我の発表に格段の差を生起す。いわんや敵のごとく敵の損害に進入をかけ二倍ないし数倍にし、味方の被害を抹殺すること、支那以上なるにおいておや。

ジャバ海方面において伊五潜を味方戦闘機は掃射を行い、艦長以下に重傷を負わしめたる不祥事あり。味方識別の重要なること申すまでもなし。

バタビヤの北西方三〇カイリ付近に巡洋艦三隻、駆逐艦数隻の針路不定なるあり。スラバヤの北西に東航する巡洋艦、駆逐艦数隻あり。

今夜敵前上陸のためボルネオ西方を南下中のバタビヤ攻略部隊ボルネオ南方を西進中のスラバヤ攻略部隊に損傷なからんことを望む。

チラチャップには駆逐艦二、三隻、商船四〇、スラバヤ沖巡洋艦、駆逐艦それぞれ数隻、商船四

○、なおバタビヤ方面にも相当数あり。これらを拿捕するの方法を講ぜざるべからず。日露戦争の凱旋観艦式においても、捕獲艦の多数を帝国艦籍に入れ参列せしめたり。英米蘭国の相当大きなものをこの際せしむること肝要なり。
加えるに敵商船約一〇〇隻は少なくも三〇万トンの代物なり。船腹船腹とやかましき限り、西の作戦、南への進攻、東方決戦いずれもこれに藉口《しやこう》して、二の足を踏むは中央の常習なり。

この際三〇万トンを頂戴して有無を言わせぬは国家的に見て甚だ有効なる方法なり。

これらの出港逃避を有力なる部隊の陽動により脅威し、陸上作戦、航空作戦を以て早期中枢の降伏をもたらすことも一法なるべし。直接の作戦部隊すべからく策を以て施すところなかるべからず。

芝居はまさに大詰めなり。けだし今後大作戦を行うもこの種の獲物は得て望むべからざればなり。

本夜上陸部隊泊地進入の予定なりしところ、バタビヤ方面護衛隊指揮官五水戦司令官は敵情に鑑み一日延期せり。

二月二十八日　土曜日　〔晴〕

昨日スラバヤ方面部隊5Sその他により、夕刻よりスラバヤ沖海戦により昼戦、夜戦を行い敵巡洋艦三隻、駆逐艦六隻を撃沈、その他に損傷を与えたり。

米の大巡雷装を有せず砲雷戦により脆くも参れること今にしてその欠陥を暴露せるものと言うべし。

昭和十七年三月

三月一日　日曜日〔晴後曇〕

午前七時、安下庄発、飛行機揚収訓練実施の後、十二時十五分、柱島錨地に帰投。

スラバヤ方面、バタビヤ方面ともに本未明上陸成功。西においては入泊後敵巡洋艦来襲、その二隻を撃沈せり。我もまた駆逐艦に小損害、輸送船一隻沈没三隻大破せるものあり。大詰めだけに敵も相当活躍す。

第一一航空艦隊参謀長大西瀧治郎少将航本出仕（総務部長予定）となり戦地よりの帰途来訪し状況を報告す。

所見もっともなるもの多きも、フィリピン・蘭印の島続きの作戦のみを以て、軍備の中心は航空なり、大艦巨砲主義はその位置を転じて奇兵たるに至れりと主張せり。

本件なお研究の余地ありと認む。広漠たる大洋上基地航空兵力の使用は困難なり。航空を前進せしむるためには航空母艦のみにて足れりや。

嶋田海軍大臣も毎々二号艦（武蔵）の建造を中止すべき意見なりしが、それは待たれたしとて抑えありと福留軍令部一部長語れり。

概ね一般意見は然らざるなし。敵にして戦艦を有するも、およそある場合これを無効ならしむる方策だに立たば、何億円と多大の資材を投ずるの要なし。

三月二日　月曜日〔雨後止む〕

夜明け前より小雨、そろそろ春雨の気分ぞする。

大西少将八時辞去す。昨夜は長官と将棋の戦闘を交え三勝四敗なりという。彼もまた陣中盤上の戦闘を以て過ごしたるほうか、本人もしかして言えり。

スラバヤ沖海戦捕虜の言によれば、オランダ中将これを指揮し巡洋艦六隻にして昼間の戦闘においては一隻のみ沈没、一隻は落伍、夜は一隻落伍せるを認めたりと言い、実際の損害と相手の認め報告せるところに相当の開きあるをまた実証しあり。

ジャバ型等は先刻バリ海戦において沈没しおるはずなり。第三航空戦隊司令官瑞鳳の飛行機輸送任務を終了して帰着来艦す。

三月三日　火曜日　〔晴〕

花節句も節句の気分とならず。

昨夜千代田搭載の豆潜第一三号、夜間訓練中沈没、極力捜索中の電あり。日進及び矢風をとりあえず救援に派遣し、水雷参謀現地に赴けり。搭乗員は三名速やかなる揚収を望む。

八時半より第一戦隊第一教練作業の研究会を大和士官室において開く。相当技量に達せるも何となく隔靴掻痒の感なしとせず、主力部隊の内地在泊長きにわたり、士気の沈滞を憂う。

大いに鞭撻しおきたるも、訓練法式の研究を新たにするとともに、作戦行動を執らざるべからず。前途に米艦隊と決戦を企図するもの、それ以前に英艦隊と会戦し手ならしをなしおくことは、日露戦争五月二十七日の海戦に先つ八月十日の黄海海戦の戦訓に俟つまでもなし。

いずれにせよ五月ともならばインド洋作戦のため出撃することは、全艦隊の士気発揚よりも絶対必要たりと認む。

スラバヤ沖の海戦において、ジャバ型デロイテル型の再出現により、過般の第八駆逐隊の戦果を訂正し来れり。バタビヤ、スラバヤ及び中部上陸部隊いずれも迅速に進撃中なるがごとし。

バタン半島陸軍攻略は立ちすくみ、海陸協同し他叢島ミンドロ、セブ方面の掃蕩を開始せり。肝心の中心を遠巻きにして、つまらぬ方面にのみ触るること、作戦上の拙劣の手と言うほかなし。

斯くてはバタン半島コレキドルのみ最後まで残り、いたずらにマッカーサーをして英雄に祀り上げしめ、将来戦に対する影響、フィリピン整理に及ぼす影響ともに不良なり。前田一四軍参謀長の罷免これに基づくという。

三月四日　水曜日〔晴〕

昨夜十一時、豆潜一三号掃海により位置を確認。本物の潜水艦による水中信号潜水夫による舷殻打衝に対しいずれも応答なし。

九時、司令部水上偵察機にて錨地発、安芸灘現場に着水。千代田に乗艦状況を聴く。一五度の仰角にて艇尾二メートル半泥中に入り、電灯（位置標示用）消滅す。

掃海索、中央に繋りあるも、流潮強く憩潮時にあらざれば、潜水作業不可能なるにより、正午を期して作業開始、引き揚げ用索二条を取りポンツーンにて引き揚がるはず。

艦長以下搭乗員の士気を鼓舞し、十時四十五分再び飛行機にて出発、十一時十分着水帰艦長官に報告す。

南方に出張中の藤井参謀お土産の猟銃を持ちて帰艦す。志岐人事局員、佐薙軍令部員、高等科学生採用問題、艦隊編制問題につき打ち合わせに来る。

すき焼きの晩食に当たり、本朝、南鳥島敵空母を伴う機動部隊の空襲を受け、電信所破壊、ガソリン缶燃焼、死傷若干を生じたるの電、遅れ馳せに入手、一時この話にて持つ。東京湾にはこの足ではよもや来ますまいが。

藤井参謀の視察出張報告あり。興味ある新ニュースあるとともに、観察眼勝れたる各部の考えなど、当司令部として大いに考慮すべき数々あり。

三月五日　木曜日〔雨〕

午前七時四十五分出港、雨の中を浮流機雷の戦艦に対する触撃の如何を実験す。一二ノットにて艦首波以下に下がりたるものは当たらず、艦首真向かいに来れるもの一箇爆発するの可能性を認めたり。

十一時呉入港、沖のほうの浮標にかかる。

三輪第三潜水戦隊司令官、原第五戦隊司令官来訪、さらに田結譲中将支那方面艦隊参謀長に赴任の途来訪。

回航中大伏崎の一〇〇度三四〇カイリ哨戒中の監視艇、敵味方不明の飛行機一三機西向すの電、軍令部を通じて来る。

屋形右付近にて反航せる第二戦隊その他に対し、出撃用意を令したるも電報解読の誤りたること判明、取り消しを命じたり、小なる誤謬災いすること多し。

本日バタビヤを占領す、祝杯。

三月六日　金曜日〔半晴、暖〕

九時過ぎ帰艦、電報を処理して十時二十分出猟。

帰途伊予灘に出で千代田、日進の特別訓練場を過ぎて四時半頃帰る。アイサ三羽の不猟に終わる。

夕刻より上陸、吉川に泊。

三月七日　土曜日〔晴〕

本日午後、ビルマ作戦陸軍部隊はペグーを占領す。バンドン方面停戦を申し込み来れりと伝える。

三月八日　日曜日〔晴〕

午前十時、当市〇寺において三月三日遭難せる豆潜の三氏、神田大尉、三扶中尉、大石兵曹長（いずれも一級進級）の海軍葬儀施行、長官と共に参列、痛惜哀悼に堪えず。

ペグーを陥れたる陸軍部隊は一瀉千里、本日午前ヤンゴンを占領せり。またスラバヤ陥落の快報に接す。開戦以来まさに三カ月、予想より二十日くらい早き進捗ぶりなり。

三月九日　月曜日〔曇後雨〕

九時前帰艦。気象長と共に江田島に渡る。兵学校守衛長の案内にて飛渡之瀬を過ぎ山に入る。彼仲々の名手にて本年雉一〇〇羽を仕止めたりという。

若干の鳥を見るも終に一羽を得たるのみにて、余は一発も放たず。雨となりて三時十五分小用浦より帰る。久闊の山猟《やまさつ》、流汗三斗よき運動となれり。

先般来の獲物を華山に托し、豊田長官、二四戦隊司令官を加えて当司令部のすき焼き会を行う、美味評判よくまさに成功せり。

バンドン停戦申し込み中のところ、本日午後、蘭印軍司令官は無条件降伏するに至れり。バタバタと呉入港中に片付きたるものかな。

三月十日　火曜日　〔半晴、朝霧深し〕

大和のみ十時出港、柱島に回航す。長門、陸奥なお工事のため残留す。

去る八日占領せるラエ、サラモア（ニューギニア東北岸）に本日七時半頃より約二時間、敵の艦攻、艦爆、艦戦、陸上機を加えて約四〇機来襲、主として艦艇を目標として攻撃、六水戦の夕張、駆逐艦等軽微なる損傷を受け、なお特設艦船数隻に相当大なる被害あり。

午後二時頃、避退中の「サラトガ」重巡二、駆逐艦五隻より成る敵機動部隊を発見せるも敵機四機、撃墜以外またこれを逸するに至る、残念至極。

敵潜塩屋岬沖あるいは上海の東方等出現活発化しつつあり。

第一段作戦、第四兵力部署に転換。

本日付第三艦隊を改編して第二南遣艦隊となす。

本日午後、大元帥陛下におかせられては陸海軍幕僚長を召させられ、南方陸軍最高指揮官並び連合艦隊司令長官に対し左の勅語を賜わりたり。

勅　語

東印度方面に作戦せる陸海軍部隊は緊密適切なる協同の下に長途幾多の困難を克服して勇戦奮闘克く敵航空兵力及び艦隊を撃滅すると共に諸方面に至難なる上陸作戦を断行し随所に勁敵を破摧して神速果敢悉くその主要根拠地を覆滅し以て敵勢力を一掃せり。

朕深くこれを嘉賞す。

三月十一日　水曜日　〔曇〕

昨日来襲せる敵機動部隊に関しては本日情報に接せず。

三月三日頃、ハワイ方面飛行機警戒厳重なりしと本邦近海敵潜水艦の行動活発化等より、南北呼応しあるいは小笠原、東京方面空襲するの前程とも見らるるに至りたるを以て、対米艦隊作戦第三法警戒部隊の適時出動及び南西方面に向かいつつある第五航空戦隊を父島方面に回航せしむるごとく発令す。

受け身は厄介なり、戦はこちらより仕懸けるが労少なくやりやすきものかな。

三月十二日　木曜日　〔曇〕

二一航戦昨日木更津に移動、本日早速東方海面の捜索に当たれり。午前十時半暗号長飛んで来りて敵発見の飛行機電を直了すという。

地点不明、敵発見味方よりの方位三〇度九五キロメートル、飛行機番号もなし。味方第五艦隊哨戒艦艇よりの方位距離なるや、いずれにしても電波に誤りなしという。よって中央に連絡し木更津方面を調査す。

午後に至りて捜索機は全部応答あるも斯かる電を発せるものなしという。偶々出撃中の第二戦隊飛行機の通信訓練において電波倍数となり受信せるものと判明す。

どうも通信上の誤りあるいは判断の不良による錯誤あること多きは注意を要す。

それにしても本日は休会中の議会も開き国を挙げて蘭印全面降服、ヤンゴン陥落の第二回戦捷祝賀日なり。

この騒ぎの最中に真の敵機来襲することあらんか、その結果思うだに戦慄を禁ずるあたわず。喜びに満つる国民の頭上に大空襲！　思えば祝賀などは止める方可なり。

まだまだ前途の多難は心休まる暇もなからしむるものあり。いずれぞ戦捷と早断し得ん。

三月十三日　金曜日〔半晴〕

本日の索敵によるも敵来襲部隊を発見せず。通信隊は依然来そうだと警告す。

待つときは来らず備えなきとき来る、これ常道なり。

十二日北部スマトラの各部に上陸したるが敵は戦意なきもののごとし。

低気圧は北に過ぎ高気圧は迫らず。鏡のごとき春の海に遊び心勃々たり。一時前より出猟、前島付近を回りて帰れるが獲物は黒鴨、鶫など本年初めてお目に掛かれるもの以外に青首一番アイサ五、計九羽を仕止めるを得たり。長官も大猟とて喜ばれたり。

三月十四日　土曜日〔雨〕

当地方雨となりたるも東京湾以東の洋上天候概ね良好、敵に対する飛行機警戒を続けたるも味方哨戒艇のほか何物も見ず。

藤井参謀東京より帰来す。戦争指導要綱連絡会議を経たるも、ただ戦果を拡大せんと言うのみにて積極作戦を意味する具体案を決定するに至らず。その原因、
一、陸軍側は何ら腹案なきところへ連合艦隊意見を海軍意見として示され例の一応の阻止に出でたること。
二、陸軍兵力の余裕なし、対ソの顧慮上これ以上手を拡げ難きこと。

三、四月下旬には総選挙あり、国内相当に不自由を嘗めあり。この際船腹等も大いに利用して不平の雰囲気を抑えたきこと（首相兼陸相の立場）。

等を挙げたり。一応もっともな点もあり。別に趣旨には反対もなく当方の考えより約半年遅るることを覚悟して今後根強く押せば必ずついて来るものと考える。その間海軍自体いや連合艦隊をして思うように活動してみせるにしかず。

三月十五日　日曜日　〔曇〕

敵の飛行機哨戒ハワイ、ミッドウェー方面に活発にて通信輻輳せるは、過般の我が飛行艇によるハワイ夜襲及びミッドウェーの偵察に基づき、我よりの奇襲あるものとして警戒せるものと認めらるるに至れり。

よって警戒部隊の待機地復帰及び第五航戦の機動部隊復帰を下令す。

三月十六日　月曜日

北部スマトラ戦線を拡大中なり。

午前、午後、夕食後ともに砲塔水圧機械の噪音これが止まればディーゼル発電機の夜中の活動慣れんと極力努力すれども、無用の労力を費やし思考力まったく絶ゆるを遺憾とす。

三月十七日　火曜日　〔半曇〕　平静

戦況今日変化なし。

三月十八日　水曜日

三月十九日　木曜日　〔晴〕

三月二十日　金曜日　〔晴〕

午前七時艦発、艦長連及び砲術関係士官と共に亀ヶ首に到る。八時四十五分着。砲熕実験部長はじめ関係者未着の間を利用し、亀の頭に猟銃を下げて一汗流す。

九時半頃顔触れが揃う。ここで説明、それより三六、四〇サンチ通常弾の静止炸裂の調査あり。余はこれには行かず専ら鈴木長蔵少将と用談す。

十二時頃三六サンチ徹甲弾の跳弾による炸裂状況調査、射撃施行、信管は遅動信管を使用し、調査に便ならしむ。

午後二時より九四式四〇サンチ弾につき同様実験す。後者は前者に比し破片大にしてその威力強なり。海中飛散の状況も充分認め得たり。

大口径砲には榴散弾式の散開弾を絶対必要とするも、未だ実験中にて、差し当たりは搭載中の徹甲弾を遅動信管により跳弾とし、その破片による効果を狙うほかなきを以て、本日の実験となれるものなり。

来る二十二日にはさらに通常弾時限信管によるものを実験する予定なり。

三月二十一日　土曜日〔晴、上天気〕

九時十五分、春季皇霊祭遥拝式、春日麗なり。皇祖皇宗の神霊、父母、知子の霊を祀る。

昼食に長官公室に行く、参謀連囁き「参謀長御目出度功三級」と言う。「それは大分おごらなくてはならないわい」と答える。

昼食後新聞を閲するに、第三八回支那事変生存者論功行賞〔海軍関係第一〇回〕の御沙汰あらせられ、二十一日午前零時、海軍省内閣賞勲局よりそれぞれ発表せられたり。まさに一般殊勲将校として功三旭二を賜わる。

顧みれば本支那事変は十二年七月、練習艦隊八雲艦長として訪欧の途に勃発し、国際情勢の変化に対し相当の苦心と警戒を要したり。十三年度は戦艦日向艦長として内地艦隊勤務大なる功績なし。十三年十一月、転じて軍令部出仕第一部勤務となり、同十二月十五日以降、軍令部第一部長の重職を汚し駑馬に鞭打ちて事変の解決をはかること二年有半に及べり。

この間作戦のことは二、三を除きては左迄苦心せざりしも、三国同盟問題前後二回、軍備問題、将来作戦の研究確立、出師準備など数えれば相当の苦慮を重ねたることもちろんにして、我が生涯においても忘るるあたわざる一期間と認めあり。

しかして本次大戦争の作戦基底をなせる海南島攻略作戦に出張従事せるほか、戦地にも数回出入、画策はすべて積極進取的なりしと自認するも、ついに事変解決を貫徹し得ず、その功績挙げて問うに足らざるにかかわらず、本日この過分の恩命に浴す感激これに過ぎんや。

今後奮励さらに奉公の完璧を期し、大東亜戦争の目的達成及び支那事変の残されたる解決を全うし、以て聖恩に報ゆるところあらんとす。

祖先及び亡妻知子の霊に黙禱報告す。殊に知子は多忙なる本勤務中よく内助の勤めを果たせるが、不幸昭和十五年四月八、九日頃より発病、四月二十六日を以て溘焉《こうえん》として逝けり。

わずかに半月の看病、手当てに遺憾なからんことを期したるも、公務繁劇ついに天寿を完うせしめ得ざりしを最大の恨事となす。しかも本論功の日付たる同年の天長節四月二十九日の前日を以て、急ぎ葬送の儀を行いたる誠に奇しき因縁にして、命を捨てて我奉公を助けくれたるなり。

吾今日ある、また少将進級すぐに第一部長の栄職に就き得たる、しかしてその職を完うし得たる共に知子内助の功なり。

本日この御沙汰を拝し愛情の念さらに新なるを禁じ得ず、ここに本恩典の全部を捧げてその霊を祀る。たまたまこの日、彼岸の中日なり。日没後警戒部隊帰着、1F参謀長報告に来る。

三月二十二日　日曜日　〔曇後小雨〕

午前八時艦発、1F参謀長及び艦長連と共に再度亀ヶ首実験発射を視察に行く。

本日は三六サンチ及び四〇サンチ通常弾の弾頭時限信管装着発射なり。弾頭信管のためか、弾片の飛散状態は徹甲弾と異なり、前方に薄く傘のごとく五〇度方向に密なり。

防空のためにはやはり前方に強きを有利とすべく、通常弾はまったく間に合わせ的手段、結局は散開弾によるを可とす。

鈴木実験部長の好意により、三三〇ミリVC鈑を三六サンチ砂塡弾二万八〇〇〇メートルの存速を以て貫通実験を行い、多数砲術関係士官に見学せしめくれたり。

見学の山上射撃の合間を見て中尾教育局員佐世保に出張、第五戦隊に就き過般のスラバヤ沖海戦の状況調査せるにより、その要点を話してもらう。

重巡として二万五、六〇〇〇メートルの遠距離砲戦を一時間継続し、主砲弾のほとんど全部を使用し尽くし、しかも敵巡洋艦撃滅の目的を達せず、魚雷また一二一本を発射しようやく駆逐艦一隻に一本命中せるのみという。

けだし護衛中の輸送船団数十隻近在し、優勢なる敵に遭遇せしこととて、勢力保存遠戦主義を取りたりというも、いずれも初陣の拙劣さを物語るものと言うべし。

午後四時、三六、四〇サンチ通常弾の静止炸裂による弾片の状況を実視し帰路に就く。

三月二十三日　月曜日　〔霧〕

午前八時。北方の伊勢小島東方に大和、扶桑錨地変更、十時より開始予定なる主砲対空実験射撃を一時に至り実施す。まったく春霧のお陰なり。

第六艦隊新司令長官小松輝久中将、香取にて来着、四時四十分来訪せらる。

本日午前六時半、アンダマン諸島中のポートブレヤーに敵前上陸す。抵抗なく英の幹部二三名及びインド兵三〇〇名武装解除して何なく占領す。

英人軍人及び婦女子は十日程以前に引き揚げたりという。

バタン半島の英雄米司令官マッカーサーは妻女及びその他の幹部と共に、二台の飛行機によりオーストラリアに脱す。反枢軸側敬慕の的となり、連合軍西南司令官に補せらる。しかもオーストラリア防備に米の兵力機材援助の急を説く。名将か迷将か。

三月二十四日　火曜日　〔雨後晴〕

六艦隊参謀長、八潜戦司令官、先任参謀同伴、豆潜の改造及び訓練の関係上、次回出発遅るるため打ち合わせに来る。整備はすべての先決なり。同意のほかなし。
ドイツより重要兵器の取り寄せについては、独潜に搭載不可能なるにより、日本潜水艦ドイツまで来てくれという。果たして我が潜水艦に搭載可能なりや。ドイツ本国まで行かずとも途中何とかならざるや、いずれにしてもかねての問題にてもあり、派遣の腹をかためたり。
南西方面出張中の通信参謀、及び機関参謀上海経由鹿空を経て飛行機にて岩国着帰隊す。

三月二十五日　水曜日〔晴〕
午前九時より通信参謀、機関参謀の南西諸地方視察及び各艦隊との打ち合わせ状況報告あり。
十一時、第四潜戦にて活躍せる第△潜水隊司令艦長帰着に際し報告に来る。同隊は四月より呉鎮練習隊に役務変更の予定なり。
南洋方面に出張中の三和参謀帰隊、第四艦隊の情況及びラボール方面の視察報告を三時より行う。

三月二十六日　木曜日〔曇〕
松木艦本一部長午後呉より来艦、主力艦砲塔応急防護問題、主砲対空弾問題等打ち合わせを為し、夕食を共にして長門に宿泊す。

三月二十七日　金曜日〔晴、濛気〕
午前七時、第一戦隊柱島錨地発、第一類教練作業として、霧中航行教練、飛行機揚収訓練、午後は対空射撃、測敵教練、飛行機襲撃教練、夜は見張照射教練等を実施し、十一時前、徳山湾内入り口近く碇泊す。

三月二十八日　土曜日　〔曇〕

本日の出動視界不良のため明日に延期す。出港直前の変更今少し余裕あらしめざれば、曳的艦扶桑は午前六時柱島を出港せるはずなり。司令部として見当のよろしからざる概ねこの種の結果に陥る。

参謀連は第二段作戦の研究会を開くも、参謀長は敬遠せられて閑暇なり。

三月二十九日　日曜日　〔雨〕

昨夜遅くなりて暗号長通信諜報を総合して、本朝敵機動部隊は、マーシャル東方より空襲すと自信を以て判断するにより、第四艦隊参謀長に軽き意味にてその判断を伝えたり。

本朝何事も起こらず誤判断なりしやもしれず。四艦隊も気を悪くせず我が親切心を買うべきなり。

三月三十日　月曜日　〔曇後晴〕

参謀連先般来練り上げたる第二段作戦の内容につき、昨夜来検討し、本朝また吟味す。

朝まだき細雨来れるも漸次晴るるものと認め、午前九時出港、三田尻沖に一斉投錨し訓練を行う。すぐに抜錨、第三航空戦隊飛行機襲撃教練を零半より実施したるも、通信の齟齬より攻撃隊来らず待ちぼうけを喰う。

一時十五分、発動射撃態勢をとる。四万二〇〇〇メートルにおいて右に斉動三万八一〇〇メートルにおいて大和主砲射撃を開始、後、陸奥、長門砲戦加入視界相当なるも濛気あり。西の風強し。

最初は間接射撃を行い、後直接に移る。三万八〇〇〇メートルの射撃は帝国海軍としてははけだし嚆矢なり。不幸にして高層風の測定を誤り、苗頭の大偏弾を生じ経過思わしからず大和副砲また然り。

射撃後、応急運転を行い五時半作業を終了。釣島水道を通過、月明の夜柱島錨地に帰投す。時に九時半なり。

三月三十一日　火曜日〔晴〕

午後二時より士官室において第一戦隊教練作業の研究会を主催す。大体は大なる不安なく作戦行動を執り得るものと認むるも、肝腎の砲戦においてなお充分なる自信を保持し得ざるは残念なり。日ならずして執らるべき作戦に主力部隊の出動を臭わし、一同の努力を望みたり。

功三旭二の恩賞ラジオ、新聞に表れその御祝の手紙続々として来る。

昭和十七年四月

四月一日　水曜日　〔曇〕

卯月とはなりぬ。春は来れり。海上長閑なるも熱風面を灼くの南域に、あるいはなお寒風骨を刺す北海にそれぞれの作戦任務を帯びて将兵共に尽粋す。春もさまざまの様式にて迎えられん。

ニューギニア西部の掃蕩戦開始、無血上陸敵幹部は降服す。今後またも大したことなからん。

クリスマス島また上陸成功、燐鉱の取得若干可能なるべく以て農産物増産に資すれば結構。

午前の定期にて小野田軍令部員連絡のため来艦す。

四月二日　木曜日　〔晴〕

まったく長閑なる海のたりともせず。

電報量は作戦の晴雨計なり、まったく減少せり。

クリスマス島占領に当たり、四水戦旗艦那珂、敵潜の攻撃を受け魚雷一本命中相当の被害あり。長良にて曳航することとなれり。

四月三日　金曜日　〔晴〕

遥拝式も夏季日課にて八時四十五分なり。

一時半頃より出猟、錨地北方にてアイサ八羽を得たるのみ。猟期も終わりに近づき、諸事その通りできおれり。今日は祭日に加えて大潮なり。山桜満開して山を飾る下老幼の潮干狩りに出るもの多し。

東京近在に見るがごとき花やかなる素人には見えずして、いずれも本職の仕事のようにも見受けられたり、時局のためにあらず田舎なればなり。

四月四日　土曜日〔晴後曇〕

朝食はお頭付きにて長官の御誕生日を祝う。

本日、宮中にて勲一等功二級等の神授式あり。

午前、大野人事局員旭一功二の勲章を持して来艦、長官に届く。「斯なもの貰ってもよいのかなあ」と長官言われたりという。

早速お喜びを述べ「軍令部は戦のことをやっているから可なるも、自分は米砲艦を南京近くで沈めた場合のほか何もしてはおらん、軍令部総長功一級の関係からか」、旭日章の綬の鮮やかさ、金鵄勲章の金色の眩きも何となく忸怩たる気持ち「斯なもの恥ずかしくてつれはせぬ」、恐らく余輩以上の感せられたることとなるべし。

夕刻より曇り雨模様となる。ニュース映画を見る各地戦況概ねこれにより窺知し得る。

海軍としてのものは特別攻撃隊、クーパンにおける落下傘部隊、北海における第五艦隊の活動等、もっとも世人には有効なる影響を与えるべしと認めたり。いずれも御苦労の次第なり。

四月五日　日曜日〔雨〕

二五メートルの強風と雨、これにて桜花は台無しとなるべし。

本日、機動部隊のセイロン島方面攻撃決行の日、ベンガル湾の低気圧も北方に過ぎ、驟雨あるも奇襲に適すと想察せらる。遠距離のため飛行機の直接受信不可能、正午過ぎて敵側通信「一〇四五コロンボ空襲警報」を傍受す。

敵は戦艦一隻、巡洋艦二隻を発見せるがごとし。トリンコマリー、コロンボともに厳戒中に押し込むこととてハワイの場合と相異す。我が被害なからんことを祈る。
第二段作戦の構想につき渡辺参謀上京中のところ、軍令部も渋々ながら同意を表せるがごとき電話連絡あり。

四月六日　月曜日〔晴〕
機動部隊、セイロン空襲は敵機六〇機撃墜、商船十数隻撃破、コロンボ施設爆撃のほかコロンボの南々西二〇〇カイリ付近において英重巡カンバーランド型二隻を撃沈せり。
一南遣の基地航空部隊は、カルカッタにおいて巡洋艦、敷設艦、各一隻を撃沈し、一南遣機動部隊はベンガル湾において商船一三隻を撃沈するの戦果を挙げたり。

四月七日　火曜日〔晴〕
七時四十五分錨地発、訓練を実施しつつ十時半呉入港。

四月八日　水曜日〔晴〕
五時半、上陸す。華山に腰を据えおる連中、女主人以下と共に、どやどやと入り来る。
今日は奉公日、いや大詔奉戴日とて当方も馳走なし、これらが帰ればその後に副官の級会のお流れが三人来りてまた一談義なり。
開戦以来、ここに丸四カ月予定作戦を終わる。

四月九日　木曜日〔晴後雨〕

午後より水交社に到り靴及びヘルメット等を購入す。襟裳にて遭難せる相馬艦長及び二、三の特務士官に会う。その艦沈没して衣類持ち物全部を失う。当今の物資不足、気の毒の至りなり。

二時より軍服のまま単騎二河滝に散策す。強風の後温度上昇、流汗相当なり。名残の桜に芽新たなる木々の景色、真に吾人の心を楽しませたり。

四月十日　金曜日〔雨後曇〕

電報によれば昨日トリンコマリーの空襲大いに成功したるがごとし。空母ハーメス、乙巡洋艦一、駆逐艦一、飛行機五〇機、施設商船に相当の損害を与えたり。

午後四時、水交社に到り長官と共に草里町の沢原別邸に到着、暫時にして伏見宮博恭王殿下ご到着、拝謁す。

殿下「しばらく会わなかったね。戦のほうも予想以上にうまく行っておめでたい」と仰せらる。殿下御健勝のお喜びを述べたるに「近来はすっかり元気だ」と仰せらる。

本日、第二段作戦第一期兵力部署に転換を命ず。

四月十一日　土曜日〔晴〕

九時帰艦す。十一時、博恭王殿下江田島よりの御帰途、大和に御来艦あらせらる。艦内御巡視の後、同二十分頃発、海軍病院に成らせらる。呉入港の機に際し拝謁を許され、また旗艦御巡視のこと心嬉しき次第なり。

一時出港、多少の訓練を行い四時頃錨地着。第五戦隊司令官高木少将、妙高、羽黒を率いて過日来当錨地にあり。来訪し一応の報告をなす。
バターン半島総攻撃開始以来八日、降伏を申し入れたるも、コレキドルを含まざるを以て攻撃続行潰滅せり。

四月十二日　日曜日　〔小雨、風強し〕
午前八時半より竹下妙高副長の応急方面を主としたる実戦教訓談あり。
呉より中原人事局長来艦、人事異動等につき協議す。午後一時半より長沢第五戦隊参謀のスラバヤ沖海戦談あり。

四月十三日　月曜日　〔晴〕
佐々木航空参謀、次期作戦打ち合わせのため飛行機にて上京す。

四月十四日　火曜日　〔曇〕
午後、風凪ぎ絶好の日和となりしを以て、気象長と共に出掛ける。
アイサ一八羽を得、本年度の打ち収めとせり、合計一六〇羽。その重量七〇貫に及ぶべし。

四月十五日　水曜日　〔風あり〕
第六艦隊旗艦香取、第八潜水戦隊千代田、日進など夕刻入港し来る。

四月十六日　木曜日〔雨〕

九時過ぎ、第一護衛隊司令官井上保雄中将伺候打ち合わせのため来艦、海上護衛の統轄的実施の要に鑑み十日付新編成を見たるものなり。

午前九時十五分、小松第六艦隊長官以下艦隊幹部、第八潜水戦隊各艦長以上、及び格納筒搭乗員士官、下士官七名、日進、千代田艦長、愛国丸艦長等来艦、長官訓示あり。終わりて別杯を挙げる。第二段作戦の劈頭、重要任務を帯びて内地を出発せんとす。その行や壮なり。

赫々《かっかく》たる成功と武運の長久を祈る。殊に豆潜水艦搭乗員中少尉の若手を以て、それぞれ技の頼むところあるとともに、一死奉公の決心固きを感受するは崇高とや言わん。これありて始めて皇国泰山の安きに在り、切に武運を祈る。

これらは十一時出港、甲潜水部隊はペナンを経てインド洋南海に、乙潜水部隊はトラックよりポートモレスビー、オーストラリア東岸に向かって進発せり。折から春雨霏々《ひひ》として別離を惜しむに似たり。

四月十七日　金曜日〔曇〕

一五駆逐隊呉より来たり、すぐに三南遣艦隊増勢のため出撃す。慌ただしきかな。

昨日付にて第一段作戦を終わり第二段作戦に入るに及び、各級指揮官に対して長官訓示を出す。ハワイ作戦における機動部隊、マレー海戦における第二二航空戦隊に対する感状は十五日発布す。

第二三特別根拠地隊司令官森国造大佐に宛て、次期作戦用として猟銃及び弾薬送付方を所望す。作戦の緩急に従うこと、果たして今冬のフェアプレーを発揮し得るや否や、命あるや否や。

四月十八日　土曜日〔半晴〕

敵のタスクホース本土急襲。

朝食終了時（七時五十分）、軍令部よりの電話は第五艦隊の哨戒艇第二三日東丸、午前六時半、東京の東七二〇カイリにおいて敵空母三隻発見の報に接すと伝える。

俄然司令部は緊張せり。すぐに対米国艦隊第三法を令し、出動可能部隊を調査、次々と発令を為す。

第二艦隊旗艦愛宕は昨日横須賀に帰着、長官、参謀長、先任参謀など軍令部に出頭しあり。よって前進部隊に各種の艦艇を一時編入し、警戒部隊を以て支援せしめ、なお台湾西方より帰路にある機動部隊も急速本州東方に回航せしむることとせり。

第二三日東丸は九〇トンの漁船にして第一電後消息を絶つ。栗田丸、赤城丸など二一戦隊の仮設巡洋艦艇はつけたるも、単に敵数機の空襲ないしは発見をなしたるのみにて、敵の実体を見ず。

午後に到りて他哨戒艇の敵位置通報ありたるほか、二六航戦の木空（木更津航空隊）よりの偵察触接不可能に終われり。該地方面不連続線通過直後にて、視界最初一二キロメートル、後二〇キロメートル程度にて捜索に困難せるがごとし。

午後一時軍令部より東京空襲を受ける。敵機千葉方面に不時着、横浜、川崎、横須賀空襲せらるなど各種情報入るも、真偽疑わしきもの多く敵の企図判断に苦しむ。

敵の西方二〇〇カイリ付近に在りたる第三潜水戦隊は襲撃のため待敵命令を発す。未だ敵の位置につき確実なるものなし。触接せる部隊もなく敵を捕捉すること万事の前提なれば、東方追撃を命じたり。

該地の日没五時、気は苛つ、一時木空より中攻三二機、零戦一二機攻撃に出発せるも、七〇〇カイリ進出してやむなく引き返せり。

敵は我が哨戒線にかかり前程には潜水艦線あり。

我が艦船部隊飛行機の動きを無線諜報し、到底明朝攻撃し得ざるものとし、その搭載中の遠距離爆撃機（双発マーチン型あるいはB二六型とも言う中攻よりも小）数機を発進し、東京九カ所（爆弾及び焼夷弾投下、死者一二名、軽傷を合わせ死傷一〇〇余名、家屋焼失五〇戸、全壊半壊等五〇戸くらい）、横浜方面、次いで横須賀（入渠中の大鯨艦首付近に若干損害）、名古屋、和歌山、神戸等に投弾、なお一機は新潟県の石油井なる新津を襲えりと言う。

これら飛行機は数機を出でざるべく母艦に帰投せるや、沿海州、あるいは支那に赴きしや、あるいは足摺岬の南方二〇〇カイリ付近のソ連船に人員収容を為せるや不明の点多し。

一方、敵部隊はこれら飛行機を発進し、東方に避退せるもののごとく、ここに長蛇を再三、再四、逸するに至れるのは残念なる上、かねて東京ないし本土空襲は断じて為さしむるべからずと言う余の矜持をいたく害せられたること無念至極なり。

それにしても斯かる遠距離より攻撃を実施するとせば、予期せる片道攻撃にも等しき距離なり。搭載機種、搭載機数の判定を行い、今後これに対する方策を根本的に改むるの必要生ず。

いずれにせよ本日は、敵に名を為さしめたり。

明日再度来るかあるいは北海道に向かって北上するや、南鳥島またはウエーキ島に向かって南するや、敵情を得ざる我は敵の意のままたるに委するのほかなし。

四月十九日　日曜日〔曇夜雨〕

昨日の空襲は東京、川崎、横須賀、名古屋、四日市、神戸及び和歌山県の田舎などにして四、五〇トンの爆弾二〇余、及び焼夷弾を使用し、また時々銃撃を加えたることあり。

千葉方面より入りて東より次々と嘗め、紀淡海峡を南下せるもの二機、都井崎東方を南西に向かうもの五機、新潟県の新津を襲うこと真なりとせば、まず八九機程度にして死傷合計三六三名、家屋の損害三五〇戸程度に達せり。

死傷数、爆弾数に比して比較的多きは、味方高角砲等の被害によるにあらずやとも考えられる。敵機一機南昌大橋奥水中に不時着、昨夜半陸軍の手にて落下傘降下せる乗員五名を捕虜とせり。

その言によればミッドウェーの西方バイエル島（地図になし）を出発せりとか、あるいは特空母ダイトウリアスより出でたりとか、またはアリューシャンのバルト島にサンフランシスコより十四日後船にて着、十八日出発、同島には飛行場なし、守備兵一五〇名くらいとか、あるいはまた特空母には同種機なお在りとか一向に泥を吐かず、訊問者語学足らず、また海上知識なき陸軍下級幹部なるべきを以てやむなきも速やかに究明爾後の処置を講ずる要あり。

ただし五人乗りB25のノースアメリカン型一三機にして衢州《くしゅう》に到着地を指令せられたることは明瞭なり。

我が東方哨戒線も第二三日東丸、長渡丸消息を絶ち三隻ほど損傷を蒙れり。飛行機を見たるもの相当あれども敵艦影を確認せるものは一に止まる。敵は哨戒線を混乱したる後、反転やや北寄りに避退せるにあらずや。

本日木空機の捜索敵機を見ず、北東方に出でたるもの雨のため四〇〇カイリくらいにて引き返せり。

早朝より八時頃までの間は、栗田丸敵機四機の北上するを見、また北方にて敵駆逐艦らしき二艦を認めたりと伝え、明朝北海道方面空襲の算ありと認めらる。

2F、5F、6F、11AF等の兵力、しきりに敵の後へ押しかけつつあるも何ら得るところなきを遺憾とす。一部兵力は爾後作戦の準備あり、第一期作戦配備に復帰を命ず。

大体余輩は米飛行機の今回行動はこの種飛行機を大型船改造の特空母に搭載し、艦戦、艦爆等搭載のほか空母及び大巡駆逐艦等とともに来攻、計画的に遠距離飛行機を発進、途中帝都その他の本州都市を嘗めて支那本土に空輸、爾後同方面を基地として西方より攪乱を期するものと想察しあり。

本回の成功に敵は本挙を繰り返し、また支那本土より来襲を企図すること当然なるべく、我は東方遠距離に敵発見に努めざるべからざると、西方脅威に対し相当の警戒を常時払わざるべからず。ここに充分なる対策を確立していく必要を痛感し、「米機の謎を解け」と題して所見を述べ参謀連の参考とせり。

午食時間、大阪の北方を怪飛行機三機北上せりとて同方面空襲警報、当地また警戒せるが双発陸軍機を誤認せるものと判明す。

四月二十日　月曜日　〔雨〕

夜来の春雨夕方に至りて止む。東漸して本日夕刻より横須賀方面降雨となる。

敵は北海道に来らず、哨戒に従事する監視艇の一艦爆撃を受けたりとか駆逐艦らしきものより数発の砲撃を受けたりとか、多少判断の材料となるほか沓として敵情不明なり。

択捉島の南東三五〇カイリ付近、ちょうど我が木空よりする中攻の索敵圏外にある公算多しと見たり。

本方面の索敵を航空部隊に命ずるとともに、前進部隊指揮官当該方面の兵力を統一すべきを下令す。

夕刻に至りて敵の爆撃も誤謬なりしがごときにより、対米国艦隊第三法を止め第一期兵力部署に復帰を命じ、5F、26FS、3SS（第五艦隊、第二六航空戦隊、第三潜水戦隊）にてなお警戒を続行せしむるほか策なきに至る。

敵はすでに遥か東方にて我の立ち騒ぐ有り様を無線謀知し軽侮の眼を向けあるべし。

斯くて我が本土を空襲せられたる上、一矢を酬ゆる能わずして長蛇を逸せり。残念の極みなりと言うべし。

　行く春や長蛇東に飛機は西
　ほろ〳〵と山吹散りて爆弾《たま》の跡

四月二十一日　火曜日　〔半晴、風強し〕
南昌の米捕虜は南京に送致しついに泥を吐かしめたり。
空母ホーネットに一六機搭載、巡洋艦二、駆逐艦四隻、給油船一隻と共に四月一日西岸発、途中寄航せず来航、十八日敵潜水艦を付近に発見するに至り一三機発進、概ね二六八度の針路にて房総半島に達し、爾後攻撃をなしたるものなりと言い、義勇航空部隊なること判明せり。
右飛行機の攻撃に協力せりと認めらるるソ連汽船を紀州南方に発見し、一艦隊東向の途中臨検せしめたるが、これを串本に回航せしめ大阪警備府に引き渡し調査の予定にて駆逐艦早潮同行中のところ、昨日午後潮岬の二〇〇度五〇カイリ付近にて見失いたり。

爾後小松島及び鹿空より飛行機を出し捜索せるも発見せず。同船には回航員として士官一、下士官一〇名乗船せしめあり。

斯くして逸することあらば帝国海軍の恥辱この上なし、とんだ捕物帳となれるものかな。

午後三時頃、浙江省杭州方面大編隊機の爆音を聞くの報により、西部管区空襲警報を発す。艦隊は見張りのみ充分にせり。風声鶴唳《かくれい》毎日なり。

確実の程度を究明して処置を執れば時機を失す。要はその情報の供給源がしっかりしていること、先決にして一昨日の神戸・大阪の例といい三省を要す。

四月二十二日　水曜日〔晴〕

南昌にて拿捕せる米捕虜の言、その後次第に真を増加せり。

ホーネットは巡洋艦二隻、駆逐艦四隻と、本国発途中、一空母及び巡洋艦及び駆逐艦参加し、出発時合成風速二〇メートル、甲板の長さ七〇〇フィート、滑走距離五五〇フィートなりしと言う。しからば一六機をいかに搭載せるやが問題なり。なお謎を解くに骨を折れ。

午後一時、第七戦隊景気よく帰投す。栗田司令官艦長、幕僚来艦、伺候報告す。各員労苦の面影濃し、二時呉に向かう。

夕刻第四航戦の龍驤単独入港し角田司令官日没時来艦報告す。

各司令官とも在港中の乗員帰省旅行等につき内意を漏らす。もっともの点あるも、戦時いついかなることあるやもしれぬ現状においてはさきに伝達せる標準以外、休暇は許可し難し。この点幹部はよく諒とすべきなり。

午前八時、碇泊のままにて高角砲水上射撃を実施す。二、三番艦は星弾を使用せり。

なお本日午前、砲術通信飛行各科を通じての隊形報告通信訓練を実施す。渡辺戦務参謀の計画指導適切なり、この種のこと各参謀ともイニシャチブを取るの努力欲しきものなり。

四月二十三日　木曜日〔晴〕

軍備計画打ち合わせのため杉浦軍令部三課長来り、情況判断を持して神軍令部一課部員来る。夜、説明を聞き当部意見を述べる。戦艦建造を第三号艦までとし、その余力を空母建造に集中するを可とす。超甲巡はいずれにせよ遅るるを以て見合わせと為す。潜水艦の建造は大いにこれを進む。航空機製産能力不足にして、二十一年度における整備数極めて寡きは、当方のもっとも遺憾とするところなり。

挙国海軍航空に集中すべきときなるが、依然として陸軍との張り合いに終わりつつあるは、戦前も開戦後も同様にして大局的見地に立ちて、政府の考慮を求むるものなり。

博光は十五日より富士裾野に軍事教練に赴きあるの短信あり。松浦豊子兄弟姉妹の寄せ書き戦陣に哄笑を禁じ得ず。陣中慰問なり。

同郷の先輩杉政人中将よりの音信有り難く受けたり。国の人はやはり親切にして先輩としての情自然に顕る。我また然らずして可ならんや。

四月二十四日　金曜日〔晴〕

午前の定期にてミッドウェー攻略陸戦隊司令官予定者大田実大佐、同設営隊長門前鼎大佐ほか三名の陸戦隊司令当方打ち合わせの要望により来着したり。

いずれも必成を期し楽観の色を表す。たのもしき限り奮闘を祈る。

四月二十五日　土曜日〔晴、朦朧〕
午前五時、第一戦隊出港す。射撃訓練を実施、十時半安下庄に入泊。
靖国神社臨時大祭施行せられ、新しく一万余柱を合祀せられ、本日大元帥陛下及び皇后陛下御拝あらせらる。
午前八時、略儀を似て遥拝式を行い英霊に対し感謝の念を新たにす。

四月二十六日　日曜日〔晴〕
知子逝いて満二年の命日なり。早朝起床在天の霊を祀る。東京においても内輪のお祀りを行い日曜日を幸に墓参等しつらん。来年は三年祭なり。
余輩在京して営み得るとも覚えずといえども、戦時下それらしく祀りたいものなり。追憶というには余りに生々しく万感さらに新たなり。
午前七時半安下庄発、作業訓練の後、三時四十五分柱島錨地に帰投す。

四月二十七日　月曜日〔曇後雨〕
午後一時より今回の第一類教練作業及び実施訓練につき研究会を行う。
午後四時過ぎ、近藤二艦隊長官、白石参謀長以下帯同来艦、夕食を共にせり。
昨二十六日来煙草を中止したり。咽喉若干痛みあれども終日居眠り精神弛緩の状なり。ニコチン中毒なるやもしれず、止めて反りて元気なし。物事は程々なるこそよろしけれ。

四月二十八日　火曜日〔曇小雨〕

午前八時半より内地帰還中の長官、司令官及び幕僚のほか、作戦中の各艦隊よりも為し得る限り幕僚の一部を派遣せしめ以て第一段作戦の研究会を行い本職これを主宰す。

午後前半までは各部隊の作戦経過、戦果等の説明を行い後戦訓所見に入る。

本日の雲行き余り大した収穫なきにあらずやと考えこれが対策を練る。

四月二十九日　水曜日〔晴〕

征戦中天長の佳節を迎え、遥拝式を八時五分に繰り上げ施行す。御写真を奉拝す。

八時半、南雲第一航空艦隊長官以下機動部隊の諸官来着報告を聞く。

九時十五分より昨日来の総合研究会を続行す。主宰それ相当にせり、本日はなかなか活気も出で収穫も多し。最後に長官の挨拶及び訓示ありて一層有意義となれり。

本戦訓充分取り入れて新しき工夫の下に第二段作戦に勇往邁進すべきなり。

四月三十日　木曜日〔晴〕

靖国神社例祭、遥拝式を八時五分に施行。式後連合艦隊司令部職員の撮影を行う。戦役記念写真帖に入るべきものなりと言う。

本日は第一段作戦の分科研究会なり。各参謀に注意を与えて出席せしむ。大和においては航空戦及び砲戦の研究なり、それぞれ有効なる研究を遂げる。

ラボール東方において敵機は平文にて駆逐艦二隻に護衛せられたる大輸送船団を発見す。針路二〇

○速力一〇ノットを報ず。

ツラギ攻略ないしポートモレスビー攻略部隊の進発にしても一日ないし数日早し。いずれにせよ、敵今後の集中攻撃を予期せらるるところ充分なる考慮を要す。

本日全国にわたり衆議院議員の選挙行わる。

昭和十七年五月

五月一日　金曜日〔晴〕

本日より四日間、大和において第二段作戦の図上演習を実施す。統監兼審判長兼青軍長官の役目、終日これに従事したり。上天気、相当温度高まれり。

五月二日　土曜日〔晴後曇〕

昨夜十一時十五分、軍艦瑞穂整備成りて、横須賀より当柱島に回航の中途、御前崎の二二〇度四〇カイリにおいて敵潜の襲撃を受け、わずかにして傾斜二三度火災も誘発せり。二時頃、一時持ち堪えるやに見えたるが、三時頃より浸水傾斜増加、総員退去の後、四時十六分ついに沈没するに至れり。

摩耶、高雄後方近くに在り、すぐに救援に赴き爆雷攻撃を行い警戒して乗員を高雄に収容す。未収容准士官以上七名、下士官兵九四名、重傷一七名、軽傷一四名を出せり。二艦は横須賀に引き返し負傷者は病院に乗員は館山航空隊に収容せり。

今日までの最大の損失、誠に遺憾なり。満月の夜の奇襲は、けだし苦手なり。

参謀長より潜水艦に対する警戒に関し注意を与える。

図上演習第二日。

五月三日　日曜日〔雨〕

博光及び千代より去る二十六日の知子二年祭の様子申し来れり。博光、晴夫、誠之の写真もあり。

図演場は前部兵員室となる。第三日急ぎに急ぎてハワイ攻略作戦まで持ち来れり。これが方法については なお研究の余地多し。実施までにさらに演練計画の要切なり。

通信情報によれば敵機動部隊は二十五日、二十七日の頃ハワイを出入し一は南方に向かうの懸念あり。

本日ツラギ上陸に成功せるも、ポートモレスビーの攻略軍航行及び陸上には多大の損害あり。ラボール、ラエともに毎日のごとく航空消耗戦を繰り返し、我が方損害も積もり積もりて少なからずためにクエゼリン方面に陸揚げ中の戦闘機半数を春日丸をしてラボール方面に輸送取り計らえり。

五月四日　月曜日　〔半晴〕

図演第四日、午前中研究会を行う。

開始後いくらもなく、昨日占領せるツラギより午前六時まで敵爆撃機六機、雷撃機五機、さらに敵機五〇機来襲すの警報に接す。一九戦隊沖島、駆逐艦三日月、哨戒艇、運送船等あり。

午後にわたりてなお攻撃を続行す。敵「タスクホース」の来襲明なり。

モレスビー攻略部隊、同機動部隊等これに向かうも距離なお遠く到底捕捉の算なし。敵は相当に我が情況を偵知したる後の攻撃とみなせらる。

モレスビー攻略までにさらに来襲の機会あらん南洋部隊の善処奮戦を望むや切なり。

午後一時半より第二段作戦打ち合わせ会を行う。これにて大体各部隊の思想を統制し得たるを喜ぶ。

整備に若干余裕なき部隊もあれども、時機の遷延は月象の関係も不利となり、徒らに彼の蠢動を許すに過ぎざるを以て原計画の通り断行するに決す。

各部隊の善処努力により作戦準備に、訓練にはたまた作戦計画の樹立に万遺算なからんを望む。

哨戒艇は横須賀の東方二五〇カイリ付近において西航する国籍不明の飛行機一を認めたりとて本土東北部空襲警報を発す。

その後房総の八三度六五〇カイリ付近、哨戒艇は大小二隻の巡洋艦らしきものを認めたるも雲のため判然せずとの報あり、日没後大阪以西も空襲警報あり。

錨地艦艇もまた第二配備に入る。神経過敏にやりてよし。警戒するにしかず。

戦訓研究会より図演作戦打ち合わせと連続一週間多少の疲労なき能わず。

五月五日　火曜日〔晴〕

征戦途上男の子の節句を迎える。鯉幟の影も見るに由なし島影まさに新緑たけなわなり。

　日一日島影青く浮びけり

午後四時、伊予灘において戦闘訓練射撃中の日向第五砲塔、第七斉射に左砲尾栓を吹き飛ばし、天蓋は左舷上甲板に落ち砲室より火は換装室にある二発分の常装薬に点火、さらに弾庫に入り火薬庫は伝声管より白煙を吐けり。
五、六番砲塔火薬庫注水を行い、艦の運命には及ぼさざりしといえども相当の損害にして、砲室に在りたる者、右砲射手上甲板に跳ね出され助かりたるほか、全員及び弾庫員半数死傷し、委員及び委員付を合わし死者五一名、重傷者一一名を生じたり。
同戦隊はすぐに作業を中止し、日向、扶桑は呉に、伊勢、山城は柱島に夜半入港せり。

戦時中斯かる椿事を惹起し、多数乗員を戦闘ならずして失う遺憾なり。その原因いずれにありや。操作の不良か、尾栓機構の不具合か充分なる調査を必要とす。

バタン半島の敵は過半降伏したるも、コレキドル要塞は依然抵抗を続行するにより、本夜十一時、月を利用して我が軍はついに本島に上陸を敢行せり。

ミッドウェー、アリューシャン西部攻略に関する大命受領。

五月六日　水曜日　〔晴後曇〕

ツラギを攻撃せる敵のタスクホースは、午前八時に至りてその南方四五〇カイリを二〇ノットにて南航しつつあるをツラギに転進せる飛行艇により発見し、五戦隊、第五航戦よりなるMO機動部隊北方より追躡《ついじょう》中なるも、おそらく捕捉の公算少なしと認めらる。

またしてもわずかのところにて敵を逸す。

一方、本州東方に在りても栗田丸が九機編隊の大型機の北行するを発見、あるいは今夜帝都方面来襲するにあらずや。警戒警報出ず。

コレキドル要塞は正午白旗を掲げ降服せり。最初より最後まで残りたるは残念とせるところなるが、これにてマニラにも艦隊出入し得るに至れり。

五月七日　木曜日　〔雨〕

ニューギニア東南方レッセル島の南方に昨日の敵機動部隊出現、サラトガ型空母を含む戦艦一、重巡一、軽巡二、駆逐艦五隻という。さらにツラギの南方に空母一、巡洋艦一、及び駆逐艦三隻を発見すという。

後者は五航戦の南一六〇カイリにして一撃の下撃破し得べく、前者はラエ、サラモアより中攻の好餌たるべしと、早朝来吉報を待てるに六戦隊と共に在りし祥鳳は、敵機の攻撃を受け爆弾六、魚雷三命中、二十分にして八時半沈没の報あり。

さらに東方の敵は空母にあらずして油槽船なりしこと判明、五航戦はこれを攻撃したるため西進遅れたり。

午後二時、遠距離より攻撃機を出せるも艦攻ほとんど全部空戦において全滅となる。

一方、中攻隊は戦艦一隻を撃沈したりと言うも艦型確かならず。ほかに重巡一隻に二発命中、一発至近弾を得て大破したり。夕刻大艇触接し三機を以て夜間雷撃すと言うも、効果疑わし。

六戦隊、六水戦に対し今夜夜戦を四艦隊長官下令せるも、困難なる上、当該隊の南下緩慢なり。祥鳳は特務艦剣崎の改造によりて本年早々竣工、第四艦隊に入れたるものその寿命の短かりしを惜しむ。同艦飛行機のうち戦闘機の一部は救助せられたるも艦攻は如何にせしや。

大戦果の夢は去れり。戦は相手あり。思うように行かぬものなり。敵の来襲予期しある場合、今少し統一ある兵力の使用できざるものや。結局は飛行偵察の不充分に帰するところ少なからず心すべき次第なり。

我が艦攻隊の全滅に反し敵空母二隻あり。これを撃破せずして進攻するは危険なり。今夜の触接も不能なり、よって参謀長宛てに当面の情況によりてはモレスビー攻略を延期し差し支えなき内意を伝えたり（夜半）。

本日情況を総合するに、第二五航戦機は〇八二〇「デボイネ」の二〇〇度一一五カイリにおいて敵戦艦二隻（米カリホルニヤ型、英ウオースパイト型）、「カンベラ」型濠重巡一、駆逐艦四隻を発見、第五空襲部隊陸攻の大部を以てこれを攻撃、戦艦一を雷撃撃沈、他の戦艦一、重巡を大破（多分沈没に至れるものと思わる）、北方天候晴なりしも南方曇驟雨あり敵空母を発見し得ず。

一六三五に至り浜空大艇は「ロッセル」の二四一度一七〇カイリに空母一隻、重巡一隻、軽巡二隻、駆逐艦四隻を発見せり。即前記戦艦を基幹とする一群及び後記空母を基幹とする一群との二群よりなれるものと認む。このほかに東方に油槽船及び駆逐艦三あり。

コレキドル及びその他の要塞は、午前八時、完全にこれを攻略せり。

かねて仏領マダガスカル島を日本が占領、これを利用するがごとく宣伝中なりし英米は、四日ついにこれを占領せんとして英艦船二三隻北部の要地ディエゴ・スアレスに進入上陸せるが仏政府は同総督に死守を命じ交戦中なり。

米ハル長官は英の本行動を支持して強腰の声明を発せり。

ラバールのヴィシー政府主席となりて英米の対仏圧迫は一層加わり、本島における交戦は仏政府をして枢軸陣営色を濃厚ならしむるに至るべし。

五月八日　金曜日　〔曇〕

昨日、陸海軍両幕僚長を召させられ連合艦隊司令長官並び南方軍総司令官に対し左の勅語を賜わりたり。


比立賓《フイリピン》方面に作戦せる陸海軍部隊は緊密適切なる協同の下に開戦初頭敵航空戦力を撃摧《げきさい》するとともに諸方面に困難なる上陸作戦を敢行し、勇戦奮闘迅速に首都馬尼剌《マニラ》を占領しまた険要をたのみて抵抗せる頑敵を掃蕩し以て東亜における米国の根拠を覆滅せり。

朕深くこれを嘉賞す。

右に対し連合艦隊長官奉答。

優渥なる勅語を賜り恐懼感激に堪えずますます奮励戦果を拡大し以て聖旨に副い奉らんことを期す。

珊瑚海海戦概念図

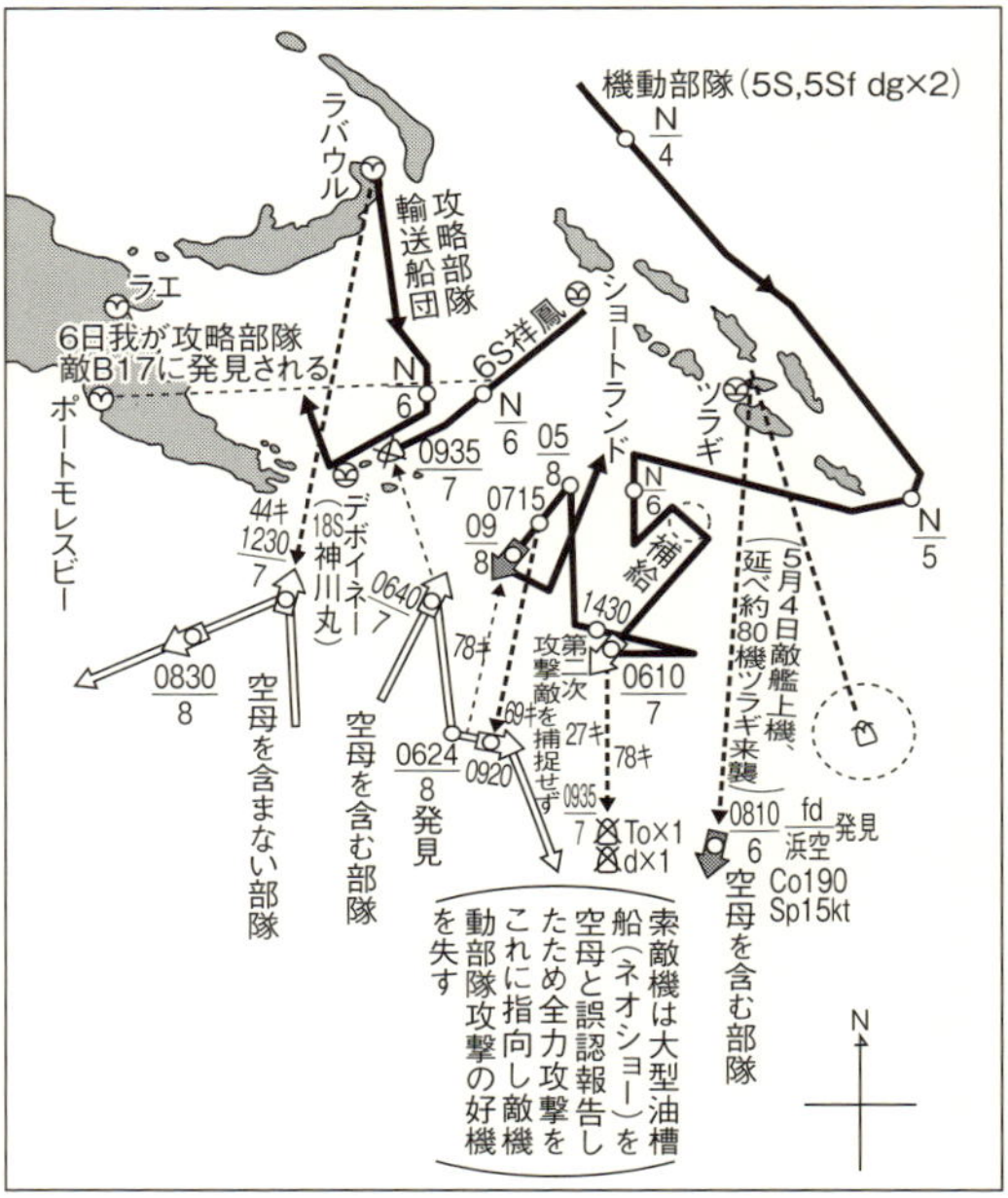

五航戦飛行機により早朝、昨夕の敵群針路一二〇度一六ノットにて航行するをラッセル島の南々東三〇カイリに発見、機動部隊より二〇〇カイリなり、七時十五分全機出発、九時四十分突撃、敵「サラトガ」型に爆弾一〇、魚雷八以上、他の一艦「ヨークタウン」型に爆弾数発、魚雷三本命中、その沈没を見届けざりしも撃沈確実なり。

敵攻撃機隊もまた七時四十分北行し、八時四十分頃より十時過ぎの間、三回にわたり数十機来襲、五航戦二番艦翔鶴に爆弾三発命中火災を生じその飛行機は瑞鶴に収容するに至れり。

午後さらに戦艦その他に攻撃を加えるべきものとするが、午後の攻撃不能なる報告あり。

第四艦隊司令長官は午前の働きに対し見事なりとこれを賞揚せるにかかわらず、機動部隊の攻撃行動を止め北上すべきを下命せり。

その意甚だ不可解なるにより参謀長宛て進撃の必要あるところ情況承知したい旨発電督促せり。

然るに本電に対する回答を与えざるのみならずモレスビーの攻略を無期延期し、オーション、ナウル島の占領を予定通り実施し、各隊をそれぞれ防守的に配備せんとす。

ここにおいて参謀連は憤慨して躍起となり、第四艦隊は祥鳳一艦の損失によりまったく敗戦思想に陥れり。戦果の拡大残敵の殲滅を計らざるべからずと参謀長宛て電を以て迫る。

今より引き返すも時すでに遅し、それよりもモレスビー攻略の策を練るほう有利ならずや。進撃の要はすでに先電により明なり今さら追い立てても混乱を来すのみと考え、少々彼らの言に考慮を求めたるが、その精神は尊重すべきこともちろんなるを以てついに長官命令として四、六、一一艦隊長官に発令せり。

自隊の損害を過大視して追撃を鈍り、戦果の拡大を期するに遺憾の点往々にして見るは、昔も今もその軌を一にす、本日午後第二次の攻撃は不能なるにせよ、敵空母は全滅せしめあれば、ツラギよりの飛行艇または五戦隊の水偵を以て触接を維持し、機動部隊は六戦隊、六水戦等を合わしてこれに近接、攻撃機の準備なるを以て随時攻撃を加え、また夜戦決行を為さば克くこれらを全滅し得たりしならん。

今後において深く銘記すべきなり。

大本営は昨日来の戦果を今夕発表して、第五次大詔奉戴日に大いに意義ある贈り物を為せり。国民大いに喜ぶところあらんも、余輩を以てせば不満足のもの胸底に横たわりあるを如何ともし難し。

ビルマに作戦中の陸軍部隊はラシオ、バーモよりさらに国境を突破して雲南省に入り婉町龍陵を占領す。ここにおいてビルマルートは完全に我が手に入る支那重慶政権以て如何となす。

五月九日　土曜日　〔晴〕

昨夜の作戦緊急電により、第四艦隊も初めてやや活気ある命令に訂正せるもすでに時機を失す。

本日六戦隊はツラギ北方において補給、正午出動可能と報ず。機動部隊の行動も杳《よう》として音沙汰なし、飛行艇、中攻、水偵など珊瑚海の索敵に努めたるも午後南下中の潜水艦が敵の水偵一機を認めたる外敵を見ず。雲を霞と去り行くは当然なり。

昨日午後において成果を確認するだに為さざりしを遺憾とす。

本日の新聞は同海戦の戦果を特筆大書せり。モレスビー攻略作戦の再興に関しては昨夜来深刻なる考慮を致せるが、本朝第四艦隊参謀長の問い合わせ電に接す。

有力なる母艦航空部隊優速陸軍輸送船の配給を得ざるにおいては七月に延期するも可と認めあり。折悪しく電話不通のため日向に電話浮標を利用し、あるいは参謀呉まで行きて中央と連絡せるが水上機の補充も不可能、空母の増遣も加賀以外になく、輸送船の入れ換えも即時には不可能なり。さりとて巡洋艦、駆逐艦に陸兵を搭載し上陸する案も困難あり、陸軍側も南遣支隊の従来の弱音にはほとほと困《こう》じあり。

この際第一七軍を以てすべしとなし、万事は七月に再挙のことに決定せり。やってやれぬことなきものも、これに当たる司令部の考え強固ならざるにおいては如何ともなし難し。

第二戦隊の扶桑、伊勢、呉に回航す。

五月十日　日曜日

ツラギより出でたる飛行艇が敵飛行艇を発見するほか敵情を得ず。

新聞の珊瑚海海戦を高調せるにかかわらず、戦果の拡大不充分なりしを惜しむ。各部よりの祝電あるほか独伊もまた驚喜せり。

英米の発表は今なお強がりを言いおれるが、いずれが真か神のみぞ知る。我これを明にせざるは遺憾なり。

五月十一日　月曜日〔半晴、夜雨〕

本朝未明、第一九戦隊志摩少将の旗艦沖島、ラボールの北東方に潜水艦狩りに行き、その襲撃を受け魚雷二本命中火災と浸水を生じ、多数艦艇救援に赴けるがごときもその運命如何を危ぶまれる。

午前六時十五分、第一戦隊柱島錨地発、伊予灘に出動、一航空艦隊飛行機の襲撃教練、対空射撃、応急運転、応急運動等を行い、四時半発動主砲続いて副砲常装薬射撃を実施し、十時過ぎ安下庄に仮泊す。

第四艦隊も第五航戦の内地帰還を了承して十七日、ナウル、オーシャンの占領を発動せり。

五月十二日　火曜日〔雨〕

午前七時安下庄出港、曳航給油教練及び測的教練を実施し視界極めて不良の中を四時十五分、柱島錨地に帰着す。

昨日来専ら救援に努めたる沖島曳航中のところ、六時四十分ブカ島の至近の距離においてついに転覆沈没せり。

加うるにこれが救援に赴きたる工作船松栄丸、午後二時三十分セントジョージ岬の南四四度西九カイリにおいて同じく敵潜の攻撃を受け沈没せり。

その他駆逐艦菊月の座礁沈没、玉丸の敵機攻撃に基づく沈没など今回の海戦には相当に我が犠牲も大なり。

五月十三日　水曜日〔霧後晴〕

九時四十五分出港、〇時半呉に入港す。各部隊の整備にて呉軍港は一杯なり。

昨日連合艦隊司令長官に対し左の勅語を賜る。

　連合艦隊航空部隊は勇戦奮闘珊瑚海において大いに米英連合の敵艦隊を撃破せり。

　朕深くこれを嘉賞す。

これに対し恐懼奉答せるが、従来と多少趣を異にし「本海戦の経過に鑑み今後一層奮励勢力以て聖旨に副い奉らんことを期す」と結べり。以てその意の存するところを麾下了承するならん。

五月十四日　木曜日〔晴〕

一時半艦発、桜松館に赴き、過般日向の砲塔事故による殉職者楠本特務大尉以下五四柱の海軍合同葬儀に列す。

多数の遺族列席し同情の念禁ずる能わず諸士の冥福を祈る。

五月十五日　金曜日〔晴〕

ツラギより出発せる飛行艇は同地の九八度四五五カイリ付近に敵空母二、巡洋艦四、駆逐艦六よりなる機動部隊を発見す。最初一四ノットにて西航中なりしが、間もなく反転速力を二〇ノットに増加せり。

去る八日ハワイ方面飛行機の飛翔曲線上昇せるが、このとき出動一四ノットにて南下せりとせば、ちょうどこの位置に達す。

過般の被害に応じ急速来援したるものと認めらるるところ、ナウル、オーシャン隊攻略部隊をブカ島西方に発見、沖島を襲撃せる敵潜の情報により、ソロモン東方を迂回南下するものと判断、これが攻撃のため行動中と認められる。

もしこの敵にして北上せばナウル、オーシャン攻略部隊は相当危険なり。注意を要す。

第四艦隊は正午過ぎ発令、本攻略を中止し、攻略部隊をトラック方面に引き揚げしめたり。

これまた七月に延期のほかなからん。よってその意を参謀長宛て電報せり。

五月十六日　土曜日　〔晴〕

昨日の敵機動部隊の消息は正午過ぎ飛行艇の触接切り上げ以後杳として知れず。南下せるか北航せるか。

五月十七日　日曜日　〔小雨後曇〕

十時帰艦、戦況異常なし。

過般珊瑚海海戦に奮戦敵の雷爆撃により三弾を蒙れる五航戦の翔鶴、夕刻投錨繋留作業不能の状態にて入港せり。

七時頃、長官と共に視察す。これくらいにて済みたるはまったく幸運なり。飛行機による戦死四〇名のほか艦上にて殉職せるもの六〇余名、その霊を弔い負傷者を見舞う。火傷多く気の毒なり。

中瀬人事局一課長、当方の要請により来隊、ハワイ作戦戦死者の二段進級問題を議し、長官の内意も聞き第一航空艦隊希望の全部か然らざれば一段にて済ますは部内部外に与える影響大なれば、依然銓衡《せんこう》主義を以て進むことに一致し、銓衡資料を添えて順序を定め当司令部経由大臣に具申せしむることに指令せり。今後これで押すよりほか策なし。

五月十八日　月曜日　〔曇後小雨〕

一木部隊長、山内参謀ほか一名を帯同、ミッドウェー協同作戦に関し二水戦司令部と打ち合わせの後、挨拶に来艦、上甲板にて暫時話し退艦せり。

午後四時上陸、金鵄勲章戦藻録二冊その他あらゆる不要の衣類等入りし鞄を海兵団に持参、松山団長に委託す。

五月十九日　火曜日　〔曇〕

十時、大和出港す。第七戦隊の入港、四戦隊二小隊の入港、何となく忙し相なり。さもあらん。これらは補給の後速やかにそれぞれの作戦地に先行すべき任あり。

新空母隼鷹、第一戦速を以て奈沙美水道の最狭部において反航、ようやくにして躱《た》れり、無謀とや言わん。礼儀を知らずとや言わん。

空母の艦長に運用操艦をわきまえざる者多きその一例なり。艦長は予備役応召の○○○○大佐なり。注意を要す。一時前に錨地浮標に着く。

一艦隊長官、一航空艦隊長官来訪、草鹿参謀長よりさらに二段進級問題につき意見ありたるも、すでに決定の通り銓衡すべきことに落着せり。

内田軍令部員ニューカレドニア、フィジーサモア、ポートモレスビー作戦に関する大海令及び指示を持参す。

五月二十日　水曜日〔晴〕
本日午前零時、第二段作戦第二期兵力部署に移行を命令す。柱島錨地大分賑やかとなれり。
昨夜第二艦隊旗艦入港、本日長官、参謀長来訪。

五月二十一日　木曜日〔晴〕
午後七時半、柱島錨地出動、豊後水道南下、明日の発動点に向かう。

五月二十二日　金曜日〔晴〕
午前六時半、沖島東方水路を出で八時より第一回応用教練第一次、零時半より第二次を行う。
いずれも応用的艦隊戦闘訓練にして、第二段作戦において資すべきところ大なるべし。ただし実際の対潜警戒は多大の努力を致せり。
夕刻東水路より主隊、警戒部隊、攻略部隊、機動部隊の順に入り北上す。主隊は二三〇〇より伊予灘において夜戦訓練を為す。

五月二十三日　土曜日〔晴〕
午前一時半、安下庄に入り仮泊す。
八時出港、補給艦との縦曳訓練を行い、五時半柱島錨地に帰投す。

五月二十四日　日曜日　〔曇〕

軍務局高田栄大佐及び一課長後継予定者山本善雄大佐打ち合わせに来艦す。例の一系問題実施に関する意向なり。

軍令承行令勤務を現状のままとして海軍機関大佐を海軍大佐に変えること別に異存なし。作戦に重大なる関係を生ぜざるを以て、その実施時機も大したことなし。ただ、いよいよやる時機については改めて打ち合わせることとなれり。

午後、原忠一少将第五航戦司令官として過般の珊瑚海海戦より帰還報告に来る。その言や真なり。七日の日は天運に恵まれず。海軍を止めんと思いたり。

翌八日ようやく敵に損害を与え得たるも、我もまた傷つき、北上せよと言われれば喜んで北上し、攻撃に行けと言われれば行くという状況にて、戦果の拡大のことも頭にはありたるも、これを断行するの自信なかりしと言う。

五月二十五日　月曜日　〔曇〕

午前八時半より、ミッドウェー、アリューシャン作戦の局部的図演を実施す。

午後研究会三時より第二段作戦の打ち合わせ会を行う。終わって高木第五戦隊司令官より珊瑚海海戦の報告あり。

五月二十六日　火曜日　〔曇後雨〕

六時十五分より上甲板にて御賜の酒と折り詰めにて、第二段第二期作戦の出発を祝う。

八時半より過般の第一回応用教練研究会を開催す。第二艦隊中出動部隊も在りたるも、この応用的艦隊戦闘の訓練に相当の収穫を得たり。

大艦隊の決戦は当分予想せられざるにおいて、この種の訓練まさに切実なる要求なり。

昨夜十一時半、昭南港より内地帰還の途中に在りし工作艦朝日は、カムラン湾南々東一二〇カイリにおいて敵潜水艦の襲撃を受け、魚雷二本舷側に命中一時間半の後ついに沈没せり。

日露戦争以来本艦の尽くしたる功績を偲び、多数工作機具と共に海底に沈めること惜しき限りなり。

南洋作戦（ポートモレスビー）の再挙に関し第四艦隊先任参謀上京するにより三和参謀を派遣す。

人事局長より長官宛ての手紙十三日付のもの本朝着、司令官級の異動（３Ｓ、７Ｓ、４Ｓａ）に関し内意を伺ひに来れるものなるを以て三和参謀に伝言せしめ、夜手紙を認む。

同時にハワイ海戦の二段進級問題その後の経緯、長官の意向とともに加筆し速やかなる善処を希望せり。

五月二十七日　水曜日　〔曇〕

大東亜戦争下第三七回海軍記念日を迎え、我らの決意さらに強固なるものあり。誓って本征戦の目的を貫徹し、先輩諸士の遺霊に答えるところあらんとす。

若干の暇を得て名残の手紙数本を認める。

千代はさらに留守宅の訓戒となるものを書き送れと要求せるにより、左のごとく認め明早朝呉より不要布地靴などと共に留守宅郵送することとせり。

　留守宅一同心得

一、大東亜戦争を完遂すべき国民たるの覚悟を日々新たにすべし。
一、それぞれの本分を固く守り、元気に愉快に一致協力すべし。
一、留守宅の恥は主人の恥、名実共に誉ある家たらしむることを心すべし。
　昭和十七年海軍記念日　主人誌

朝八時半より水雷参謀の報告を聴く。珊瑚海海戦において第四艦隊の執りたる処置はなお合点行かざる点あり。一一航空艦隊との仲も余り芳しからざる様子、結局人の問題に帰するか。

電波探知器ようやく伊勢、日向に装備を終わり、技術研究所長二階堂中将等挨拶に来れり。果たして充分なる価値を発揮するや否や、待望これを久しうして役に立たざる物たることなかれ。

午前六時、機動部隊出撃す。奮闘を祈る。

五月二十八日　木曜日〔薄曇〕

午後、一艦隊、二艦隊長官お別れに来艦。

戦況特別なる異常なきも、オーストラリア東岸北方相当飛行機の動きあり。敵の蠢動と覚ゆるもモレスビーを痛撃するほか手はなし。

日向過般の事故仮修理成り、夕刻合同す。その装備せる電波測定器の性能良好なりという。三連機銃四門の第五砲塔上の仮装備と相俟って、反って現代化せるにあらずや。

本日正午、沖島灯台の南三五カイリにおいて、四二年製五四サンチ米魚雷頭部亡失漂流中を拾得せり。いずれは潜水艦より発射せるものと認む。

現在本邦近海南洋諸島等に行動しつつある敵潜なお一三隻を下らざるがごとし。明日の出撃用心肝要とぞ思う。

髪を刈り歯を入れ、身辺それぞれに片付けて心平に、何らの思い残しなく明日の出撃を待つ。嵐の前の静けさとや言わん。天は必ず連合艦隊の上にあり。勇躍東征偉大なる戦果を収めんかな。

五月二十九日　金曜日　〔晴〕

午前五時、攻略部隊（前進部隊の大部）出撃。

午前六時、主力部隊柱島錨地出撃、9S、1S、2S、千代田、鳳翔の順にて内海より豊後水道を南下す。一六ノット午後三時沖島に達し、東水道を出で、第三水雷戦隊を直衛に合す。

一昨夜来本方面掃蕩中の同部隊駆逐艦は、本日〇二三〇、沖島の二一〇度四〇カイリ付近に敵潜を、さらに午後同方面に探知し共に爆雷攻撃を加えたり。呉防備戦隊も全力を挙げて協力しその配備はまさに総出なり。

水道外端より速力一八ノットとして夕刻まで一五〇度に突っ走る。幸いに無難に切り抜け、始めて防雷具を揚収し一二〇度の針路となす。

十四日の月明皎々、我が潜水艦ならば当然夜間潜望鏡を使用し有効なる襲撃を加え得べしと為せり。

昨日午後「ツラギ」に敵陸上機の来襲ありしが、さらに夜に入り月明を利用して艦上機一二機の来襲するあり。燃料庫火炎その他の損害を蒙れり。

かねてもやもやしおりたるオーストラリア北東方向の敵の動きはまさにこれならん。ラジオはオーストラリア陸軍の攻撃を仄《そく》しあり。勇あらばツラギにせよ。ラボールにせよ。奪回を試みよ。

出港前、手落ちなからしめたるを以て内海出撃後は発電皆無、電話も止めて完全なる無線封止と言うべし。先行の各部隊もまた然り。枚《ばい》を銜《ふく》んで粛々とはこれを称するか。

近来艦隊行動なく、直衛たる水戦の運動誠に心許なく油断を許さず。夜間配備に転換も、子供を寝床にいちいち連れて行くがごとし。

五月三十日　土曜日〔曇後雨〕

黎明後一六ノットに増速、之字運動を行う。昨夜は相当危険の憂いもありたれど之字運動を行わず。十二時前まで一六ノットにて我慢せり。月明の夜といえども複雑なる陣形においてこれを実施するには相当思い切りを要すと言うべし。

風速次第に増加海上荒れとなり、駆逐艦は元より巡洋艦も海水を被ること相当なり。南方停滞の低気圧前程を横切り風速一八メートルに達す。

午後より之字運動を止め一四ノットとなす。夕六時、並陣列を縦陣列に変じ、針路も一〇〇度夜中の危険性をなくしたり。

攻略軍輸送船隊の前程あるいは付近と認むべき敵潜、長文の緊急信をミッドウェーに発せり。我が輸送船隊等を発見し報告せるものとせば、敵の備えるところとなり獲物反りて多かるべきなり。

五月三十一日　日曜日〔雨〕

昨夜半、孀婦《そうふ》岩南方四六カイリを通過す。開戦当初本列島線通過を期し敵潜に脅威を受けたる思い出もあり、数日前本方面敵出現の情報もあり、相当の警戒は依然として必要なり。

前方通過し終わりたりと覚えたる後方の低気圧進行を始めたるか、風再び出で時々雨を降らす、ために鳳翔警戒機も父島飛行機もついに飛ばずして終われり。

朝針路九〇度とし、六時七〇度に変針す。出港以来の第二警戒配備を第三配備となす。

夕刻に至り、直衛駆逐艦中二艦より盲腸炎患者二名を出し、やむを得ず手術担任艦長門に収容す。長門は十時列に復帰せり。十六夜の月雲間より時々顔を出す天気不良は対潜上は安心なり。

アリューシャン方面、ハワイ群島方面、南洋方面ともに敵飛行機、潜水艦の活動頻繁にして、緊急信の交信、従来に例を見ず。自主的企図にあらずして、我が行動偵知に基づく対応策と思考せらるるかど少なからず。

豊後水道大部隊の出撃も水中聴音により諜知し得べく、北方兵力の移動も無線あるいはソ連船等により感付きたるにあらざるか。

最も悪しき札は「サイパン」を出撃（二十八日）せる輸送船隊及び護衛部隊の被発見なり。針路兵力よりしてミッドウェー方面に向かうことを判知得べし。

一一航戦以外艦上機を有せざる同部隊は、あるいはその公算なきにしもあらず。敵艦隊の撃滅には誘引となるも、潜水艦の集中は有り難からず。いずれにせよ今のところ我が手に変更なし。

第八潜水戦隊中の東方先遣隊は豆潜搭載シドニーに集中、今夜の月明を利して同港在泊中の「ウォースパイト」ほか大巡二隻を奇襲するの計画あり。

果たして偉功を奏し珊瑚海戦の残敵を葬り得るや否や。同潜水戦隊の西方先遣隊はインド洋よりアフリカ東岸方面に索敵行動中なり。

その消息なきもマダカスカル島北部及び南アフリカ東岸に集中せる英艦隊の奇襲こそ、望ましき次第なれ。補給問題に関連して過度に予定計画にとらわれ不用地点の偵察に過ぎし以て長蛇を逸せざらんことを望む。

昭和十七年六月

六月一日　月曜日〔曇〕

天気は回復して早朝より飛行機は飛べり。本日よりの第二種軍装の予定を変更して何分の令あるまでそのままとす。緯度は上がる、気温二三度、この窮屈なる艦橋生活に過早なる白服は禁物なり。

午前十時十五分、警戒中の飛行機は主力の前程五カイリにおいて急降下二回及び爆撃を行う。すぐに右に斉動、速力を一八ノットとなし回避。駆逐艦二隻急行爆雷攻撃を行う。

無線封止なれば後刻に至り鳳翔より信号ありて、幅二〇メートル、長さ五〇メートルの油の浮流するを認め、実体は認めざりしも爆撃せしと、少し怪しげなる発見なり。

本朝も前程に鯨の潮吹き数本を認めたりと言う参謀もあり、真偽明らかならず。

午後、飛行機により北方に来会中の補給隊を捜索したるも、天候不良のため進出距離充分ならざりしためか、これを発見せず。

夕刻に到り鳴戸より電信あり、同艦は九時半にて予定より約三〇カイリ遅れあるを以て他の三艦を分離進出せしむと。よって9S及びd×2を先行しH地点において明早朝より補給せしむることとす。

ウエーキ島より発せる飛行艇は、その北北東、北東方向四、五〇〇カイリの地点に潜水艦各一を発見し、さらにウオッゼよりせる二式飛行艇はその北々東五〇〇カイリ付近に敵飛行艇を発見、これを攻撃せり。

ハワイ方面の電信一八〇余通中、七二通の緊急信あり。敵はまさに我が動きを察知し手当て中と認めらる。

殊にミッドウェーの西南方六〇〇カイリ付近に潜水艦を配備し、飛行機と相俟って警戒を厳にしあること概ね確実となれり。

大海一部長より夜半緊急信あり、「シドニー」及びサンフランシスコ放送は昨日曜日、日本特殊潜水艦三隻「シドニー」を攻撃せりと。

これによれば東方先遣部隊の三隻全部侵入せり。攻撃せる以上、相当の効果を挙げ得たるべし。搭乗員の無事なる収容を神に祈る。

六月二日 火曜日〔雨〕

オーストラリア不明局放送は、昨日シドニーの我が豆潜攻撃に対し、日本特殊潜航艦三隻はハーバーヴェッセルをわずかに攻撃したるのみにて、その一隻を砲撃により、他の二隻は爆雷攻撃により撃沈せりと伝える。

一方、東方先遣支隊の命令は二日夕刻に至るも手掛かりなければ、半部の潜水艦は引き揚げ他は翌日まで陸岸を捜索すべき命を下せるよりせば豆潜の帰らざるものある理《ことわり》なり。

ハワイ海戦の場合と異なり今回は充分なる訓練を重ねたる三隻の搭乗員を以てしたるに、なおかつこれを収容し得ざる実に痛惜の至りなり。

月明これ過ぎて敵の攻撃を容易ならしめたるによるか、月は彼我に等しく味方しまた同じく敵たり。本潜航艇の利用、今後これを重視しあるの際、研究と考慮を要する問題なり。

朝来雲次第に低く、次第に視界不良となれり。ようやく出発せる対潜警戒機一機、主隊の六〇度方向二〇カイリに鳴戸を発見報告せるを以て、水雷戦隊に補給開始を命ず。これに近接所要の命令を与えるも、視界不良と信号法不良のためなかなかに通達せず、さらに前程にある東栄丸ほか二隻の補給船の捜索を行い、十一時半これを発見し、それぞれ子供たちに飯を喰わしむ。骨の折れる子供どもなり。

この間、主隊の針路七〇度一二ノットに減速、補給隊と左六〇〇〇メートルに同行の状態にあり。細雨霏々《ひひ》視界二キロメートルより数キロメートルを出でず。警戒上はまず可なるほうなり。ただし飛行機の使用全然不能なり。

本一日を以て終了の見込み立たざるに至れるを以てこれを打ち切りとし、所要の命令を補給隊に伝達せしむべく大井を派遣せり、大井及び第二次補給の駆逐艦は十時頃までに概ね合同せり。減速を可と認むれども、視界不良のため信号通達不能、一二ノットのままにて行進す。

六月三日　水曜日〔雨〕

日の出は三時十五分なり。中央標準時そのままなれば日課は普通の時刻観念を以てするを得ず。

本日零時過ぎより相当なる濃霧後方より来襲、隣艦を認めず。探照灯を点じ、霧中標的を入る。一時前晴れたり。

警戒艦行における霧は平時のものに加えるに対敵警戒を必要とし、電波の輻射、音響信号、及び過度の灯光等使用し得ざるを以てもっとも苦慮するところなり。

黎明に至り東亜丸、東栄丸の左側に進出し「サンクレメント」丸の後方に近接しあるを認め、残部の駆逐艦五隻に補給を再興せしむ。

七時過ぎ終了、それぞれ定位に就き補給隊は後方に続行せしむ。3Ssの旗艦川内及び駆逐艦一隻、昨日補給後視界不良と主隊の速力を減じたるためか、未だ発見合同するに至らず。多分は前程に行き過ぎたるものと認め、鳳翔飛行機を以て捜索連絡を執らしむることと為せり。

シドニー奇襲の豆潜搭乗員はついに一名も収容するに至らず。母艦たる潜水艦はその捜索を打ち切るのやむなきに至れり。

同港の灯台南々東に在りし潜水艦は同夜十時、湾口灯台の左方に当たり灯台の三倍に達する水柱を認め、暫時にして消滅せりというを以て奇襲敢行は確実なるがごとし。

一方、オーストラリア守備軍司令部は海軍補助艦一隻に魚雷一命中、一本付近に爆発、これがため同船沈没せるも魚雷一陸上に上がり、爆破隊にて処分し、なお撃沈せる二隻は位置確実にして引き揚げ可能なり。他の一隻及び母艦については捜索中と発表す。

彼らは不成功を呼号すれども、内心受けたる脅威に至りては絶大なるものあるべし。たとえ予期の実撃効果を収め得ざりしにせよ、搭乗員は以て瞑すべきなり。

西方先遣部隊たる第八潜水戦隊司令官よりの情況報告は、待望の地マダガスカル島のデイゴスアイレスにおける潜水艦の活動を第一報として通信し来れり、即第三〇潜水艦はアデン、ヂブチ、南アフリカ東岸要港を偵察せるが、いずれも大敵を見ず。

マダカスカル島において過般イギリスの占領せる前記港湾に大部の潜水艦集中し、三十日早朝（夜間）、飛行機を以て湾内を偵察するにクインエリザベス級一隻、アレッシューサ（乙巡）一隻のほか駆逐艦若干及び運送船を発見す。

よって三十一日午前零時、格納筒二個の進発を命じ、二時過ぎ火焔らしきもの及び吊光投弾らしきものを湾外より認む。同五時、飛行機を以て再度偵察するに、戦艦及び巡洋艦を認めず。

湾内静粛なりという搭乗員収容の配備にありたるところ、敵哨戒飛行機の妨害を受け、その後収容せるものなし、一カイリに足らざる湾口を看視せることとて一日のうちに風を喰って出港せるはずもなく、被襲撃後錨地を変更するの余裕も少なし。

湾内静粛の点、多少の疑問なきにあらざるも、両艦の沈没を致せるにあらざるか、仏領のこととてそれ相当の爾後の状況判明するを俟つを要するも、またしても搭乗員を収容するに至らざること痛心の次第なり。

午後に入りて多小天候回復し之字運動を行う。偶々霧雨のとれたる北方遥かに、檣頭《しょうとう》二、煙突一の商船反航するを発見、すぐに増速南側に回避運動をとり鳳翔飛行機を以て隠密偵察を行わしむ。飛行機は二時間後報告して曰く、第七南海丸のほか何物も認めずと。当初より第五艦隊22Sの特設巡洋艦ならずやと為せるが、距離三万二〇〇〇メートル、数千トンの商船型と為せるはわずかに八七トンの監視船に過ぎざりしなり。嘘八百とはまさにこのことか。

それにしてもこの小型船を以て、北緯三四度東経一六一度の地点にまで進出し、風浪と闘い哨戒に従事するその労苦や誠に多とするに足る。敵潜水艦の砲撃にも堪えず、いわんや過般敵機動部隊の飛行機攻撃に対しておや。

かくと知りなば遠ざからず近接して、主力部隊遠征の勇姿をあらわし、以てその士気を鼓舞すべかりしにと惜しき心地せり。

川内及び磯波は午後一時十五分、主隊の前程四三カイリに至るを飛行機捜索により発見、主隊の位置を通報せるにより始めて反転、四時前ようやくにして合同せり。無線封止の結果なり。

六月四日　木曜日　〔曇〕

昨夜来雨を見ざるも依然たる満天の雲。

午前五時、北緯三五度東経一六五度において警戒部隊を分離す。同部隊は2S、9S、d×12、東亜丸、サンクレメント丸より成り、同地点より針路四五度速力九ノットにて補給実施しつつ、北方部隊支援隊の位置に就く。

主隊は1S、3Sd（d×8）、鳳翔、d×1及び東栄丸（鳴戸はN＋2合同）を以て針路九〇度、南方支援隊の配備に進出す。

アリューシャン方面活劇の火蓋は午前一時を以て切られたり。すなわち4Sf $\frac{2D}{4S}$ より成る第二機動部隊は昨日以来ウナラスカ島に急進、飛行機を以て一時七分、ダッチハーバーを攻撃せり。隼鷹飛行機隊は天候不良のため引き返し、龍驤飛行機隊戦闘機と共に攻撃に任じたり。敵無線電信所一時沈黙せるも、五時さらに交信を開始せり。

第二次攻撃を加えるとき敵機の来襲を受けたるがごとし。大したこともなかるべし。

一方、輸送船陸海軍を合して一二隻を伴う占領隊は東航の途中、午前六時、ミッドウェーより六〇〇カイリの距離において敵機の発見するところとなり、一六掃海隊これと交戦中との電あり。過早なる被発見なり。

速力の関係上やむを得ざるものとせば、機動部隊のN－《マイナス》2日の攻撃第一回は一日遅れたり。本件打ち合わせにおいて議題となりたるも航空艦隊準備日時の関係上やむを得ずと為せるに基因す。

これにより敵は明らかに我が企図を察知せり。ハワイ方面艦艇の動向まさにこれに伴うところあるべし。注意を要すと認む。午後に入りB16型九機占領隊に来襲せるも被害なき旨、二水戦司令官より報告あり。いよいよ時機は切迫し来れり。

午後三時半頃より霧煙若干至り、之字運動を中止し霧中航行用意を為さしめ、夜間準備として序列外方二万メートルに在る外線駆逐艦の陣形閉縮及び直衛配備の距離短縮を計りたるが、その未だ成らざるに濃霧となり霧中航行に移る。

東の風五メートル程度なれば前方より来れるもの、そのはれるは見当つかず、昨日機動部隊が珍しく電信を以て針路速力を下令せる、けだしこの霧に遭遇し爾後の作戦行動上やむなく発信せるものとも考えられる。

太平洋の真っ只中も狭き感あり、ただ望むらくは明日機動部隊のミッドウェー空襲に支障なからんことを。

六月五日　金曜日　〔濃霧〕　N－2

五、六、七日と作戦状況緊迫のため毎日の記事を愛する本戦藻録に記載するを得ず、すでに一週間ないし旬日を経過せる心地する本八日暇を得て筆執ることとせるを以て、まず頭にある大きなる問題より片付くることとす。

◎本作戦の齟齬蹉跌の主因

一、程度は別として我が企図敵に判明しありたる疑いあること。

最近における当方面防備の強化、潜水艦の活動、その他兵力の集中振り等は、その疑念顕著たらしむるものあり。

二十八日における占領部隊のサイパン出撃後あるいは主力部隊その他内海より多数有力部隊の出撃を潜水艦により諜知せるか、北方兵力の移動増強をソ連船により諜知せられたるか、あるいは陸軍部隊の内地より発せるものよりの機密漏洩または一般的無線諜報による判断に基づくものなるや否や明ならざれどもその痕跡少なしとせず、敵機動部隊のハワイよりの進出、ミッドウェーの北側占位は、四日における攻略部隊中の占領部隊の被発見のみによりて急速可能なるものにあらず。

敵の有力なる機動部隊は五月三十日にハワイを出港せるの算多きは同日以後多数飛行機の同方面飛行により認め得るところなり。敵が積極的企図を以て（例えば帝都空襲のごとき）出撃西向

連合艦隊行動計画図

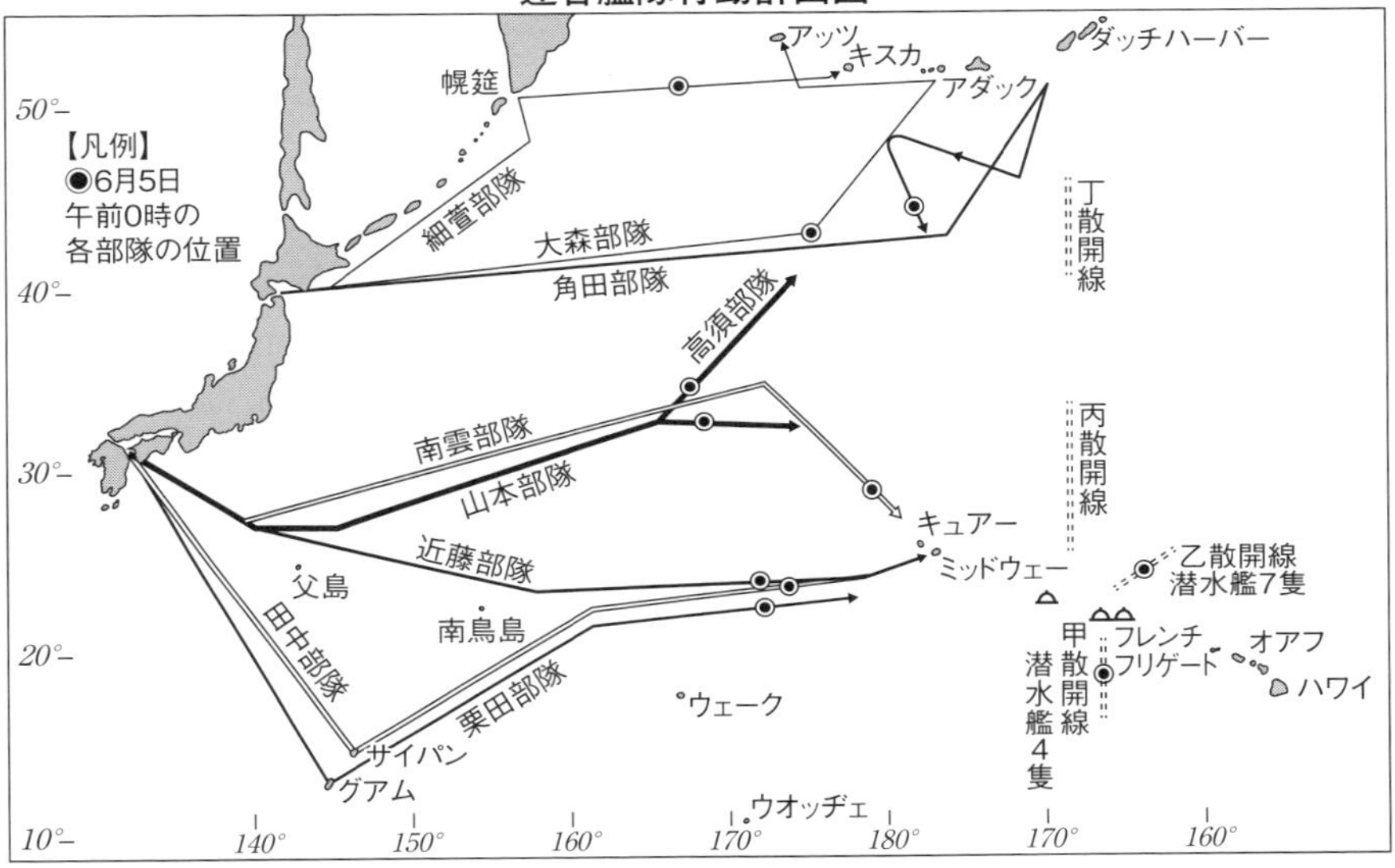

中偶然に遭遇するに至れりとは判断すること能わず。

何となればその勢力は残存の空母三（ヨークタウン、エンタープライズ、ホーネット）のほかに特空母二隻を加え、極めて有力なる巡洋艦五―七隻及び駆逐艦十数隻を伴えるを見て首肯し得るところなり。

（注：以下三行は欄外に加筆）

『米国海軍関係は事後発表して日本のこのことあるを予期しおりたり。珊瑚海海戦の勝利に続いて積極的に出るは日本人の性なりと』

二、敵情偵察不充分なりしこと。

二式飛行艇を以てするハワイ方面の事前偵察は、フレンチフリゲート、ショールに敵水上艦艇二隻の存在によりついに実施するを得ず。またウエーキ島は二式飛行艇の離着水に海面の状況これを許さずとし、真珠湾における敵の兵力動静等まったく資料を得るに至らずして作戦を遂行するのやむなきに至れり。

（同種飛行艇数にして相当数あらばあるいは幾分

この欠陥を補い得たる点あるべし）

ハワイの奇襲のごとく敵の油断に乗ずるにあらずして、むしろ強襲的攻撃に対し、その行動付近海域にわたる敵情を潜水艦等によりて索敵するの考慮を欠きたり。

即ち一隻をミッドウェー付近（イ一六八潜）に派せるのみにして他の3Ss、5Ss及び13Sgの一五隻はハワイ西方六〇〇カイリの南北に置き専らパールより増援に出撃し来る敵部隊に備えたり。

敵が我が企図を察知しありと認むるに至らずとするも強襲的攻撃に対しては少なくとも一部はその攻撃行動付近に配するか、あるいはミッドウェー方面よりハワイに向け掃航索敵するを要したるなり。

かくすることは一面において敵情獲得の手段たるとともに機動部隊の側面掩護たり得べく、また敵攻撃の機会も生じたる理なり。本件の確実性を執らざりしは、まったく当司令部の責任たることを痛感する次第なり。

三、意外の大勢力を以て海上航空部隊の最大欠陥に乗ぜられたること。
敵の残存空母は二隻に過ぎず、珊瑚海海戦によりハワイより出撃ツラギの東方に五月十五日一時姿をあらわしてより杳として消息を絶てり。あるいはハワイ方面に帰着しあるべしとは認めたれども三隻のほかに特空母二隻を加え、ミッドウェーに先回りしありとはまったく意想外と言うべし。

次に母艦航空部隊の拠点は敵に先ぜられたる場合にして、特に他目標に攻撃を集中しある場合において最大なり。これ防御的に不充分（すなわち戦闘機）なるのみならず、新の敵空母にすぐに攻撃を指向し得ざるを以てなり。

開戦以来ハワイ海戦にせよ、あるいはポートダーウィン、あるいはセイロン方面攻撃にせよ、多くは据え物切りとも言うべく、敵に大なる海上航空部隊存在せざりし状況にて多大の成果をもたらせり。

四月下旬における第一期作戦研究会に際し、草鹿第一航空艦隊参謀長は、海上航空部隊の攻撃は充分なる調査と精密なる計画の下に切り下ろす一刀の下にすべてを集中すべきなりと、一刀流的名言を高調せり。余輩はこれに対し相当の不安を感じたり。

移動性多く広闊なる海面に作戦する海上兵力に対し、爾前充分なる調査を為し索敵を完《まつた》からしむることは容易ならざること、陸地とまったく異なるものあり。状況の変化に即応するの手段こそ肝要なれ。

山口第二航空戦隊司令官は常に機動部隊として活躍したるが、第一航空艦隊の思想にあきたらず、作戦実施中もしばしば意見具申を為したる事実あるとともに、計画以外妙機を把握して戦果の拡大を計り、あるいは状況の変化に即応すること絶無なるを余輩に語りしこと三回に及べり。

彼の言、概ね至当にして余輩と考えを一にし今後も大いに意見を具申すべきを告げたり。なお艦隊司令部は誰が握りおるやの質問に対し「長官は一言も言わぬ、参謀長、先任参謀等どちらがどちらか知らぬが億劫屋揃いである」と答えたり。

今後千変万化の海洋作戦において果たしてその任に堪えるや否やと、余輩は深く心憂《う》せり。

したがって戦訓分科研究において、艦隊戦闘の項目中、敵に先制空襲を受けたる場合あるいは陸上攻撃の際、敵海上部隊より側面をたたかれたる場合いかにするやの質問に対し、参謀長はかかることなきよう処置すると極めてあっさりしたる解答なり。

追究したる質問に対し源田参謀は艦攻に増槽を付したる偵察機を四五〇カイリ程度まで伸ばし

得るもの近く二、三機配当せらるるを以て、これと巡洋艦の零式水偵を使用して側面哨戒に当たらしむ。敵に先ぜられたる場合は、現に上空にある戦闘機のほかまったく策なしと悲観的自白を為せり。

これにて相当注意を喚起しおきたるほか、今回の作戦に対する図演研究会において、ミッドウェーにおいて一回、ハワイ攻略において二回青赤両軍に生起したる事例を引用してさらにその注意を深めたり。

発動前の作戦打ち合わせ会に当たりては、同艦隊司令部も相当真剣となり、ミッドウェーの攻撃は二段攻撃とし、第二次は敵の海上航空部隊に備えるの案を致せるを以てやや安堵するところありたり。

さらに最後のミッドウェー、アリューシャン作戦の図演兵棋の研究会において、黒島GF先任参謀は航空部隊に頼り過ぎるべからず、水上部隊はあるときはその身代わりとなるの覚悟を要すと個人的意見として述べたるにより、余輩また最後の発言においてこれをアシュームし、航空機の善用は勝ちやすきに勝つの方途なるも、これにより得ざる場合もあるべく、また過般の珊瑚海海戦より帰来せる原第五航戦司令官の述懐を引用して空母の脆弱性を述べ注意するところありたり。

かくも心に懸かりつつ前項に述べたるごとく敵情偵察及び側面掩護として潜水艦の善用を計らざりしは、まったく余輩作戦計画の遺漏としてその責任重大なり。

この点よりせば、ハワイ海戦の場合のごとく一時先遣部隊潜水艦の一部を機動部隊指揮官の指揮下に入るるを要する戦訓に達す。

さらに不可解なるは機動部隊が第一次攻撃隊発進後、利根飛行機により東方至近に敵の大部隊ありとの報告及び多数艦上機の本隊に向かいつつあるを警告せる際、いかに新敵に対し方策を講じたるやの点なり、後刻調査の必要あり。

すなわち第二次攻撃隊は発進できず、わずかに戦闘機を以て防御したるのみにしてこの際における被害は一層強大なる結果を見たるがごとし。敵の攻撃を受けるに先だち準備機を全部発艦しおき得れば、可燃材料の減少により大火災等をある程度防止し得るにあらざるや。

四、空母集結使用の欠陥に乗ぜられたること。

空母の出現次第に多きを加えるに至り、これが分散使用により異方向よりの攻撃を実施し、あるいは敵より遠きものは他空母の甲板利用補給によりあるいは帰着によりて攻撃を加え得るものとし、同時被発見被害を免れるを可とするの説、余輩大学校教官時代に有力となり、後連合艦隊先任参謀時代これを大演習に応用し好結果を得たることあり。

しかるにその後空母の統制使用の見地より航空艦隊編成せられ、飛行機の集団使用を重視し、開戦以来これによりて戦果を獲得せり。

しかしてその利とするところは、隠密行動に適したる指揮統制をなし得ること、敵の攻撃に対し集団防御しやすきこと、及び攻撃に当たり大勢力を同時に集中し得ることにあり、その結果、空母九隻程度まで同一海面に統制使用し得るを以て、一航空艦隊の勢力は同程度まで拡大して可なりとの航空艦隊司令部の意見あり。

さらに第二段作戦の図演において同司令部は劣速劣弱の空母をも加えて、一二隻を一団としてハワイ攻撃に当たらしめたり。

余輩は研究会においてその適当ならざるを指摘し同司令部の研究を要望せり。

珊瑚海海戦によりて翔鶴傷つき瑞鶴また修理を要し、加えるに四航戦を北方部隊に使用せし本作戦においてミッドウェーに使用したるは一、二航戦の四隻に過ぎず、当然集結使用すべき程度なるをこの場合過度の集中と言うを得ず、されども我が方の偵察は敵大集団次いで巡洋艦五隻、駆逐艦数隻、空母らしきものあり、さらに巡洋艦二、後刻空母二、巡洋艦、駆逐艦……と報告し、敵は南北一〇〇カイリ範囲に二団あるいは三団に分散配備したるに対し、我は集結一団の裡に発見攻撃を集中せられ、第一撃によりて赤城、加賀、蒼龍の大火災を誘致せり。

しかして飛龍のみ被害を受けず第二次準備機を使用して敵ヨークタウン型一に爆撃二五〇キロ五個、を命中せしめ他の同型一に対し魚雷二本を命中せしめ得たるほか、敵機合計五〇機を撃墜したり。

しかして敵の連続の攻撃により飛龍もまた戦闘不能となれり。このときに当たり我が空母さらに優勢なりせばよく敵の攻撃を防止し、あれを撃破し得るべしとの説もまた成立すべきも、一面において本事実は集団の不利を暴露せるものというを得べし。

本件もまた山口二航戦司令官に座談中聴きたるところなるが、彼は分離を反対せり。

結局は、適当なる空母数（四―六）より成る二個以上の航空艦隊ないし機動部隊を分散使用すべき結論に到達するがごとし。

五、進攻作戦の正面広域に過ぎたること。

艦攻（九六式足のあるものもはや製作しおらざるもの）六機のみの鳳翔、及び艦戦九機、艦攻九機の瑞鳳のみを以てしては、生殺しの敵基地下完全なる空母一、特空母二を至近に有し、しかもなおハワイより飛行機の増援可能なるこの敵に対しては進攻不可能なり。

北方部隊の第四航戦の南下を命じたるも案外にも同隊は不良なる天候にかくれてダッチ至近にあり。来援は九日にあらざれば不可能なり。

一方、占領隊の持続力も考慮するを要し打ち合わせなき作戦遂行はその手として、ただ全軍一団となり同島に押し込むほか策なく、ただ犠牲を払うに過ぎず、ここに本作戦を中止するの余儀なきに至れり。

本計画は珊瑚海海戦前の策定なり。第五航戦の参加不可能となれる爾後においては、一方ずつ片付けるごとく作戦計画の変更を要したるにかかわらず、慢然として過ぎたるは油断大敵の譏《そし》りを免れずとす。これまた余輩の責任なり。

また四日占領隊の発見せられたる以後は強襲を覚悟し、各隊の距離を短縮しまた北方を延期して第二機動部隊の南下を命ずることも当然一応考慮すべき次第なりしなり。

参考図

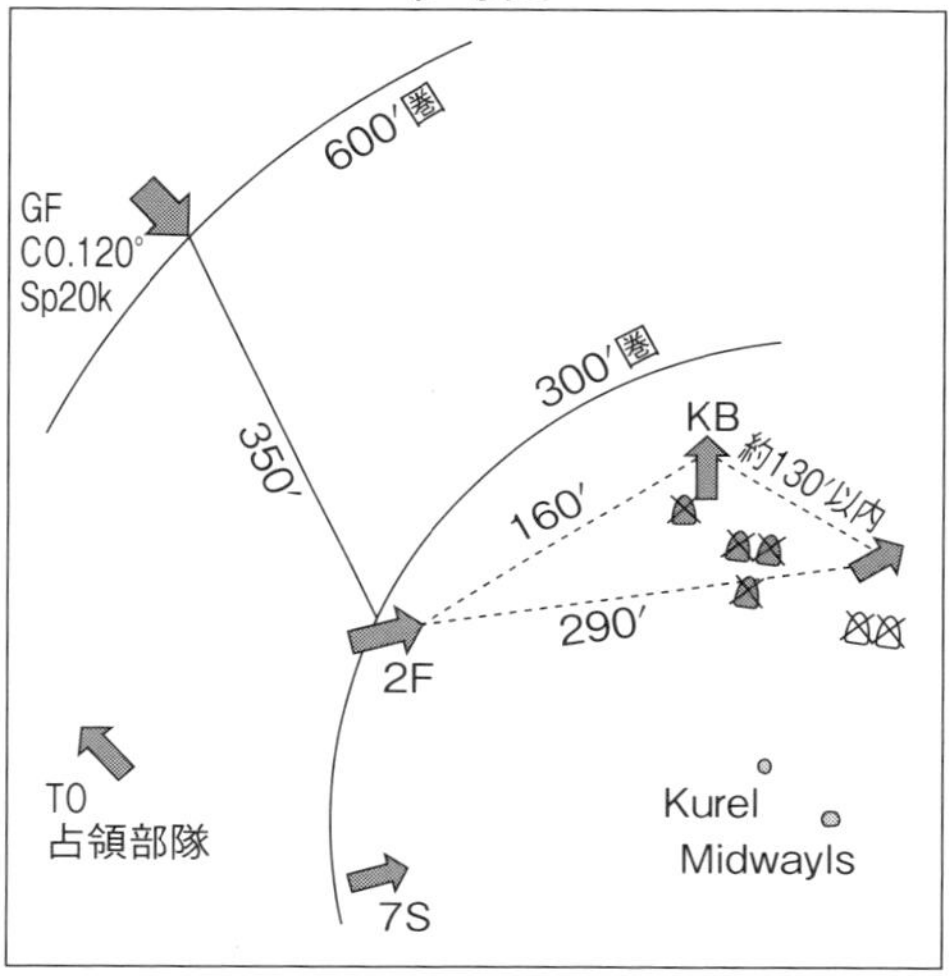

◎同夜夜戦を下命せる理由並びこれが中止合同を令するに至りたる経緯

機動部隊の空母三艦大火災に続いて蒼龍、加賀沈没し、赤城また戦闘不能となり、南雲航空艦隊長官は長良に移乗し飛龍以下を率い敵に近迫攻撃を加えたるも敵空母二隻を仕留めたるのみにて、飛龍また戦闘不能に陥れり。

この残敵特に空母を撃滅するにあらざれば本作戦の継続不能なり。幸いに夜戦可能の $\frac{2\mathrm{D}}{3\mathrm{S}}$ 8S、10Sは敵部隊の西方わずかに一〇〇カイリの地点に在るのみならず、攻略部隊たる $\frac{1\mathrm{D}}{4\mathrm{S}}$ 5S、2Sd、7S等も、機動部隊にして日没後積極的に出ればこれに策応し得るのみならず、主隊もまた進出翌朝の収容を為し得る態勢にありたり。

この敵を葬る、けだし夜戦以外に手なし。本作戦の成否まさにこの夜戦に繋がる。しかも成算ありと認めたるを以て、急追これが捕捉の断固たる決定を下令せるところなり（午後四時十五分）。

（当時の対勢別図のごとし）

六月五日

一六〇〇

進撃発令時の対勢

◉一〇一五二　一◉一五四三　☾二一・一〇

しかるに予期に反したる事象は次々と出現しこれまた不能に陥れり。

昼戦において飛龍の損害を蒙るや、機動部隊の行動全然消極的となり、薄暮前水偵等を以て敵に触接を維持するの挙なきのみならず、敵方に進出せず、長良は飛龍を掩護して北及び西に避退中の電あり。

本避退部隊は機動部隊の全部なるや否や判明せざりしも、恐らく全部なるべしと思惟せり。

第二艦隊は夜戦部隊（七戦隊は基地砲撃部隊としてこれに加わらず）を率いて進出、午前零時より索敵配備を以て東方に索敵せんとせり。

日没三時四十三分（中央標準時）以後数時間を経過するも機動部隊の積極行動によるべき何らの敵情を得ず、日の出まで四時間なり。

八時三十分に至りて到底今夜望みなしと判定、夜戦部隊の過度の進出により黎明後収拾すべからざる状況に陥らざらしむべしと余輩は作戦室に伝声管により注意を与えたり。

後命令案成り主隊に合同を発令せるは九時十五分なり。作戦予期に反し悲境に陥らば、精神畏縮し退嬰にのみ流れ、切り返して捕捉すべき機会をも失するはこれ人間として当然なり。

その戦場にありては悲惨の情況を見たる機動部隊と未だ一戦を交えざる攻略部隊の夜戦に対する気構えとはまったく格段の差あり。もちろん当時の状況はなおこれが調査を要するもこれを矯正せんには最高司令部の強き鞭撻的命令より道なしとす。

しかも本作戦の成否につながる重大意義ある本夜戦もついに成功の算を失いここに合同命令を発せざるを得ざるに到れり。(当時第二艦隊長官の索敵予定の命令には到底望みなき次第を明に看取し得るものなり)

◎ミッドウェー飛行基地の攻撃下令の経緯

基地は第一次攻撃のみに終われり。しかも敵機動部隊の空襲による我が空母の被害相次ぐものあり、敵空母撃破にはなお飛龍の存在するあり、また夜戦の実施あり、本作戦遂行の如何は第一次攻撃の成果に俟つところ大なり。

よって長良に旗艦変更後の1AF司令部に対し参謀長より参謀長に成果を問い合わせたるも、何らの返答に接せず、各般の情況より成果不充分と判断し同夜の内にこれを破壊せざれば、敵は明日と言わず今夜の裡にもハワイより増援飛行機来着すべく、攻略は困難の度を増すべしと為し、ここに艦艇による攻撃を下命し第二艦隊は第七戦隊を充当せり。

二〇サンチ砲を以てする飛行場の攻撃、どれだけの効果を期待し得るや余輩はその予期できざる上に潜水艦の攻撃危険を以てせるも、参謀連はほかに手段なきを以て実行を要望せり。

よってこれを許容す。ただし当時においては全艦隊東方に進攻本作戦を押し切るの腹ありたるなり。
同攻撃部隊のミッドウェー近接は位置の関係上零時頃となり、日没《(原文ママ)》前一時間半なれば避退に際しての危険は絶大なり。果たせるかな、２Ｆ司令部より同様の意見具申あり。第七戦隊へ攻撃開始は夜中黎明前となるべきを以てせり。まったく望みなくしかも危険性多き問題あり、早く取り止むべしとして夜戦企図放棄の電に先だち発令せり。

（付）夜戦不可能の判決を告ぐるや、参謀連は勇敢にも戦艦戦隊を以て翌日昼間、堂々同島に迫り三六サンチ砲、四〇サンチ砲を以てこれを砲撃破壊すべしとの翌日の戦闘案を具して艦橋に来れり。

艦隊を以て対要塞戦を行うの愚は、つとに了解しあるはずなり。いわんや飛行場使用可能にしてまた相当数の陸上機ある上、敵空母の健在する現状況においては強靱を以てする戦艦も飛行機及び潜水艦のため、その砲熕を使用するに至らずして敗退に陥るべし。

占領隊の生存力これを許せば第二機動部隊の来着を俟つも一法なり。

さらに空母は有力なるもの四隻を失いたるもなお新竣工予定のものを加えれば八隻を有し、何ら力を落とす必要なく後図成算あり。

いたずらにデスペレートの気分に陥り負け将棋のもう一番、もう一番を繰り返すは智恵なき愚者の策なりとて、くどくどこれを説きその再考を求めたるに作戦室は再研究を為し、潔く本案を撤回して正道に帰れり。

真に無念の極みなるも全作戦の指導に当たり国家興亡の鍵を握れる責任はまさにかかるときにぞ果たすべきなり。

◎赤城の処分問題

加賀、蒼龍は被攻撃後、蒼龍は一六一五、加賀は一五二六いずれも沈没せり。しかるに赤城は前中後二五〇トンの急降下爆撃のため、沈下の見込み立たず、一六三〇御真影を奉じて総員退去し、同艦長は移乗後一航空艦隊長官宛て未だ自沈を確認せず、駆逐艦にて雷撃沈没せしむることに配慮を得たい旨発電せり。

日没後なれどもなお夜戦の企図を有し、全艦隊東進を予期せらる。しからば何を以て過早に沈没せしむることの要あらんとし、「すぐに処分待て」を下令したり。

したがって四駆逐隊及び一七駆逐隊二小隊は、共にその付近に在りて警戒を続行せり。しかるに夜戦の望みを失い攻略を中止し、改めて後図を期するに及びこれが処置を決せざるべからず。長官は「僕の責任において処分しようか」と言われたるにより、余輩これに同意せり。先任参謀異論ありたるも状況聞き合ううち時刻経過し、黎明までに余裕少なきに至れるを以てついにこれが処分を下令す。時に十一時五十分なり。

理由として述べたるところ左のごとし

一、赤城の損害は甚大なり最も責任を有する艦長判断して総員退去せる状況においてまた沈没を可とする状態においてこれが救援曳航等は不可能なり。

殊に敵になお強き航空兵力存在する以上、昼間の近接は強大なる対抗兵力を要するところ我はすでにこれを失い、全軍避退を決せるの時機において猶予すべきにあらず、処分は夜間を可とす。

二、万一敵手に陥らんか、恥の上塗りのみならず、不利甚し。昭和十年大演習において第四艦隊暴風雨に会し、駆逐艦の艦首浮流し生存者存在の疑いありたるに、当時の司令官小松少将はこれを砲撃撃沈し問題を惹起せり。(以上長官の言より)

三、平時と敵前とはまったく相異す。

翌朝主力部隊相当に近接するを以てこれを一度視認してやりたいとか、あるいは自軍の兵器を以て沈没せしむるは可ならずとかは共に情の問題にして、忍びざるところは重々なるも斯かる婦女子の情に駆られて大局を誤るべからず。

けだし長官はかつて赤城艦長及び同航空戦隊司令官たられしことあり。今や連合艦隊長官として作戦不如意の結果、これが処分を自ら下令せらるるのやむなきに至れる、その胸中を忖度して涙なき能わず、情は情、理は理、まさに長官たるの決裁たり。

一般日誌

黎明後、霧薄らぎ視界良好とならんとするを以て、長門をして東栄丸より補給せしむ。

N－2日、まさにミッドウェーに対する攻撃第一日なり。

〇二三五利根飛行機は「敵飛行機見ゆ貴隊に向かう」の第一報あり。〇二五五さらに敵飛行艇一五機貴隊に向かうの報あり。〇三四六飛龍攻撃隊は攻撃を終了、第二次攻撃の要を報ぜり。

相当の効果を致せるものと想察しありたるところ、側面捜索機より〇四四〇「ミッドウェーの一〇度二四〇カイリに敵らしきもの一〇隻見ゆ、針路一五〇度速力二〇ノット」の飛電に接す。

この敵の種類不明なるも敵備えあるを知り、長門に補給中の東亜丸をして同時にさらに駆逐艦二隻に補給せしむ。

午前五時過ぎ、敵兵力は巡洋艦五隻、駆逐艦五隻、次いでその後方に空母らしきもの一隻を伴うの報あり。

さては敵の機動部隊の邀撃なるよき敵御座んなれ、第二次攻撃は速やかにこれに指向し、まず敵空母を屠り残敵をいかに処分すべきかと楽観的気分にあり。

五時四十七分、ミッドウェーの八度二五〇カイリにさらに敵巡洋艦二隻発見の報に接したるが、利根飛行機は燃料残量小となり帰途に就かんとす。代機の到着時七時まで触接持続すべき八戦隊司令官の電命等往復あり。

六時には同飛行機より敵機一〇機我が方に向かうを報じたる後、一時大なる変化なかりしが、七時五十分、８Ｓ司令官より「敵艦攻陸攻の攻撃を受け、加賀、蒼龍、赤城大火災、飛龍をして敵空母を攻撃せしめ機動部隊は一応北方に避退兵力を集結せんとす」の悲報は一朝にして作戦室の雰囲気を変更し、すぐに増速、同海面に進出、救援処置を講ずることとす。

霧の中後落せる長門に対し、通信費消時多大にしてこれを合同するまで一時間余り焦燥の気分溢る。

十時十五分頃より二〇ノット針路一二〇度にて進撃す、霧また濃く隣艦を認めざるも霧中標的を曳航する能わず、わずかに探照灯、後甲板事業灯あるいは速力灯等をあれこれ転用して翌朝まで高速航行を持続す。

まったく平時の夢想だにせざるところと言うべし。霧の薄らぎたる瞬間には右にあるべき直衛駆逐艦の左舷艦首至近に近づきあるがごとき往々にして生起せるを見る。

機動部隊に対する主力部隊の関係位置は余輩の注意により、なるべく近接せしむるごとくしたるが、Ｎ日は四〇〇カイリ、Ｎ＋１日以後二〇〇カイリにせり。しかるにＮ－２日において大変化はここに生起せり。

幸いなるかな、主力部隊は予定よりも約一日行程前進しありたり。これ補給に時間を費す割合に少なく、過度の劣速に対潜警戒上不利なるを以て、自然出勝ちとなりたるによる。

ミッドウェー海戦における日米両艦隊の編制

(一)日本艦隊

部隊	指揮官	兵力	任務
先遣部隊	第六艦隊 司令長官 小松中将	香取、第三、第五潜水戦隊 潜一三、潜母二	偵察、攻撃
		第一三潜水隊	フレンチフリゲート礁にて飛行艇に協力
機動部隊	第一航空艦隊 司令長官 南雲中将	第一航空戦隊（赤城、加賀） 第二航空戦隊（飛龍、蒼龍） 支援隊（榛名、霧島、利根、筑摩） 警戒隊（第一〇戦隊、長良、駆一二） 補給隊（油槽船八）	敵艦隊撃滅 攻略隊支援
主力部隊	連合艦隊司令長官 山本大将	第一戦隊（大和、陸奥、長門） 第二戦隊（伊勢、日向、扶桑、山城） 第九戦隊（北上、大井） 第三水雷戦隊（川内、駆一二） 鳳翔、千代田、日進 油槽船四	全作戦支援 敵艦隊撃滅
攻略部隊	第二艦隊 司令長官 近藤中将	第三戦隊（金剛、比叡）、第五戦隊（愛宕、鳥海、妙高、羽黒）、瑞鳳、駆一 第二、第四水雷戦隊（由良、駆七、神通、駆一〇） 第七戦隊（鈴谷、熊野、最上、三隈、駆二） 第一一戦隊（水上機母艦千歳、神川丸、駆一） 掃海艇四、哨戒艇四、輸送船一五隻、油槽船五 第二連合特別陸戦隊、陸軍一木支隊	ミッドウェー攻略

北方部隊

部隊	指揮官	兵力	任務
主隊	第五艦隊長官 細萱中将	那智、駆二	全作戦支援
第二機動部隊	第四航空戦隊司令官 角田少将	第四航空戦隊（龍驤、隼鷹） 重巡二、駆三、油槽船一	ダッチハーバー、アダック、キスカ空襲敵艦隊撃滅
アダック、アッツ攻略部隊	第一水雷戦隊司令官 大森少将	阿武隈、駆四、君川丸（水上機母艦） 運二、特掃 陸軍北海支隊	アダック、アッツ攻略
キスカ攻略部隊	木曾艦長 大野竹二	木曾、多摩、特巡一、駆四、駆潜三、 輸送船二、気象観測船三 舞鶴第三特別陸戦隊	キスカ攻略
潜水部隊	第一潜水艦隊司令官 山崎少将	潜六	要地、敵艦隊偵察攻撃
基地航空部隊	東港空支隊指揮官	特運四、飛行艇六	索敵攻撃
附属部隊	細萱中将	運送船三、油槽船二	補給

（二）米艦隊

（イ）ミッドウェー方面

部隊	指揮官	兵力
	チェスター・W・ニミッツ大将	
母艦攻撃部隊	フランク・ジャック・フレッチャー少将	第一七機動部隊 空母ヨークタウン、重巡（アストリア、ポートランド） 駆逐艦六 第一六機動部隊（レイモンド・A・スプルアンス少将） 空母エンタープライズ、ホーネット 重巡五（ニューオリンズ、ミネアポリス、ウィンセンズ、ノーザンプトン、ペンサコラ） 軽巡一（アトランタ）、駆逐艦一一 油槽船二
潜水部隊	ロバート・N・イングリッシュ少将	第七任務部隊 ミッドウェー方面哨戒隊　潜一二 遊撃隊　潜三 オアフ北方哨戒隊　潜四
基地航空部隊	シリル・T・シマード大佐	海軍　ＰＯＹ五、五Ａ、カタリーナ飛行艇　三二機 ＴＢＹ　六機 海兵　Ｆ２ＦＡ三　二〇機、Ｆ４Ｆ三　七機 ＳＢ２ｕ三　一一機、ＳＢＯ二　一六機 陸軍　Ｂ26　四機、Ｂ17　一九機
ミッドウェー防備隊	同右	第六海兵防備大隊を基幹とする部隊 第一魚雷艇隊（魚雷艇八、哨戒艇四）

他に水上機母艦二、駆三、掃一、油二、哨四（他の島嶼に展開）

（ロ）アリューシャン方面

部隊	指揮官	兵力
主隊	ロバート・A・シオバールト少将	重巡二（インディアナポリス、ルイスヴィル） 軽巡三（ナッシュヴィル、セントルイス、ホノルル） 第一一駆逐隊（駆四）
飛行索敵隊	レスリー・E・ゲーリス大佐	PBY　二〇機、B17　一機 水上機母艦三（ウィリアムソン、ギリス、カスコ）
海上哨戒隊	ラルフ・C・バーカー大佐（コジャック島）	砲艦一、油槽船一、監視艇四 哨戒艇　一四
攻撃航空隊	ウィリアム・O・バトラー陸軍代将	P40戦　二二機、B26爆　一二機、B18爆　二機（コールド・ベー） P40戦　一二機（ウマナック島） P39戦　一五機、P40戦　一七機、B17　五機、LB30　二機（コジャック） P38、39　三六機、戦四四、B17、18、26　二四機 LB30　二機（アンカレッジ）
攻撃駆逐隊	ウィリアム・クレーグ中佐	駆九
潜水隊	バートン・G・レーク中佐	潜六
給油隊	ヒューストン・L・ソープルス大佐	油槽船二、徴用船一

午前九時二十分、ミッドウェー北方の敵攻撃を主眼とし、輸送船団の北西避退、第二機動部隊の合同、潜水艦線の西方移動を電令し、次いで対米国艦隊攻撃C法、ミッドウェー、アリューシャンの攻略一時延期及び攻略一部兵力の今夜ミッドウェー基地砲撃を下命す。

当時においてはミッドウェー攻略は敵艦隊攻撃後再興の企図を有したり。したがって占領隊の位置を三〇度N一七四度E付近とし、過度に離脱せざるよう示達す。

この間赤城より長良に司令部を移せる第一航空艦隊司令長官は、第一電として一般被害の状況に加えて敵を攻撃したる後、全軍を率い北方に避退せんとす。

位置……の電を発せり（〇九二〇発信）〇九三〇飛龍飛行機より空母火災、一一三六同突撃準備隊形作れ、一一四五敵空母を雷撃す、三発命中確認と報あり。

なお敵情に関して種々あるも敵は南北一〇〇カイリくらいに分散しエンタープライズ型三隻のほか艦型不詳の特空母二―三隻、大巡五隻、駆逐艦一五隻ありたるもののごとし。

三時、「飛龍に爆弾命中火災、二時三十分」を受信す、力と頼める残余の空母、しかも単独奮戦よく敵空母二隻を撃破せる飛龍また傷つきぬ。吁々。

しかして敵は二時三十六分頃、針路七〇度速力二〇ノットにて避退を開始せるの報、筑摩接触機より到る。日没は三時三十二分なり、その距離一〇〇カイリ、攻略部隊また急進しつつあり。

ここにおいて夜戦を意味する急追命令を四時十五分発布す。爾後は蒼龍に遅るるわずかに十分、加賀の沈没、赤城の放棄等相次いで至り、無念の思いを夜戦において晴らさんとぞ願いける。

しかるに機動部隊は、六時四十分交付にて七時二十分訳了の「敵空母五隻、巡洋艦六隻、駆逐艦一五隻、一五三〇地点付近西航中、我が飛龍を掩護、北西方に避退中、速力一八ノット」を発し、その行動極めて退嬰的なり。

ここにおいて攻略部隊指揮官、機動部隊を合わせ指揮すべきを発令す。同指揮官は八時四十分、機動部隊に対しすぐに反転、北方より攻略部隊の夜戦に参加すべきを命じたり。

右に対し七時五十分交付（十時十分訳了）「敵空母（特空母を含むやも知れず）なお四隻あり、巡洋艦六隻、駆逐艦一五隻と西航中、当部隊母艦全部戦闘不能、明朝水偵を以て敵を捕捉せんとす」と言うがごときまったく戦意を有せず、到底夜戦遂行の望みなきに到り、九時十五分主隊の行動を指示して合同命令を下令せるものなり。

またここに至りて攻略戦再興の望みを捨て、これが中止集結後の補給地点分離部隊の合同、占領部隊の西進を発令せり。この夜さらに一災禍は訪れたり。

すなわち基地砲撃の企図を止め北西に離隔中の第七戦隊は、「十一時三十分、右四五度に浮上中の敵潜を認め緊急回避中、四番艦最上はその艦首を以て三番艦三隈に衝突、最上前進見込み立たず、三隈支障なし。地点……最上掩護中」、何たることぞ、無事避退の目的を達せんこと、けだし真実の願いなり。

次いで最上の微速航行可能、三隈護衛し二七〇度に避退、一小隊は主力部隊に合同するごとく行動する旨電あり。七戦隊の合同は何らの目的を有せず、この際において全部集結して最上の護衛に当たることこそ望ましき次第なれ。

かくして受難の六月五日は過ぎぬ。大東亜戦争中再び斯かる日を迎えることなかれ。我が生涯における唯一最大の失敗の日たらしむべし。

六月六日　土曜日　〔午前快晴、午後曇〕　N－1

午前零時、針路九〇度に変更、二〇ノットの高速を持続す。黎明以後視界良好まったくの快晴、視界五〇キロメートルに及び出撃以来始めての好天となれり。

日の出一時四十分頃、本日こそ第一戦隊ないしは主力部隊としても敵地近く乗り込むときなり。敵機の来襲を予期して警戒最も至厳たらしむ。

午前△時、南東方に攻略部隊を発見、これを収容針路三一〇度と為す。機動部隊の予定に従えばすでに来会しあるはずなり。

行き過ぎたるやも知れずと感じここに本針路となせるが、後刻機動部隊はなお北東方四〇カイリに在るを知り、右五〇度の列向にて近接視界に入り、爾後序列に入れり。考え違いにより完全なる合同を為し得ざりしを遺憾とす。

昨夜十一時半発電の駆逐艦雪風よりの電二時四十分訳了し、飛龍乗員の総員退去しつつあるを知る。

続いて収容を終わりたるも、司令官艦長は壮烈なる自決を遂げられたり。飛龍は火災衰えず、艦橋下に魚雷一本を命中せしめ沈没を計れる旨の電に接す。

級友山口多聞少将と航空の権威たる加来止男大佐を失う。痛恨限りなし。山口少将は剛毅果断にして識見高く潜水艦勤務を専務としたるが、後連合艦隊先任参謀、大学校教官、米国駐在、第二連合航空隊司令官等を歴任し現職にあること二年有半なり。

余輩と勤務を等しくすること少尉時代の伊吹、筑摩の南遣支隊を始めとし、軍令部艦隊大学校など極めて縁多く常に意見を交えたり。余の級中最も優秀の人傑を失うものなり。

けだし蒼龍先に沈み、航空艦隊中唯一の空母として奮戦ついに敵空母二を仕留めたるも、飛龍自らもまた刀折れ矢尽きてついに沈没するに至る。

司令官の責任を重んじ、ここに従容として艦と運命を共にせり。その職責に殉ずる崇高の精神まさに至高にしてたとえるに物なし。
記念として彼が戦場にありて発したる電報を抄録す。
五日〇八三〇　二航戦司令官→八戦隊司令官（八戦隊司令官が一時指揮をとるの状況となり、北方に避退兵力集結の電に対する意見具申なり）
各損害艦には駆逐艦各一隻を付し主力部隊の方向に向かわしめられたい
一一三〇　二航戦司令官→長良
第一次空母攻撃成果、エンタープライズに二五番五個命中、大火災を起こさしむ。他に大型巡洋艦五隻あり、艦爆の報告によれば一〇カイリ離れ空母二隻あり、艦爆一八機中六、艦戦九機中一帰艦。
第二次空母攻撃隊二〇二〇発進。
第三次　〃（艦爆六、艦攻九）出発準備中
一三〇〇　二航戦司令官→長良
第二次母艦攻撃隊戦果、敵エンタープライズ型（前に爆撃せるものにあらず）を雷撃二発命中確認す。
一三一五　二航戦司令官→機動部隊
今までの搭乗員報告を総合するに、敵は空母三隻、大巡五隻、駆逐艦一五隻より成る。我が攻撃により空母二隻は大破せり。
開戦初頭のハワイ海戦に、ラボール占領に、蘭印攻略戦に、セイロン方面作戦に、はたまた今回のミッドウェー作戦に、その獲得せる戦果まさに甚大にして、二航戦の技量特に優秀なりしもの、彼が二年余りにわたりて指導訓練したる賜にほかならず。

またしばしば上司に意見を具申し作戦指導上も貢献せるところ、他司令官と類を異にす。その名将たる、これを以ても知るべし。

なお後日洋中において第五艦隊参謀長に送付すべき書類を第一〇駆逐隊の雪風に送付する際、同司令阿部大佐は渡辺当司令部参謀宛て、本作戦に対する所見若干を述べその最後に左のごとく記せり。

「飛龍の運命定まるや、司令官、艦長はそれぞれ先任参謀及び副長に後事を託し、艦と運命を共にする旨言い渡し、駆逐艦横付けして総員退去の際、司令より再三再四移乗を懇望せるも頑として聞かれず。マスクを被り艦橋に昇られたるが後、再び姿を見せられず」と。

けだし彼のことなり。乗員の全部退去を見送り、しかして炎々として燃え続くる煙中、艦橋においてて潔く自刃したるものと認めらる。

午前、鳳翔は後方を飛行索敵し飛龍を発見、飛行甲板に数名の生存者あり。なお燃え続けある旨報告に接し、これを長良に通じて救助確認処分を求めたるも、実行遅れ午後となりて長良飛行機及び駆逐艦谷風を派遣す。

谷風は反転現地に向かう途上、敵機の二回にわたる爆撃を受け、一時無線連絡とれず心配したるも大事なることなく、夜に至りて同方面捜索せるも何らの手懸かりなし。

この日午前五時頃より午後二時にわたり、まったく合同を了せざる機動部隊は、三回の敵機の来襲を受け、三戦隊二小隊に僅少の損害あり。

また敵機の感度は我が上空に触接せるものと認められたが、夕刻に近づくにしたがいスコール的な低雲覆い来れるを以て、この中に欺瞞行動をとり実撃を受けるに至らず。

午前四時、ミッドウェーの最短距離、北西に三二〇カイリなり。後方至近にある機動部隊に爆撃せるも、主力部隊、攻略部隊の航進はあるいは発見せられずして終われるにあらざるか。

空母四艦の生存者を収容せる第一〇戦隊の駆逐艦は、午後逐次集合し来る。これらを速やかに収容し負傷者の手当てを万全ならしめんとの心あるも、敵前如何ともし難く、それぞれ戦艦に収容するの割り当てなし、明朝補給地点において行う旨発令す。

しかるに敵機なお追躡のおそれ大なるを以て、六〇〇カイリ圏外明朝の補給点を一日行程西方に変更したるを以て、まず長門、陸奥にこれが移乗を計る。

三隈、最上はその後、第八駆逐隊二艦合同し西進中、午前五時三十四分、敵B17八機来襲、さらに最上に連続爆撃被害なくして終われるは幸いなり。基地敵機の技量大したことにあらず。

北方部隊は昨日の一時延期命令に対し予定通りアリューシャンの攻略を実施したい旨電あり。適宜実施すべきを命じたるところ、第二機動部隊のほか予定通り実施すべき北方部隊宛て電令を傍受せり。

しかるに本朝に至りいかなる風の吹き回しか、午前三時十五分発令、七時四十八分訳了にて十一時中止、各部隊は反転西航すべきを命じたり。

ちょうどこれと行き違いに当方は午前七時、第二機動部隊を北方部隊に復帰すべき電令を発したるが、これに勢いを得てか、正午過ぎさらに壮烈無比（AL《アリューシャン》作戦第五法）N＋1を発電実施のことに決定せり。

この間の事情肯けるものあるもなお後日聴取しおくの要あり。

ミッドウェー作戦中止となれる結果、今後敵は北方に防守並びに奪回の手を伸ばすべく、北方の強化機を得てミッドウェーの仇打ちを為さんとし、二〇二〇、$\frac{1D}{3S}$、8S、$\frac{dg \times 1}{10S}$、神川丸、瑞鳳、四駆、一三潜水隊、第二潜水戦隊の派遣増強を発令す。ただし補給実施後発動のこととせり。

六月七日　日曜日　〔雲霧〕　N日

六月七日のN日は来れり。四、五の両月、本日を目標として画策準備これ努め来れるところ、その日を待たずして戦局は一変し、この日後始末に奔命せざるべからざるに至る。戦争の様相として味わうべきなり。

基地六〇〇カイリ圏を出で、最初の予定補給地点を経由、明八日の補給地点、北緯三三度・東経一六五度に向かい航進中、午前三時半、三隈より敵艦上機二機見ゆ、敵爆撃機六機来襲被弾一、敵空母の追躡を受けつつあるもののごとし。

〇六四五艦上機の大群の爆撃を受け、水偵一見ゆ。〇七四五水偵三触接水上艦艇あるもののごとし。三隈のほか最上も被弾一、被害小撃墜三機、〇八〇〇敵空母及び水上艦艇の近距離追躡を受けつつあり。ウエーキに向かう。ウエーキの三〇度七一〇カイリ等の電に接す。

かねてこれら損傷艦の引き揚げについては心配し、本日早朝もウエーキに向かわしむを可とせずやと注意したるところなり。一刻も猶予すべきにあらず。攻略部隊に第八戦隊を加え進出後救援を下令す。

第二艦隊長官は$\frac{1D}{3S}$を残し他を率いて速力二〇ノットにて南下す。時に九時半頃。一〇二〇に至り最上より平文にて爆弾二命中火災航行可能、三隈五発命中火災停止の報あり、数十機の猛爆を受けたり。

一〇五八敵らしき艦影見ゆ、三隈大爆発見込みなし。乗員八駆逐隊にて救助中と駆逐隊より報告せるが、一二〇〇さらに一〇機来襲、三隈に命中大火災、同時に荒潮後部三番砲塔に命中火災、人力操舵中の報陸続として至る。

敵は空母一―二にして巡洋艦を伴う、三隈はすでに助からずとするもその他また全滅せしめらるべくその上悪くいけば攻略部隊危地に陥らずと言い得んや。

ここにおいて主隊は全力を以て同じく南下、万一に備えるとともに、「ウエーキ」島の圏内にてこれを捕捉撃滅せんとするの決心となり、すなわちこれを電令す。

当時においてはこの手よりほかになしと認む。ミッドウェー方面に集中したる敵空母は五―六隻にして、その二艦を屠りたるのみ。したがって三―四隻は特空母を含みなお存在する理なり。

追躡し来れるもの果たしていかなる兵力なるや。少なくも空母一、特空母二隻、巡洋艦、駆逐艦数隻宛と見るを安全とす。

この敵は七戦隊二小隊及び八駆を全滅し一日離隔、さらに明朝攻略部隊に食い下がる可能性あり。したがってこれらの敵に対し攻略部隊を以て同夜緊迫夜戦を敢行するを最良とす。

しからざれば明朝全軍これに突入し、来襲する敵機をその都度撃破するとともに、利用し得べき我が全航空機を以て敵甲板を破り、あるいはその速力を低減して近接これを撃破するよりほかに良法なし。

もちろん敵にして我がウエーキの基地攻撃圏に入らば、それによりて大いに勝算を見出し得るところなるも、敵果たしてその手に乗るや疑問なり。

当時においてはそれだけの決心をなし、当方面連合艦隊の作戦として下令せるところなり。下手をすれば連合艦隊の全部損傷することとなり、人知れぬ決断を要したり。

右と同時に補給部隊の南下、新補給地点を下命す。攻略部隊は三戦隊一小隊を残し針路一八〇度、速力二〇ノットにて南下し、霧のため水偵の敵側索敵機も出さず、単に七戦隊二小隊の収容にのみ捕われあるにあらずやと懸念もありたるなり。

随伴の三水戦一〇戦隊の各駆逐艦いずれも在庫燃料五〇％以下三水戦の要求もあり、日没二時間前意を決し、為し得る限り主力艦より補給せしむることとし準備を急がしむ。

準備に約一時間を要し、二〇度の列方位変換を行い原速力、さらに右二〇度の斉動を行い補給を開始す。大和の第一艦橋より見れば大した風波にあらずも、駆逐艦の纜索をとれるを見れば相当の動揺なり。一戦隊各曳索切断す。

ここにおいて九ノットとしてようやく補給を継続す。

時すでに暗黒視界不良、しかも敵潜の電波の感あり、付近に散在すること確実、速力は増せず、変針はできず、しかも四〇度の梯陣、子供を横腹に抱えて添え乳しながらの一戦隊、三戦隊の進航は難事中の難事、ただ諦めて実行する以外何物もなし。

三戦隊はやはり上手にてこの暗黒の中、次の子供をも哺乳せり。一五〇トン宛を標準として八時半打ち切り、九時十五分より陣形を復旧、一八ノットにて南下す。けだし絶好の試練なり。

本朝来、長官胃痛のため軍医長手当てせるも経過良好ならず、時も時、これまた心配の種なりとす。

一二二五最上は敵を我が主力の方面に誘導するごとく行動し、針路二七〇度速力二〇ノットと報ず。艦首破損の最上よくもこの高速を出し得る、補強工事の進捗する一面背に腹は代えられざるによるべし。

第二艦隊長官はこれに三〇〇度の針路を取るべく命じたり。ミッドウェー北方において魚雷三本を喰える敵空母ヨークタウン型一隻は漂流中なるを知り、昨早朝同方面行動中なるイ一六八潜にこれが処分を命じたるところ、本日一〇四〇これを撃沈せり。

当時敵駆逐艦七隻これを護衛しあり、同潜水艦はこれらの集中爆雷攻撃を受け、相当の損害を蒙り潜航不如意、北方に避退内地に帰投することとなれり。

北方部隊はアリューシャン作戦をN＋1実施の命令を出し再度進出中なりしが、二二二〇キスカ奇襲上陸に成功せり。続いてアッツも上陸成功す。いずれも敵の抵抗なかりしがごとし。

六月八日　月曜日

攻略部隊は早朝より南東方の索敵を行いたるも敵情を得ず、最上及び八駆逐隊も損傷の身を以て攻略部隊の前程を西にかわりその収容を為すを得たり。

一時は全滅かと危ぶまれたるこれらが、三隈の犠牲においてこと済みたり。最上は潜水艦回避に当たり三隈に衝突、一時は前進不能なりしも逐次修復して二〇ノットまで出し得るに至る。三隈は損傷なく専ら最上の掩護に当たりつつありしにその身反りて斃れ最上掩護の目的を果たす。右両艦の運命こそ奇しき縁と言うべく僚艦間の美風を発揮せるものなり。

敵機動部隊は昨日夕を以て引き揚げたるがごとく、ウエーキよりの捜索機も敵を捕捉し得ず、当方面連合艦隊を挙げて反撃の企図も放棄するのほかなきに至れるを以て、今後執るべき方針として北方部隊を増援し占領地域を確保、好機敵勢の減殺を計り、その他は戦場整理の後一応内地に帰還、再挙を図ることとし、それぞれの指令を与えたり。

（十時過ぎ）ただ五戦隊一小隊、駆逐隊一隊及び給油艦一隻を以て牽制隊を編成し、ウエーキ西方、南方、東方に機動、主力部隊等の使用したる電波を以て偽電を発し、敵機動部隊をミッドウェー方面に牽制し潜水部隊、航空部隊とともに敵勢減殺を計画するところあり。

本法どれだけ成功するやは疑問あるも、ほかに策とてなく、一応実施し見ることと為す。主力部隊は朝より南西に航進し漸次補給地点に近接す。攻略部隊は後方より同一の行動に移れり。時々スコールあり。視界むら多し。

日没後、大和、比叡は共に左舷に潜水艦らしきものを水中聴音により探知せるを以て回避し、なお夜暗に入るに及び、左に三〇度変針、夜半右に変針韜晦す。

六月九日　火曜日

午前零時、右六〇度を二回に分かち、三〇度ずつの変針を為せり。

第一次変針において、一戦隊直衛たる三水戦駆逐艦は先頭隊よりの変針を誤ち、大和に随動することなく過早なる司令駆逐艦の変針より、磯波はその艦首右舷を以て浦波の左舷中部に触衝せり。

回頭側至近、眼前に起こりたる事実なるも如何とも為し難し。直衛の変針運動は出撃以来しばしば矯正せるも、ついにこの不祥事を惹起す、最上、三隈の例並びに本事例とともに作戦行動中の事故として注意の要あり。

旗艦川内を現場に残し処置を講ぜしむ。浦波は煙突付近損傷し、缶の使用制限を受け二四ノットまで発揮し得るも、磯波は艦首一メートル余り切り取られ一一ノットの航行に堪ゆる程度なり。

牽制部隊の行動及び牽制実施要領を指示して各隊策応の基準を指示せり。

潜水艦我帰途を邀するおそれあり、電波の輻射を局限せんとするも、連合艦隊（旗艦）は犬のごとく終始臭いを残しつつ行くことやむを得ざるか、さきに直衛駆逐艦の一艦を指定し、これに暗号送信文を交付し発信せしむるごとく定めたるも、ついに一回も実施するに至らず。

午後、攻略部隊合同すと言うも、四戦隊一小隊、四水戦（旗艦及び駆逐隊一隊）に過ぎず、ほかはそれぞれに分散しあり。

長官の腹中異変は、結局回虫の作用なりしこと判明、虫下しとともに憂消散せるはめでたしめでたし。

六月十日　水曜日　〔晴〕

第二種軍装に変更す。士官も兵隊も防暑服の軽装涼しそうなり。我未だこれを着けず、艦長以上は一寸遠慮なるか、本日天候晴海上平穏、何となく晴々としたる気分なり。天気や服装の所以にあらずして主因は戦局の平穏に帰したるにあり。

されども北方方面逐次敵の活動活発を加える。本方面の確保と敵勢減殺こそ当面の問題なれ、黒服にて塞冷と霧に抗しつつ北方部隊の善戦を祈る。

航空部隊の整理再編成は目下何よりも緊要のことなり。一航空艦隊司令部と協議の必要を認め、長良を大和の側に呼び幕僚の来艦を求む。

八時過ぎ来る者、足に小負傷の参謀長草鹿少将、大石先任参謀、源田航空参謀及び副官なり、いずれも黒服にて相当憔悴の兆しあり。

相見ての第一言は「何と申してよいか言うべき言葉なし、申し訳なし」、もっともの次第なり。長官公室に下りて参謀長、先任参謀より報告を聴く。

参謀長「大失策を演じおめおめ生きて帰れる身にあらざるも、ただ復讐の一念に駆られて生還せる次第なれば、どうか復讐できるよう取り計らっていただきたい」、長官簡単に「承知した」と力強く答えらる。（両者共に真実の言、百万言に優る）

参謀長の報告中より今次失敗の原因と認むべきものを提示すること次のごとし。（五日余輩の観察記事参照）

一、補給艦との会合全からず、また濃霧のため突入の前日、やむなく長波にて電報を発せることあり。

（教訓）電波の輻射は近接して最も不可なり通達距離を短からしむるといえども我らも傍受せり。

二、側面警戒の飛行機は八戦隊両艦のものと増槽を付したる艦攻を以てせるが、その出発は至近距離を見落とさざるため攻撃隊と同時と為せり。またその帰路において敵を捕捉したがって敵機動部隊の発見やや遅れたり。

（教訓）かなり多数の警戒機を早目に出すこと、近距離は別の飛行機にて黎明後別個に索敵することを要す。

三、第一次、第二次攻撃に分かち、前者は基地へ後者は敵艦艇に備えたるも、各艦同一の状況たらしめたるため、戦闘機の入れ替え、攻撃より帰還機の収容等の混雑のため、第二次攻撃機を発進せざるうちに敵の攻撃を受けたること。

（教訓）四隻中二艦の全力を以て第一次攻撃に、他の二艦を敵艦艇に対しすぐに発進し得るよう区分するを要す。また戦闘機（自隊警戒）は別の一艦を充当するを有利とす。

草鹿参謀長曰く「自分は着任以来、充分の偵察を為しこの一撃と全力を集中することを主義とし訓練し、また成功したり。途中これを変更する気持ちになり得ざりしなり」（一刀流の据物斬り観念）

四、我が攻撃機出発後、敵陸上攻撃機十数機の雷撃を受けたり、回避撃墜被害なかりしもこれは危険なり。第二次攻撃をすぐに基地に指向するの要ありと為し、雷装して準備しありし第二次攻撃機を基地攻撃に準備変更せしめつつありしとき、敵機動部隊の発見となり混雑遅延を来せり。

（教訓）側方索敵の早期実施、及び敵存在せざることを確認するまでは過早の変更をなすべからず。なお艦別任務の区分によりこの欠陥はある程度救わるべし。
五、敵機動部隊発見の報に接せるも、珊瑚海海戦の例より戦闘機を付せざれば攻撃隊の損害大にして成果覚束なしとなし、今少し待たば基地攻撃隊の戦闘機帰還するを以て入れ替えて戦闘機と共に攻撃隊を出さんとし時刻を遷延したること。
（教訓）戦闘機を付し攻撃するは上々の策なりといえども攻撃機のみにても相当の成果を発揮し得べし。殊に至近に敵機動部隊を発見す。喰うか喰わるるかの境なり一刻の猶予を許さず、加えるに準備機の在艦は被害を倍加するにおいておや。
六、集結の不利を来せること。（本件は十四日長官の所見なり）
以上これを要するに従来の成功に慢じ、余輩の最も憂いまたしばしば注意を喚起せる一方面攻撃中他方面より敵航空部隊の出現せる場合に対する処置の研究工夫を欠き、実施においても転瞬の危機に当たりて、なお欲に駆られて思い切りなかりしにその主因を帰納せざるを得ず。（五日の記事参照）
千載の恨事！　天変地異のためならず、まったく人の為すところにあり。慎まざるべけんや、戒めざるべけんや。今や泣き言は禁物なり、ただ後来のため数訓を活かさんことを祈りて斯くは筆執る。
参謀長に対しては当司令部としても至らざるところあり。相済まずと思量しあり。しかれども今回の損害のため何ら悲観もせず、ミッドウェーの再挙も図れば、南方作戦も実施する腹なり。ただ現在においては北方における敵の機動に備え充分なる兵力を充当するとともに、好機報復の挙に出る、何を措きても航空部隊の再編成整備が緊急なれば打ち合わせのため来艦を希望せる次第なりと述べ、各主務者間の協議打ち合わせを為さしむ。
燃焼中の赤城より司令部移乗に当たりては長官難色ありたるも麾下一兵の存する限りこれを率いて最後まで奮戦するの責ありと長官を引っ張らんばかりにして退艦せり。

司令官及び赤城を除く艦長全部戦死し四艦を失えるこの際、自分としてもいろいろ考えるところありと苦衷を漏せり。種々に慰安し、当司令部の挫折しあらざるを具体的に顕示し、機密費二千円に添えて慰問物を贈り午後長良に移乗せしめたり。

斯くのごとき大打撃に際しては誰人も苦衷大なり。しかも自己の生死問題は責任上当然思量せらるべきところ、責任の地位にある者ほどしかり。下幕と参謀長以上は格段の差異あり。

余輩また戦場にある心得として、さきに斯かる場合に処する道を立つ。あれこれ考量して同情の念禁ずる能わず。大局観と武道観、常にその取捨を誤らざるを要す。

右移乗後、長良及び駆逐艦二隻をして呉に先行帰還せしむ。

日没直後、南鳥島の三〇度一〇〇カイリ付近において、直衛飛行機爆弾を投じたるを以て駆逐艦二隻をして攻撃せしめ、艦隊は北側に避退し、相当時間駛走後三〇度左に斉動を復帰したる際、大和の左三八度二八〇〇メートルに雷跡二条の向かってくるを発見、これと併行にして左舷にかわしたる後、大角度緊急斉動にて回避せり。

やや活気少なき痕跡と認めらるるも、当時の誰人もこれを疑いおらず。大和は警報として副砲並び高角砲合計六発を発射せり。夜暗に入り三〇〇度とし、夜半二七〇度に復帰し明朝の指示点に向かう。

六月十一日　木曜日

川内及び浦波は早朝の鳳翔飛行機の索敵により発見、主力部隊の位置を指示し午前合同せり。遅れたるものの追及して合同することけだし容易ならず、万事遅れざることが先決なり。

六月十二日　金曜日　〔雨霧〕

小笠原群島の北東方を北西に進行す。天候不良警戒のため出発せる愛宕機帰路を失し、婿島に不時着す。夜十時、孀婦岩の南三〇カイリを一八ノットにて西航す。本日また潜水艦騒ぎあり。

六月十三日　土曜日　〔曇〕

夜半より速力を落とし西航を続く。天候不良となる兆候あり、明日の霧を予想せらる。日没後、右至近に潜水艦音探知、回避、夜暗に入るに及び大変針、三二〇度にて豊後水道に向かう。電報発信数相当にあり。駆逐艦綾波に暗号文を交付し北東方に離隔夜間発信せしむ。

六月十四日　日曜日　〔雨霧〕

黎明時の状況、陸地方面視界不良を思わしむるものあり、水偵による哨戒を取り止む。そのうち視界一層不良、無線方位測定も思うに任せず、水深暗探、佐伯空の飛行機の位置通知等により、ついには半速まで落として沖島の位置を採り、やっと発見して十時、東水道に達す。速吸瀬戸付近再び濃霧、クダコ水道か釣島水道かといろいろ変更しながら釣島を抜けて七時、柱島錨地に無事入泊す。青より黄と色づきいたる島々の麦はすでに刈り取られて、藷《いも》の植え付けるを待つ。

出港以来十七日目なるも風物相当の変化あり。この変われる景色を訪るる艦の数減りたる何となく寂し。

思えば本行動は苦難の行なりし、亡失艦五隻ミッドウェー攻略の放棄往返ともの悪天候‼

何事ぞ往きも還りも敵は霧

八時過ぎ、南雲航空艦隊長官来艦報告あり。明日参集を求めたるにかかわらず、入港後すぐに来艦あり。当然と認む。

軍服を脱ぎ寝衣の心持ちまた格別なり。顧みてよく続きたりと思い果たすべきものを果たしたりと、この点愉快なり。

六月十五日　月曜日　〔晴〕

航海中は艦橋休憩室の狭隘筆墨を用うるに不便なるを以てやむなく鉄筆による、今や机に向かって毛筆の味をしみじみと感ず。

午前九時、一戦隊各艦長、千代田、鳳翔艦長を集めて情況を聴取す。本行動中いずれも健康状態にして船体兵器機関また異状なく相当思い切りたる運動も見事切り抜け得たる各艦長の努力を多とす。

鳳翔は少数飛行機を以て悪天候と闘いよくその任務を達成せり、共に賞讃すべきなり。

午後一時半より2F、1AF長官、参謀長、4Sd、3Sd、10S、11Sf各司令官参集し状況報告を聴くとともに今後の方針につき打ち合わせす。

午後四時半艦発にて、病院船氷川丸及び高砂丸に本回の傷者を見舞う。本朝来、前者は二八一（三四）名、後者は三三八（二七）名を収容し、明朝発呉佐横に回航入院を計るはず、状況誠に気の毒なり、速やかに全癒再起を祈る。

久闊の音信相当に落手せり。愛犬「エリー」の訃は誠に悲し。二、三日前より食欲減じ医師の手当て博光の注射もその効なくついに二日永眠すと、あたかも我大任務の下出撃中なり。外庭母親の傍に葬ると言う、当年八歳とぞ記憶す。展墓いずれの日か瞑せよ。

主待たでエリーは逝きぬ青葉蔭
虞美人の花こぼれけり犬の塚

六月十六日　火曜日〔晴〕

軍艦旗を掲げて後剃夫を呼び、大尉四年目の中頃より伸ばしたる髪を切る。長官昼食の際「頭が変わったようだね、五月蠅《うるさ》くなったか」と質問せらる。「最愛のセパードに死なれました」「何日？　五日ではなかったか」「少し前の二日です」と問答す。

人々余の顔を見る。本人は一向に変わらぬなり頭に眼なきによるか。

ここにその原因を記せば、昨冬開戦において切らんかと思いしがあまりに際物とするも考えもの、本戦争が敗とならば腹を切るか坊主になるかなりしばらく待つとしたるが、本回のミッドウェー作戦は誠に遺憾千万なり。新機巻き直しを決意すること固し。

本覚悟に対し記念的表兆とするとともに、深く愛犬エリーの死を悼む。戦中はこの鉄の艦内暑さの頃も思わる。以上三箇の理由あり。呵々。髪の長きものはこれを紙包みとし表面エリーの霊に与えるとするも、まさかのときには遺髪たるの資格充分なり。

九時半、伊藤軍令部次長、岡軍務局長及び軍令部部員、吉田軍務局員等来艦。いずれも総長大臣の意を体しての見舞いと心得るも斯かる言は口にせず大いに可なり。伊藤次長は総長よりの言として、「お上は本回のこと余り御軫念《しんねん》にあらせられず。戦のことなればこれくらいのことは当然なり。士気を衰えしめずますます努力するように」

やはり総長としての伝言なりと感じたり。

吾人としては御軫念をお懸けすることが最も悲しきなり。よきところを指さるるものかな。真否は知らずただ恐懼しあり。公室において作戦経過蹉跌の原因に対する所見を述べ、現在の腹を率直に述べ打ち合わせもしたり。

六月十七日　水曜日〔曇後雨〕

級友松山光治少将呉海兵団長より一八戦隊司令官に転じ室積沖より短艇にて来訪す。彼の冗談半分に曰く後妻を貰うなかれ、級友の戦死者、八代祐吉、松本象次郎、山口多聞はいずれも二度目なりと、何となく妙なり。彼昼食を共にし零時半発、三時間半を要する室積に向かって別れたり。近々南洋に出撃せんとす武運の長久と奮闘を祈る。

すべては後始末の雑務と立て直し策ようやくにして一段落となる。すべて呉吉川にて請わるるままに某氏の画帳に記せる。

勝局含敗勢　敗局前勝勢

緒戦百勝者　非善之善者

とはまさに適中せり。これを以て天与の慎戒たらしむ。

六月十八日　木曜日〔雨〕

いよいよ梅雨型の天気とはなれり。

参謀長の範囲と長官の範囲と合わせ八〇余通りの考課表をここ二十日間に仕上げざるべからず。相当の仕事と思う。

六月十九日　金曜日〔雨後曇〕

昼前より雨上がりて上甲板にも出ず。頭を休むるためか、大して頭も使わぬに何となく晴れ晴れとせず、何と申しても頭に残るはあの犠牲ならずや。

考課表も下書きせず、さりとて溜まりある手紙の借銭も払うにあらず、ただ一日を過ごせり。

六月二十日　土曜日〔曇小雨〕

鈴木軍令部二部長、大西航本総務部長、江崎造船少将ほか、艦本部員、軍令部員、航本部員等相当多数、午前十時来艦。

午後一時より大和において過般の被害に基づく空母改良意見研究会を開く。草鹿1AF参謀長主宰す。

赤城、加賀、飛龍、蒼龍生存者、死生の境における教訓細密に入り、極めて熱心、ついに一応の陳述のみにて午後十時となれり。

六月二十一日　日曜日〔曇〕

午前八時より列席者を制限して昨日の研究を続行す。主として将来建造の空母に関する問題なり。改造にせよ、新造にせよ、注文限りなくいかに精練するも斯かる空母の実現は容易ならず、今回の四艦いずれもほぼ同一の構造にして同様の状態にあり、しかも本状態に最適の攻撃兵器を以てせられ、一様に火災艦内に拡大せる結果なり。

この燐寸《マッチ》に等しき火災を防止すること何よりの先決なり。これさえ可能ならば艦の運命に関するがごとき結果とはならざるなり。改装、新造とも本点に主力を置くべし。教訓として陳述するところまったくこの点に集約し得べし。

されども敵にして雷撃を敢行すること我のごとく、あるいは徹甲爆弾の大型を使用するか、あるいはイタリア、ドイツがすでに使用し始めたるロケット爆弾を用うるなどのことあらば、事態はまた本回と異なること当然なるべし。

そのときにおいてはまた別種の意見生ずることなれば、本回のことを以てすべてなりとなすべからず。

また本改良を加えざれば価値なしと為すがごとき見解も誤れるものなり。弱きものは弱きものとして使用すべく、またあるときは当然犠牲も覚悟せざるべからず。

今日において必要なるは数なり、余り贅沢は言えぬなり、ただ敵弾一個によりて自艦の爆弾、魚雷あるいは油類に引火し大事に至らざる用意は最も肝要にして、この工夫を加えて現計画の建造はどしどし進むべきなり。

愚論ならずとも議論詮衡にのみ時を費やさすべき時機にあらずと信ず。これらのことは長官よりも言われたるが、なお来艦者の枢要部にはさらに言を重ね置きたり。

研究会終了後、二航戦機関参謀より山口司令官の最後の状況を聴き、念のためここに記し置く。

司令官の覚悟のほど判明せるを以て幕僚一同お供をするつもりなりしところ、総員退去に当たり一同を集められ、命令として両艦の亡失に対しては司令官その責に任じ本艦の最後を見届く。一同は退去今後の奉公を期すべし。またそれを個人としても望むところなりと申し渡さる。

何か用事ありませんかとの問いに対し、何もなしこれでも届けてもらうかと着用中の帽子を渡されたり。なお体が艦より離れるといかぬとて、参謀の所持しおりたる手拭いを受け取りたり。

一同退艦後魚雷を発射する旨信号したる後処分に移れり。退艦前軍艦旗と共に卸せる少将旗と右帽子とは記念の遺物として遺族の方へ機を得て届くるよう伊藤先任参謀所持しあり。

（艦橋は炎えていて一同は飛行甲板にありたり）

以上

因みに本作戦において陣没せる艦長は
加賀艦長　岡田次作
　余ドイツ駐在中各国出張にて来独し余の下宿にて快談したることあり。
　航空界の逸物なり。
飛龍艦長　加来止男
　豪快果断、これまた我が航空界の麒麟児なり。
蒼龍艦長　柳本柳作
　古武士的風格、精神においても働きにおいても凡庸を抜きたる逸物なり。

六月二十二日　月曜日　〔晴後半曇〕
森国造少将二三根拠地隊司令官なるところ、鹵獲《ろかく》品中より猟銃八挺弾薬三〇〇〇余発を送付しくれたり。次期猟期まで命あらばこれが使用によりて健康の道を講じたきも如何相成るや。過般の犠牲を思えばこの上の殺生は慎むべしとも考える。
長官思いに耽られ憂鬱の風あり、人各々時に触れ事に臨みて感傷あり。未だ直接相語りて胸中を聴くの域に達せずと認め遠慮しおく。

六月二十三日　火曜日　〔雨〕
約一月ほど前の来信に対し一筆も執らざりしが今日借銭返却と出でたり。それも過般の失敗より当分の間葉書（同様の恤兵品《じっぺい》たる絵葉書に限る）とのお達しにより至極簡単、これは防諜からも紙の節約からも労力からも至極結構、一石三鳥とぞ言い得ん。

夕刻、栗田七戦隊司令官来訪、転任予定を通じたる後公室においてミッドウェー占領隊の支援としての行動、同島砲撃下令以後、潜水艦回避運動これがため起これる三隈、最上の触衝事件、翌日及び翌々日敵機来襲の情況等を聴取す。

六月二十四日　水曜日〔晴〕

五月蠅き考課表の下拵《したごしら》えにて室内温度三二度に昇る。日がな一日照り付けられたるお蔭なり。艦のほうは大臣の来隊を前にして今日こそと外部総油拭きを為す。勇戦奮闘の跡を消したり。夕刻時刻警戒部隊たる二戦隊、九戦隊駆逐艦等横須賀より入港し来る。

昼食後、今回成功せる対空弾の粒子を舷外浮標の上にて点火してみる。燃焼時間而く大ならずといえども八〇〇メートルは確かに燃焼しつつ飛ぶ。敵機御座んなれ、目に物見せん。速やかなる供給を望む。

六月二十五日　木曜日〔雨〕

昨日艦隊飛行機が悪天候のため山に打突かと一時心配せしが、三和、藤井両参謀は賢明にも汽車にて午前帰艦せり。午後その報告を聞く。今後の作戦！　中央と必ずしも一致せず、この件研究を要す。

革新の編成替え概ね一致せり。

欧戦の状況、ドイツも相当に弱点を包蔵す。幸いにハルコフ、セバストポリ、北アフリカの戦況有利なるはそれらの欠点を覆わんか、望んで已まず。

英独の講和問題相当なる声ありと聞く。果たして然るや。今にして和せば全部戦前の状況（蘭印の油くらいはくれるかも知れず）に立ち返るを要す。未だその時機にあらざるもこれらの動きあることには注意し、作戦の上には考慮なく働くこと肝要なり。

六月二十六日　金曜日　〔半晴〕

六月二十七日　土曜日　〔曇〕

十二時前、嶋田大臣大竹海兵団より来艦せらる。挨拶に行く。

「いろいろ苦心御苦労です」

「先般は拙いことをやりまして御心配をかけ相済みません」

「いやいや何でもない」

昼食は内輪だけなるも葡萄酒を抜きて祝杯否健康を祝す。二時半より約一時間半ばかり艦内視察に同行す。五時過ぎより各長官、参謀長、司令官来艦、六時、大臣の招宴にあずかる。夜長官来室いろいろ話したり。

海軍大臣拝謁の際にもミッドウェーの損害に対しては少しも触れられず、艦隊の士気に影響なきやとの御下問あり。

過般次長、軍務局長、艦隊に赴き実視したるに何ら影響なき由、なお近日艦隊に行って参りますと奏上せるに、艦隊司令長官にますます奮励するよう伝言せよとの勅諚ありたりと。

大御心ただただ感佩《かんぱい》のほかなし。その他大臣来訪の要件は海軍制度改正問題、艦隊幹部将官の異動等主なるものと聞く。

六月二十八日　日曜日〔晴曇〕

六時三十分長官と共に陸奥に赴き、大臣出発前答訪し、なお見送りて七時過ぎ帰る。大臣は例によりて余輩の家庭のことを尋ねらる、恐縮の至り、会うたびに聴かるこれが上に立つ人の親切として下の者の胸に響く。

一時半より防空対策打ち合わせ会を開く。今日の最大欠陥にして一日を忽《ゆるが》せにすべからず。喉下過ぐればあつさを忘る。忘れざるうちにあつかりしことの仕末を為しおくこと肝要なり。

六月二十九日　月曜日〔曇後雨〕

多年の懸案たりし航海加俸、下に重く上に軽く、六月一日より施行のことに発布を見たり。これにより下士官兵の生活楽とならば幸甚なり。

六月三十日　火曜日〔雨〕

オーストラリア東北岸に、あるいは北方に敵の動きあり、そろそろ図に乗りて来るべきときなり。注意を与えるとともに防御全般に関しこの際研究を命じたり。

夜に入りて入電あり。すなわちサラモアに本朝午前二時、迫撃砲を有する敵兵二〇〇名森林地帯より守備隊の南北より来襲、防戦これ努め二時間の後撃退、なお日の出後水偵二機これを追撃多大の損害を与えたりという。

南北、中央とも、この際厳戒を要す。彼の独立記念日は七月四日（我が方の五日）なり。

昭和十七年七月

七月一日　水曜日〔曇〕

午前の定期にて中瀬人事局一課長来艦。

昨日ハワイ海戦の二段進級問題を具体的に省部主脳に説明せるところ、大臣決裁に先だち連合艦隊長官の意見を聞いて来いと言われ急遽出発せりとのこと。よってその内容を聴く。

長官も大体方針には異存なきも、なお参謀の意見を聞けとのことにて、三和、佐々木、課長と余と懇談し後、左の通り長官の回答として述べたり。

すでに当司令部としては為し得る限りを尽くし、権限を有する大臣の善処に待つところとしありたり。

今日さらに具体案につき強いて意見を求めらるれば、第一回の制空隊の地上掃射における地面接触自爆は被弾によるものと認めらる。殊に優秀なる一等兵曹としては操縦の拙劣とも思われず、また地上衝突くらいの意気込みも戦においては必要なり。

よって二段進級しかるべきとなし、飛行七時間にしてついに帰艦せざるものは機位を失したるものとして一段にて可、敵戦艦を雷撃し、機上戦死せる者、一度地上攻撃後、集合に際し分離不明の者はニイハウ島に上陸し、後米婦人に石を投げられ殺されたる嫌疑者として以上三名は中央の御考に俟つと。

これにて大体解決し、中瀬大佐も安心しましたと言って五時頃呉に向け帰れり。

七月二日　木曜日

七月三日　金曜日　〔曇後雨〕

七時四十五分出港、魚雷に対する聴音訓練を行い、十時過ぎ呉入港す。

一般的米の動きに対し各部警戒を行う。

午後七時より用心に全国的警戒警報を発す。

七月四日　土曜日　〔晴〕

哨戒飛行艇午前十時の頃、ヤルートの二〇〇度三〇〇カイリに敵らしき空母一隻、巡洋艦二隻の針路九〇度速力一六ノットを発見したり。

南洋部隊、先遣部隊、基地航空部隊に警戒と攻撃を下令す。三和参謀作戦打ち合わせのため午後上京す。

七月五日　日曜日　〔晴〕

昨日ヤルート南方に発見せりと言える敵機動部隊は、結局飛行艇偵察の不充分よりする軽率の警報と判明す。

一方、千代田は昨四日キスカに入泊、物件揚陸中なるがこれが警戒護衛に同行せる一八駆逐隊は港外仮泊中、本朝三時、敵潜の攻撃を受け霰《あられ》沈没、他の二艦も損傷を蒙れり、うかつの処置とや言わん。

七月六日　月曜日〔晴〕

午前九時、水交社に赴き長官と共に醍醐第五潜水戦隊司令官の報告を聴く、同隊は近く解隊、司令官は軍令部出仕となる予定。

七月七日　火曜日〔晴〕

支那事変まさに満五周年を迎え何と長きよ。

一時大和呉出港、途中対潜聴音を行いつつ、四時柱島着。

1F参謀長来訪、十四日の異動により高須長官軍令部出仕となるにつき、1Fの諸行動に関し打ち合わせ用談す。

七月八日　水曜日〔晴〕

栗田中将十二日付3S司令官となるにつき、引き継ぎその他につき打ち合わせす。

草鹿1AF参謀長明日乗艦、呉入港後打ち合わせに上京するため来艦。

開戦後すでに七カ月なるにかかわらず今日まで新兵器等何ら新しき物の考案供給を受けず、誠に寒心の至りなり。改善と模様替えに終始しありと言うほかなし。

さきに欧戦始まるや戦訓を取り入れて研究工夫すべき機構を定め、開戦後民間技術者も多数動員したるも何を為しつつありや。すべからく用兵者の要求を出してその研究を促進するの要なきや。

今日の敵はまさに飛行機にあり、その攻撃圏（高角砲の有効距離）は八〇〇〇メートルを出でず、電波探信儀の利用、射撃速度発揮による散開弾の使用を以て、飛行機の攻撃圏に入るに先立ちよくこれを撃墜し得るとせんか、無用の消耗被害を防止し、敵をして為すなからしめ世界の情勢を一変し得べきにあらずや。

さらに潜水艦に対し聴知の完璧を期せばまさに無敵と称し得べし。この時期において新工夫、新着想を求むる、けだし急なり。何とかする必要大なり。

七月九日　木曜日〔晴〕

三戦隊二小隊、呉に向かう。一戦隊一小隊、射撃訓練のため出動す。考課表全部ようやくにして清書を終わる。相当なるものでありし。

夕刻、三和参謀東京より帰艦、新作戦方針をもたらす。ニューカレドニア、フィジー、サモア作戦の延期は可なるも西部インド洋に対する積極作戦は事重大なり。今後慎重なる研究を重ね、充分なる成算立たざる限りにわかに同意し難し。

七月十日　金曜日〔晴〕

七月十一日　土曜日〔晴〕

この天気続き風さえ吹かざれば本年米作はまさに豊年と言うべし。三割も増収とならば世の中は多少気楽となるべし。

野村武官、阿部武官、それぞれイタリア及びドイツの企図を打電し来る。

イタリア、ドイツは勢いに乗じアレキサンドリヤを先にすることとし、同時にマルタの攻略を行うという。

それにしても伊国の重油欠乏は戦争中に歎かしきことなり。汽車輸送にて一五〇〇トンこれを軍艦に分けては一部の出動可能という。斯かることにては伊海軍の活動望み難し。

ドイツはモスコー以北は余り進出せず、その南部を突破し、一はボルガ河南部に一は東方に向かう。これはソ連の工業地帯と鉄、石炭、重油及び糧食の産地とを割中せんとするものなり。

さらに食糧の不足は緊急事にして極東方面と渡りをつけざれば何ともならず。トルコを通過して東進コーカサス占領の企図ありと。

いよいよ近中東の戦勢有利なるにおいては我もまた西進これに呼応するところなかるべからず。伊の切望する西インド洋に対する敵勢減殺、海上交通破壊も潜水艦ならば可なるも、水上艦艇を持ち行くは多大の冒険なり。やはり正攻の順序によりセイロン島攻略が先決ならずやと考える。

本朝大臣よりGF、CSF（連合艦隊、支那方面艦隊）各長官宛てに参謀長をして十七日一二〇〇までに海軍省に出頭せしむべき電に接す。主用は海軍制度の改正なりと聞く。余輩はその他当方よりの要求をもたらすことの必要大なり。

七月十二日　日曜日〔晴〕

北方部隊に増援せる各部隊は次々と今夕より柱島に帰着することとなる。

七月十三日　月曜日〔晴〕

午前、高木第五戦隊司令官、角田第四航空戦隊司令官の報告を聴く。偽電を以てしたる牽制部隊の行動は大なる影響なし。

北海の天候六月はまだしも、七月に入りてはほとんど毎日の霧、飛行機の使用不適なり。大兵力を用いて何らの甲斐なし。

七月十四日　火曜日〔晴〕

支那事変における功により、功三級金鵄勲章並びに勲二等旭日重光章及び金七〇〇〇円を授け賜う。

昭和十五年四月二十九日

賞勲局総裁　下条康麿

の御沙汰書とともに右勲章を拝受し、また従軍記章（二九四万四四七〇号）を授与せらる。天恩感激のほかなし。

顧みれば昨年の夏季勲二等瑞宝章を横須賀入港当日授与せられ、帰京知子の霊前に供えたるが、本年三月二十一日彼岸の中日は右論功発表せられ、本十四日盆の中日にしてこれを拝受、明後日帰宅してこれを霊前に示さんとす。誠に奇しき縁とぞ言わん。

知子の霊はまさに我が上にあり。我と共に喜びを分かたんとぞする。我またその佩用《はいよう》前にこれを霊前にもたらして報告し得る何たる幸福ぞや。

新第三艦隊編成せられ南雲第一航空艦隊長官これに転補し草鹿参謀長及び新幕僚と共に伺候し来る。原第五航戦司令官、第八戦隊司令官に転補同じく来訪、空母の用法に関し忌憚なき意見を交換す。彼仲々着眼良好、言うところ概ね当方の意としあるところなり。

今後山口司令官に代わりて艦隊内にて遠慮なく意見を開陳し以て御奉公すべきを慫慂《しょうよう》し、彼もまた大いに同意せり。

夜、インド洋作戦の研究中間報告を聞き余輩の意のあるところを参謀連に伝える。

七月十五日　水曜日〔晴〕

昨夜に引き続き今朝またまた作戦計画を打ち合わす。

対印方策藤井参謀に命じたるもの出来、眼を通して複写を命ず。

七月十六日　木曜日〔晴〕

大臣の命により上京す。艦隊所属飛行機にて出発す。二、三艦隊参謀長等同乗す。横須賀方面天候聴取のため鈴鹿航空隊に不時着。一時半出発海岸よりに飛行せるも操縦士自信なきにより急に大井飛行場に着陸。静岡より急行に乗り換え八時前横浜駅着、博光、誠之出迎え八時四十分帰宅す。

昨年十一月以来、久し振りの帰宅にて一同喜ぶ。エリーの喜んで迎えざること何となく寂しきもこれに代わるに可愛き三毛猫あり。

七月十七日　金曜日〔晴曇〕

九時半伊藤運転手迎えに来てくれ本省に出頭。大臣、総長、次長、一部長等に面接、まず当方所見を述べたり。

零時半官邸にて、大臣の午餐あり、各鎮各警司令長官、支那方面艦隊参謀長と連合艦隊の参謀長四名なり。

一時半より海軍制度改正につき大臣挨拶、次いで高田大佐の説明、終わって中堂軍令部課長の世界一般情勢説明、それより懇談若干的にして散開す。

七月十八日　土曜日〔晴〕
航空本部大西総務部長、片桐本部長と会談し、飛行機生産に関する事情を聴取し鞭撻的希望を述べる。
当方の主要要件は、
一、航空機の増給
二、兵器の新考案、供給
三、今後の戦争指導方針（対印作戦の実行）
等にありたるが、それぞれの向きに相当談ずるを得たり。

七月十九日　日曜日〔晴〕
十二時半伊藤運転手の車にて羽田に向かう。再び自宅に入るいつのときぞ。見送りの博光、晴夫、誠之らと別れ機上の人となり一時半出発。
途中天候良好、往路のごときことなく五時岩国空着、六時帰艦す。長官に報告す。
原田千代田艦長、キスカより帰着報告す。

七月二十日　月曜日〔晴〕
夜、潜水艦の泊地襲撃教練あり。

七月二十一日　火曜日〔晴〕

第一七軍のリ号研究作戦部隊は第一八戦隊以下の護衛の下にゴエルに上陸せるがごとし、敵飛行機、我が輸送船及び護衛部隊を発見、平文報告をなし数機来襲せり。

七月二十二日　水曜日〔晴〕

なおモレスビーにて大型五隊、中型七隊集結しあるがごとき無線諜報あり。先制攻撃の必要あるにかかわらず、何らの報告なし。天候これを許さざるか。現に先方よりは来襲せるにあらずや。

今後の作戦指導に関し頭を練る。余り暑きためか参謀連良案も出でざるがごとし。

独ソ戦、独の有利に展開しロストフも危し。スターリングラードに向かい予定の進行を続けつつあり。マルタの攻略も伊の言うほどはかどらず。

アレキサンドリヤまた後方連絡不充分のためか進境を見せず。戦というものはけだし思うようには行かざるものか。

七月二十三日　木曜日〔晴〕

朝より相当な暑さ。午後に入りて一層なり。室内温度三四度に昇る。夜なお三二度余りなり。墨場必携中名文を蒐録し銷夏《しょうか》の材とす。

七月二十四日　金曜日〔晴〕

午後長門入港、清水第一艦隊長官来訪。

墨場必携中好文句のみ昨今抜粋を続く。向かうところ必携して習字の資と為さんがためなり。而く世の中は太平に見ゆるか、然らず静中の動は常に胸にあり。銷夏の一法と心得るのみ。

七月二十五日　土曜日〔晴〕

夕食は新第一艦隊長官清水中将を主賓に、近藤第二艦隊長官陪賓にして歓談す。

大阪警備府は紀淡海峡南方の敵潜は兵力移動及び天候偵察をなし機動部隊に策応するものとの判断なるも、今のところ東方何らの情報なし。

独軍はロストフに入れり。スターリングラードもほど近し。大いに嬉し。このところ友国の活動前々よりも歓迎せらる。

七月二十六日　日曜日〔晴〕

七月二十七日　月曜日〔晴〕

七月二十八日　火曜日〔晴〕

モレスビー作戦中央協定決定に際し、主務者の上京を求めたるにより渡辺参謀を午後水偵にて横須賀に出発せしむ。

同作戦を兼ねて敵勢減殺作戦を提議したるもインド洋方面重視の結果おじゃんになれり。若手の言うことも聴くを要するが戦争を杓子定規に考え過ぎる感あり。勢いであり機である事を知らざるがごとし。

さて、然らばインド洋に対するいかなる作戦を構想せんとするか、これこそ容易に同意できず。この際速やかにインド攻略作戦の段取りを決定せざれば、時機を失するのおそれあり。
今にしてなお戦争指導の大綱新情勢に応ずるもの決定せざるは憂鬱の種なり。

七月二十九日　水曜日〔晴〕
キスカに損傷せる駆逐艦霰《あられ》は雷《いかづち》曳航して同地を出発、舞鶴に向かえり。相当困難の策なり。

七月三十日　木曜日〔晴〕
戦務参謀飛行機にて東京要務より帰る。
重慶作戦は海軍側より見合わせを提唱せり。インド方面に対して陸軍も趣旨同意なるも、時機は明年とか言いおる由、オーストラリア西方の交通破壊を要求する何程のことかある。当分昼寝よりほかなし。
四月中旬頃の我が兵力配備はすっかり米の知得しあるところなりと言う。暗号解読してやられたりミッドウェーの苦杯これによる。

七月三十一日　金曜日〔晴〕
午前十時、大和単独出航。伊予灘において第一類教練作業視界やや不良なりしも、二万六〇〇〇メートルの弱装薬射撃可能なりし。九時過ぎ安下庄に仮泊す。

昭和十七年八月

八月一日　土曜日〔晴〕
昨夜の甲板温度二九度を下らず。
午前七時出港、対空射撃及び単艦訓練を実施し、三時柱島に帰着。
本行動中何となく疲れたり。暑熱のためか。

八月二日　日曜日〔晴〕

八月三日　月曜日〔晴〕
午前、有馬武蔵艦長来訪す。同艦の公試は大和より若干宛の良成績にて終われり。五日引き渡し、十日柱島に来会する予定なりと。
過般小林堯太氏より長官に贈与せる備前焼刀掛けに対し長官の揮毫を所望せるところ、即日左のごとく認められたり。よって本日手紙と共にこれを郵送せり。

額　以仁為本　山本五書

軸　義気凌秋日高懐在海雲
　　昭和壬子夏日小林国手清鑑
　　　　　　　　　　　　山本五十六書

彼の人格に最もふさわしき作、その喜び想像に難からず。

八月四日　火曜日〔晴〕

本州南部を覆う高気圧のため揚子江方面低気圧の発生なく、炎天ここに三十二日に及ぶ。記録破りと言うべし。

浅田第一一航空艦隊参謀昨日来打ち合わせのため来隊、本朝モレスビー作戦及び兵力配備等につき説明す。陸上戦もココダまでは進出しあり今後併進する海上機動において相当の交戦あらむも、モレスビーの攻略は可能の見通しつきたり。同方面基地航空部隊も増加しあれば小々の損害にて悲鳴を挙げることなしと認む。

次期作戦については永らく良案を提供しくれざりしが、通商破壊戦を主とせず、まず英海上兵力を撃破することに一般の考えが向き来れりとは大いに同意するところなるも、計画は依然不充分なり。

先任参謀以下大いに研究を望むなり。軍令部との下協議もあり、大体方針を具して明早朝、有馬参謀及び航空作戦上のことにて佐々木参謀を同時飛行機便にて上京せしむることとせり。

八月五日　水曜日　〔半晴〕

八月六日　木曜日　〔曇〕

午後一時より制度改正につき高田軍務局員の説明あり。十一月一日、第一次改正となりここに多年の懸案たる機関将校廃止、特務士官問題等解決の途に入れり。

急速ならず、殊に今秋は名称のみ変更なれば艦隊戦力の低下を来すことなかるべし。

八月六日、丁度昨年の本日佐伯湾在泊の長門に赴任して以来ここに満一年となり、この間の出来事を追想し感慨ひとしおなり。

八月七日　金曜日〔小雨後晴〕

五時三十分当直参謀ツラギに敵大挙来襲の報告を致す。本早朝出港、呉回航の大和行動を延期し、専らこれが対策に当たる。

日の出午前四時のところ、同時刻空襲とともに戦艦、巡洋艦の砲撃を受け、敵上陸を為すというにあり。

敵情判明まで相当の時間を要したるが、空母一、戦艦一、巡洋艦三、駆逐艦一五隻、これに運送船四〇隻余りツラギ及びガダルカナルに同時に来襲せるがごとく、本ツラギ飛行艇は七機とも爆焼せられ七〇〇人の守備隊関係奮戦し、通信隊の最後の電波は悲壮なるものあり。

ガダルカナルは昨日頃を以て飛行場完成せるばかりにて、守備兵は一二〇〇人余り。これに加うるに人夫約二〇〇〇人あり。

やすやすと敵の奪取に委せざるべきも同方面の電波一向に傍受できず情況不明なり。二五航戦は七時五十五分、中攻二七機、零戦一八機、艦爆九機を発進攻撃せしむ。

一方、六戦隊はすぐに出港八艦隊長官は午後鳥海に乗艦、一八戦隊を合して同方面に向かえり。この敵はまさに同方面に居座りの腹にて思い切った主兵力を使用せり。

これを被攻撃まで、発見探知せざりしは誠に迂闊千万と思う——前々日来相当の警告ありしにかかわらず、何としても後の祭なり。

これを速やかにやっつけざればモレスビー作戦どころかラボールも奪回せんとし、同方面の作戦は著しく態勢不利となるを以て、インド洋方面は後回しとしてもまずこれを片付けることに全力を払うべし。それぞれ必要なる処置を講ず。

石原南西方面艦隊先任参謀打ち合わせのためはるばる来艦、二艦隊呉より第八戦隊舞鶴より帰着す。

八月八日　土曜日〔半晴〕

昨日の飛行機攻撃効果、敵大巡二隻に対し小なり。午前一時GF作命令を決し発令を命ず。2F、3Fの大部及び大和を出撃することとせり。高田3F先任参謀も昨夜半駆逐艦にて来着し打ち合わせを為せり。

八艦隊は水偵を以てその前路を索敵、特に敵を見ざりしもツラギにおいては港外に駆逐艦二隻、輸送船二隻、港内に輸送船一七隻在泊、なおガダルカナル飛行場沖には戦艦一、巡洋艦四、駆逐艦七、輸送船の在泊を報ず。

なおガダルカナル守備隊は防戦中にしてツラギも塹壕により抗戦中のごとしと言う。よくも堪ゆるかな、我が将兵ならずしてはまったく不能の業なり。持ち堪えよ、一人でも命のある限り。斯くせば敵の揚陸及び飛行場の使用を阻止し、艦艇を釘付けにし我が攻撃を容易ならしむるところあり。援軍も遠からず派遣するを得ん。

しかして勇士の前面において友軍の彼らを葬るを認むるを得べし。兎にも角にも全滅にあらずやと危惧せる守備隊のなお奮戦しあるは嬉しき限りなり。

激励の辞を与えんにも通信まったく不能なるにおいて飛行機通信筒によるほか方策なきを遺憾とす。

第八艦隊は今夜急進してガダルカナル錨地に敵艦隊を急襲の予定、やれしっかり頼む。

本日攻撃機は当方注意により雷撃を主用したるはず。空電のため二五航戦の戦果を受信しあらず、

第一次ソロモン海戦

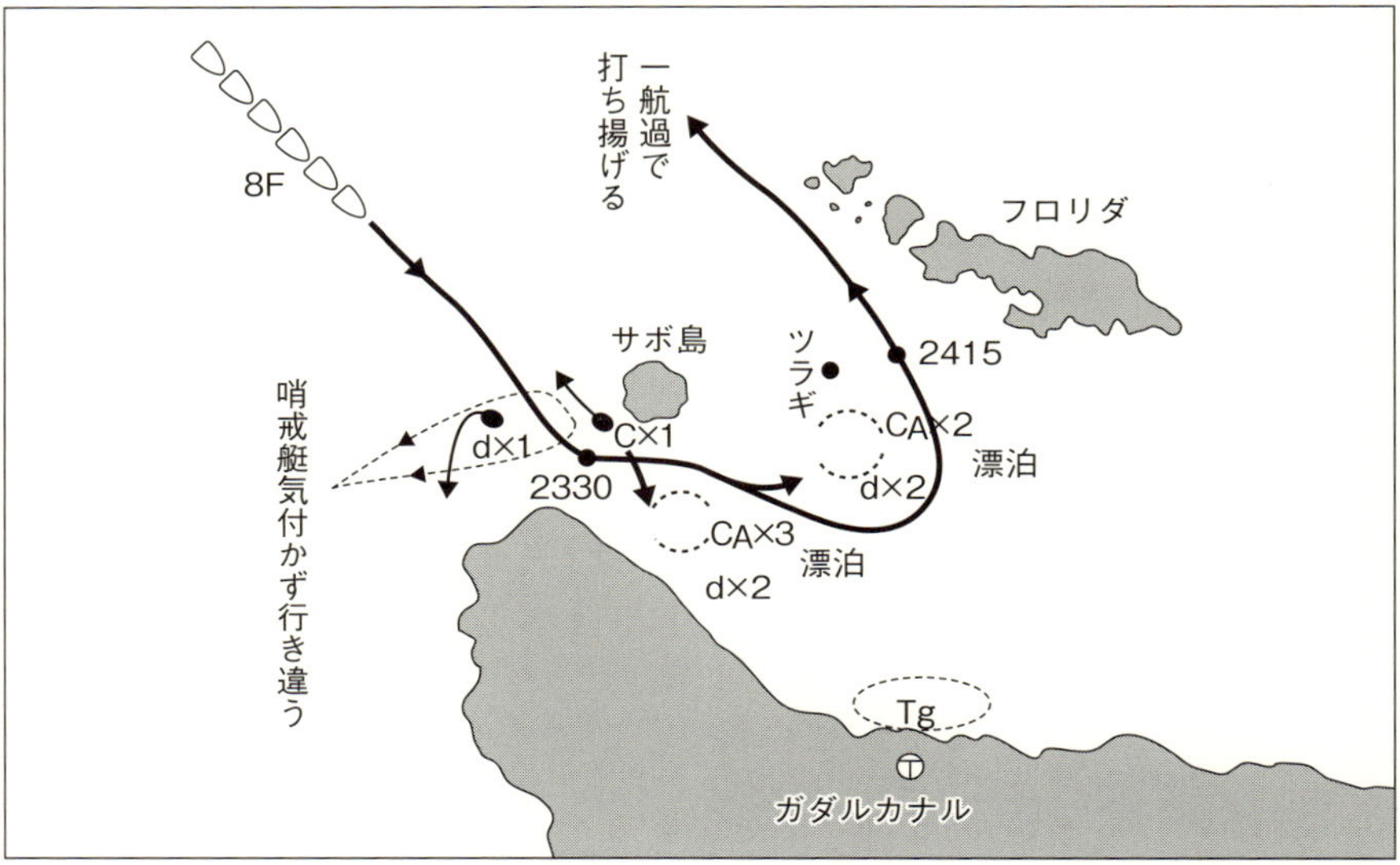

再送を命じたり。相当の損害は泊地において与え得たるものと認む。

昨日北方方面の敵信より相当部隊の蠢動を予期せられたるを以て参謀長宛て警戒を厳にすべき旨注意し、ツラギの第一撃後二の手三の手を注意せよ、と命じあるところ、果然午後三時キスカに敵巡洋艦五隻、駆逐艦三隻来襲、基地付近を砲撃し南方に避退せり。

その観測機一機を撃墜し我が損害軽微なり。潜水艦は本物と豆と両方あり、これにかからざりしは彼の幸運なり。本方面は敵が空母を以て大挙空襲せざる限りまずまず大丈夫維持し得る自信あり。

午後二時過ぎ、第三艦隊参謀長、長官、続いて阿部第一一戦隊、原第八戦隊司令官来談。

十日、GF、2F、3F司令部の作戦打ち合わせを行う予定にてそれまでに指導要綱の作製を急がしめあり。

佐々木参謀、有馬参謀東京打ち合わせより中央輸送機にて帰艦、インド洋作戦その他につき大体当方の要求通れる旨報告す。その労をねぎらうも当分この方はお預けとなるべき旨申し渡せり。軍令部はやはり船舶、船舶にてそのほかに頭なし。当面の問題ながら指導部としては今少し考えるべきなり。

八月九日　日曜日〔晴〕

昨日、飛行索敵において空母を発見せず、攻撃は全部ガダルカナル方面に集中せるがごとく、報告による戦果左のごとし。

軽巡二、運送船一〇撃沈、大巡一火災、中巡一大破傾斜、駆二火災、運送船一火災、飛行機四撃墜。

偉大なる戦果と言うべきなり。

本早朝第八艦隊報告には夜戦急襲により甲巡五隻撃沈と言う。夜間にて大型に見えたらんもこれまた相当の戦果なり。

以上、両者を合わすれば艦艇は全部、輸送船は半数撃破し得て大勢を決したるがごとき観を催す。しかるに本朝の捜索によればツラギ方面濛気あるも、

C区に　大巡一、駆三、船三

D区に　軽巡一、駆四、船一五

ありて出動の気配なしという。さらにガダルカナルの南西方九〇カイリに油を流しつつある戦艦らしきもの一隻を発見せり。

なお本日以後の攻撃を徹底せざれば、敵の意図を中挫せしめ得ざるを知る。視認判定の戦果と実情とは相当の差異あることを覚悟すべし。毎日の戦果敵情につれて刻々の情況判断を新たにし計画の変

更に備えるべきを命ず。

昨日キスカ方面に出現せる敵は、飛行機の偵察を加えて大型艦二（戦艦一、空母一のごとし）、甲巡四、駆一〇なりという。

本月二日、ハワイを出撃せる部隊の行衛不明、十二日頃、東京湾方面来襲の算あり。

さらにセイロン島方面にも戦艦一―二隻、空母二、巡洋艦数隻、駆逐艦十数隻あり、アンダマン方面奇襲の算あり。今や東西南北多事なり、手痛く反撃の要極めて大。

暗号長「敵戦艦沈みつつあり」の飛行機電を直了して報告す。時に午前十一時半なり、右は戦艦にあらずして七五〇〇トン級のアキレス型なること後刻判明す。

第八艦隊昨夜の戦果につき速報あり。

ケントまたはオーストラリア型甲巡一轟沈、一撃沈、サンフランシスコ型甲巡二撃沈、同三大火災沈没確実と認む。駆四撃沈。

鳥海一番砲塔使用不能、作戦室破壊。戦死三四、青葉一、二番発射管使用不能、その他軽微なり。三潜戦、七潜戦の行動緩慢なり。残敵の殲滅を命令す。

一一航空艦隊及び第八艦隊長官に対し奮戦を多とし戦果の拡大を期待しあり。なお孤軍奮闘しつつある守備軍を速やかに急援せよとの電を発し激励す。

大本営は本日午後三時半、七日以来の戦果を発表し本海戦を「ソロモン」海戦と呼称することとなれり。珊瑚海海戦、ミッドウェー海戦を以て極上の勝利と見なし、つけ上がれる英米ここに顔色なかるべし。

昨八日は立秋なり。敵は秋を感づかん。先般の雨とともに暑さも減じたり。うっとうしきの気分大いに晴れたり。

秋立ちてソロモンの敵影もなし

秋は来ぬソロモンの敵今何処

一昨七日以来ボンベイにおいて開催中の国民会議派全委員会は八月再度ガンジーの熱弁の後、英勢力のインド撤退を要求する運用委員会の決議案を上程、反対わずか一三票という圧倒的多数を以て同案を可決。

一方インド政庁はかねて本国の命を受けこれが切り崩しに奔命しありたるところ、九日早暁ガンジー、ネール、アザットの三巨頭をはじめ二十数名の同派領袖を一斉に逮捕せり。

しかして同会議派の要求はインドを混乱無秩序に陥らしめ、戦争遂行上の努力を水泡に帰せしむるものとし強硬態度を声明せり。斯くしてインドの独立、英勢力の総退却等は英の致命傷なれば容認の限りにあらず。

予期のごとく同派のいわゆる非暴力不服従運動は全国的に開始せられ、インドの活動はここに停止し混乱状態に陥るべし。

しかして東亜の盟主を以て任ずる帝国が、共栄圏の一員として重要なる立場にある本インドのアジア人をしてそのところを得せしむるごとく策応し得るの準備ありや否や。

東條首相しばしば言を大にしてインドの独立を慫慂《しょうよう》し、近くはまたビルマにおける軍司令官の声明、大阪における陸軍報道部長の強弁等あるも、インド工作の微勢力なる到底彼らをして我が懐に入らしむるを得ず。

しからば立ってその独立を助くべき用兵上の準備ありやと言うに、まったく至りおらざるを遺憾とす。盟主どころか隣組の一員の値もなし。

しかれども英の本回の強圧手段によりて相当抑圧を全うせんも、内憂外患手を焼くべく、反英思想はますます助長せられ結局は帝国に依存せざるべからざる破目となるべし。その機遠きと見るべからず。作戦その他の準備一日も速やかなるを要す。

常夏の印度に秋の風立ちぬ
常夏の印度そむくや秋の風

八月十日　月曜日〔晴〕

昨九日、二五航戦飛行機はすべてアキレス巡洋艦にかかりツラギ、ガダルカナル方面を偵察攻撃しあらず。この点遺憾なり。

昨夜命により泊地に侵入せる二潜水艦は敵の在泊艦を認めあらず、なお本朝の飛行偵察はこれを確認せり。

さては敵の奴昨夜の攻撃により到底いたたまらず、昨日のうちに総退却を為せるか。水上艦艇特に巡洋艦は大部を葬り得たるも、駆逐艦の半数、輸送船の三分の二はこれを逸したり遺憾なり。しかも潜水艦も飛行機も陸上の情況を皆目調査報告せず、我が作戦の重要資料たるに気付かず。いずれも当方より調査速報を命じたり。

本朝第六戦隊はニューアイルランド、カビエンの東方において敵潜の襲撃を受け、加古を沈没せしむるの損害を来せり。

鳥海6Sともに少許の損害に一撃後斯くも遠く引き揚げるの要何処にあらん。補給の必要ありとなすも、未だそれほどにもなきよう考える。

ラボールと言い、カビエンと言い、敵潜の跳梁は当然なるところと言わざるべからず。幸いに艦副長以下三〇〇名生存者全部を島上に揚げたり。道は九十九里を以て半ばとすの格言に相当するにあらざるか。

午後二時より長官公室において二艦隊、三艦隊司令部間の作戦打ち合わせを行う。当司令部にて研究せる指導素案を骨子とす。午後五時終了。

八月十一日　火曜日〔晴〕

その後、戦闘機の偵察によればガダルカナルは機銃射撃を受けたるもなお、我が軍対抗しあるがごとく海岸に数十隻の小舟艇あり、一部移動中。

我が擬飛行場を使用せんとしつつあり建設せる真物の飛行場はそれより一〇キロメートルの地点に在りて、閑散なり。ツラギは舟艇数隻あり、高角砲三門の攻撃を受け、完全に占領せられあるがごとし。

我が守備隊との連繋これが増強を計り極力敵をして同飛行場を使用せしめざるの方途緊要なるによりその旨参謀長宛て通知す。昼間通信状況不良なる上トラック電信輻輳し通信連絡遅延しあるは不都合なり。

前進部隊午後五時柱島出撃、こちらとの連絡も終われるを以て、大和は午後一時出港、呉に回航す。

その途中においてアンボン警備隊よりその東方五カイリに巡一、駆数隻、潜四、輸送船二西航する旨報じ飛行機に攻撃命令を発したり。メルギー方面よりダバオに回航中の7S、3Sd、dg×2等を一時南西方面艦隊に編入す。

その後偵察の結果によれば敵を見ずという。

八月十二日　水曜日〔晴〕

九時陸発帰艦す。今回の在泊期間は作戦の重要の時機なり。いつものごとく流連を戒めたるを以て参謀連も相当数帰艦せり。

午前十一時過ぎ、三沢より出でたる元山空の索敵機は尻矢崎の一一二度四九〇カイリに不時着せる敵水上機（米の記号あるもの）を発見し、これを銃撃せりとの報二時半頃至り、大湊、東京、呉方面とも空襲警報を発したり。

敵機動部隊はその三〇〇カイリ圏内に在りとせば、犬吠崎より遠くても七二〇カイリなり。薄暮以後の攻撃を企図せば今夜来襲の公算大なり。二航戦戦闘機の東方移動を3Fに要求す。

前記敵水上機のほか若干の方位距離差あるも同方面にさらに水上機の飛行中を発見（一二一五）せるにより敵の存在を確認するに至る。

艦隊作命令を以て警戒を命じなお二航戦飛行機の東方急速移動、一潜戦の出動可能潜水艦の進出及び第二艦隊（本朝土佐沖）を差し当たり父島東方を経由せしむることとす。

八月十三日　木曜日〔晴〕

日の出一時間前より第二配備を以て警戒し、一方索敵に努めたるも何らの兆候を得ず、午後に至りて上陸を許可す。ただし警戒警報は解除するまでにはいかず。

ツラギ、ガダルカナル方面若干の敵あるも撤退に際し舟艇とともに取り残されたるものと認めらるに至り、一一航空艦隊、八艦隊ともに強気となれり。

この際、速やかに一部隊にても進出し、清掃救援飛行場の整備を急務とす。同時に支援部隊は予定の通り行動し、モレスビー、オーシャン、ナウル攻略の完遂及び敵勢減殺に進むべき大方針を参謀に与える。

八月十四日 金曜日〔晴〕

昨夜東京より帰艦せる三和、渡辺両参謀の報告を聞く。缶用重油本年十一月に心許なしと言う、軍需局の見通しこの問題にて作戦を左右せざるようありたいものなり。

福留第一部長よりも同様燃料の心細さを述べインド洋作戦も省の補給艦を使用せずして実施する希望なり。主力艦の不必要を高調するとき士気に及ぼす影響もあり。前途はいかなる場面生ずるか計り知るべからず。

過早に不要論を振りまかざるようとのこと、なお潜水艦は帝国において今回初めて実戦に使用し、艦隊訓練の場合と異なり成績不良なるが、これが実質にしてやはりドイツのごとく通商破壊に使用するを建前とすべきこと以上三件、手紙にて申し来れり。

八月十五日 土曜日〔半晴〕

午後一時大和出港、柱島に回航す。

八月十六日 日曜日〔曇〕

八時十五分より新鋭武蔵の巡視を行う。

大和に比して、当司令部の意見に従い改善せられたる点、相当多し。長官旗艦として充分なる練成を期待す。

午後準備を了せる第三艦隊司令部員来訪す。同隊は六時、８Ｓ、11Ｓ、１Ｓｆの順に出撃せり。ミッドウェーの復讐を期して。

石崎第八潜戦司令官インド洋、南アフリカ東岸方面の通商破壊戦の経過を報告す。

魚雷の自爆相当数に上るその原因につき、さらに探査を要するものあり。

敵船襲撃法についても従来劣速の商船かと馬鹿にし来たりたるところ、一発を以て仕留むるには敵針敵速の誤差を少なくし、命中角度を六度とし一〇〇〇メートルに近迫してかなり斜進を使用せず、同航発射を可とする結論に達し、今後の潜水艦指導に一指針を与えたるは喜ぶべし。

今回潜水艦四隻、特巡二隻にて撃沈二三、拿捕二、合計二五の成績なり。

ソロモンの敵は撤退に決したる一部長情報あり。そのためか監視中の我が潜水艦は昼間東方より敵掃海艇四隻のガダルカナル沖に来るを発見し、またサンタクルーズ諸島中のバニクロ島付近、敵艦艇の行動を諜知す。

右敵の企図を阻止し連鎖あらしめ他を撃破する方途肝要なるも、六戦隊もなお距離あり、今夜これを駆逐し得ざるを惜しむ。

八月十七日　月曜日　〔小雨〕　柱島出撃

午前三時過ぎギルバート島嶼のマキン島に敵潜水艦二隻によりマリン約二〇〇名来襲、守備隊苦戦中、六根司令官は部下に対し救援攻撃を下令せるが果たして持続し得るや否や疑問なり。

ミレ飛行場下旬に至らざれば完成せず、オーシャン、ナウルの我が企図を察知し先を越さんとするか、ソロモン攻略戦の牽制か、敵の小細工何かあらん。

一二三〇、七駆春日丸を併せて出港、クダコ通過一八〇〇佐田岬、一六ノットにて水道に入り五日の月入る十時、沖島東方水路より外海に出撃す。

一八ノット、針路一五五度にて暗黒の夜を南下す。ただし感三にて敵潜のホノルルと交信せる電波音を聞く、警戒を厳にす。

本日午前、伊藤軍令部次長より書信あり。総長奏上の後椅子を賜わり、「GFの大部トラック方面に行動する由、同方面は敵潜の活動ありて加古の例もあり。もちろん山本のことなれば抜かりはないと思うが」との御言葉あり、司令長官はこの点充分注意しあれば、改めて総長より注意を為す必要も認めておりませんと言上以上のこと軽き意味において御伝え致すとのことなり。次長は軽き意味と言うも御軫《しん》念《ねん》の点肝銘して我らの失態なからんことを期す。

マキンの敵は潜水艦と言い、駆逐艦と言いたるが、結局潜水艦二隻にして約二〇〇名の陸兵を揚陸したり。九時過ぎ「全員従容として戦死す」の悲壮なる電信を最後として連絡絶えたるが、十一時、飛行機の偵察によれば南岸において激戦中と伝う。

八月十八日　火曜日　〔小雨後晴〕

十時半頃か、左舷潜水艦を聴音しさらに魚雷音を聴くという。例により艦隊は一等水兵に操縦せらるるの有様にて緊急回避したるも何の異変も認めず。

マキン島の偵察によれば敵は撤退し、我が警備隊七〇名中一一名残留すと。敵は潜水艦による揚陸法の先を越して同島の破壊を企てたり。

我すでに準備中なるも実施に遅れたるを遺憾とす。マキンの我が眼をつぶしオーシャン、ナウルを守り、同方面よりする行動の自由を保持し、同時にまた、ソロモン群島方面の牽制に資したるものと解すべし。今後本法を以て諸島の奇襲を企図すべきを以て油断は大敵なりとなす。

ガダルカナル方面昨夜駆逐艦にて連絡救援に二〇〇名を揚陸したり。本日敵はツラギ島の某見張所を襲撃し、また一昨夜駆逐艦四隻より揚陸増強したる疑いあり。一部長の撤退情報は裏の策動とも見られ、彼は容易にこれを放棄せざるがごとし。

斯くして同方面の舞台により以上花の咲くを思わしむ。

駆逐艦六隻を以て挺身隊を編成、一木支隊の一部兵力を我が占拠陣地の東方に揚陸したるが、抵抗なく九時、成功を遂げたり。

八月十九日　水曜日〔晴〕

ソロモン方面我が増援部隊の行動、敵機の偵知するところとなり平文の電報しきりなり。

ガダルカナル方面において我が駆逐艦萩風、敵の爆撃を受け、三番砲塔より後方火災操舵不能、機械により六ノットを出し得、僚艦警戒の下トラックに回航することとなる。

当方面両軍の増援により、戦況次第に熾烈化せんとすること予期の通りなり。

八月二十日　木曜日〔晴〕

まったくの凪、海上は鏡のごとく、春日丸は発着ごとに風をもとめて歩くがごとく二一ノット余りの劣速なる上、機関送風機軸破損し二〇ノットを最大とし、ために着艦の際戦闘機二機、速力余りて破損せり。母艦として任務がつがつと言うべきなり。

午前九時、索敵機はツラギの一三〇度二四〇カイリ付近に空母一、巡二―四、駆九を発見し、これはガダルカナルの攻撃ないしは昨日発見せりと認めらるる我が増援部隊を目標として北上せるものと認められ、ここに戦局に新考察を要するに至れり。11AF及び8Fは6S及び一木部隊の護衛隊に避退を命じたり。

本対策は適当にして当司令部としては、支援部隊の補給終了次第トラック出撃、ツラギ北方海面に進出を命ず。

午後二時過ぎガタルよりの敵情は敵陸上機二〇機うち五機、戦闘機当飛行場に着陸せるがごとし。彼の企図は飛行機運搬にありしか、ただしこれは全機と認むるを得ず、さらに同様の特空母二の矢として同様任務に服しあるやも知れず。

本移動せる飛行機を速やかに撃破しなお敵の〻場使用を不可能ならしむごとく空襲夜間砲撃等現下の急務たり。根を下ろさしむべからずと焦慮するも、出先はなかなか思う通りに動かず。

一方支援隊の進出につれ主隊もトラックに入港することなく進出支援の腹を固め計画せしむ。一方ナウル、オーシャンの軍事施設無線所等を破壊し瞰視を続け敵飛行艇の利用を阻止するごとく4F、11AFに命ず。側面の掩護に緊要なるこれらの手段に対し参謀はとにかく緩慢なり。

午前八時半より大和をして各駆逐艦に燃料を補給せしむ。午後七時頃終了。今夜月齢七日半、一八ノットを持続す。

本日午前九時、マキンに陸戦隊を揚陸す。敵なきがごとくあるがごとく詳細判然せず。

八月二十一日　金曜日　〔曇時々驟雨〕

午前八時半、索敵機は昨日の敵機動部隊をツラギの南東方二五〇カイリ付近針路二三〇度なるを発見す。

午後に入りさらにツラギの東方一五〇カイリ付近に軽巡一、駆一針路西なるを発見したるが、後刻に至り巡洋艦は輸送船なること判明す。

一方ガダルの敵戦闘機は午前四時頃より離陸、五時半着陸。また離陸し、午前二時頃より飛行場方面銃撃聞こえ、十時以後聞えずという。

さては昨夜の一木挺身隊の即刻なる攻撃により敵は降伏したりと為す参謀多かりしも、夜に入りて東見張所よりの通信によれば、一木先発隊は本未明飛行場に到達せざるうち全滅となれる由、兵数八〇〇精鋭をすぐりて敵の東方にうまく上陸せるもの何らの偵察も行わず猛進敵を軽視したるによるか。

さらに午後に入りて敵駆逐艦一隻東よりガダルに入りまた掃海艇三―四隻もこれに続けるがごとし。斯くして敵の地歩は我よりも強大となりつつありて油断なり難し。

一方ハワイ及び南方の敵通信は緊急信極めて頻繁にしていよいよ本舞台の熾烈化を語るがごとし。二六航戦は本日当方の注意にかかわらずその攻撃機はいたずらに魚雷を抱えて到達し得ざる敵空母を狙いたるがごとし。ガタルにおける空戦の結果も未着なり。揚陸せる敵の飛行機資材を撃破することが現在の先決たること昨日注意せる通りなり。

十二時半、針路を一四〇度に変更し南下を続ける。月明の視界良好にして二三一〇「グリメス」島を左艦首約二〇カイリに発見す。

八月二十二日　土曜日〔晴時々雨〕

早朝ササオン島とナモチック島との間を通過す。昨夜は月の入りより速力一四ノットとなし測深を行いつつ南下せり。

けだし開戦以来本航路を通過するもの相当多きも何分にも本艦のごとき大艦は最初にして仮にも大

和礁と言うがごときものの海図に増補せらるるがごときは最も戒心を要するところなればなり。潜水艦も警戒すべく暗礁も警戒すべし。

昨夜ガダルに進入せる駆逐艦江風は輸送船を発見せざりしも遊弋中の敵駆逐艦二隻に遭遇、魚雷六本及び砲撃によりその一隻を撃沈せり。

離脱行動中本朝敵機の機銃掃射を受け重傷一名を出したり。艦長は他の平病患者一名と合わせ至急入院を要す。行動に関し指令を乞うと発電せり。中佐艦長にして何たる覚悟ぞ。

九時頃ツラギの南東方二五〇カイリに巡洋艦及び駆逐艦数隻を発見せるほか、本日見参に入れるものなし。ただし敵は依然ガダルには敵の飛行機四―六機ずつ二時間交代にて上空警戒中にして昨日の偵察によれば地上二十余機を認めあり。

本日二六航戦の攻撃を期待せるに同島の南方より天候不良のため進入し得ずして無効果に終われり。

一方、一木部隊先遣隊の消息不明なり全滅の電多少の疑義あるも真なりと認めらる。なお我が警備隊に八十余名の死傷者を出したる報ありたるがごときも、本日平穏に経過せり。

一木支隊第二梯団は南下中なるも速力八・五ノット、二水戦司令は直衛戦闘機の派遣を要求し一一航空艦隊は支援部隊に基地空襲を要望せる仕末、放任せば第二の犠牲を払わしむるもの、ここにおいて参謀長より企図方針を明示す。すなわち、

敵KBの位置不明、我はこれに備うるを要しかなりその所在を秘匿するの要あるにより、ガダルの基地は基地航空部隊を以て二十三日に攻撃すべし。もし右にして効果すくなき場合は二十四日KBを以て攻撃す。この場合、輸送船団は要すれば二十四日の進入を延期するよう取り計らうべし。

これまでに為さしむるに余輩の注意要求に基づく点多し。参謀連とにかく一事に拘泥して全局の指導を明に為さざるを惜しむ。支援隊は無線封止を厳守す。

我が主隊とても同様なるも毎日毎日数通は放屁余儀なし。父島にサイパンに続いてトラックに長波送信す。到達距離はなるほど短きも、付近の敵潜は我が位置を明確に判定し得べし。一つの苦業《くごう》とや言わん。

午後六時半、春日丸を合して速力二〇ノット、七時四十五分より針路一〇〇度明朝の補給点に急行す。

八月二十三日 日曜日 〔半晴驟雨時々〕

五時過ぎ極東丸及び護衛駆逐艦浦波を左舷前方に発見、六時合同続いて補給開始、大和給油開始八時直前、駆逐艦は一艦ずつ極東丸の右舷横曳をなし、大和満載に近く午後七時二二四〇トンを補充し八時直前曳索を離す。

補給中の速力一二ノット、対潜警戒特に厳重ならしむ。午後一時、ソロモン方面にて爆撃のため損傷せる一〇戦隊の萩風、嵐に護衛せられて我前程を横切りトラックに向かう。補給終了後速力一八ノット、二二〇〇針路一三〇度待機点に直行す。

本日ツラギに輸送船一隻及び駆逐艦三隻を発見せるほか敵艦影を見ず。これも我が潜水艦を発見せるためか急遽出港せり。

午後四時、前進部隊、機動部隊はそれぞれソロモン北方二〇〇—四〇〇カイリの指定地点に進出せり。前進部隊の索敵機及び南下中の潜水艦はコンソリデーテット飛行艇及び陸上（艦上）機をところどころ（ソロモン北及び東方）に数機発見せるも、我が機動部隊は未だ発見せられあらざるがごとし。

2Sdを以て護衛中の船団敵機の触接を受け引き返すのやむなきに至る。

本日期待せる二六航戦の中攻及び零戦隊がガダルカナル泊地低雲のため進入し得ず引き返しここに攻撃をなさず。何とか今少し敢行の良法を講ぜざるべからず。一般に技なき遣り方と覚える。

昨日も今日も敵機は午後二二機（全部戦闘機）、約一時間半北方に飛行の後着陸せり。何を目標とせるものにや。

11AFは機動部隊を以てするガダル攻撃の即行を望み、3Fは敵情によりて南下、明早朝敵の攻撃を期するなど喧々たるも、本日午前ソロモン東方に発見せる艦上機及び通信諜報によりソロモン東南方に敵の機動部隊の行動しあるの公算すくなからざるに鑑み二十四日の作戦は、
一、基地飛行部隊は極力攻撃を行う。
二、敵機動部隊を発見せざるときは午後機動部隊適宜の兵力を以てガダル方面を攻撃す（敵機動部隊に付き備える）。
三、潜水部隊の約一〇〇カイリ南下。
四、川口支隊のトラック出発。
などを実施すべく発令す。さて明日の戦況いかに相成るや。

八月二十四日　月曜日〔晴〕
支援部隊（AdB及びKB前進部隊及び機動部隊）は、昨夜一旦北上し、本朝二時より利根、龍驤及び駆逐艦三を支隊として二〇ノットにて南下せしめたり。
午前九時頃、ガダル基地より敵戦闘機二十数機発進北方に向かうとの報にて龍驤を懸念したるも何事もなし。一木支隊第二梯団に対しては、相変わらず敵機の触接等ありて南下するを得ず。北上避退

す。

午後一時頃か支援部隊の水偵は敵大部隊発見の報を致せるも、地点兵力明ならず。一方、同電の誤りなることを指摘するものあり、混沌たるうち時間を経過す。

三艦隊はこれにより第一次、第二次攻撃隊を発進せしめたるも、その敵情GF、2Fともに了解しあらず。いや敵情を全軍に通報せず、自隊のみ対処して第三次攻撃計画（夜間）及びその前衛の夜戦実施を下令す。2Fもようやく夜戦命令を出せるが、その電報の到達遅延したり。

翔鶴第一次攻撃隊は敵位置五、六〇カイリの差異のため発見に苦労せるがごとく、四時まで攻撃（爆）敵エセックス型母艦に対し二五〇トン六弾を命中大火災を生起せしめ、瑞鶴第一次攻撃隊は他の空母及び戦艦に火災を生ぜしめたり。

これらの戦果は当方の聴き合わせに対しよほど遅れて到達し、夜戦の遂行に対する見込みにつき相当に苦慮せり。

第二次攻撃は目標を発見し得ず、両者とも夜に入り、月明とは言え探照灯を点しその収容に骨折りたるがごとし。

日没前より敵の触接を失し、長良飛行機は敵巡一隻を発見せるがついに本隊を捕捉し得ず。大損害を蒙れる一空母も捉えず午後十時、夜戦部隊指揮官は見切りをつけ夜戦を打ち切り引き揚げを令せり。

時刻はほとんど当方の策せる時刻に近く当時の状況において適当なりと認む。かねてこのときに備えるため、明朝同海面の索敵を為し損傷艦を攻撃し得るよう行動引き揚げるべき、いわゆる兵家の残心を下令す。

一方龍驤を以てする支隊はガダルの北方二〇〇カイリ付近に殺到、一一三〇戦闘機を主とする攻撃隊を進発、午後同飛行場を爆撃また空戦により敵戦闘機一五機を撃墜せるが敵の艦爆及び艦攻（魚雷）二十数機の攻撃を受け、龍驤は奮戦これ務めたるが魚雷一右舷機関部に命中、航行不能に陥り傾斜二〇度、大火災は暫時にして消化せるも傾斜次第に増加到底救助の望みなく総員退去、艦長の意見具申に対し利根にある原第八戦隊司令官はこれを許可しこれを処分せり。

惜しむべし、またここに貴重なる空母一隻を失う。

本日の戦闘を顧みるに我が輸送船二隻を含む護衛隊並び第八艦隊の動きは一昨日索敵の発見せるところにして、敵機動部隊はこれが撃破を企図しソロモン南方より北東方に迂回マライタ島の東一五〇カイリ、スチュワート島付近に進出、我が前進部隊及び龍驤隊を発見同支隊に対し攻撃の大部を指向し、一部を支援部隊に向かわしめたるものにして我が機動部隊たる翔鶴、瑞鶴の出現は予期せざりしところなりしものと認む。

本方面敵の出現は昨月の情況判断まさに適中せるものにして敵を釣り出し大物をたたくという余輩かねての持論に対し最も恰好の態勢にあり。

絶大の収獲ありて然るべきに、反りて龍驤を失いて敵に与える損害の大ならざりし所以何にありや。

（一）飛行艇を以てする同方面の索敵を重視し、昨日一一航空艦隊に下令せるが本日午前敵を発見しおらず。

（二）機動部隊自隊の水偵により約二〇〇カイリの南方に敵を発見せるも、通信の速達を欠く。３Ｆ司令部において本電を全軍に通告せずその他暗号書の改訂もありて通信の渋滞甚だし。

（三）第一次、第二次攻撃隊の発進は迅速なりしも敵位置誤差多く、加えるに捜索機の連発並び索敵攻撃の観念に乏しく、ようやく第一次攻撃隊のみ敵を捕捉せり。

戦闘既報によれば

一二〇五敵発見　一三〇〇第一次発進　一四四八攻撃実施　第二次敵を見ず。収容一七〇〇—一九〇〇　日没一六一五

（四）爾後触接を欠き夜戦を困難ならしめたり。

（五）敵の攻撃龍驤に集中したるに対し、我は基地攻撃に大部の戦闘機を使用しこれが防御に手薄なり（本件はやむを得ず同艦は囮となりたるものなり）。

一方において敵は午後十時三十分ないし四十分、我が潜水艦待敵線を通過、二〇ノットにて南下せり。

一五号は空母一、巡洋艦、駆逐艦数隻を認めさらに大部隊の聴音を為せり。一九号は戦艦一、空母一、巡洋艦、駆逐艦を認めたり。

これによれば敵空母は二隻健在することとなる。斯く大部隊の通過を月明の夜に認めつつ何ら攻撃し得ざりしは遺憾なり。

敵発見の報により主隊は二〇ノット即時待機となし、確実となるに及び二〇ノット、針路一五〇度にて戦場に急行せんとせるが、夜戦部隊の引き揚げに及び十一時一六ノットに減速す。一九〇〇頃赤道を通過し赤い線を認む呵々。

八月二十五日　火曜日　〔晴〕

早朝の飛行偵察により機動部隊一三五度方向一〇〇カイリに在りて北上しつつあるを発見、〇九〇〇過ぎこれに近接反航す。

本朝来、一木支隊第二梯団敵機の攻撃を受け、神通火災、陸戦隊の乗船金陵丸にも損害あり。

第二次ソロモン海戦

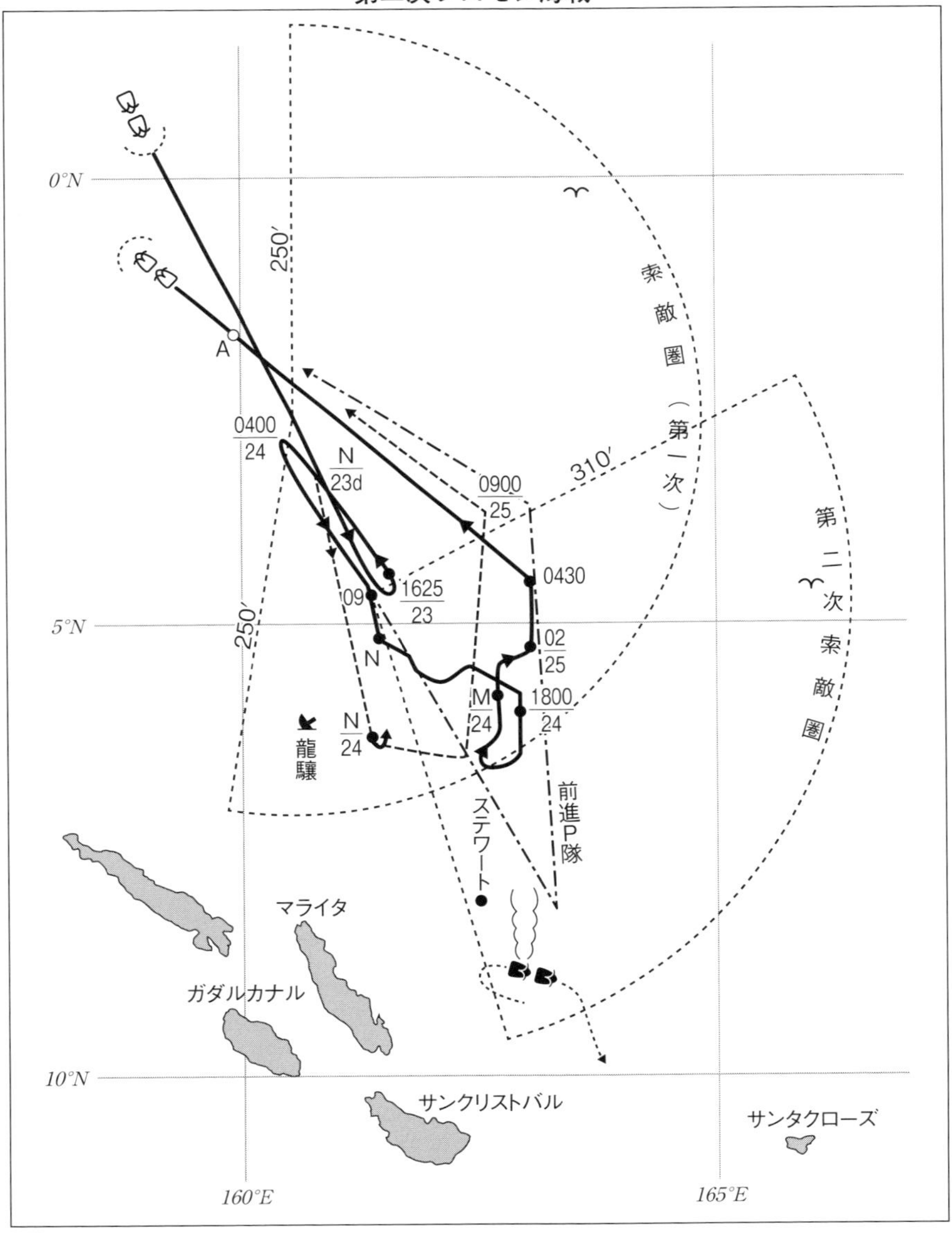
0°N
5°N
10°N
160°E
165°E
250′
250′
310′
索敵圏（第一次）
第二次索敵圏
A
0400
24
N
23d
0900
25
0430
1625
23
09
02
25
N
M
24
1800
24
N
24
龍驤
ステワート
前進P隊
マライタ
ガダルカナル
サンクリストバル
サンタクローズ

速やかに戦闘機の上空直衛機を派遣すべきを信号にて機動部隊に下令す。瑞鶴は西進しこれが掩護に当たれるはずなるに金陵丸は爆発を起こしついに駆逐艦睦月にて処分せり。その睦月は間もなく敵機の攻撃により沈没の破目に陥る。

昨夜第二梯団の二十五日上陸決行を下令しこれと同時に第八艦隊の命令を受信したが、本早朝神通の状況に鑑み敵機なお活動活発なるにより同命令を取り止むることとせり。

主隊は翔鶴の正横を過ぎ反転針路一〇度となせり。前進部隊南方六〇カイリに在るも過度の南進は不利なるを以て機動部隊に合同を急ぐ。八戦隊の利根に会合せるのみにて引き揚げる。

十二日の月明皎々終夜之字運動一六ノットと為す。

昨夜半敵機動部隊を発見せる一潜戦潜水艦は極力追躡に移り本日中三回にわたり敵部隊（空母一、戦艦一、巡駆数隻）及び補給船を発見し、その運動不羈なるよりせば敵はなお北方に残心あり。

飛行偵察を行い（我が前進部隊の飛行機と会せるものなり）補給に従事しあるがごとし。しかも空母二隻のなお健在しあるにあらずやと疑わるる点あり。油断なり難し。

ガダルに対する上陸は敵飛行機を掃滅し得ざる限り輸送船を以てすること極めて困難なるを以て掃海艇、駆逐艦等に分乗、高速を以て進退連日輸送のことに方針を改め、11AF、8Fに陸軍と協定しその準備を為すべきを通知す。

八艦隊側の意見も大体同様なるごとく感受せらる。本上陸法を「鼠上陸」と幕僚間に呼称す。同時に敵機の壊滅を速ならしむる方策こそ肝要先決なれ。

ラボール基地は遠隔なり。しばしば天候の障害を受けて同島に近接不能（本日は攻撃せるも効果不充分）のことあり、11AF司令部は母艦を以てする攻撃を盛んに要求すれどもも本件慎重を要するジレンマあり。

ブカ島基地に整備員を派遣し、龍驤残存機に加えるに機動部隊の一部戦闘機をこれに移し、ラボール基地の航空兵力と相俟って策を以て敵機の捕捉撃滅を計るほか方法なきがごとし。ブカ島基地の整備を急がしむるごとく交渉す。

当方直接受信しあらざるも、本一一三五飛行艇は昨日戦場の南方に敵空母一、巡駆数隻を発見せること二三五〇頃の11AF総合電報により承知せり。怪しと疑い残心多かりし昨日の損傷敵空母なり。時速五ノット付近にて南下しあるがごとし。

今後の作戦指導として、鼠上隊を以てすることにせるため持久態勢となるべく、各艦隊間の打ち合わせ及び機動部隊不要品の陸揚げ等のため主隊、前進部隊、機動部隊一時トラックに入泊し、来月一日頃南下すべしとの案を樹立し来れるも、補給は洋上にて足り、昨日の作戦において各艦隊間の意志不一致の点もなく、多くは訓練の不足に起因し、思うままの実効を挙げ得ざりしもの、特に打ち合わせの要もなし。

不要品は危険の場合海中投棄せば足る。一方戦況は決して我に有利に展開しあらず。龍驤の喪失、神通以下の損害により敵の士気は昂り、増援機動部隊を合わしガダルの増強はもちろん積極的行動に出る算なしとせず。

この重要時機に当たりて11AF、8Fのみに戦場を譲り大部の後退は士気を阻喪し、また敵の出様に即応し得ず、本作戦の進捗に甚だしき不利あるを認め参謀の案を退け、極力戦場に居据わることに為さしめたり。

大部の後退は無線諜報及び潜水艦により看破せらるべし。トラックの出入は敵潜に乗ぜらるる機会を増大しまた燃料の節約ともならず。

八月二十六日　水曜日〔晴〕

○五○○針路二七○度、○八○○より駆逐艦三隻に対し補給す。四日目ごとに腹を減らす赤ん坊にも困りものなり。三時より針路四五度となし追い風と灼熱の太陽熱を免れ呼吸をしたり。

本日未明、ニューギニア東部サマライに対する上陸成功したるも、ラビ飛行場を占領するに至らず。本方面はとかく脳より離れやすき現場なるも、同飛行場の占領はモレスビー作戦はもとより、ソロモン作戦に好影響を与えるところなり。

駆逐艦有明は昨夜ナウル島に近接探照灯にて威嚇照射したる後、「総督来れ」の信号を発し総督代理来船これを捕虜（英人二）とし無抵抗裡に陸戦隊を揚げこれを占領す。

また一五三○駆逐艦はオーシャン島に陸戦隊を上陸せしめ、難なくこれを占領、半歳の経緯と今度こそはと攻略隊を準備、九月三日上陸の予定なりし第四艦隊の鼻をあかしたることおびただし。

もちろん両艦は軍隊区分にて二艦隊より内南洋部隊に編入（一時）せられあるものなるも、情況を見とりて機に投ずることおよそ斯のごとき大に賞すべきかな。

ただし速やかに警備隊を送りて之を確守すること肝要、マキン島の例を踏ましむべからず。

本日ラボールよりの攻撃隊はガダル飛行場を攻撃し中攻三機自爆せり。敵戦闘機の増援ありと認められ、本方面熾烈なる攻防戦及び消耗戦となる。

参謀連いよいよこれはと言い出し諸兵力資材の整備集中を次々に発信各部に要求するに至れり。花が咲く大きくなるとはかねて申し渡しありたるところなるが、やはり現実に状況現出せざればすべてその頭にはならざるものなり。

現状はガダルカナルの確保が先決にして敵艦艇の撃破を次等的と為すの要あり本作戦方針に基づく

電令作を発令す。

八月二十七日　木曜日　〔半晴〕

○二〇〇仮寝《うたたね》の夢も結ばざる裡に参謀に起こされたり。航空方面より見たるソロモンの窮状は迅速に対応策を講ずるの要あり。

主隊春日丸もマーシャルに派遣し、二四航戦の零戦を当方面に運搬せしむるを要するに至れり。よって爾余の主隊は駆逐艦二隻を随伴したるままにてトラックに回航することに決し、〇三一五針路三〇〇度速力二〇ノットと為す。

一八一五ナチット島を船正横八キロメートルに認む。本日雲多くして月明十五夜のごとくならず。

本日戦況大なる変化なし。飛行艇ソロモンの南東の壺海面にて敵発見の報ありたるのみにて空戦消息不明となる。けだし同方面機動部隊存在の算、依然濃厚なり。

また敵損傷空母追躡の任にある潜水艦は敵飛行艇の攻撃を受け、彼は着水して九時間看視を続行せりという。

昨日補給を終われる前進部隊は南東方に南下せるが、本日飛行艇二機の触接を受けたり。

東部ニューギニヤ端のラビ飛行場の占領も敵の飛行場防守堅固にして容易に攻略できず陸戦隊増発のこととなる。

東西の戦闘一一航空艦隊も骨の折れること察するに余りあり。盛んに機動部隊の協力を持ちかけるも直接の使用は慎重を要するところなり。

よって機動部隊の戦闘機約三〇機をブカ島（二十八日より使用可能）に陸揚げし、同飛行場より概ね二日間ガダルの攻撃を為さしめその間機動部隊は同島の北東海面に行動すべきを発令す。

第八艦隊は本日より小艦艇機動上陸を下令せるが、敵機なお三〇機存在すると為しこれを一日延期せり（昨日の攻撃により飛行場約八機を覆い空戦により九機撃墜せるを以て左までの存在は疑問となすところなり）。

数日来西北西に進行中の台風は示度七一〇ミリメートル針路を北に転じ九州、本州西部に向かえる上北東に進行するのおそれあり。せっかくの米作大なる被害なからんことを祈る。同時にせっかく訓練中の第二航戦及び柱島の主力部隊に対しても。

二十四日の戦闘において筑摩に収容せられたる瑞鶴搭乗員の視認を加え、爆果はサラトガ類似の一空母に六弾命中二〇〇メートルに昇る大爆発（沈没確実）、他の一空母に対し中央部に二五〇トン二弾命中誘爆するを見たり。

後者は翌日同戦場の南方において飛行艇の発見せるものと認めらる。潜水艦散開線を通過せる空母二隻とせば敵の新鋭なる増援部隊合同し、なお二隻を健在ならしめあるものと観取せらる。

米ラジオは本日、日本空母二、戦艦一、巡洋艦一、輸送船一に損傷を与え戦闘はなお継続中と発表せり。龍驤の沈没は知らざるがごとし。自己の損害には何ら触れあらず。

我が方大本営は敵空母一大破、一中破、被害小型空母一大破と発表せり。

八月二十八日　金曜日　〔曇〕

日の出一時間前より第二配備となし、警戒を厳にす。至近弾により損傷せる千歳は南水道通過を変更、黎明左舷より合同対潜警戒に協力す。

六時、トラック諸島を五〇カイリに遠望、十一時より直衛駆逐艦二を以て威嚇投射（五分間隔）を行い漸次北水道に向かう。

二三〇度に変針間もなき一三三一右舷一四〇度三五〇〇メートルに発射の気泡、続いて雷跡三本艦に向首するを発見、すぐに赤赤にて三〇度変針雷跡を艦尾に見る。

魚雷は途中二本自爆、残れる一本も艦尾に追従し来り命中せるかと怪しみたるがかろうじてこれを艦尾にかわし危うくも難を免れたり。誠に神助と言うべし。（発見前の変針なかりせば右舷至近より攻撃せられたるべし。魚雷二本の途中自爆は回避を容易ならしめたり。大和飛行機はあたかも至近にありすぐに爆撃を為すを得たり）

敵潜の位置北島の三三〇度一五カイリ、すぐに駆逐艦二隻及び全飛行機をこれに集中看視攻撃を行うとともに所要の向に警報す。

過般入港時当水道外において被雷撃損傷せる給油艦神洋丸、日栄丸二隻処理つきてあたかも水道を北上同一地点にて潜望鏡を発見せり。

また大和飛行機は右襲撃地点より約一キロメートル前程にほぼ同時刻発射の気泡と雷跡二を発見せりと言う。

したがって敵潜は二隻にして大和に対し計五本を発射せるがごとし。敵は我が制圧勢力の不足を見取り、トラック出入艦船の最近増加に鑑み勇敢にも咽喉を扼せるものと言うべく、威嚇投射等に恐れずなお発射（聴音発射）を為しその射線まさに大和を挟めるは天晴と言うべし。

我が方潜水艦にこの勇と身を犠牲にしても敵を屠るの覚悟今少しあらしめたいものなり。敵を至近に発見しながら何等実撃を加えあらざる最近ソロモン方面の現象は、大いに自省の要ありと認む。

ガダルカナル方面一木支隊先遣隊は、十八日夜飛行場の東方に上陸成功、これに向かって前進し夜襲をかけたるが、東河の線において二重鉄条網による厳重なる防御陣地に会し、翌黎明より速射砲及び敵機の攻撃相攻ぎ死傷続出、ついに軍旗を焼き指揮官は自決せり。

△中尉は残勢力（一二八名?）を率い東方に避退ルンガ岬の西方海岸に陣地を求めて今なお対抗しあり。

一方、飛行場西方△河の西に陣せる門前大佐以下の設営並び警備隊も状況安んずるを得ず。救援寸刻を急ぐ状況なるも多大の望みを嘱したる昨夜の基地部隊の空襲も天候のため途中より引き返し、本日昼間また一撃を加えるに至らず。

昨夜電令作により機動部隊より戦闘機三〇機を本日午前ブカ島飛行場に移し、明日以後の活動に期待す。なお各方面より戦闘機、攻撃機の当方面集中を策す。

いわゆる鼠上陸の第一日として第八艦隊は駆逐艦△隻を以て一木支隊及び陸戦隊の進入を命じたるが、第二〇駆逐隊は時刻早くガダルの攻撃圏に入りて劣速航行せるためか、たちまち敵二〇機の執拗なる攻撃を受け朝霧沈没（司令重傷後戦死）、白露航行不能、夕霧損傷の悲運に会したり。

別働隊たる二四駆逐隊は敵に発見せらるるところなかりしも、右報により引き返し、第八艦隊は強行を下令、またこれを取り消すなどの挙に出で、ここに鼠上陸の第一日は見事に失敗せり。いかにするもこの敵機を壊滅するにあらざれば目的を達し難し。

本夜ソロモン南東の壺海面において我が潜水艦は敵機動部隊（空母一、巡駆多数）を発見せるが攻撃し得ず。

大和は春島北西方の第二錨地に一五三〇投錨す。井上第四艦隊、小松第六艦隊長官幕僚と共に来訪せり。阿部一一戦隊司令官、神通艦長共に戦況を報告す。

前者は給油艦の来着を待ち、後者は明石に横付損傷個所応急修理中、他に損傷艦萩風あり。戦務多端なるかな。

八月二十九日　土曜日〔曇小雨〕

三和作戦、佐々木航空、渡辺戦務の三参謀を一一航空艦隊、八艦隊、一七軍司令部所在地たるラボールに派遣す、飛行艇は天候の良好となるを待ち九時頃発、二時到着せり。

余もまたこの際同地に出張親しく現状を聴き、必要の指示も士気を鼓舞せんこと必要なれども、全般の作戦指導なお本峠を見越さざるべからず。かついつにても出動の姿勢にあること肝要なれば今少し状況を見定むることと為せり。

北水道の敵潜は昨夜九時、浮上したるところを駆逐艦発見到達前一〇〇〇メートルにて潜水後十時聴音によりさらに爆雷攻撃を加え爾後音沙汰なし。

本朝若干の油浮出を見る。少しは損害を与え得たるか。尚々四根司令部と連繫し執拗に看視攻撃の要ありと為す。

ツラギの北方七〇カイリにて昨日損傷せる二〇駆逐隊は夕霧か白露を曳航、天霧護衛の下に避退、本朝敵機の触接を受けたるも直衛機の護衛のためか攻撃を加えず。午後一五〇カイリ以外に出で危機を脱したり。

二四駆逐隊、一一駆逐隊は今日没後全速力にて突入の計画なり。二四駆司令は敵艦に損害を与えざる限り進入は無理なりと言う。八艦隊司令部はこれを激励して本日の航空攻撃相当大なる損害を与えたるがごとしと電す。

しかれども実情は昨日揚陸せる三艦隊戦闘機二一機ブカより進発空戦により四機（内二機不確実）撃墜他に一〇機の編隊を見たるものありという程度にて成果なお思わしからず。

ガダルカナル東飛行場の前面に本日一二〇〇輸送船二、巡一、駆二、投錨せるを報ず。敵も増援に汲々たり今夜夜戦生起の公算あり。揚陸後なれば至極結構なるが。

サンクリストバル島の東方及び東南方において我が潜水艦は敵機動部隊各一を発見せり。まさに敵空母は二隻あり。

軍令部は本方面の事態を憂慮し、マレー、スマトラ方面の飛行警戒を陸軍に委し、二一航戦の転用を策し、またモレスビー作戦の進捗を中止し、ガダルカナル作戦を先決とすることに陸軍との協定を変更せり、いずれも適当の処置なり。

八月三十日　日曜日　〔曇、朝小雨〕

昨夜、二四駆逐隊、一一駆逐隊は敵機の攻撃を受けることなく進入、午前零時頃、上陸に成功せり。飛行場上空に敵機数機あり。東泊の疑いありたる敵艦船の攻撃を思い止まりて帰路に就く。本上陸は誠にめでたし。

川口支隊長はショートランドに在り。大発によるギゾよりの海上機動の意見具申をなし、軍命令のなきの故を以て天霧、陽炎に乗艦出発を肯《がえ》んぜず。過般の二〇駆逐隊の損傷が痛くこたえたるものか、大分二水戦との間にもめているがごとし。

本日の空戦において敵機一一機撃墜せる状況においては、この際速やかに駆逐艦にて上陸するが得策と思考せらる。よって同意味を8F、11AFに電報す。

我が潜水艦は泊地に敵を見ずと報告せるも、午前の攻撃隊により三〇〇〇トン輸送船一隻、駆逐艦三隻を認め、その巡洋艦または駆逐艦一隻を撃沈せり。

敵は依然として増強を計りつつあるも、空戦の結果及び昨夜の上陸により形成は次第に有利に展開しつつありて今一押しと言うところなり。

南方潜水艦はサンクリストバル島南東方散開線にて空母一、巡洋艦二、駆逐艦数隻の敵機動部隊を発見せり。物を見ることこれにて一四回目と言うに何ら実撃を加えざるは惜しきかな。

潜水艦は通商破壊と諜報機関以外に価値なきものと識者の言も宜《むべ》なりと感ぜらる。その鼻をあかすのためにも一撃をこそ望ましけれ。

サンタクルーズ諸島を飛行偵察せる潜水艦は吾人のかねて想像しおりたるバニクロ島は何ら軍事的に使用せられあらず。またデニ島北側湾に駆逐艦一、飛行艇六機を発見せり。よって第六艦隊はこれに対し攻撃命令を発せり。

補給船建川丸来着、一一戦隊は遅れ馳せに補給を開始す。他に三艦隊の油船も一隻内地より到着せり。当方面艦隊の活動につれ使用燃料多額に上り補給船の運航海軍省のものを加えて一杯なり。当地は本方面の前進根拠地たるべきに、未だ陸上タンクの完成せざる等設備極めて貧弱なり。

八月三十一日　月曜日　〔晴〕

雨後の快晴暑気相当なるも柱島に及ばず。

ラボールに派遣中の三和、佐々木、渡辺の三参謀飛行艇にて帰着、報告を聴く。案外焦燥の気持ちなく、ソロモン方面の作戦を重視して士気旺盛なるは喜ぶべし。一方より観れば熱意の不足とも見らる。

飛行機の消耗大なるも機材さえ補充し得れば作戦継続に支障なしと言う。ラビの攻略はモレスビー作戦の前程として第八艦隊少しく過早に過ぎたり。

その指揮官は松山一八戦隊司令官なるにおいて、充分なる計画、敵を圧倒するの兵力を以てせざれば往々苦境に頻すること本例のごとし。ココダに進出せる陸軍一七軍も後方補充の極めて困難にしてこれより前進危ぶまる。

結局は海上護送及び連絡となるべく、海軍の負担一層なるべし。ガダルカナル方面片付かざれば当方面の進展覚束なし。ただしラビは陸軍を注入するも放置し得ざるものと認む。

三川第八艦隊長官より参謀長への伝言、責任ある艦隊長官の言として肯綮にあたる点少なからず。南東方面を統轄作戦する第一一航空艦隊司令部は航空屋のみにて、海上部隊の作戦を指導するに物足らず左なることもちろんと認む。要は第四艦隊または第八艦隊長官が第一一航空艦隊長官より先任者たることなり。その他云々。

本日昼間飛行機の攻撃天候不良のため引き返す。

昨夜の鼠上陸は成功せり。夕立の報告によれば泊地において敵機の攻撃を受けたるも被害なしと、幸いなり。すったもんだの川口支隊長も本日ショートランドにおいて駆逐艦海風に乗艦、部下と共に進発せり。

田中頼三少将の二水戦司令官も今回の上陸においては、旗艦まず傷つきてより大に大事をとり、相当文句ありたるがごとし。

第八艦隊はここにおいて橋本第三水雷戦隊司令官をして到着匆々《そうそう》護衛輸送任務を指揮せしむるに到れり。艦隊全般作戦素描を記して参謀に与える。

前進部隊及び機動部隊は二日ブカ島の戦闘機を収容したる後トラックに回航すべきを発令す。ガダルカナル本日もまた輸送船一隻、駆逐艦一隻東方より入港せり。前日来のものもツラギとガダルカナルとの間を移動しつつあり。

敵の増強阻止に対し潜水艦はただ物を見るばかりなり。しかるところ電あり、本朝〇四四六、伊二六潜はサラトガ型空母を方位角一二〇度三五〇〇メートルにて雷撃六本発射後二分四十秒にて命中音一発を聴き六分後より四時間駆逐艦の制圧を受け効果を確認しあらず。

駛走秒時過小、途中自爆に終われるにあらずやと疑う。襲撃せるだけは賞すべし。

軍令部次長、参謀次長、竹田宮殿下その他当方面の連絡及び視察のため、三日トラック着の予定を
一部長より通知し来る、中央も成り行きを重視せるものと考えらる。余り心配せんでもよろし。

何としてもやり遂げる腹なり。ただし機材等の準備急送のみは御土産に請求すること当然なり。

昭和十七年九月

九月一日　火曜日　〔晴〕

一四〇〇山崎第一潜戦司令官、三戸第六艦隊参謀長同伴来訪。ソロモン島南東における過般の戦況を語る。敵の対潜警戒極めて厳重にして聴音攻撃迅速確実、襲撃運動至難なる旨体験を以て語る。伊一〇号（司令官乗艦）はこれがため損害を受け一昨日本地に帰着せるものなり。追躡も困難、水中移動も危険とせば、数を以て待敵好機実撃するほか方法なかるべし。

ガダルカナル基地隊よりの報告に徴すれば、本朝敵機四〇機着陸するを認めたり。

先般来我攻撃により残るは一〇機程度と覚えしに、本朝再び多数を見る。けだし敵は空母より発進するか、あるいはエフエータ島より直路空輸によるか、増強を計るものと認めらる。

なお大型輸送船一隻、駆逐艦二隻午前十一時東方よりルンガロードに入泊せり。資材人員毎日の輸送を加える。

当方昨夜の鼠上陸成功せるも敵の輸送力に比し少なる上、敵機の増加は頭痛の種なり。陸上兵力戦うに足るに至らば、全滅を期しても飛行場の奪取を計らざればますます情況不利とならん。

ラビ方面の戦況極めて不利、陸戦隊はほとんど全滅に瀕しあり。収容の方法を講じ一旦引き揚げ陸軍を以て再興を期すべきなり。

極東丸南水道外において敵潜の攻撃を受ける、北水道に脅威を感じ南に転ぜるものか。

本日も天候不良のため飛行機は中途より引き返しガダルの攻撃を実施し得ず、明日の攻撃に３Ｆ機の協同を必要と認めたり。３Ｆは三日同戦闘機隊を収容することに変更せり。

九月二日　水曜日　〔曇少雨〕

十時過ぎ田中第二水雷戦隊司令官、一時三水戦の駆逐艦に将旗を掲げ負傷者を病舎に送りたる後転錨来訪す。

川口支隊をショートランドにおいて乗艦出発せしめ得ざりし件及び二十九日、三十日夜揚陸後ガダルカナル在泊敵艦船を攻撃せざりし件につき申し訳なし。その他思うようにいかず遺憾なりとて心痛の模様なり。

よってこれを慰撫しかつ慰問品を贈りて気を和げしめたり。指揮官たるものの心理まさに斯くあるが常道なり。失敗に対して自責の念は程度こそ異なれ、誰人も起こるものなり。

当司令部としては分かり切りたることを追窮したり遺憾なりなど言わぬが統帥の妙なれ。しかるに指揮官の経験を有せざる参謀連は無責任にも往々にして行き過ぎに堕するは大いに心すべき次第なり。この舵はまさに参謀長の重要の仕事と常に思い注意を加えつつあるところなり。

前進部隊に付したる陸奥、駆逐艦と共に午前入港す。二艦隊は三戦隊の代わりに同艦の同行を要望せるも果たしてその結果やいかに。

本早朝渡辺参謀、青木補給参謀飛行艇にてラボールに派遣す。打ち合わせのためなり。昨夜余の所見を三カ条認めて彼に説明せり。

一、ガダルカナルは結局陸戦にて犠牲を賭しても必ずとるべし。他に方法なし。この際における飛行機、艦艇の協力、及び奪回直後の敵の攻撃（攻略部隊または機動部隊による）に対応する道を研究すべきこと。

二、ラビは成算なし、生存者を収容し、陸軍を以て再挙を計るべし。

三、モレスビー攻略は陸上より主力を進むること難事なり。進攻し得るとするも出たと言うだけにして、海上よりする攻略が主体とならざるべからざるがごとし。この場合に処する計画が必要なり。

ガダルには相変わらず、運送船二隻、駆逐艦三隻動きつつあり。潜入しある潜水艦は敵情のみにて実撃せず。

昨夜の鼠上陸は中途敵の発見するところとなり中止して避退し一部分不能に終われり。川口・一木両支隊合わせて五〇〇名ほどショートランドに在り、ほかは本夜の上陸にて大部を終わる。津軽は大砲を積み今夜進入す。成功を祈る。

本朝の航空攻撃は成果大と８Ｆは触れ出したるも、地上数機のほかグラマン二機を撃墜せるに過ぎず。

一方、ラビ方面に増援隊上陸せるがごときも、先着の隊は敵の来襲を受け連絡不能に陥り、なお敵巡洋艦一、輸送船を伴ってミル湾に侵入し来る。艦艇飛行機等に対する攻撃命令頻発す。しかれども同地域に至る海上天候不良のため、せっかくの企図も何らの効果をもたらさず。

九月三日　木曜日〔晴〕

サイパンより日航飛行艇便一二〇〇到着。

竹田宮殿下、参謀次長、伊藤軍令部次長、佐薙同部員、山本航本部員、井本参謀本部員等来艦、視察連絡が目的なり。

一四四〇より作戦室において八月七日以来の指導経過につき説明し今後の方針及び中央に対する希望等開陳せり。小松第六艦隊、井上第四艦隊長官同席す。五時より会食、食後それぞれにて打ち合わせを為す。

ガダルカナル本日の空襲天候のため不可能、三艦隊戦闘機の収容も明日に延期するのやむなきに至りたり。

ラビの状況は憂うべき有様なり。両隊司令戦死、士官三分の一、兵五六〇あるも戦闘し得るもの二〇〇名に過ぎず。午後悲壮なる最後の電を発したるも全滅を免れたるがごとし。

渡辺参謀ラボールより夕刻帰着し、陸軍、８Ｆ、11ＡＦとも八日頃総攻撃開始を希望しありとのことなるも、単に同一地域の作戦にあらずして全艦隊に及ぼすべきものなるを以て、艦隊の配備を整え得る十一日頃を当隊司令部の要望時機となせり。

右軍令部次長、明日ラボールに赴くに当たり心得置かれたく依頼せり。

九月四日　金曜日　〔晴〕

〇七三〇抜錨、大和は第一錨地に就き前進部隊、機動部隊の入泊を待つこととせり。

大鷹と改名帝国艦籍に入りたる春日丸はタロア、ラボール間飛行機輸送任務を了し本朝曙と共に入港したるが、さらにパラオに向け出港同様任務につけり。

第三艦隊は本日一〇四〇戦闘機を揚収し、当地に向かえり。明五日一二〇〇南水道着という。少し予定が早まれり。天候不良、本日もソロモン空襲隊引き返す。一日以来舟艇機動中の四〇隻、本日午前敵一二機の攻撃を受けたり。明日〇三〇〇ガダルカナル島の西北端に上陸の予定。

ラビ方面持ち堪え、増援隊を要望しつつあり。

川口支隊の攻撃開始予定は十一日頃なる旨、本朝８Ｆ参謀長より入電あり。そのため渡辺参謀本日ラボールに向かえるが、その到着を俟たずして匆々《そうそう》決定せるは当方の意見と合致するところにして誠に幸いなり。

九月五日　土曜日〔晴〕

九時半第二艦隊、一時半第三艦隊入港、途中敵潜に会せざりしは幸いなり。これにて泊地大分賑やかとなる。両長官午後来訪、戦況報告あり。

昨夜駆逐艦夕立及び二艦陸兵輸送に成功の帰途飛行場を砲撃（相当時間燃焼）中敵二艦を発見、四十余分にわたり、砲撃敵の応砲少なくこれを撃沈せり。一艦は英敷設艦アベンチュア型にして後部上甲板に大爆発を誘起せり。

夕立駆逐艦長は中佐にして彼の蘭印攻撃における八駆逐隊大潮艦長として偉勲を奏せる士なるが、今回また見事なる成果を収む。さきの二四駆逐隊司令に比し霄壌《しょうじょう》の差あり。やはり攻撃精神旺盛なるものよく勝を収む。

機動中の舟艇昨日の敵攻撃により三隻沈没、二隻行動不能となりしほか、相当の波浪を冒し実速五ノットにて上陸点に向かいつつあり。予定の午前三時に上陸成功せるものと認めらる。（〇五三〇陸岸に上陸成功）

ラビ方面傷病者多く、全員収容を希望し、今夜実行のはず。不運と言うべし。

今後の作戦計画を打電す。相当練りたる揚げ句なり。

九月六日　日曜日〔晴、朝驟雨〕

午後二時半、竹田宮殿下両次長等の乗艇トラック帰着。

2F、3F、4F、6F各長官に田辺、伊藤両次長を加えたる晩餐を為す。

御用船康良丸北口において潜水艦の雷撃四本を受けたるも一本は前方、三本は艦底を通過し無事なるを得たり。

ガダルカナル島南々東洋上を北進する敵輸送船一、駆逐艦二を発見す。今夜か明日か撃滅し得ん。

渡辺参謀、カ号作戦に対するGF長官と一七軍司令官の協定を結び帰艦す。

ラビ方面の陸戦隊はまったく意気地なし。昨夜の収容一一〇〇余名、上陸員一八〇〇名に対し佐五特は西方に在りて連絡不能なればいくらの死傷にもあらず。呉三特司令は下腿部盲管銃創にて帰艦、丈夫なる大隊副官も引き揚げるという有様、部下を残して帰るとは何事ぞ。大体この失敗は、
一、敵の防御ある飛行場を陸戦隊にて奪取し得となせること。
二、ガダル問題を持て余しあるところへ、軽率に手をつけモレスビーとともに三方面にすべての兵力を分散せしめたること。
三、陸戦隊の素質優良ならず、三十歳―三十五歳の応召兵多く、忍耐的攻撃精神薄弱なりしこと。その戦闘行動も適切ならず、南北も呼応を果たさず。
四、降雨多く泥濘水虫に災いされ、また天候不良のため飛行機の利用思うに任せざりしこと。等に起因するがごとし、第八艦隊も今少し慎重を要す。
本日久し振りに内地よりの書信に接す。

九月七日　月曜日　〔晴〕
〇八〇〇より2F、3F、4F、6F、11AF及び所在戦隊の参謀長、参謀、司令官を会同、今次作戦の経過、戦訓並び改善事項、終わって爾後作戦打ち合わせを為し夕暮れ時終了、軍令部次長傍聴。昼食は参謀長以上を招待す。食事中、
「伊一一潜昨日一〇〇〇頃敵機動部隊をガ島の一四五度二七〇カイリに発見、ヨークタウン型空

母雷撃二本命中及び爆発音を聞く」の入電あり。一同歓声を挙がる。

同潜水艦は襲撃後猛烈なる敵の爆雷攻撃を受け電池破損、潜航不能となり避退中なり。いずれにせよ今回は効果確実、めでたし、めでたし。

九月八日　火曜日　〔曇〕

午前、作戦計画の変更を要する動機及び対策を考え、昼食の際燃料補給を急ぎ短時間の待機と為し、ガ島の敵よりの攻撃及び大部隊の増援の場合に備えるべしと言いたり。

食後一時間もたらせる電報は巡洋艦一、駆逐艦六、輸送船六タイボ岬に上陸中との電あり。

現地陸軍は川口支隊の一部を以てこれを阻止し、十一日頃支隊は飛行場攻撃の予定の電、及び一七軍司令官より「フィジー方面敵有力なる攻略部隊の到着あり。攻撃開始を早めしむるよう川口支隊に要望しあり。連合艦隊は速やかに会敵配備につき敵増援阻止に全力をつくされたい返待つ」の電などあり。

一時間前の予言は適中し、X日はしばしば変更して十一日に改め、これに伴う二件（ヌデニ島基地攻撃、水偵基地前進）を繰り上げる旨発令せり。

一七軍よりは未だ十三日を十一日に変更するの協議に接せざるも「GFはX日を十一日に改め作戦行動を開始せり」と通知す。けだし一七軍も敵の有力なる増援軍に対し、楽観論より悲観論に傾きしものと考えらる。

本日の敵は我が軍の東方に上陸を開始す。完全に阻止し得ば幸いなるも、しからざるにおいては川口支隊の大部は東西より挟撃せらるる破目に陥り重大なる結果となる。

殊に一昨日ガ島の西北に舟艇機動を以て上陸せる部隊は、本朝「ガ」基地指揮官より無事上陸士気旺盛の電ありたるにかかわらず、夕刻に至り岡連隊長の電は軍旗、連隊長無事なるも上陸せるは全舟艇の三分の一に過ぎず、残りは行衛不明にして捜索を依頼せり。

その一部は敵機の攻撃により行動不能となれるもの及び海軍中尉の誘導する三五〇名なり。

何たることぞ１／３は損傷すべしと予期せるに反し上陸せるものわずかに１／３とは、舟艇機動一点張りに我張れる川口支隊長以て如何と為す。艱苦数日ついにこの結果となる遺憾千万なるとともに全兵力の不足を感ず。

ラビ充当予定の青葉支隊は幸いに変更してショートランドに向かわしめあり。すぐにこれを注入することに変更を見る。敵大部隊出現の報に接し八艦隊は当方面の部隊を以て今夜撃滅を期し一一航戦水偵隊は薄暮一七一五敵巡、駆、輸送船併せて一〇隻ツラギに在るを爆撃せり。

三水戦司令官は旗艦及び駆逐艦を率いショートランドより急行撲り込みを行う。成功を祈る。

ツラギに夜間退避するは彼の常道なること、昨日も研究会に言明せる通り本日の８Ｆの攻撃命令は、抜かりあればこれをあらかじめ指摘、注意の電を発す。

九月九日　水曜日〔曇〕

五時過ぎ、眼醒めて電報に眼を通し上甲板に上る。曇スコール性の天候在泊艦艇を眺むるの間寸時渡辺参謀は来りて駆逐艦秋風〇度方向に潜望鏡らしきものを認むを報告す。

艦隊はすぐに第一配備、飛行機の発進、駆逐隊、哨戒艇の派遣等忙し。ついに朝飯は抜いて艦橋に在り。

水雷参謀を秋風に走らして状況を確かめたるに〇六〇五住吉島南方に約十分間潜望鏡らしきもの西

向し、方位変化三度、スコール来襲して見失うと相当の疑念なきを得ざるもこれを認めたる者、艦長以下三名、ほかに否認すべき理由なし。

よって前進部隊以外の転錨を命じ警戒を持続す。

〇九五〇北方七、八〇〇〇メートルに飛行機急降下、駆逐艦爆雷投射を為す。

前進部隊より除き主力部隊に編入せる陸奥を一戦隊二番艦として早速編隊出港、一一三〇錨地を夏島南方に変更す。香取ほか特務艦これに従う。機動部隊は十一時、発動冬島南方に転錨、前進部隊に加える第八戦隊は一五三〇錨地発北水道より出撃せり。

最も難物と心得たる明石も横抱きの損傷艦三隻に自力航行せしめ三時頃には転錨しその他全部の特務艦も日没前夏島南方に来れり。案外渋滞なく行きたるも果たして敵潜、潜入せるや否や。

雲鷹は同時刻北水道より入り警戒機その上空を旋回す。スコールにも遭いたりという、潜望鏡と見しは同艦の檣《ほばしら》なりしこと概ね確実、すなわちこれを称して「一犬虚に吠え万犬実を伝う」の類いなり。

戦争における一挿話たるを失わずといえども、当事者は苦労の種なり。

昨夜水偵隊は日没後ツラギに潜伏せる敵を爆撃、効果不明、三水戦は同前面において駆逐艦一隻撃沈、一隻火災を起こさしめツラギに遁入せしむ。

敵の入泊可能なるに我未だ突入せざるはこれ如何。一一航空艦隊飛行機は攻撃準備昨日間に合わず、本日もまた奏効せず。

駆逐艦二さらに輸送船一隻を護衛しガ島に近接するを発見す。敵も懸命の補強工作なり。昨夜ガ島飛行場に大火災を認めたりという、いずれにせよ我に利ある現象なりとす。

ラビ北方上陸部隊たりし佐五特司令以下乗艇の大発は、ラビの北方数十カイリの島において敵戦闘機一〇機の攻撃を受け行動不能に陥り、北岸に上陸どころか同島において難渋しある連絡夜あり。意外千万、本日飛行機による連絡を行い明夜救出の予定。

一方、ガ島に到達すべき舟艇機動隊はサボ島に三〇〇名あること判明、いかにも迷子の流行なるかな。

九月十日 木曜日〔晴〕ラボール出張

陸軍攻撃開始は十一日なり。本作戦の重要性に鑑み現地に近く所在して陸軍との連繋一一航空艦隊の内面的指導のため意を決してラボールに進出することとなせり。

三和、渡辺、室井各参謀と庶務主任を同道し、〇七三〇艦発、長官の御見送りを受け夏島基地より飛行艇に搭乗す。〇八二〇離水南下、本日天候申し分なし。

〇九〇〇頃本早朝トラックを出撃せる機動部隊の南下配備に就かんとするを望見す。

一四〇〇湾口の噴火口を回りてラボール着、長官、酒巻参謀長ほか幕僚に面接す。

今夜出動予定の第八艦隊司令部を訪《とぶら》い、三川長官、大西参謀長と会見す。同司令部は四時発鳥海に乗艦せり。

第一七軍司令部を訪問、百武軍司令官、二見参謀長に面接、林参謀の作戦計画説明を聴取す。ジャングルを手頼《たよ》りの夜襲のみ、せっかく陸揚げせる火砲の利用等何ら考えおらず。

相当に質問を為したる後、軍司令官に対し本作戦の重要性と米の態度に鑑み軽視すべからず、慎重たるべきことを述べ、さらにガダルの陸上戦を中心に半径数百カイリの大作戦なれば陸海軍の連繋の一層肝要なるべきことを了解せしめ置きたり。

一一航空艦隊は参謀長歓迎の宴を張りたるも戦地のことなり、何ら御馳走なきは気の毒なり。

宿舎は第八艦隊司令部の先任参謀の部屋に求めたり。夜は涼しく虫の音枕辺に近く珍しく聴けり。常夏の大地秋の虫といかず句もならず。当地到着後、陸軍は現地準備の関係上X日を十二日に延期せることを承知す。

九月十一日 金曜日〔晴〕

○八〇〇第八根拠地隊に金沢中将、松永中佐と面接す。二五航戦司令部に山田道行少将を訪れ、山県司令官は飛行場に在りて不在。仮庁舎に藤田第七根司令官を訪う。モレスビー作戦遅延のため手持ち無沙汰なり。

一三〇〇出発、東山上の病院を見舞う。先日はラビ負傷者を収容満員の盛況なりしも現在は一六〇名にして日下増築工事中。帰途、急に士官慰安所たる倉庫に立ち寄る。現在一五名あり毎日満員の盛況という。上海より移動せるものと言えば天草下り多かるべし。

山を下りて自動車を飛ばすこと四十分、山上西飛行場たるブナカナウに至る。あたかもガダル攻撃隊の帰着するところなり。

山県二六航戦司令官と共に攻撃報告を聴く。撃墜三―四機、自爆一機なり。久し振りにB17午前来襲、偵察を行う。空襲警報鳴る。

九月十二日 土曜日〔晴〕X日

○五一五発東飛行場に到り二空、六空、台南空司令に会う。山田司令官も来場し共にガ島攻撃戦闘機隊（一五機）の出発を見送る。

本日は一昨日来同様航空隊は敵陣地の攻撃に当たり空戦により撃墜一三機、自爆三という好成績なるも、敵はグラマン戦闘機二〇機を増援し、さらにB17先日来使用の形跡ありという。墜としても墜してても持ってくる。困ったものなり。

ガ島陸軍は昨日敵に発見せらるることなくジャングルに入り、本日一六〇〇攻撃開始の予定なり。軍司令部は右ジャングルに入りたるの電により昨夜前祝いを行いたりという。軽装備兵を以てする夜襲、果たしてその前提要件を満足せしめて成果を挙げるや否や多大の疑問なきを得ず。彼らの自惚心も警戒すべきなり。

八通信隊の敵信班は一八〇〇過ぎ敵機十数機飛翔し、二二〇〇頃その二機は無線方位測定を依頼しまたSOSを出せりと伝う。予期のごとく突入せるものと認めらる。成功大ならんことを望みて寝に就く。

九月十三日　日曜日　〔晴〕

早起き朝食を終わりて一一航空艦隊司令部に詰め切り情報を聞く。第八艦隊の水偵は昨夜現地上空に在りて偵察をなしたるはずなるも何らの報告なし。

ただ三水戦は駆逐隊に突入を命じ、一一航戦飛行機は早朝五〇メートル相隔てたる篝火《かがりび》二個を認め約束の飛行場占領の報に似合わし。

〇四三〇出発せる陸偵二機は戦闘機九機護衛の下にガ島に赴けるが二機は分離し、その報告相反し加えるに規約電を誤りたるものあり。

陸軍兼務参謀田中少佐は可能ならばすぐに着陸現地連絡に当たるはずのところ、四〇〇メートルに下りたるに敵機のなお四〇機の存在するを発見し、適切なる観察を下して避退せるがこれらの報告判然たらず。

総合して大体占領せるものと判定を下し、占領概ね確実なりと一一航空艦隊より通報せり。

元より不安なきを得ざるも、作戦部隊の行動まちまちにわたるを見て速やかに規制するの必要を認めたるによる。これには昨夜来の成功の希望も多分に加味されたること人間の弱点なり。

しかるに一四〇〇偵察隊帰着し直接その報告を聞くに敵戦闘機と空戦あり、敵機の厳存疑いの余地なく、ここにおいて先電を取り消し未だ占領しあらざるものと通告す。

8Fも一〇三〇占領の電を発し、ともに一時機全作戦部隊の行動を混乱せしめたるものと認む。

川口支隊は十一日の電を最後とし梨の礫《つぶて》なり。恐らくジャングル内の進出意のごとくならず、攻撃開始を延期せるものと認むる陸海軍の判断の下に明日の作戦本日の要領に拠ることとなす。余輩はここにかねての不安を増加して心配するところ少なからざるも他人は然らず。

索敵飛行艇はサンタクルーズ島南方に敵機動部隊を発見す。空母一、戦艦二、駆逐艦三なり。

我が機動部隊は陸軍昨夜の攻撃予定に対しガ島の北東に南下せるがその距離六〇〇カイリあり。明朝を期して本敵を撃滅するの決心を報じたるにより、これに協同するごとく明日の索敵を行うよう立案せしめたり。

ヌデニ島敵飛行艇基地破壊は潜水艦によりて不能、二七駆逐隊の二艦を分派せるがこれまた敵機に爾前発見せられ、敵は韜晦《とうかい》してその目的を達せず。

九月十四日　月曜日　〔晴〕

本朝及び昨夜来の敵情に何ら異変を認めず。

午前七時頃の第一一航空艦隊の会報に列席す。長官は彼の慎重にして川口支隊を以て攻撃し何ら為すなきことあらず、必ずや敵に異状を来すべし。青葉支隊昨十三日西方より岡部隊に合同せるを以て、同時攻撃を企図し本夜に延期したるものと認むと主張す。

余輩はそれは希望的に然らん、されども予定の期日を経過することすでに二日なり。青葉支隊と川口支隊との連繋とれありとは認められず。したがってジャングル内にて思わざる災厄に際会せるか、または我移動を探知せられ背面敵の警戒防御厳重なるものに衝突し不成功に終われるものと判断す。楽観をやめ速やかに失敗の場合に応ずる対策を講ずべしとなす。

本件陸軍にも通ぜしめたるも両者とも希望にとらわれて頭に映ぜず。鬱々たるとき暑熱甚だしきにより舍に帰りて昼寝短時間と定め自動車を呼びたるとき、十二時四十分頃機銃発射のごとき不規則なる音響を聞く。

間もなく機銃弾薬庫自爆、空襲警報を発せりとの報告に接す。爆音継続するも大なる変化なきにより自動車にて途中まで行きたるとき大爆音大火焔の昇騰するに会す。

8F司令部庁舎に帰りたるも、ますます爆発音大となり、弾片飛び留守居の主計大尉は鉄兜を持参し危険を告げくれたり。一一航空艦隊司令部に赴くそのうち爆音は次第に大となり。危険あるを以て艦隊長官以下と共に庭中の防空壕に難を避く。

敵ならぬ味方の砲弾爆弾に在壕二時間足らず六番、二五番、八〇番あるいは二〇サンチ弾とそれぞれ音響を聞き分けるを得るとともに、爆風は壕中に及び土砂塵埃を全身に浴す。何たることぞ。

本消耗弾薬を敵の頭上に致すを得ば、どれだけの効果を発揮し得たらんものをと。物資欠乏生産少額の現下において遺憾限りなし。

この間通信隊は危険のため避難し、通信は航空隊によるほかなく作戦転換の重要時機に当たり、至近距離（司令部は爆発位置より一、二キロメートル程度）の各部はほとんどその作戦機能を停止せり。

一六〇〇ようやく下火となり壕を出で参謀長室に行く。庁舎の損害軽微なり。

話は作戦の成否に帰る。余輩は望みなしと言い、酒巻参謀長は例によりて楽観論なり。

夕食終われるとき8Fより無電あり。

「松本参謀（一七軍現地派遣先任参謀にして岡連隊長と連繫あり）より川口支隊は本夜二〇〇〇攻撃に予定を変更せるもののごとし」

と一同歓声を挙げる。長官以下それ見たことか予言適中せりとの顔色なり。余輩沈黙考うるに「もののごとし」とは想像なり、何ら連繫ありて言うにあらず、その真否を怪しめるも「その通りとせば結構なり」と言いて座を立つ。

釈然たらざるところあり。「青葉支隊は昨日岡部隊に合し本朝来西方より攻撃を開始せるも、敵の抵抗特に迫撃砲のため前進不能、岡部隊長の命により飛行場南方に転進す」との電一昨日来まったく啞となれるガダル海軍通信を経て来る。

門前部隊が十二日前進開始以来通信機関の進出を許れるは本時機においてまったく不適当なり。かつまた海軍連絡将校を現地に派遣することなかりしは艦隊側の手落ちなり。

第八艦隊司令部庁舎は本日相当の損害あり弾片落下数大なり。長官室の余輩の使用せる安楽椅子の足許に天井を貫通して落つ。当時同室に在らざりしは幸運なり。

夜に入りても爆発時々起こるを以て宿泊を山上の長官宿舎に移し、はかなき希望若干を持ちつつ眠るも爆発はなお続く。

九月十五日　火曜日〔晴驟雨〕

我が重要なる爆弾は午前一時まで罪なる脅威を自軍に与えたり。

山上早朝の気分誠によし、斎藤部隊宿舎（旧総督官邸と言う）高角砲台付近ラボール湾及び市を眼下に俯瞰し眺望極めて可なり。

○六山を下り途中昨日の災禍現状を一巡す。余燼なお存するあり付近家屋全壊半壊の惨状に加えて椰子の粗林は坊主となり爆弾ガソリン缶の残骸累々。

日本人の場当たり的に蓄積し、その警戒を怠りたる責は、自爆と謀略とそのいずれに原因するも免るる能わざるところなり。敵の爆弾一発によりまた同様の結果を招来すべきを自覚し今後の訓戒となすべし。

本朝○二三○より○三○○頃ガ島飛行場の北端より北五○○メートルくらいのところに野砲の交戦を水偵の認むるほか何らの変異なし、頭を洗って出直せと参謀に告ぐ。彼らもようやく納得せり。

渡辺参謀は軍司令部より川口支隊長発昨日の第一電をもたらす。それによれば、

　十二日夕刻東方陣地の砲隊は予定のごとく攻撃を開始せるも、主隊はジャングル内の進出意のごとくならず、十三日二二○○攻撃を行いたるも敵の抵抗意外に大にして、大隊長以下多数の損害を蒙りやむなく避退、西河の西に集結、後図を果たせんとす。

と言うにあり。果たせるかなと言うほかなし。

一一航空艦隊司令部に行く、早速後図を策せしめ参謀をして中央協定の変更、現地協定の新立案を命じ陸軍側に交渉せしむ。軍司令部はあの奇襲に全生命をかけ自信強かりしだけ失敗の打撃は甚大にしてまったく顔色なしと言うほかなし。

もしこれに挫折するがごときあらば一大事と心得、再興の心構えを作らしむることに注意を向けたり。

夕方に至り余輩自ら軍司令部を訪い、二見参謀長に面接、慰撫的言とともに本作戦の重要性が国防上の問題なれば必成を期すべきこと、海軍も全力を払って陸軍輸送に協力すべきこと及び敵をして同

飛行場を使用せしめざるごとく火砲の利用肝要なる所以等を説きたり。

彼の苦悶は敵の増勢にありしがちょうどよく、彼の許に達したる参謀本部作戦課長の手紙と相俟って元気を回復し「やりませう」と言う気分になりたり。

彼の性質器量は本重要作戦遂行の参謀長として不充分にして、軍司令部の強化を必要とし、要すればその更迭も一法と感じたり。ただし参謀本部自ら軽視せるほどなれば軍司令部のみを責むるも過酷なるべし。

陸軍作戦部隊は自らの兵力に関し云々することを避くるは従来の良風と認むるも、今回参謀長出発に際しては参謀本部は兎角の意見具申殊に兵力に関し云々するなかれと注意ありたりと言うを墨守し、ただただ夜襲一点張りを以て必成を自信せるは大に研究の余地ありと言うべきなり。

今回失敗の原因は左にありと推断す。

一、敵の決意（最初の攻勢作戦、今秋の中間選挙戦に対する大統領の名誉を賭く損害また損害にかかわらず兵力の注入使用）牢固にしてその防備、対抗手段に万全を期しあるを軽視し、第一段作戦の我が実力を過信し軽装備の同数（あるいは以下）の兵力を以て一挙奇襲によりて成算を求めたること（参謀本部、一七軍、川口支隊等全部楽観的に経過せり）。

二、敵の制空権下において天候の障害多く、我が航空機の活用並びに輸送困難なりしに対し、敵は損害を顧みず相当に増強を継続し防御を固くせること。

三、奇襲以外火砲の利用等考慮少なく（津軽にて輸送せる一二サンチ野戦高角砲一門は陸揚げの際照準器破損持ち帰り、他の一門はタイボ岬付近に陸揚げ林中に隠匿し、何ら使用せざりしがごとく）また軍の統率連繋全からず（川口支隊長引率、直接の部下は二個大隊にして他の一個大隊及び一木支隊残兵は他の建制部隊たり、岡連隊長は西方に占位し、両者の間に何ら通信連絡をとり得ざりしがごとく）。

支離個々の戦闘をなせること（十三日に延期せることをも通知できず一部は十二日攻撃開始）。
四、主隊の進出位置適当ならず（天日晦《くら》き天然のジャングルを進出するの困難）。進撃容易ならず。加えるに各大隊ごとの左右連繋に欠け協同突撃不能に陥りたること。
五、奇襲は敵の意表に出でて初めて成功すべきにかかわらず、聴音機等の活用により早期被発見、予期せざる銃砲火の集中を受け先頭部隊の損害と相俟って精神的にも挫折せしこと（戦死二〇〇余、戦傷を合し六五四なり、一割程度に過ぎず）。
等なるべし。要するに敵をあまく見過ぎたり。火器を重用する防御は敵の本領なり。

今後陸海軍とも第一段作戦の成果に陶酔することなく、頭を洗って最も理屈詰めに成算ある作戦を確立し、機に臨んで正攻奇襲の妙用を期すること最も肝要なりとす。海軍自体のみにて実施するラビ攻略戦の失敗またほぼその軌を一にす。深く心すべきなり。

カ号作戦指導要領中今回作戦不成功の場合に準拠し発令方及び今後の作戦に関する事項につき連合艦隊長官に具申す（親展電）。なお中央に対し準備事項一括要求するところあり。

索敵機はガ島の南々東に空母一、水母一及び駆若干一五〇度に南下するを発見す。恐らく昨日ガ島に飛行機を増強せる帰途なるべし。

同機はさらにその南東方向に輸送船九隻、駆逐艦六隻に護衛せられ北上するを発見（本発見は絶望となれる陸軍側を痛く脅威するに至れり）、別に水偵はさらにその東方に敵機動部隊（空母二、戦二、巡二、駆七）を発見す。
○八三〇なりすでにガ島にB17の活躍するあり。我が機動部隊の活躍も意のごとくならざるべし。
軍令部四部長金子少将、田村部員同伴通信状況不良に鑑み調査のため来着す。

伊一九潜は本日一〇五〇空母一、巡一、駆三の敵群をその哨区に発見、敵空母の反転時に乗じ好射点を獲得魚雷四発命中せしめたり。

伊一五潜は後刻これを発見看視中、同空母（ヨークタウン型）は一八〇〇沈没せるを確認せり。けだし喜ぶべき成果なり。

敗軍を自覚せるは今日にあらず、十三日以後なるも敗軍の将として一八〇〇山に引き揚げる。山に罪なく山荘喜んで我を迎える。

九月十六日　水曜日　〔驟雨あり〕

昨日発見せる敵輸送船団攻撃のため、中攻戦闘機の大部を挙げて出発せるも途中天候不良引き返せり。輸送船二隻ルンガローに入り、荷役中のほか他の大部は水偵の報告により一時南方に避退せるを知る。

二見陸軍参謀長来訪、昨日潜水艦の攻撃効果に関し不満の意を漏らしたるところ早速敵空母を撃沈せられたる由、宇垣閣下に祝意を述べんがために来れりとて約一時間談じて行く。

陸海軍間にはなお相互に理解すべきこと多々あり。一一、八両艦隊とも従来余り行き来しおらず、お互いに油を売りに出掛けるべきなり。

〇九鳥海入港、大西参謀長来訪、何ら土産なしと言う。午後GF、8F、11AF間参謀の打ち合わせを行う。

一四〇〇八根司令部に到り金沢司令官と語る。吉富第七潜水戦隊司令官来訪、少時会談す。同司令官の麾下活動し得るもの目下潜水艦二隻のみなるは気の毒なるとともに司令部存在の理由なしと認む。

八艦隊司令部帰着により宿舎は警備隊の司令公室となる。玄関に近く番兵の電話になかなか眠に入らず、一睡幾何《いくばく》もなく二回の夜間空襲に対し砲銃撃盛ん、とにかく眠られざりし夜なり。夜間空襲の利点顕著なり。

九月十七日　木曜日〔晴〕

当地より進出の予定なりし小西行恵大佐は基地第八通信隊に起居しありしが、過般マラリヤ及びデング熱の両者に見舞われ脳炎を発してついに戦病死す。誠に気の毒と感ず。両者の同時罹病は最も警戒を要すという軍陣医学として心得べし。

午前GF、17Aとの協定案を決し用務大体終了せるを以て金沢八根司令官の案内にて一二四〇発島内視察のドライブを為す。

西飛行場の新設一二カイリ高角砲台、飛行場横の試作農園（六反歩あり葱、胡瓜、茄子、トマト、甜瓜、西瓜、人参、菜等いずれも上出来、菜園の景色眺めるだけにても大いに楽し）、飛行場東南の電波探信機装備地（基礎工事完了、器械は到着しあるも工員の大部マラリヤにて伏臥工事進まず）を視察してより山間の景色を眺めつつココダに向かう。

薄暮八根宿舎に帰着す。昼寝の閑なく司令官の各種有益なる談話、島統治の方策等に耳を傾けたり。一浴疲れを癒やし浴衣がけにて二人快談、酒も相当に回りたり。

今夜は当宿舎に宿る。ラボール出張最後の日において初めて客人の待遇を甘受す。戦地といえども人間は同じ気持ちなり。

九月十八日　金曜日〔ラボール・晴曇半、トラック・曇〕

作戦は失敗せるも出張の任務は果たせり。本日を以て切り上げることとす。ただし二六航戦先任参謀、通信参謀等マラリヤのため手薄なるを以て室井参謀を手助けとして残留せしむ。

〇五三〇車を駈りて山上宿舎に三川中将を訪問、三十分語りて訣別、八艦隊司令部を訪い帰りて朝食。〇七、一一航空艦隊司令部に行きさらに一七軍司令部を訪う。参謀以上未だ登庁しあらず陸軍万事この式なり。

〇八三五中攻に搭乗離陸、一四四五トラック飛行場安着帰艦。長官に報告、やはり己の住居家に帰りたる思す。

本早朝ガダルカナルより運送船六、大巡一、軽巡二、駆逐艦一一ルンガ泊地に在りて揚陸作業中の電あり。

大挙雷撃の計画を為したるも途中天候不良のため取り止むることとなり、飛行機出発前承知し誠に残念と為せり。三水戦撲り込みに入れるも三時間前敵はすでに退去し何ら獲るところなし。

九月十九日　土曜日　〔晴〕
午前不在中の要務を処理す。
柿本連合通信隊司令官部下を率いて当地着、命令により艦隊作戦正面において通信を指揮し敵信利用に当たることとなれり。本発令は今少し早きを可としたりしなり。
第一七軍司令部は参謀一一名に増強することとなり、高級参謀小沼大佐飛行便にて第一着に到着これにて一七軍も信頼し得るに至るか。

九月二十日　日曜日　〔半晴〕
ソロモン方面本日も天候不良にて航空攻撃不能となれり。昨日及び本日の空襲によりその航空勢力を傷め、我が支援部隊は南下ガ島の敵及び艦艇撃破の計画なりしY作戦もまったく望みなきに至り、これを取り止め支援部隊のトラック入泊待機その他関連事項を発令せり。

頃日《けいじつ》来の艦隊使用燃料一日一万トンに及びラボール方面例によりて油槽船の不足を訴う。呉の在庫量六五万トンに減ずという心細き次第なり。

これがため艦隊の作戦行動に支障を致すがごときことなからんを望む。司令部も不要の行動を戒め努めて燃料の節約を期すること肝要なり。

ラボール方面対空射撃の不統一不熟練なる言語に絶するにより、大和、陸奥より士官以下を派出講習を実施せしむることとし、本朝出発せしめたり。

九月二十一日　月曜日　〔雨〕

ソロモン方面相変わらず天候不良、一部はモレスビーを室襲せるも成果不明なり。

ガ島の西端カミンボに対し駆逐艦にて輸送継続中のところ、今夜は荷揚げ中に敵機の来襲を受けたり。月明の夜本法も大いに危険なり、大発による機動方策を速やかに実行すべきなり。

九月二十二日　火曜日　〔雨〕

戦況特に変化なし。三水戦司令官は月夜の輸送を一時中止せり。

陸軍増援部隊の輸送内地、朝鮮、香港、フィリピン、ジャワ、スマトラ等よりし護衛計画複雑なり。何でもかでもと寄せ集めて間口の狭きを思わざる風あり。

九月二十三日　水曜日〔晴〕

前進部隊、〇九〇〇南水道より入港、一五〇〇長官来訪報告あり、機動部隊一四三〇北水道より入泊、長官一八三〇報告、今度は何の獲物もなく油をつかいたるのみ。ただしその労はこれを多とすべし。

九月二十四日　木曜日〔晴〕

北面して秋季皇霊祭遥拝式を〇七〇五施行す。我が祖先及び知子の霊に対して同時に瞑目これを祈る。彼岸の中日とて食膳におはぎ三個並ぶも本日の暑さを以てはその気分出でず。

午後、一七軍参謀一名、参謀本部員二名と共に来訪南下の途中なり。今少し早くこれだけの力を入れたらんにはあのような失敗を招かざりしものを。

九月二十五日　金曜日〔雨〕

昨今も天候不良、ガ島攻撃不能、ブイン新設飛行場本日試着陸の予定なりしところ一昨晩の降雨のため本日未完了。されば戦闘機の移動不能となれり。

月夜の輸送危険あり、何とかせざれば輸送は遅延し攻撃開始は延期に陥るのみなり。悪天候を征服して攻撃する方途今少し真面目に研究を要す。

本朝来腰痛あり、若干熱気を覚ゆ。ラボール出張中デング熱かマラリヤを感染せるにあらざれば幸いなり。

九月二十六日　土曜日〔小雨曇〕

昨今いやここ旬日、ガ島攻撃不可能なるに反し敵はいよいよ跳梁し本日午前九時過ぎショートランドにB17七機来襲、損害軽微なりしも一昨日の由良の損害と言い事態は安堵すべからず。

一方、南東方面艦隊参謀長より敵はショートランド方面来襲の算あり、支援部隊の出撃の要ありと申し来る。

通信諜報は八月七日前及びソロモン方面海戦前の状況に似通いありという何かやるかも知れぬ、主力艦の補給はまだしも瑞鶴未だし（明日可能）自主的の考えばかりにて敵情に応じいつにても出撃し得るの姿勢欠くるは、まさに我が司令部のいつもの弊害なり。注意を与える。

訓練もさることながらこの地に進出しありてカ号作戦に大影響を及ぼす事項に対し、何ら施すところなかりしとありては誠に遺憾千万なり。夏島錨地の工作船浦上丸に横付け修理中の伊三三潜水艦は午前九時二十三分幹部の過誤に基づき沈没するに至れり。何たることぞ。

すなわち同艦はソロモン方面作戦昨夕刻帰着、前部発射管下管不具合のため浦上丸に横付けし、艦首持ち上げのためトリミングタンクの水を移動しなお足らざるにより、掌水雷長は浦上丸にて修理方法協議中の先任将校に届け、後部メーンタンクに注水したりベント開放の音を聞くとともに後部沈下し、開放中のハッチより浸水わずか二分間にして後部より沈没せり（司令塔及び前方ハッチはこれを閉鎖したるも後部は間に合わず）。

乗員は半舷上陸中にして艦と共に運命を共にしたる者、航海長中尉以下准士官以上七名、下士官兵三七名、計四四名なり。沈没より五個の気泡群猛烈に立ち上りて潜水夫も近寄れず。

午後状況大体判明せるが艦は前後二度左に二度傾斜しあるのみ、機械室に打音を聞くという。一部生存の望みあるも救難浮標も離脱、取り外しまたは陸揚げしガスマスクを搭載しある状態においてはあせるとも空気を送る以外方法なし。

この多端なる時機にこの椿事を起こす、誠に申し訳なき次第なり。潜水艦の災厄一を手当てすれば他が起こりこれに備えれば新なるものさらに生ず。

ただし今回のごときはまったく機構にあらずして幹部の最大の不注意に基づくものとせざるべからず心すべきなり。

九月二十七日　日曜日〔晴半曇〕

松村第六艦隊参謀来艦、伊三三潜水艦に対し本朝潜水夫を入れたるに昨日反響ありたる機械室の打音なし。絶望の旨報告す。

人命救助の望みを失したる以上、昨日参謀長の言のごときメーンタンク及び内殻のブロー排水等にて容易に浮揚の目的を達すべきにあらず根本的研究の下に成算を以て着手すること肝要なり。

浦上丸第六艦隊の仕事には難事に過ぎるべし。査問会組織に大和艦長高柳少将を委員長とし幕僚二名を加えたい申し入れに対し同意す。

本日長官陸上視察の後島人躍りを見らるる予定なりしところ、本事故発生により後日に延期す。

久し振りにガ島の空襲成り立ちたり待望の攻撃成果如何。本夜より駆逐艦及び舟艇機動による同島への輸送開始す。未だ月明その成功を祈る。（結果は数機撃墜、飛行場爆撃）

九月二十八日　月曜日〔スコールと半晴〕
渡辺参謀、大前11ＡＦ参謀、辻参謀本部作戦課員、林一七軍参謀等飛行艇にて三時半頃ラボールより帰航来艦、作戦に関し種々協議中なり。

陸軍は一木支隊、川口支隊失敗の原因に鑑み、さらに増勢の要を認め高速輸送船五隻を加えるにあらざれば困難なりと言う。

本輸送船の突入は我が航空作戦はもちろん、支援部隊の行動及び巡戦を以てする砲撃等影響するところ大なり。

さりとて輸送の遅延は攻撃開始の遅延となり月齢の関係上一月を延期せざるべからざるに至る。輸送船の被害も覚悟し相当思い切ったる処置を要すと認めらる。

本日ガ島攻撃において敵戦闘機三六機と渡り合い、うち一〇機程度撃墜せるがごとし。ただしガダル守備隊長の報告は爆撃三十分前敵戦闘機三六離陸終了後二十五分にして同機数着陸せる上、後刻一八機（内三Ｂ17）着陸せりと、殊に自爆九機を報告せるは遺憾なり。

攻撃部隊の報告戦果と離着陸の飛行機との数合わずして、我のみ損害の大なる如何とするか。

飛行機輸送任務に従事中の大鷹はトラック南水道の南方四〇カイリ付近において敵潜水艦の攻撃を受け、魚雷一本艦尾に命中、死傷一三名、自力一六ノットにて入港せり。

第二護衛隊付有馬成甫大佐来艦、近来潜水艦による被害少なくなれるは結構なりと話し合える直後の出来事なり。第四工作部にて修理し得べし。

第一一航空艦隊長官塚原中将去月二十一日よりマラリヤ及びデング熱に罹病、過般余の面接せる時期にはほとんど快癒の状態にありしが、その後胃腸を害し栄養摂取充分ならざる電に接す。

よって長官より大臣宛て本方面の作戦は今後熾烈化しこれが一段落を見るには相当の時日を要する次第につき、この際更迭の上静養方取り計らわるるを適当と認むる旨至急発電せり。

九月二十九日　火曜日　〔スコール、晴〕

本日ガ島の空襲を実施せり。敵機は空襲時前三十分くらいに離陸終わって暫時の後着陸するを例としその数極めて多し。斯くしては撃墜、撃墜と言うも怪しく昼間飛行場の攻撃はほとんど価値なしと言うべし。

防空掩護のため南下中の駆逐艦秋月は、ブカ島付近において敵B17一二機の攻撃を受けたるも被害なくその一機を撃墜し防空駆逐艦の価値を始めて発揮せり。

九月三十日　水曜日　〔晴〕

○九〇〇千代田標的及び筒一一個（六及び五）を搭載呉より急行し入泊す。艦長来艦報告によれば、訓練及び整備においてなお不充分の点あり。

何でもかんでも呼び寄せたる感なき能わず。これが使用は成算確実なる場合のほか実行せしむべからず。しからざれば今日までの実績に徴《しる》し無為に犠牲を多からしむるに過ぎず、その旨参謀に注意し当分訓練に当たらしむることと為せり。

本日ガ島の攻撃を実施せず、整理待機に従事す。駆逐艦の輸送は月明を避け明日以後なり。

昨夜哨線にある潜水艦は駆逐艦一を随伴針路一九〇度の輸送船一隻（七〇〇〇トン級）を撃沈せり。惜しむらくは荷役終了帰途にありしものなり。

昨夜半、東京の東五一〇カイリに敵飛行機らしきもの二機を哨戒線において発見第五艦隊は警戒電を発し、二二戦隊、一水戦等青森湾より出動せり。

なお昨日キスカに相当の敵機（十数機来襲）、潜水艦その他に損害を与えたり。敵策動するか、来たれ目に物見せんと大きく出るもののこの際本土奇襲等はくわばら、くわばら。

過日来何事か南東方太平洋にあるべしとは通信諜報の警戒を与えるところなるが、本日まで特別のこと起こらずこれもまた起こらざるにごとくはなし。

人事局長より十月一日付塚原中将軍令部出仕、あと草鹿任一中将の内報に接す。

伊三三潜水艦なるべく速やかに引き揚げ救難すべき大臣命令、長官宛て来る。命令はまさに受領、ただこれが方策と順序なり。作戦中貧弱なる資材のほか有せざる当地において急ぐとも詮方なし。充分なる御膳立てなかるべからず。その御膳立てを為すべき人材あらざるを憾む。

盛夏早々陥《はま》つべく予想せられしスターリングラードは独一〇〇万の兵を動かして進捗意のごとくならず、ソ連もスターリンの死守厳命により死力をつくしあるがごとし。

本市の陥落せざるにおいては独の作戦は予期に反しその与える影響甚大なり。いかなる犠牲においても目的の貫徹枢軸側にとり極めて肝要なり。北アフリカまた進まず。

地中海連合国側の制海制空相当に盛り返せる観あり。帝国はソロモンに今や全力を払い準備の時機にして西アジアの協力に充分ならず。ここしばらくは枢軸側の絶大の努力を以て押し切るべき場面なり。

九月も今日を以て終わる。思えばこの月は無為なり、為すありたるも効果なき月別名をかい無月とするか。

昭和十七年十月

十月一日　木曜日　〔晴〕

神無月とは是如何、一誠の存するところ神霊みそなわさずしてあらんとも思われず、この月けだし神有月《かみづき》となるべし。

ガ島攻撃休止、過般来無線諜報により敵機動の算ありとなし、これに備えるべく待機状態を維持するは策の得たるものと為さず。連日の攻撃精神こそ現下における全部なれ、思うようには動かぬものなり、自分の妻において然り、子において然り。

本土方面、吉良二二航戦司令官本朝東方の索敵に努力せるも何ら得ざりしがごとし。幸いなり。伊三三潜水艦引き揚げに関して一般に熱なく、他人事をなすのごとき感を抱かしむ。

艦隊機関長と桝方司令部付との意見対立は、せんじつめれば同じことながらやや感情的なり。麾下の艦艇を根拠地内に戦ならずして沈没せしめて手がつかずとは以てのほかなり。

今や全力を挙げて戦いつつあるとき、内地に求むるも人の余裕、物の余裕、平時のごとき到底望むべからず。遊びつつある人もなしと言わず、貧弱なりといえども第四工作部あり、海上には明石浦上丸の存するあり。

艦隊長官に大臣より命令あらずとも、これを救難引き揚げざれば御上に対しても犠牲者に対しても申し訳立たざるにあらずや。余は艦隊の全力を挙げ而して必要の人員資材の応援を内地に求めてこれを引き揚げる決意を為す。

十月二日　金曜日　〔スコール、晴〕

夜、長官来談時余に及ぶ。打ち解けたる雑談共に楽し。

昨今、航空作戦当方所望のごとく軌道に乗り攻撃隊若干は誘導隊となり、主として戦闘機の空戦により十余機宛撃墜しつつあるは喜ぶべし。

昨日葛城丸ラボール東南方において敵潜により沈没、船長以下大分の乗員はこれを救助するを得たり。本未明ラボールに敵機三来襲、天龍後部に一発命中せり。

昨夜の駆逐艦四隻による輸送は三隻成功し、一隻は敵機回避の際舵故障し引き返せり。舟艇機動は相当の難物なるよう見受けらる。鹿島対空教練参加のため艦隊錨地に来泊す。

参謀長の来艦を求め、伊三三潜水艦引き揚げを第四艦隊長官に命ぜらるるにつき説明を与える。中央に対し大体方針を述べ若干の人員を要求す。

十月三日　土曜日　〔晴、スコール〕

本日も戦闘機によるガ島攻撃成功せり。

日進は陸軍関係重火器輸送のため〇六三〇ショートランド出撃せるが、一五四〇敵単発飛行機二〇機の攻撃を受けたるも損傷なく進行中。二一三〇より二三三〇の間、無事揚陸を望む。

けだし飛行場砲撃等今後の作戦に影響するところ大なればなり。

午前五時三十分頃ショートランドに敵電撃機三来襲被害なし、一機撃墜捕虜の言によればタウンスビルの南ケーズ飛行場を一〇機にて発、途中引き返せるものありて三機となれり。帰途はモレスビーにて補給の予定なりしと。

暗号書及び地図を押収せるは効果的なり。雷撃法上手ならざるもオーストラリアより出発し、半月の夜を以て肉薄す。その技決して侮るべからず。彼らよりせば捕虜となるも名誉において満足なるべし。

主隊支援部隊各艦の燃料充実終わる。補給は作戦の前程なるにかかわらず、遅れ気味手一杯の状態なるを遺憾とす。

ガ島奪回作戦の構想、いや命令案を通信参謀説明す。数点において不充分の点あり再研究を命ず。これにても燃料補給問題にて左右せらるるところ多し。

第八艦隊より陸軍との打ち合わせにおいて今後の作戦予定相当詳細に打電し来る。この種のこと先決なり。これにより敵の動きを洞察し我が艦隊の行動を決すること肝要なればなり。

室井参謀はデング熱軽く本日顔を見せたり。藤井参謀は四五日になるも風邪の後なお会食せず。参謀も少し疲れたり。適当の休養を与えたくも当地においては如何とも計らい難し。後二カ月くらい辛抱せよ。呵々。

十月四日　日曜日　〔曇時々スコール〕

昨日のガ島攻撃は戦闘機二七機突入せるも敵を発見せず一群は機銃掃射に移れり。このとき、敵グラマン攻撃し来り零戦数機を撃墜せるも我が方自爆未帰還を合わせ九機に及べり。

日進は昨夜揚陸地点において敵機の攻撃を受け至近弾のため多少の損害ありたるも第二師団司令部その他一五榴等を無事陸揚げ一部を残して避退せり。本早朝敵機一〇機の攻撃ありたるも、このたびは損害なくしてショートランドに帰着せり。

２ＳＦ内海出撃トラックに向かう。九日入港の予定。

９Ｓの北上は舞四特陸その他を乗艦ショートランドに向かえり。

作戦命令訂正の後承認す。近来少しく計画において慎密性を欠くの嫌あり。参謀長決して油断あるべからずと自らを戒しむ。

作戦打ち合わせ
一、川口支隊前回不成功の因
　これに対する観念上の注意
二、敵の対抗意識とその手段
三、作戦実施上の諸注意
（イ）航空撃滅戦の強化、飛行場制圧手段
　3Sの砲撃関係
（ロ）輸送船団強行突破
　敵飛行機の程度　軽快部隊昼間砲撃
（ハ）敵基地の攪乱と我眼を出すこと
（ニ）飛行場占領後の利用活動
（ホ）燃料補給と行動の関係
（ヘ）敵の牽制または第二手段に対抗するの心構え

十月五日　月曜日　〔天候前日に類す〕

索敵機二、ソロモン南東方に通信なく、一は往途、一は帰途消息を絶てり。その原因戦闘機による撃墜と為し、敵機動部隊行動の算多しと見、南東方面艦隊は明日専らこれに備うることに発令せり。第六艦隊に対し潜水艦を以て索敵すべきを当司令部また発令せり。何が現るるや？

対潜見張り及び潜没潜水艦実施のため対潜教練を行う。竹島の全飛行機クルクルと大旋回して視認、状態を確認せり。今後鯨やイルカを潜水艦と見るべからず。

二時半頃、第一七軍新参謀長宮崎少将及び中瀬海軍人事局一課長来艦す。

長官室において参謀長に対し現下の一般作戦につき説明し、かつ協同作戦上要望するところを伝えたり。彼も前任者と異なり理解よし。ただその実績を挙げるに遺憾なからんことを望む。

十月六日　火曜日〔晴〕
一六〇〇過ぎより第三戦隊錨地北方の住吉島に対し徹甲弾、零式弾、三式弾の実験射撃を為し来るべき破天荒の作戦に備える。

十月七日　水曜日〔晴〕

ガ島所在我が部隊方面に対し敵飛行機及び海岸よりする砲撃等加わる。本日直衛機の進出不能。日進の進撃途中より引き返す。

ブイン飛行場概成せるも戦闘機の進出また遅延せるがごとし。すべては遅延がちなり。高速輸送船団の進入揚陸のX日を十五日に改むるの必要生じたり。

宇品方面より進発せる陸軍輸送船団の波上丸ラボール北西において敵潜の雷撃を蒙り沈没す。一三三〇新一一航空艦隊司令長官草鹿中将、サイパンより飛行艇にて来着一四〇〇より艦隊幹部を集合して作戦打ち合わせをなす。

一六三〇終了、各長官夕食を共にす。陸軍築城本部長一行視察指導の見地より突然来着、明日改めて打ち合わすこととせり。

作戦実施の適否により指揮官を処分するに中央においてやや神経過敏の点あり。山本長官の腹も伺い人事局長宛ての手紙に記入す。

長官の心裡は「いかなることといえども麾下の失敗は長官の責任に在り。下手のところありたらば今一度使え必ず立派に仕遂げるべし。奮戦の後艦沈没するに際し、艦長の生還するを喜ばずと為さば前途遼遠のこの大戦を遂行することを得ず、飛行機は落下傘によりできるだけ生還を奨励しあるに艦船は然らずと言う理なし。無事を押し通さざれば勝算なき戦において、殉職を求むれば長官の命令は渋るべきなり。自分は日露戦争における山本海軍大臣の腹、東郷司令長官の苦心を想起してただその及ばざらんことを戒めおれり」。

大臣は人事を左右する権あり。長官はその人を用いて戦争目的を達する大責任者なり。両者の観念に懸隔あらば結局は長官の指揮統率を害するの結果となる。慎むべきは中央最高部の言動なり。

十月八日　木曜日〔晴〕

○七三〇出艦、約四十五分にして夏島錨地の鹿島に達す。秋山（中将）築城本部長以下陸海軍の防衛視察団すでに来艦しあり。

○八三〇より打ち合わせ会議を開き一〇三〇終了。陸軍も了解して太平洋方面に二五個大隊特科部隊を加え、五ないし六個師団兵力を充当することになれり。大体標準を明年中期に置き防衛を全うせんとするにあり。当然と言うべし。

夕食は一行を招待して賑わう。一行は明早朝クエゼリンに飛行し、東方視察の後、チモール方面に向かい、本月二十五日頃ラボール着、占領後のガ島を視察するはずなり。

日進輸送に進発途中雷撃機を加えたる敵機十数機の攻撃を受けたるも水上戦闘機の奮戦により事なきを得たり。二機不時着し人員を救助す。輸送の困難まさに頂点に達す。

加えるに敵は七日以来ルンガ岬に装備せる一五〇サンチ探照燈を使用し始めたり。

ブインの新設飛行場に着せる基地部隊は半数転覆すべしとなし、晴雨にかかわらず使用不能と報ず、何ぞ弱気なる。あらゆる困難を征服すべき時機、欲を言わずに使いこなせ。

山崎一潜戦司令官健康状態不良、栗田第三戦隊司令官も微熱続くという、用心快復を祈る。

十月九日　金曜日　〔晴〕

塚原前一一航空艦隊長官テニアン直行の予定を変更し、報告のため一一四五トラック着、粥食程度となれり。山本長官一一三〇出艦、陸上において面接後伊三三潜現場視察、陸上を回り一五三〇帰艦せらる。

岸第九戦隊司令官北上を直率してショートランドに輸送を終わり、本日午前、帰港来艦す。原第八戦隊司令官作戦計画につき、参考意見を送付し来る。

長官も先般来少しく過敏に細事を質問せられまた言明せらる。余り御心配を掛けざるよう参謀に注意せり。

今次の作戦は連合艦隊の大部を以てし、しかも陸軍の本腰によるもの多少の曲折はあらんも必ず成功を遂げざれば申し訳なし。これがために作戦計画に不成功の場合を記註せざりしなり。しかれども必成を期するためには、なお研究し置くべき事項あり。

左の件計画を参謀に命ず。

一、輸送船団の進入著しく遅延の場合、及び大半不成功に終われる場合の方策。

二、X—Y日間敵制圧続行手段。

三、Y日前後陸上戦助攻方法。

四、Y日以後陸戦渋滞の場合の処置。

五、飛行場占領後ツラギその他掃蕩戦要領及び策応方策。

六、敵情に対し支援部隊の行動頻繁しかも戦果を挙げるに至らず、または油槽船事故のため燃料不足を予想する場合の処置。

実に本回の奪回戦いかなることあるも成功を要す。八月七日敵の奇襲を受けて直後に策定せる作戦方針中最悪の場合に処する第二案を実行しつつあり。

これにして不成功に終わらばまた何の計画かあらん。すなわち連合艦隊処置なしと言うに陥る。長官の立場、余輩の責任と言い、けだし容易ならざるものありと今より覚悟す。

十月十日　土曜日〔晴〕

昨日の戦闘機の大挙ガ島攻撃は敵を見ずして帰る。まったくの肩すかしなり。敵としては当然なり。手を用いよ。新なる方法を。輸送の帰途本朝龍田駆逐艦に対し敵機の攻撃熾烈若干の損害を蒙れり。

ガ島に昨夜進駐せる第一七軍司令部戦闘司令所は川口支隊の餓死に瀕しつつあるを告げ、人員を止めて糧秣及び飛行場制圧用弾薬のみを急送すべしとショートランドに命ず。左もあらん。

本件はラボール辞去の際、連絡参謀に注意し置きたるところなるが、派遣軍隊は行くところまで行かざれば落ち着かず。輸送する機関も人員の方楽にしてその頭数を気にして実際即時必要なる機材糧食弾薬をなおざりにしやすき弊あり。今後においても注意を要するところなり。

いく日を経るも歯の治療奏功せず。ついに右下奥より三番目を抜く、これも形見として貰い受ける。

十月十一日　日曜日　〔晴〕

〇三三〇第二艦隊（第二航戦を加える）出港。

一〇〇〇第三艦隊同じく北水道より出撃それぞれ配備に就く。長官と共に甲板に在りて見送る今後の作戦必成を祈る。

第一七軍参謀長宛て「連合艦隊はX日（輸送船団入泊の翌日）を十五日とし前進部隊機動部隊本朝トラックを出撃せり」と打電以て我が行動を了解せしむるとともに陸戦（飛行場砲撃を含む）猶予遅延を防止せんとす。

カビエンにおいて横付け補給中の第二図南丸及び△それぞれ敵潜の魚雷各一を受け辛うじて沈没を免れたり。

ガ島の空襲本日は二弾引の手を用いたり。一〇三〇頃戦闘機一八機突入せるが空戦なし。

折からの北東方よりのスコールにて敵哨戒機出発しあらず、絶好と見たるが我が突入前立ち上れるものか、第二次は一時間後戦闘機を伴う中攻の攻撃なりしが天候不良にして進入し得ざりしがごとし。惜しきかな。

これに反しモレスビーよりは暗夜をついて一〇機程度来襲、従来遠慮したりし居住区に七〇弾を投弾、死傷一一〇名相当の損害を蒙るに至り、一一航空艦隊は早速三艦隊戦闘機の増勢を乞えり。

本朝堂々出港せる空母より搭載機の揚陸は到底受諾する限りにあらず、我もまた夜間攻撃返報せよと返電す。

一一航戦の水上機損害ますます加わり、かつ国川丸の機械不良となりたるにより同船の機動部隊編入を解き、東方索敵は機動部隊の自隊飛行機によることに昨夜発令改む。

今夜、第六戦隊ルンガ岬沖に突入、飛行場方面の艦砲砲撃を行う。相当の手応えあるべしと予期す。

艦隊錨地空虚となり警戒上不利あるを以て、大和、陸奥一二〇〇以後九戦隊明石等、いずれも春島南方に錨地を移す。

釣好きの士大喜びにて早速相当のものを釣り上げたり。

少しく溜まりおりたる手紙、久し振りに筆執る。

十月十二日　月曜日　〔晴〕

昨日、ガ島飛行場砲撃の目的を以て進出せる第六戦隊及び吹雪、白雪は二一三〇サボ島の西方一八カイリ付近において敵巡洋艦三隻以上、及び駆逐艦数隻に遭遇、ここに夜戦を惹起せり。

敵重巡一轟沈、艦型不詳の巡洋艦一大破、乙巡一及び駆逐艦一を撃沈せり、我が方古鷹航行不能、二三三〇沈没（人員四〇〇名駆逐艦に救助）。吹雪沈没、青葉一時通信なく如何と案じたるに水上損害大なるも高速発揮可能なること判明、ただし五藤司令官重傷、本朝に至りて青葉艦長六戦隊の指揮を継承す。

三番艦衣笠、大いに奮戦したるがごとし。敵は我が毎夜の輸送に飛行機攻撃のみにて効果少なきよりこれら艦艇を以て夜襲を企図したるものと判断せらる。

日進、千歳、ガ島にて揚陸作業中なりしが終了、南方航路にて復航無事なるを得たり。本朝引き揚げに際し敵艦爆機の攻撃盛んにして叢雲航行不能、夏雲また沈没の厄に会す。

昨夜会敵の第一報を受けるや、基地部隊に本早朝の索敵攻撃を下令し支援部隊の急速南下を命じ万一に備えたり。不意の会敵、全般的に衝動を与え本朝二時半ようやくにして就寝するを得たり。捜索の不良ここに到らしむ。大なる六戦隊の砲撃期待もここにおいて水泡に帰す。

本早朝より敵機動部隊に対し索敵攻撃に出発せるも、サボ島の北に巡洋艦二隻、うち一隻重油を漏洩行動不能なるを発見、これが攻撃を下令せるも天候不良とかにてこれを逸し一部はガ島飛行場を爆撃したるのみ、ガ島の南東方に敵巡洋艦一、駆逐艦二、運送船一隻の北上を潜水艦により発見す。

ガ島敵機の制圧に対し航空戦の効果僅少、要望せる陸軍砲を以てする砲撃また未だに実施を見ざるも輸送船団は今夜ラボールより四隻、ショートランドより二隻進発のはず、その進入も陸軍の要望は遅延を許さざるを以てX日を十五日と決定し、明十三日の全力航空攻撃引き続く第三戦隊の夜間砲撃決行を下令し、断乎たる決意を表示す。

宮崎第一七軍参謀長大前、源田一一航空艦隊参謀一一三〇ラボール発一六三〇来艦、日没後打ち合わせを行う。

彼らの来意は第三戦隊の砲撃決行輸送船団の予定進入を求むるにありたるが、すでに発令済みと聞き大いに安心せるがごとく、なお今後の作戦実施につき陸戦と睨み合わせて打ち合わせを行う。参謀長は一七軍戦闘司令所に赴かず、ラボールに止まりて要務を司る。

要談終わり参謀長と前以て成功を祝し酒杯の間歓談す。

近作一句（公室にぶら下がる岐阜提燈いまだに取り外さず）

過ぐる秋

岐阜提燈のあ津さ加那

十月十三日　火曜日〔半晴、風あり〕

○八三〇索敵機はレンネル島の南東七〇カイリに敵空母、巡二、駆二の東南に航するを発見す。

一二〇〇過ぎさらにスチュワート島南方八〇カイリに敵主力艦一、巡一、駆二の針路二八〇度速力一六ノットなるを発見す。空母を伴うおそれあるが発見しおらず。

もし付近にありたらば南下中の第三戦隊に対し、夕刻まで空襲可能の距離にありたるが幸いにそのことなし。以上大物二群のほかルンガには商船二、駆一及び哨戒艇数隻あり。サボ島の西方軽巡遊弋しありという。

第三戦隊今夜の挺身攻撃は、絶対必要にして万難を排し決行すべきこと及び不意の会敵に備え状況によりては一部兵力（前進部隊指揮官は当方の令により二水戦全部を付することに変更せり）を先行せしむるを適当とする旨注意す。けだし小物にとらわれて主目的を逸することなからんを望めばなり。

本日基地航空部隊大挙してガ島を襲う、第一回、第二回とも敵機の大部地上にあり。炎上四カ所くらいずつありて効果大なりと報告す。また実行難にありたる陸軍一五榴弾砲の飛行場砲撃、本日日没後より二門を以て開始せるところ一カ所炎上を来せり。

これにてようやく芽を吹き情勢は好転し始めるものと考えらる。思えば長き苦心と努力なりしよ。

第三戦隊、第二水雷戦隊より成る挺身攻撃隊は〇九過ぎ敵飛行艇を遠距離に発見せらるることなくサボ島西方よりルンガ岬沖に進入、一三三〇より陸上灯火（三カ所）を指導目標とし主砲間接射撃（水偵及び陸上観測併用）を実施せり。

弾種三式（散開弾）、零式（通常瞬発弾）及び徹甲弾総計九二〇発、航行速力一九ノット、一往復を以て〇〇一〇終了。サボ島北側を経て二八ノットにて避退せり。

十月十四日　水曜日　〔曇、涼し〕

前古未曾有の三六サンチ砲を以てする夜間飛行場砲撃はまた見事の成果を収めたり。飛行場方面一面火の海と化し大炎上、小炎上無数誘爆を伴い、黎明に至る。しかも我に何らの被害なし。断じて行えば鬼神もこれを避く。

従来幾度か実施を迫れる夜間爆撃も九六式中攻を使用し昨夜一機ずつ三回ガ島を奇襲し、相当の成果を収む。一度勢い付かば難事もまた難事足らざるに至る。心理の働きまさに微妙と言うべし。

本早朝、敵機の状況いかと見るに、戦闘機一機、艦爆数機というがごとく離陸また着陸し、また後に至りては二〇機の艦爆北東方より来るありて次第に活動を増す。

昨夜の攻撃は敵に大打撃を与え、飛行機においては少なくも八〇余機中の三分の二を破壊せしめたるが、敵は残余の諸機を動員整理して対抗しつつあるものと認めらる。飛行場使用不能を望むは余りに欲の深きものにして、むしろ警戒を要す。

〇三〇〇砲撃成功と見たるを以て支援部隊の南下敵艦隊の攻撃を命ず。前進部隊は補給部隊の急速南下を命じ、自隊ガ島に近接の様子見えたるを以てガ島飛行場使用の状況において敵機動部隊を発見するまで、二〇〇カイリ以内に近接せざるよう注意す。手綱の使い方よく心得べし。

機動部隊は南下中敵飛行艇一機の接触を受け、一時北西に擬航路を執り夕刻より明朝の地点に達するごとく行動す。

本日敵機は二艦隊及び三艦隊をそれぞれ発見せり。ただ二航戦の発見は疑問なり。敵は我が大部隊の所在するに吃驚したるか、我が索敵機により容易に発見せらるる地域にあらず。

敵空母群（昨日レンネル島の西方にありたるはほぼ同勢力の二群なりしがごとく、また千歳水偵はインデスペンサブル礁を基地とし、レンネルの東に雲の合間より空母らしきもの一を発見しありしこと判明せり）は本日全然顔を出さず。

一一〇〇頃サンクリストバル島東端の南東七〇カイリに昨日の戦艦を含む一群の南東に航するを認

めたるのみ。したがって支援部隊を以てする攻撃不能に終われり。

高速輸送船団（陸軍四隻、海軍二隻）は本早朝イサベル島北方に集結し護衛部隊（四水戦を主とし同司令官は秋月に乗艦指揮す）と共に南下、午前中敵に発見せられたる報なきを喜びたるが、一四〇〇敵機約二〇機の来襲に会し投弾数個難を免れる。

今一度来襲の算ありとなせるが果たして日没前同数機の攻撃を受ける。これまた損害軽微、隊形を整え二〇〇〇サボ島の西方に達するという。日の暮るるこそ待たれる。

当方面昨今天候概ね良好、本日のガ島空襲も可能、ブイン、ブカ飛行場よりする戦闘機及びショートランド、レカタよりする水上機の全力上空警戒もまた輸送船団の損害をなからしめたる所以なり。天我に幸いす。

夕刻に至り明日の作戦に関し索敵範囲、前進部隊はソロモン南方の敵攻撃、機動部隊はソロモン東方ないし東南方の敵艦隊の攻撃を指令す。各隊はすでに自隊の行動下令後にして本指令はやや遅れたる観あり。

千代田に搭載せる六個の甲標的の使用に関し、かねて参謀に研究を命じありたるにかかわらず、三水戦司令官は本朝千代田をも率いて出撃し、サボ島方面において標的を敷設、ルンガ沖またはツラギ方面に使用を命じたり。

参謀はまたこれをガ島とラッセル島との間に敷設し輸送船団の揚陸作業掩護に変更せしめんとす。いずれも本職の大不賛成に会しついにカミンボ基地に下ろし、敵情により特に必要とする場合使用することに判然と下令せしむ。

当司令部において使用方針立たざるものを外南洋部隊に編入し、何ら知識なき軍機兵器を第三水雷戦隊司令官をして使用せしめんとす。

これが準備を命じ千代田に搭載作戦地に回航せるは可なるも、まだ基地の調査も完了せず、これが充電その他の親船たるべき潜水艦ともまだ顔合わせせず、いわんや通信訓練も手筈もなしあらざるものをすぐに夜暗洋上に敷設して宛てなき敵の哨戒に当たらしめんとす。しかも敵味方の混淆は最も危険なり。

繊弱なる本兵器は一度放たば爾後の収容極めて困難なり。的確なる目標をつかんで基地より進発してこそ、甲斐あれ。

連れて来たるにより何とか使用してやらんの思い遣りは宜しきも、人命と兵器を軽んじ死地に投じて何ら作戦上寄与せざるの結果に陥らしむるは、余の最も残念とするところなり。小乗に堕すべからず。

右と同様のことは過般作戦計画樹立に当たりエスピリサント島に潜水艦によりS特陸を上陸せしめんと強調せることとなり。

昨日、潜水艦飛行機により偵察せるに、海岸要点には哨戒艇を配し飛行哨戒を行いなお南側の入海には軽巡二、駆逐艦数隻、運送船七隻等の所在するを発見せり。

特陸四、五〇人と小発一隻を搭載し、行動一カ月に垂《なんな》んとしたらんには、しかもこの地に上陸せしめたりとせばいかなる結果に陥りたらん。着想は可なるも準備と確算なき思い付きの無謀は長官も決して奨励せられざるべし。近来その例多きは誰の罪か。余の採らざるところ今後もまた然り。

残念なる一事は伊三〇潜水艦の沈没なり。同艦は特殊任務を帯びてインド洋作戦後単独にてアフリカを回り欧州に使いし、当方よりの物件書類を無事仏領独潜水艦基地に入りて独側に交付し多大の歓迎を受けたること、過般の新聞における電送写真及び大本営の発表せるところなり。

しかるに昨十三日〇九三〇昭南港に入り用務を達し、一六〇〇出港、横須賀に向かえるが商港の南方掃海水道の出端《はず》れにおいて浮上状態において触雷沈没するに至れり。

下士官兵十数名のほか救助せられたるも同艦にて帝国海軍の現下最必要とする新兵品、部分品等搭載し来りたるもの、これが主目的なりしに航程の八分強を過ぎ、しかも我が占領港域においてこの災厄に介す。

遺憾至極にして中央並び枢軸側に申し訳なきところなり。何とかして搭載物件だけにても揚収すること肝要なり。

第三戦隊の砲撃、陸軍砲撃開始、空襲等の大成功より昨日十三日は大吉と見たるが、やはり中吉なりしか。

防空駆逐艦を以て新に編成せられたる六一駆逐隊司令則満大佐、照月を率いて内地よりトラック来着匆々《そうそう》にして南方に去る。秋月の働き振りよりするも確かに本艦型は成功せしものと認む。

昨夜、三戦隊の砲撃時、敵の魚雷艇六隻ツラギ方面より来襲一隻発射せるもこれを撃退せるの報告に接し、今夜侵入飛行場砲撃予定の鳥海（八艦隊旗艦）及び衣笠その他に警報す。

輸送船隊二二〇〇無事泊地に進入せるは喜ぶべし。鳥海飛行機二一三〇基点の三一〇度五カイリに敵巡洋艦一隻を発見せり。果たして今夜の砲撃可能なるや否や。

鳥海及び衣笠は幸いに敵と相見ゆることなく進入し、二三四〇射撃開始、約半時間にして各艦四〇〇発の砲撃を加え一、二火災を生じたるも効果昨夜のごとく偉大ならざるは当然なり。

十月十五日　木曜日　〔曇〕　X日

輸送船団揚陸作業中、未明水上機、次いで二航戦の戦闘機半数、それより昼間基地戦闘機と言うがごとく終始上空警戒を付し警戒したるが、午前八時、九時半、一一時と三回敵機二〇機内外ずつの攻撃を受け、笹子丸（陸）、吾妻山丸（海）、九州丸（陸）、と一隻ずつ被弾火炎を起こし、これらは海岸に擱座したり。

南海丸（海）は午前中に荷役を終了、駆逐艦一と共に出港したるが、一〇〇〇大体八割終了、爾後危険なるを以て四水戦司令官は一時回避を命じ日没後一七〇〇再入泊、揚陸に応変の処置を講じたり。

機動部隊はスチュワード島の東方まで南下索敵せるに、ガ島飛行場の一二〇度三〇〇カイリ付近に軽巡一及び浮船渠らしきものを曳航中の三〇〇トン級船及びその南方に輸送船二隻を発見し、千歳水偵また後刻同一敵を報告す。機動部隊にこれが攻撃を命じたるところすでに攻撃隊は発進しありたり。

午後に至り機動部隊の前衛と敵との距離大ならざるにより、適宜の兵力を以て撃滅すべきを命ず。前進部隊もまた本未明、ガ島の北々東一八〇カイリ付近に達し、戦闘機を以て輸送船団上空警戒に当たり、またソロモン南方を捜索したるが、基地索敵機同様、何ら大物を発見せず。

敵艦隊は南下避退せるもののごとく、昨夜来の通信は各隊間に極めて頻繁に行わる。

前進部隊中適宜の兵力を以て今夜飛行場攻撃を命じたるところ、五戦隊、摩耶及び二水戦を以て実施することとなり、これらは二二〇〇より射撃開始の予定を以て南下す。

以上両隊任務終了せば、支援部隊は北上すべきを一六三〇命じたり。最早や燃料補給の要あり。大物の収穫なかりしも輸送船団揚陸掩護の目的を達したるに満足すべし。

一二〇〇頃ギルバート島タロアに敵艦来襲砲撃の急報あり、戦艦、巡洋艦三といろいろ報告せるが、結局オーガスタ型巡洋艦一、南方より出現砲撃の後飛行機揚収南方に去れり。単なる牽制なるか。味なし。損害ほとんどなく二四航戦の攻撃準備は終われり。

十一日夜戦において損傷せる青葉午後入港、一四三五長官出艦、司令官五藤少将その他の霊を弔問せられ、かつ損傷状況を視察、一七〇〇帰艦せらる。

当時の戦況を仄聞するに無用心の限り、人を見たら泥棒と思えと同じく夜間において物を見たら敵と思えの考えなく一、二番艦集中砲弾を蒙るに至れるもの、ほとんど衣笠一艦の戦闘と言うべし。

長官曰く「もうこの戦には決して負けないと言う自信ができた」と。理由は敵弾不完全炸裂等不良なるにあり。本件重要事にして充分の調査をなし、敵には反対に宣伝し置くこと必要なり。

一八四二伊三潜は散開線の東端において敵機動部隊（内容不明）のガ飛行場の一三五度二六五カイリを速力二〇ノットにて北上中を発見したり。兵力内容不明なるも相当の部隊と認めらる。

我が機動部隊の前衛（七、八戦隊及び一〇戦隊の旗艦及び駆逐艦四）との距離わずかに八〇カイリなり当然夜戦を期してこれに飛び込むものと認めらる。

しからざる場合、敵は空母あらんか、明早朝の離脱まったく不能なり。これが救援を要す。

また敵が積極的に北上せば絶好の機会なるを以て、機動部隊はスチュワート島東方方面、前進部隊はオントンジャワ礁の北東よりこれを索敵攻撃すべきを命ず。時に二一四五。

ただ敵飛行艇一八〇〇頃より我が機動部隊に触接しあるは大いに苦手にして、月没（二一一五）以後韜晦し得れば幸いなるも、明早朝の敵先制空襲に対し警戒を要す。

右の敵は空母を含まざる巡洋艦数隻なること、後刻潜水艦より報告あり。機動部隊前衛も降雨のためか、索敵機の使用不能、一九〇〇打ち切り北上せるがごとし。

再度入泊残余の物件揚陸の予定なりし、二隻の輸送船団は第一輸送船団長の命によりショートランドに引き返せり。

これと反対に一七軍は一三ノットの劣速輸送船四隻を十八日進入せしめんと望みたるも、而く護衛の簡単ならざると艦隊補給行動の関係上これを一蹴したり。

十月十六日　金曜日　〔曇〕

○八一〇インデスペンサブル礁とエスピリサント島との中間海上に敵戦艦四、巡二、駆数隻の針路三一〇度を発見したるも、この方は如何ともなし難し。

○九〇〇ガダル島東端の南六〇カイリを三〇〇度にて進行する敵部隊を発見、その勢力空母一、巡三、駆五なるを認め、基地航空部隊は一二〇〇過ぎ艦爆九機戦闘機掩護の下にブインより進発さらに中攻九機ラボールより発進せるもこの敵を発見するに至らず。視界不良に原因するがごとし。

帰途敵油槽船一を攻撃炎上せしめたるのみにて絶好の機会に長蛇を逸す。両敵群に対し支援部隊の攻撃を加え得ざる彼我のフェースの相違あるが、敵は索敵を充分にし我が行動を察知して進退するによるべし。機至らばそのところに火花散らん、その機を作ること肝要なりとす。

○八四〇青葉艦長久宗米次郎大佐、古鷹艦長荒木伝大佐来訪、参謀長のみ報告を聞く。ツラギ沖海戦の仇をとられたりとて当時の状況を語る。

ガ島飛行場射撃の完璧を期するための準備ありたるも、事前の索敵充分ならず。

スコールを出でてサボ島の西に艦影数個を認め、輸送任務の我が日進、千歳なるべしとて近接、敵に完全なる丁字を画かれ敵機の吊光投弾数個と同時に敵は青葉に集中「我が青葉……」を連送しながら面舵変針、方位盤、砲塔、艦橋等数分にして機能を失い魚雷戦は愚か主砲七発を発放（独立打方）せるのみにて反転、煙幕展張避弾運動にて離隔す（艦橋に在りたる司令官、参謀二、副長等正面より突入せる同一盲弾にて斃る）。

古鷹は青葉の後方一五〇〇メートルにあり突然吊光投弾を頭上に蒙りて吃驚、一時取り舵さらに面舵下令、敵弾発射管に命中して大火焔を挙げる。

敵砲火はこれを目標として雨注し三番砲塔回らず他の発射管もやられ機械室貫通、四基中の一基回転したるも缶の給水諸管破壊気醸不能となり次第に停止し、五度の傾斜は次第に増加、軍艦旗を降ろし万歳を三唱して退去を命ず。

御真影は一個のみ捧持者戦没して恐懼ながら亡失するに至る。艦長は休憩室にて自決せんとせしが拳銃も軍刀も持ち去られてあらず、やむなく艦橋に至りコンパスに身を縛せんとするも何物もなし。

副長は艦長を呼ぶ。艦長は副長の退去を命ずるうち艦橋水に入り浮き上がりたるときは艦首付近なりしと言う。艦尾より沈没せるがごとし。

星光のみの夜、白雲救助に任ずるも駆逐艦の短艇にて捗らず。加うるに海中に投じたる生存者相当の海域に拡がりおりたるため、駆逐艦長は翌朝の敵機に対する危険を慮り中止避退せり。

本件誠に遺憾のごとき気持ちあり。さて大の虫を生かす方途なきか。さて古鷹も魚雷戦用意のみにて、射撃弾数三十数発に過ぎず。ただし第二斉射以後は敵三番艦に大損害を与え大破せしめたりという。

人員の死傷左のごとし。

青葉　戦死七九（内士官八、司令部を含む）

古鷹　戦死三三（内士官二）、行衛不明二二五（内士官一六）、救助五一八（内士官三四）

幕僚は八艦隊の命により衣笠に乗艦し在り。司令官代理は内地に帰還修理すべき青葉艦長なり。中央は昨日の電にて当分司令官を任命せられず、幕僚は残務整理のため当分そのままという妙な関係になれり。

古鷹艦長に対しては奮戦の後艦を沈没し乗員相当数行衛不明となり指揮官として心苦しきことと存

するも、本戦争は遼遠にして容易ならず、一兵といえども貴重なり。須《すべから》く大乗的に考え七生報告の実を挙げるべしと諭示し、艦長は参謀長の言を遵奉する旨誓えり。

また所見三、四陳述、その言うところ至当なりと思う。

一、夜戦失敗は事前の偵察不充分にあり

二、第一一航空艦隊飛行機活動の不足（全部黒星）

三、第八艦隊司令部の陸上執務（ソロモン方面の実情を知らずブインの飛行場整備遅延の因）

四、九三魚雷の優秀（ただ空気の防御肝要）

本日発見せる戦艦群、及び空母群は他に空母一―二隻及び駆逐艦数隻存するようなるも、大体当方面に行動する敵艦隊の全貌と見るべし。この敵を撃滅せざれば本次作戦の目的は達成せるものにあらず。

しかるに敵艦隊の行動と我が支援部隊の行動は、常にフェースを異にす（反対に一定距離を保ち同じフェースに動くと言い得る）、これ敵の索敵充分にして行動合理的なるによる。

したがって従来のやり来りの方法にては捕捉容易ならず。敵の意表に出でて、その裏をかき火花を散らすことこそ肝要なれ。しかも期日は旬日を出でず。作戦の妙投機の策を工夫実施を要す。右各参謀に命ず。

臨時大祭第二日の本日一〇一五新祭神、一万五〇二一柱の護国の英霊に対し両陛下御親拝あらせらる。〇七〇五遥拝式を行い、先輩の英霊を祀る。新しき御柱を祀り祀りて支那事変の分なおつきず。

今次大戦によりその数一層の増加を見るべし。戦士誰かその日を期せざる者あらん。先後論なし。ただ任を果たすのみ。

雨か、嵐か、前途不明の昨年本月本日、戦藻録に筆執り始めてすでに一周年を迎える。この間の苦心収めて四巻に垂《なんな》んとす後日の資、貴重なり。

十月十七日　土曜日　〔曇、スコール〕

〇七〇五神嘗祭遥拝式を取り行う。米作豊年六七〇〇余万石、昨年に比し二割二歩の増収を予想せらる。神に初穂を捧げて神助を謝す。ただし泣く子に泣くと内地米を食べさすというほどには到底到らず。依然たる外米依存少なからざるべし。

本日索敵によりてルンガ沖に巡洋艦一、駆逐艦二あるほか敵群を認めず。該駆逐艦は飛行機観測の下、我タサハロング揚陸地帯を砲撃し、せっかく運搬せる弾薬に点火誘爆正午に至る。損害少なからざるは警戒を要す。

一七軍参謀長より総攻撃の配備電報し来る。軍司令部所在も海岸を離れて前進せるところより観ればマタニカウ河左岸地区は奪回前進せるがごとし。

ガダル方面守備隊を介し総攻撃当日の一三〇〇頃まで海軍の砲撃を希望し、また8Fよりは3Sと同様11Sの大口径砲を以てする砲撃を要望し来る。

今次作戦が海軍の防備上の手落ちより出発せるためか、いつまでも海軍におんぶし自ら目的を貫徹するの気魄に乏しきよう観取せらる。

本日艦艇を以てする最後の輸送によりその要望する人員の大部及び資材を送付し得るはずなり。余りに欲を言わず陸軍の面子にかけて犠牲を払うも目的達成の方途に出づべきなり。

ルンガ沖駆逐艦は2sf飛行機（攻撃機）の爆撃不成功なりしも、基地航空部隊の飛行機により一を撃沈せり。本日艦艇を以てする輸送は北方迂回航路により敵機の攻撃を受けることなく揚陸を完了せり。

十月十八日　日曜日〔曇、スコール〕

ソロモン方面一週間以上天候良好にして作戦の進捗を有利ならしめ、昨日も今日も爆撃可能なるは有り難し。

昨今頭をひねりて敵艦隊撃滅策を研究す。参謀も良案なしと言う。素案別紙のごとし。

斯く斯く記す間に水雷参謀は我が潜水艦西より二番目のもの一六二〇サンクリストバル島東端の南一〇〇カイリにおいて戦艦一、巡洋艦二、駆逐艦三の敵群一二ノットにて針路六〇度、あたかも我が散開線上を進行するを発見す。

月齢八日相当視界良好なればよき獲物御座んなれと待敵これ努めん後報を待つ。

戦艦群の動くとき必ず母艦群の近接を常とす。明朝はこれを認めんも前進部隊、機動部隊共に北方に在り。しかもそろそろ燃料充実に心配となり来れるとき無暗に走り回れもせず、余の参謀に望めるところまた今後も捕捉の機を逸すべし。ままよ長く弄ばん。

前進部隊の補給艦健洋丸は空腹を抱えてトラックに入港、内地に取りに行く暇あらず。大和、陸奥よりそれぞれ四五〇〇トンを、さらに日章丸より若干量を充して明朝出港、前進部隊補給地点に南下す。午後は大和に二隻横付けせり。戦艦化して海上タンクとなる。

それほど全補給艦を運航してなお不足す。内地貯蔵も逐次減少し西南の資源地に厳命下る。地下に埋蔵しあるだけは何と言うも強味にして為に我は破れず。

十月十九日　月曜日〔晴〕

昨夜の敵に対し潜水艦大いに活動したるも、ついに攻撃の機なし。本日攻撃機、天候途中不良にて引き返す。その他敵情を得ず。

ただしツラギ方面駆逐艦二―三隻行動す。今夜第一七軍参謀長をガ島に送り、続いて砲撃の予定なる十九駆逐隊の一艦、途中敵機の攻撃を受け一艦重油漏洩引き返す。

陸軍迂回本隊はジャングル内の進行案外早くして、十八日には飛行場南端の一キロメートルに達し、二十日の総攻撃可能と言いしがその後二十二日の予定とか申し来る。

一七軍参謀長も海軍の立場を了解して確答を求むるも未だ決定せず。よってY日を二十二日に予定し各隊の執るべき行動を指令す。

昨日来数段に分かちて十一月一日の異動内報電報し来る。余輩も中将進級の選に入れり、当然なることにも人は喜びを述べ、返礼を為すを常とす。

大将には自ら備わる器あり、時運またこれに伴うこと多し。栄達を望まざる身にも実力を以て中将に達すれば、御奉公も幾分を達せるの証左として喜ばざるべけんや。他に何ら言うべきことの存せざるもつらつら級友の状況を観るに、

本年五月少将進級八名　予備役五名
十一月　〃　三名　〃　九名

なお大佐にて現役に在るもの二二名なるは気の毒なり。されども少将に進級せざるの人は半期にても長く現役に在らしむること望まし。

大佐勤務年数を五年に短縮せるは一面可なるもこれらの人にとりては予備役即日召集と言う悲劇となり面白からざる事象とぞ言うべし。

十月二十日　火曜日〔晴〕

陸軍主力は十八日夜ルンガ河上流渓谷に二師団司令所両連隊長その他集結を了したるを以て、日米接戦の機まさに熟し、軍は二十二日を以て総攻撃すべき旨本朝下令せり。将士敢闘、一挙に敵を殲滅し、聖旨に答え奉らんことを期す。

という勇壮にして敵を呑みたる軍司令官よりの各艦隊長官、参謀長宛て電を発せり。よってＹ日（ガ島飛行場夜襲日）を二十二日とすと全作戦部隊に改めて指令す。

昨夜一九駆逐隊は終始敵機の妨害を受けついに上陸点に達せずして引き返せり。参謀長の身柄いかになりたるや。

本日の索敵においてガ島の一四五度、二五五カイリ付近に敵駆逐艦、続いて戦艦三、甲巡一等を発見す。潜水艦またこれらの一部を発見せるの報あり。

伊一七六潜水艦は一八四〇頃サントクリストバル島東端の南東一二〇カイリの地点において戦艦二、巡洋艦二、駆逐艦数隻針路一七〇度、速力二〇ノットを発見、一九一五右戦艦テキサス型に魚雷二本命中二分後二回の大誘爆音を聴く。

駆逐艦の猛烈なる制圧を受け効果を確認せず。〇〇三〇浮上せるに敵影を見ず、追躡を断念せり。沈没に至らざる大破にて離脱せるか。

十月二十一日　水曜日〔晴〕

本日午前の飛行偵察により昨夜潜水艦の攻撃地点の南西六〇カイリ付近に戦艦二、巡洋艦二、駆逐艦数隻の西航する一群及び同東方三〇カイリに戦艦一、巡洋艦一、駆逐艦二隻の針路一二〇度、速力一四ノットなるを発見せり。

後者は昨夜襲撃せるものなるや否や不明なり。何故に敵は戦艦を以て斯かる行動を為すや。ここに政略的意味の多分に含まるるを知る。その結果がいかになるやは数日の内に実証を顕さん。

ツラギ方面巡洋艦一機動せるを見る。敵母艦は飛行機の搭載補給間に合わざるか、顔を見せず。

いよいよ昨日の軍命令により明日総攻撃のはず、本夜より西方の陣地進出牽制攻撃の始まるものと予期せるに、夕刻に至り軍参謀長よりY日を一日延期二十三日とする旨電あり。理由は敵陣地前の地形の関係なりと言う。

やむを得ず同意了承せるが、これ以上の延期は海上主作戦上忍び得ず、と返電し一本釘を打ち込めり。同時に全作戦部隊に二十三日に変改の旨急電す。

あれくらい強き昨日の電に対し今日はすでに改変を要す。何ぞ信頼性の少なき、陸上作戦は一日、二日の遅延痛痒なきも、現に広域にわたり連繫機動中の海上作戦部隊にとりては極めて大なる影響を与えること屢次話しあるところ、未だに了解せざるは以てのほかなり。

耳にたこのできるほど教えても自己些少の利害にのみによりて去就を決し、全般の不利に想到せざるは遺憾とするところ、現地に海軍の上級連絡将校を出さざりしは手落ちとも見るべし。

十月二十二日　木曜日　〔晴〕

ガ島において敵巡一に対し爆弾艦尾に命中す。敵戦艦群の行動依然昨日通り発見したるも手は打てず。

ギルバート群島南方の監視艇先般来敵艦に攻撃せられ、本朝は敵巡一、駆一の来襲により砲艦八海丸消息を絶ち、マキンよりの飛行艇は駆逐艦を爆撃す。

最近潜水艦による被害増加、給兵船尾上丸セントジョージ岬の西方にて魚雷二本命中（一本は爆発せず）、六ノットにて自力航行中。

陸軍は間隔的にガ島敵飛行場を砲撃中、敵機の活動大いに衰え現存約四〇機、他の四〇機は使用に堪えざる由、不時着敵搭乗員告白す。

アウステン山北方及びマタニカウ河左岸地区攻勢に出で占領、明日同右岸地区を挟撃のはず、迂回主力はそれぞれ展開配備を構成せり。

昨日の一日延期は敵陣地前の地勢険峻にして進出に時間を要したるためなり。今まで二、三回敵機主力の上方を飛行せしも我が企図は未だ判知しおらざるがごとしと、結構なり。

Y＋1日における各隊の占位区々にわたるものあり、前進部隊、機動部隊、八艦隊主隊に対し準拠すべきところを示す。

二航戦の空母（旗艦）飛鷹、十七日発電機室火災を起こし損害のため一六ノット以上を出し得ず。搭載飛行機の一部を隼鷹に、他を陸上基地に移し、飛鷹は旗艦変更してトラックに帰還修理せしむる旨、前進部隊指揮官より入電あり、せっかくの好機を前にして遺憾の次第なり。

十月二十三日　金曜日　〔半晴、スコール〕

〇八〇〇ソロモン南東方いつもよりも南方一〇〇カイリ付近に敵戦艦二、巡洋艦一、駆逐艦数隻を発見、後刻これらは二群に分離し行動せり。明日捕捉すべき好餌なり。

しかるところこれらの連日の行動は支援とも見られ多分の政治的意味あるも、数日来敵空母の存在不明なり。

あるいは戦艦群の佯動《ようどう》によりサンタクルーズ島方面より残存の空母を集結して我が機動部隊の側面

を衝く腹ならずやとも考えらる。各部隊に対し警告を発す。

昨夜マタニカウ河右岸敵陣地の側面を夜襲するはずの陸軍西方牽制部隊は密林険峻のため予定の行動をとり得ず、一三〇〇に至りようやく攻撃開始せり。

遅れたる牽制利するところ少なしと憂いたるもすでに日没なり。予定の総攻撃を開始するものと安んじたるに、日没直後の急電にてY日を二十四日に変更するの一七軍司令官の通告に接し唖然たるざるを得ず。

至近の距離相当の偵察も為し得るはずなるに行きあたりばったりにて、艦隊の迷惑これに過ぐるものなし。

しかし陸上戦も戦闘なれば敵の出様阻止にして意外に強靱なれば進出も遅滞するは当然とも考えるが、敵の抵抗にあらず概ね地形によりて左右せられあり。

ここに余輩の遺憾とし事前の準備の不足と為す所以の存するところあり、攻撃を伴う陸上戦に日を限りこれを基礎として大部隊の艦隊作戦を期することこれにてこりごりなり。

今後は攻撃開始の日を基礎とせず余裕をとりて多少の変動をあらかじめ期し置き、陸戦が目的を達したる日（今回なれば飛行場占領の日）をX日とするごとく考慮するを可とせずや。

ただX日の見通し困難なるを以て計画的行動を為すに不利ありとは認むるも、協同作戦上研究すべき問題とぞ思う。

それにしてもすでに行動中の部隊本日出動せる部隊の将士如何の心地やする。一昨日一七軍参謀長に対しこれ以上の延期は艦隊作戦上忍び得ずと釘を打ちたるに糠《ぬか》に釘とはこのこと、参謀長の面子も潰れたり。

「ならぬ堪忍するが堪忍」とは先ほど読みたる武者小路氏の戦争私感にあり。今度だけは是が非でも奪回戦成功を要す。へまをやられて不成功に終わらしむべからずという弱点を包蔵す。ままよ今夜より攻撃開始し明晩とれたるものと観念し随動するほか致し方なしと為し、すぐに作戦部隊にさらに二十四日に変更の旨打電す。

過般のラビ作戦において半島北方より上陸すべき佐五特は途中敵機の攻撃を受けグッドイナフ島に避退し、海岸にて進退に窮したること前記せるが、その後駆逐艦による救出作業成功せず。潜水艦（大発搭載）によるもの一部成功、作業進行中敵機の発見によりまたまた中止、糧食を給して今後の処置に待ちたるが、本日背面より約一〇〇名の敵迫撃砲及び機銃を以て来襲、これに相当の損害を与え撃退せるも我が方また死傷あり。

残留指揮官は諦観救援を要せずと為せり、その決心悲壮と言うべし。何とか方法なきや、今しばらく忍苦せよ。見殺しは我指揮官の為し得ざる心裡なり。

十月二十四日　土曜日　〔半晴、スコール〕　Y日総攻撃

アウステン山北方よりマタニカウ河右岸敵陣地に対する昨夜の夜襲は不成功に終われり。岡連隊の不名誉を重ぬ。されども相当牽制の効果を発揮し得たらん。

東方主力は一二〇〇概ね予定線に達したるがごとく今夜の決行は確実となれり。我が企図未だ察知せられあらず。敵は飛行場の南端にてテニスを為しつつありという。

犠牲を惜しまざる不意の猛攻により一挙に突入すべし。すなわち陸軍の計画のごとくやるべし、やらざるべからず、我人共に今夜の成功を固唾を飲んで待つの気持ちなり。

長官上甲板にて「一番首を長くしているのは参謀総長であろう」と、けだしお上に対し前回の兵力にてお請け合いしたる関係あればなり。

一八五〇に到り機動部隊は陸戦の進捗と昨日の敵飛行艇の触接に危惧の念を抱き、明日の進出位置著しく北偏し明後日南下すと予定を変更し来る。しかも他艦を介し十二時前の電報が今頃になりて来る甚だ心外なり。

その懸念なきにしもあらず、またY＋2日を反りて有利とする場合も生ぜんも、斯くては全般の連繋を破り前進部隊を危地に陥らしむるおそれあるを以て奪回し得ざる場合はそのときのこと敵に対して警戒すべき他の手段もあり、極力前電令作に応ずるごとく南下を急命す。

不都合の独断的処置と言うべし。全責任は当司令部にあり。遅疑するなかれ。

一九〇〇頃ガ島は一七〇〇豪雨の電あり。陸軍部隊これを如何とぞ見る。すでに一二〇〇飛行場より二キロメートルの地点に達し、敵に発見せらるることなくジャングル道を接敵自信充分と言う。

折からの豪雨まさに天与の天象、彼の桶狭間の戦を想起して感奮奇功を樹《た》つべし。

機動部隊の命令違反ともすべき北偏に対し東南方の押さえ少なく前進部隊予定の行動に対し飛鷹を欠く。ここに戦略態勢の齟齬なからしむべく心を使う。

時間の経過は吉報もあるべしと上甲板に登りて皎々たる十四日の月を眺めて、二三三五接受陸軍電、二一〇〇万歳（飛行場占領の規約文）これにてすべてを解決す。進め、全軍戦果拡大に、一瞬の躊躇遅滞は千歳の恨を残す。

十月二十五日　日曜日　〔曇〕

各部隊は飛行場占領の吉報に、旱天に慈雨を得たる喜びを以てそれぞれ任務に突進しつつあるを認め、安心して〇二〇〇床に入る。

しかるに〇四五〇参謀は「〇二三〇発飛行場は未だ占領せられあらず」と報告す。昨夜の電は「川口支隊は飛行場を占領し、西方部隊は飛行場の西にて交戦中」と報じたるにさては何事ぞ。

その後状況来らず、一一航空艦隊偵察機は「カモ」を連送し飛行場交戦中と報ず。按ずるに陸軍の一挙に占領する計画は破れたり。予備隊の使用法今夜の襲撃に望みを嘱するも大方は陸戦渋滞するものと観るべし。

よってこれに対する方策を記して参謀に手交す間もなく午食後の電は報ず。

地形錯雑にして部隊の掌握困難、飛行場南端より出でたる一敵陣地を占領せるのみにて飛行場に進入しあらず。本朝来攻撃法立て直し中。ルンガ河右岸は敵を圧迫しルンガ岬の南々西五キロメートルに達す。敵飛行機は四機離陸うち二機はすぐに着陸せり。（〇八三〇頃の電）

また報じて曰く陸軍は今夜攻撃再興、一九〇〇突入の予定と然らば可なり。今夜の成功こそ最後の望みとす。

機動部隊は昨夜の電命により高速南下、前進部隊とほぼ戦略占位を執り得たるが索敵発見せず。前進部隊また敵B17の発見するところとなり北上を始める。よって二航戦飛行機を以て極力ガ島方面の敵艦船及び陣地攻撃を命ず。

しかるに一一一五哨戒機はレンネル島の東三〇カイリに戦艦二、甲巡四、乙巡一、駆逐艦一二の針路不定、速力一四ノットなるを発見せるが、時すでに遅く支援部隊の攻撃不能、基地攻撃機隊また到らず長蛇を見逃せり。

これ一一航戦の水偵当方面天候不良にて全機引き返し、インデスペンサブル礁を中継基地とする索敵を実施し得ざりしによる。ツラギ方面より駆逐艦二隻出動、なお軽巡一行動するの報あり。

これが撃滅及び陸戦協力のため六駆逐隊三隻進入せるところ敵駆は命中弾を受け、遁走し敵輸送船（一隻は巡洋艦に誤認す）三隻を撃沈す。

しかして敵機の攻撃により損害若干あり。四水戦司令官の率いる第二攻撃隊（秋月、由良）も北方より近接せるが敵機の攻撃により由良は方位盤装置、秋月は艦尾に命中（至近弾）により前者は一二ノット、後者は二三ノットに減じ北方に避退中。

ソロモン南東方の敵艦隊に対する明日の攻撃命令を発令す。今日の指令も遅れたり。参謀連の小田原評議、長きによる。しかして作製せる案は何ら新しきことなきを一般とす。

これに反し余の命じたるガ島今後の作戦指導については未だに何の手も出しおらざるがごとし。今少し先を見越して頭を働かすことを為さざれば全艦隊の作戦指導は覚束なきなり。

栗名月も冴え渡らず、その気分出でざれば名句もなし。今夜の陸軍夜襲に一縷の望みを嘱して早く寝に就く。

十月二十六日　月曜日　〔晴〕

陸軍は昨夜二二〇〇攻撃を開始せるが〇二〇〇頃飛行場に突入し得ず、後図を発する要ある旨の連絡参謀の電、〇三四〇頃報告し来る。案の定なり。

一七軍いかなる顔ぞ存する。かねて夜襲重点主義をあやぶみ二の手、三の手を問えるに何らの計画なきを暴露せり。

すなわち四つに組んだる正攻送を疎んじ、我が軍の得意とし彼の不得手とする夜襲のみに依存す。今回の兵力はゆうに彼に優りその装備も重兵器も艦隊の血の滲むがごとき協力により輸送したるもの、まさに正攻、奇襲、両用の構えを持し両者併用の妙を発揮すべきことすでに前回の失敗による教訓とせるところなり。

一度ならず二度ならず、ついに三度の失敗を重ね、単に陸軍の失敗にあらず。誠に申し訳なき次第なり。

昨日一五三〇敵機（八機）、本日〇一三〇香港を空襲被害僅小なるもいずれは米機の仕業、安心は禁物なり。東西事繁きかな。

これら電報を一覧してまだ早ければ公室掃除の邪魔と見て床に入り今後に思いを馳す。

五時、敵発見の第一報来る。

〇一一五南下中の機動部隊は、敵B17の攻撃を受けたるにより反転二四ノットにて北上を命じたり。

この処置適当、これより出発せる索敵機は〇四五〇ヌデニ島の一五度一四〇カイリに敵大部隊（空母一他一五隻）を発見す、すなわち吾人の一昨日注意したる事項——ここ数日来敵空母の所在判明せず、加えるに戦艦部隊のソロモン南東方の行動は一つの囮と見るべく東方の警戒厳重たるを要すべし——はまさに適中し、ここにソロモン東方サンタクルーズ諸島北方において大空海戦を展開することとなれり。

エスピリサント島敵基地の六〇〇カイリ圏内にあること以外は会敵の状況は満足すべきものあり。加えるに早朝よりの合戦は本昼間を通じて展開せられ、夜戦を以て戦果有終の美をなすに至らんと想察せらる。ガ島の腹をサンタクルーズに癒やするか。

右とほぼ同時期、索敵機はガ島南方レンネル島の西方三〇カイリに戦三、巡一、駆一〇（戦一、巡三、駆一一とも報告す）の敵群、針路一五〇度なるを発見す。

昨日同島の東方に発見せるものにして敵艦隊は我のガ島攻撃に備え、昨夜これに近接行動を執りたる後、本朝より南下せるものと認めらる。この方は基地部隊の攻撃に委すべし。

我が機動部隊は迅速に第一次〇五一〇、第二次〇六〇〇、第三次〇七〇〇（雷撃）攻撃隊を進発、彼我攻撃隊は途中相会するの状況あり。

前進部隊〇五〇〇は機動部隊本隊の西北西一二〇カイリにて針路七〇度にて前者に近接を計り、隼鷹一隻を以て戦闘機一〇、艦爆一九機を発進し〇八三〇攻撃の予定なりと報ず。

後前進部隊指揮官は隼鷹に駆逐艦二隻を付し、これを機動部隊指揮官の指揮下に入れ自ら前進部隊を率いて敵方に進出す。〇六五六第一次攻撃隊は敵サラトガ型を攻撃大火災を生ぜしむ。

この頃に到り敵の兵力全貌ようやく判明す。空母一、巡一、駆六の二群二〇カイリ離れて各空母を中心としあり。さらにその北東四〇カイリに一隻の空母の存在するを発見し計三隻の空母たること明となれり。

サラトガ型漂泊に次いでヨークタウン型また同様の運命となる。戦艦二隻轟沈とも報ず。

我が方、翔鶴被害、通信不能、瑞鳳火災、いずれも発着不能に陥り北西方に避退し、前衛の筑摩、

南太平洋海戦における戦艦隊の編制

部隊		指揮官	兵力	記事
前進部隊	本隊	第二艦隊司令長官	4S 5S（羽黒欠） 2Sd 24dg 2Sf	0900／2dd 2Sfは機動部隊に入る
	挺身攻撃隊	3S司令官	3S 15dg 2dg	
機動部隊		第三艦隊司令長官	3F d×1／6dg 磯波 2D／10dg 2D／4dg 国川丸	

敵機（艦爆三〇、艦攻九）の攻撃により爆弾命中、相当の損害あり。駆逐艦二を付しトラックに向かわしむ。（筑摩二三ノット可能）

敵空母残一に対し我はなお二隻の健在するあり。一時の損傷に眩惑せられて機動部隊本隊及び2Sfいずれも北西に避退するは敵との距離三〇〇カイリ以上となりこれを逸するのおそれあり。支援部隊に対し厳たる攻撃命令を発す。参謀曰くアウトレーンジするに有利なりと。馬鹿と叫びたいところなり。この精神を以ては必殺不能なり。心すべきかな。

先遣部隊潜水部隊の大部をしてサンタクルーズ北方の敵一部をしてレンネル南西の敵攻撃命令を発す（午前）。敵は戦艦二隻を伴えること二航戦の戦闘速報により明となれり。

二航戦攻撃隊はその中央空母に三発以上命中せしむ（後微速力にて航行せるものか）サラトガ型は右舷に大傾斜、ほかに巡洋艦一にて曳航、巡洋艦一、駆逐艦護衛中なる空母一あり。これは生物なるやの疑いあるも速力は一六ノットという。

二抗戦戦果追加戦艦一に一弾、大巡一に命中二弾、撃墜機数六（当方未帰還fc四fo一一）。一航戦艦攻隊による戦艦二隻轟沈も斯くて首肯し得。

損傷せる翔鶴、瑞鳳は一二三〇サンクリストバル島の七〇〇カイリ、ガ島の三〇〇カイリ圏を脱出したり。瑞鶴は二抗戦司令官の一時指揮下に入り一四〇度三〇ノットにて急航中。

当然の処置なるがその遅かりしを惜しむ。三艦隊長官は照月に移乗し航空戦の合間を見て瑞鶴に旗艦変更の予定。

翔鶴、瑞鳳は駆逐艦四隻を付しトラックに回航せしめたり。適当の処置なり（一三〇〇）。

一四二〇瑞鳳機の報告

敵の兵力空母一、戦艦一、巡二、駆四、空母は漂泊中、敵空母上空敵機なし、我が被害なし。

一三一五瑞鶴艦長の戦闘速報
　第一航空戦隊攻撃隊第二次までの帰投者報告を総合するに、〇八一〇における敵空母の状況、二隻大破、別に一隻艦型不明のもの爆沈残骸を認む。
以上の報告を総合せば、敵空母は四隻ありたるにあらずや。しかして左記電を加えれば、今や全部を撃沈破せること明にして残敵はまさに殲滅可能なりとす。
一四四五二航戦司令官報
　一三一五我が敵ヨークタウン型空母を雷撃三本命中（沈没概ね確実）、巡洋艦一命中（大火災）
（敵戦艦二、巡洋艦三、駆逐艦五の一群なり）。
一六一〇長良機はサラトガ型空母を囲繞《いにょう》しありたる北方群巡洋艦三、駆逐艦六は母艦を放棄し集結針路九〇度にて高速避退行動を開始せりと。我が夜戦部隊西方よりの近接を探知したるもののごとし。
　ここにおいて参謀はこれが捕獲曳航を情況許さば行わしむべしと迫る。可能ならば可なり、相当の困難と危険を爾後にのこすも一応参謀より打電す。
　本日午前レンネル島西方に発見せる敵部隊は左の二群（ロ）なるも、同一部隊たるの算あり。

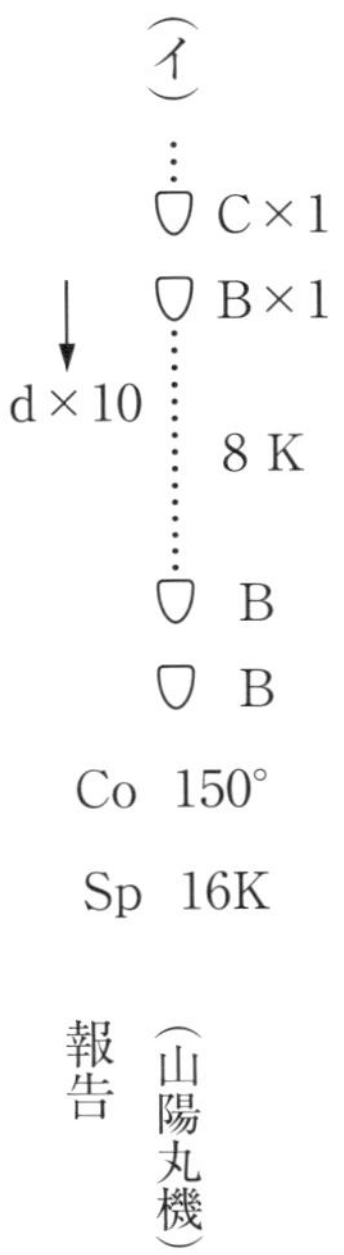

B戦艦　C巡洋艦　d駆逐艦　Co針路　Sp速力

（ロ）

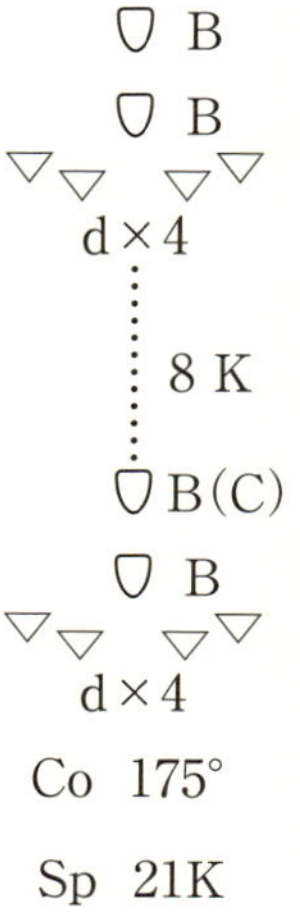

報告（国川丸 日進機）

昨夜のGF命令にかかわらず、基地航空部隊は艦船攻撃準備を欠き、ために六五〇カイリの圏上攻撃可能の範囲にありたるこれを逸せり。当方発令時刻の遅延はけだしその原因を為せるものなり。

我が触接飛行機は敵空母（漂流中）付近に砲火を認めたるが、これ敵の逃走に対し自ら処分せんとして駆逐艦を以て砲撃せるものにして夜戦部隊これに接近せるときは左舷に四五度傾斜し火災誘爆しつつあり。望みなきによりこれを撃沈す。

その他長良、摩耶、五十鈴機よく捜索を果たせるも、敵駆二あるいは四の高速東南方あるいは東方に遁走中を認むるほか大物を見ず。大体これにて本日の合戦打ち切りとなるにあらずやと思う。

高速避退する部隊に対する夜戦は夜間触接が日没前より充分にしてしかもその距離至近ならざれば成功少なきは平時訓練におけると同様なり。（本日日没時の彼我距離八〇カイリくらい？）

ガ島方面の状況は一同が本日の海戦に夢中となりおるに反し、余輩の頭を去らず、数度の注意を参謀に与えたり。戦況大なる変化なきも午後一七軍参謀長より次の電に接す。

沖集戦参電第九六号　GF、8F、11AF各参謀長宛て

貴艦隊の全幅的協同を得たるにかかわらず、今次のガ島飛行場陣地の攻略奏効するに至らず。誠に慚愧に堪えず。目下における戦局はさらに大規模の兵力を以て行い、根本的に攻撃準備を進め周到充分なる準備の下に攻略を実施するのやむなきに立ち至れり。

ここに従来の熱誠なる御協同を深謝し、この上とも御協同を得んことを祈る。

よって左記電を発しこれに答える。けだし慰撫激励の意あり。

貴電……返、連日の御苦心を諒察す。今後ますます協同し本作戦目的の貫徹を期するところ、貴電要望に対しては極力これに応ぜしめらるる意向なるにつき、具体的事項南東方面部隊と協議せられたい、当方としては敵飛行場を制圧しこれが完全使用封止を必要とするを以て火砲の集中等により連続攻撃を希望す。

二二三〇ＧＦ戦闘速報第一号発信す

ソロモン海域に作戦中の連合艦隊は二十六日早暁、サンタクルーズ北方海面において空母四隻、戦艦四隻、その他巡洋艦、駆逐艦を合わせ計二十余隻よりなる敵艦隊を捕捉し、二〇〇〇までにその全空母を撃滅、敵を潰乱に陥れ目下夜戦部隊全力を以て残敵を追撃中なり。

二〇〇〇までの戦果概要

一、撃沈　空母サラトガ型一、ヨークタウン型一、新型二、戦艦一、艦型不詳一

二、大中破　戦艦一、巡洋艦三、駆逐艦一

三、被害　翔鶴、瑞鳳発着不能（機関全力発揮差し支えなし）、筑摩爆弾命中（二三ノットにて航行中）、飛行機後報。

午前、飛鷹入港艦長別府明朋大佐（召）報告に来る。当時戦況たけなわなり。同艦は復水器故障及び過般の火災により修理のため帰投し本重要戦期にあわず大いに残念がる。

為すべきを終わりて甲板に出づれば、十六夜の後の月昨夜と異なり明皎々と冴え渡り涼風裾を払う。

十六夜にあ津さ忘れけりいくさあと
いけにえの艦影一つ後の月

（サラトガ空母の最後を偲ぶ）

いけにえの海広々と後の月

十月二十七日　火曜日〔半晴〕

支援部隊よりなる夜戦部隊は、昨夜奮闘せるも空母一隻を仕留めたるほか獲物なし。本早朝より水偵及び空母機を以て索敵を実施しバニコロ島に飛行艇あるほか敵を見ず。

よって支援部隊に機宜トラックに帰投すべきを下令し、かつカ号作戦各部隊に戦果挙がれる後の警戒保安を全うし、九仞《じん》の功を一簣《いっき》に虧《か》くことなきよう参謀長より注意を与える。

前進部隊は途上ホーネットの中尉一、エンタープライズの飛行兵曹一を海上に捕虜としたり。その言によれば、

確実に知れる所在せし兵力はエンタープライズ、ホーネット（空母）、サウスダコダ（戦艦）、及びペンサコラ、ポートランド、インディアナポリス型の各一、及び駆逐艦一二隻にして十月十六日ハワイを出撃せり。なお空母には左の順に一貫番号を付す（昨夜処分せるは八）。

ラングレー、レキシントン、サラトガ、レンジャー、ヨークタウン、エンタープライズ、ワスプ、ホーネット、エセックス、ボンノムリチャード。

いくら撃沈するも、敵は第二世、第三世を建造命名す。個有名と番号の変更を要せざるべし。ただし現在においてはほとんど欠員と言うべし。

機動部隊その後の報によれば昨日の敵機撃墜数は調査未了なるも、敵上空四〇機以上、機動部隊上空二機、五機砲撃。しかして遁走せる残骸は損傷艦を含み、戦艦一、巡洋艦五、駆逐艦九隻と推定す。

一方レンネル島付近より南下せる敵戦艦部隊に対しては、乙潜水部隊の南下進撃配備において夜半これを発見、二隻襲撃したるも敵の大回避に会し効果なし。（コロラド型に対しては命中音一を聞く。他は一六〇度の回避を為せり）

これらは針路一六〇度、一六ノット、多分はヌーメアに遁走するものと認めらる。

参謀連ようやくにしてカ号作戦今後の方針並び打ち合わせ事項につき協議を終え案を具し来る。気休めとありてニュース映画その他を観る、余裕できたるが、見物多し。ガ島にして陸軍その目的を達しあらば言うことはなかりしなり。

十月二十八日　水曜日〔晴〕

軍令部総長より連合艦隊長官宛て電（二十七日）

本日、戦況奏上を聞きし召されたる後、左の御言葉を賜りたり。

「有能なる搭乗員多数を失いたるは惜むべきも多大の戦果を挙げ満足に思う。なお一層奮励するよう司令長官に伝えよ」

東京ラジオは一九〇〇予報して、二一〇〇大本営発表の本「南太平洋海戦」の戦果及びソロモン方面八月二十五日より十月二十五日までの戦果（海軍に関する事項のみ）を放送せり。

さきに平出報道部員の約束ありて以来国民待望のとき、一部は不安焦燥の気分ありたるとき、本発表は相当の好影響を与えたるものと認む。

加えるに昨二十七日は米海軍デーにしてラジオの妨害甚だしかりしも聞く人ぞ聞く、サンタクロースの贈り物以上ルーズベルトへの絶好のプレゼントとなり得たりと確信す。

翔鶴、瑞鳳損傷の身を以て北水道より一五〇〇入港、日没後有馬正文、大林末雄両艦長報告に来艦す。前者は四発、後者は一発の命中弾あり。いずれも飛行機発艦後なりしは幸いなり。

両艦長、参謀長公室にて報告を待つ間の話にて「それだけの損傷にて沈まずに帰れたるは頂上なり」と言える余輩の言に対し、両者顔を見合わせ「沈まなければよいですか」と反問す。「そうだよ、敵ばかりやっつけて味方が何も損害のないということはあり得ない」と強く返答せるにより、彼等も安心の表情を為せり。

損傷を受け部下を犠牲とせる指揮官が自責の念に満ち上司がいかに考えあるやは最も深酷に関心を有する当然のことなり。（これは指揮官の経験を得ざれば体験できざることなり）

この際における長官または参謀長の一言はまさに千鈞の重きを為す。たとえ足らざるところあるもこれに触るるなく、おおようにこれを収拾するこそ人を使うの道なれ。

余輩常にこの心を持して生死彷徨のあと各指揮官に接し来れるところ、たまたま本回の反問に会し一層その大切なるを痛感す。

軍令部総長、海軍大臣より左の祝電に接す。（二十八日一〇五四発）

南太平洋方面において作戦中の連合艦隊が善謀勇戦敵が全力を挙げ南北相呼応し来れるを捕捉、その主力と恃める航空母艦群を殲滅せるの快報に接し欣慶の至りに堪えず。

顧みるに八月上旬空襲及び夜襲を以てツラギ沖に敵海上部隊を撃破して以来、二カ月有余にわたりて日夜酷熱風濤と闘い執拗なる敵の抵抗を排除して多数の艦艇及び航空兵力を撃破するとともに、幾多の困難を克服して陸軍部隊の増援に協力せられたり。

ここに併せてその武勲に対し慶祝の意を表するとともに、本作戦中戦没せる忠勇なる諸勇士の英霊に対し深厚なる敬弔の意を表す。

なお寺内南方軍司令官よりも祝電あり、これに謝電を発す。

総長、大臣の祝電に対し、余り冴えざるも左の謝電を発す。

御懇電を深謝す。将兵一同ますます奮励以て当方面作戦目的を達成するとともに残敵を殲滅せんことを期す。

十月二十九日　木曜日　〔スコール瀕々〕

○七四五艦発、翔鶴に到り殉職の英霊を弔い負傷者を見舞い損傷の状況を視察す。艦橋以後の四弾命中の跡損害極めて大なり、よくも下に及ばざりしものよの感あり。それより瑞鳳に到り同じく状況を視察するに後部の一発まったく使用不能に陥らしむるものあり。

井上成美中将第四艦隊長官より兵学校長に転任となり明日交代の予定。同長官一年余りの南地苦心の勤務に対し多謝す。

古村啓蔵筑摩艦長一三三〇報告に来る。頭部顔面に包帯す。軽傷を負えるもの、同艦は〇九三〇頃損傷の体を入港せり。

艦橋に二発、発射管室に一発、至近弾一発による艦側大破口等四三機の攻撃を受けたるにしては、遺憾なき応急処置に帰するところなり。

佐々木、渡辺両参謀ラボールより帰着報告す。陸戦の経過不詳なるも主力の夜襲は例により失敗、その原因ほぼ同一にして今さら言うべきことも尽きたり。

参謀本部二課長服部大佐東京より飛来、当方の意見をよく話し置きたり。

陸軍は七個師団をモレスビーを含めたる当方面に充当し、方面軍を為す予定なりと言う。やるべし。ただし一段宛手遅れとならざること肝要なり。

課長は新参謀長には方策を授けありたるが、バタン半島の失敗を繰り返せりとて余輩の考えとほぼ同一の思想たることを述べたるは、今後の作戦指導にやや意を強くせるところなり。

連合艦隊長官宛て総長電（二十九日一六四四）

本日本職を召させられ、連合艦隊司令長官に対する左の勅語を賜わりたるに付き謹みて伝達す。

「連合艦隊は今次南太平洋に於て大に敵艦隊を撃破せり。

朕深く之を嘉す。

惟うに同方面の戦局は尚多端なるものあり。汝等倍々奮励努力せよ」

奉答
優渥なる勅語を賜り恐懼感激に堪えず。現下重大戦局に臨み将兵一同いよいよ奮励誓って聖旨に副い奉らんことを期す。

勅語並び奉答文、連合艦隊全般に布達す。

なお総長より左の別電夜半に達す（二十九日）

「本日一六三〇、軍令部総長を召され山本連合艦隊長官に勅語を賜りたる後、軍令部総長に左の御言葉を賜りたり。

『此の際附け加えて申し置き度は今の勅語の後段に関する事であるガダルカナルは彼我両軍力争の地でもあり、又海軍としても重要なる基地なるに付、小成に安んぜず速に之が奪回に努力する様に』

軍令部総長は謹みて左の通り奉答せり。

『只今の御言葉に対しましては、上下一心協力、最善の努力を致し速に作戦の目的を達成し、以て聖旨に副い奉らん事を期します』」

ガ島の失策に対し御軫念のほどを拝察し恐懼に堪えず、一日も速やかに目的を貫徹せざれば誠に申し訳なき限りなり。

一面戦果を挙げたるも一面不成功のこの際、御勅語を拝するは多分の御激励の意味ありと拝察し、奉答文起案に注意したるが今本後電により一層その感を深くす。

本電前段の御言葉はカ号作戦各長官に親展として転電す。

十月三十日　金曜日　〔晴〕

○七四五長官出発、一〇三〇帰艦、翔鶴、瑞鳳、筑摩の殉職英霊に手向しかつ損傷の状況を視察せらる。

折から第三艦隊北水道より入港し一五〇〇、二艦隊同じく入港す。ここに全艦隊の偉容トラックに集まる。今回は一隻も欠けたるものなきを喜ぶ。

日没後暫時にして二艦隊長官、しばらくして三艦隊長官来艦報告あり。サラトガはおらず、撃沈せるものは空母三隻なり。四隻はおらず、戦艦も数は一隻なるがごとし。

三艦隊の鼻息なかなか強し。しかしてガ島陸戦の失敗の尻を連合艦隊司令部に求む。残念と憤慨もちろん当然なるべきを予想するも、自らの功によりて人をとがめざるを人格の高尚となす。我また為すべきことを為し来れり。軽く応酬せるのみ。

一七軍司令官より南太平洋海戦に対し祝電あり。何とか言いたきところなるも簡単に返電す。

十月三十一日　土曜日　〔晴、スコール〕

東條総理大臣より祝電あり、謝電を発す。

敵情変化なきもラボール方面夜間敵機の来襲数多し。

第三艦隊は今次の海戦において多数の幹部以下の犠牲者を出し一二〇〇慰霊祭を施行、長官参列せらる。

一五三〇新任第四艦隊司令長官鮫島具重中将伺候に来艦。

前任井上中将、大型インコを余に贈与し来る。

ガ島の総攻撃が本年末となるような空気なれば、これらを相手として気持ちの余裕も必要なり。

東邦丸監督官新美和貴大佐（級友）来談す。昨年ハワイ海戦以来補給せる隻数四〇〇余、総額一一万トンに及ぶ。今回の機動部隊の補給において連日八日に及びたりと言う。

昭和十七年十一月

十一月一日　日曜日〔半晴、スコール時々〕

余輩中将進級予定通り発令、光栄に浴す。別に心境として記すべきこともなく左の拙句に尽くるものと思う。

（外面的にも内面的にも問題とするに足らず余り喜びにもあらず）

星一つふえて変らぬ天の河

（今日までの御奉公を回顧してさらに自戒の要あり）

椰子の樹も筋一筋の高さ哉

（責任のいよいよ大となれるを自覚して）

花二つとなりて肩の重さ哉

○九三〇南太平洋海戦直後各級指揮官幕僚、駆逐艦長、潜水艦長、飛行隊長、飛行長、監督官等を参集長官訓示を与えて戴く。

終わりて別席にて御賜の酒を酌み、大元帥陛下の万歳を三唱し奉りかつ将士の健康を祝す。昼食は各艦隊長官、参謀長、司令官を招待す。以上の催しは最も時宜に適し、緊張気分のうちなごやかなる空気を醞醸《うんじょう》し、しかも士気の振作、今後の作戦実施に役立ちたること多分なるものありと信ず。

十一月二日　月曜日〔晴曇〕

航空方面の損耗に伴う立て直しに対し要望中の中支よりの派遣員も本日午後到着し、現地よりも参謀来集、種々打ち合わせを実施す。

本早朝敵駆五、運送船二隻ルンガとタイボ岬との中間に入り揚陸を行い駆逐艦は我が陣地を砲撃して去る。

タイボの東南方五・五キロメートルに敵飛行場ありと夜間水上機の爆撃に当たり判定報告す。極めて重要のことなり。現在の敵飛行場が我が砲撃によりて使用困難ならば、敵として当然第三、第四の飛行場を設置すべし。

いや時々の経過はソロモン東半部において第二、第三のガ島を出現することとなり。偵察の要特に大なるとともに、ガ島の攻略一日も忽《ゆるが》せにすべからざるなり。

翔鶴、瑞鳳、筑摩等の損傷艦駆逐艦護衛の下に一四〇〇発内地に向かう。

本日二、三艦隊ごとの南太平洋海戦研究会行わる。

新第四艦隊参謀長鍋島俊策新少将着任挨拶に来艦、夜三代軍令部員を招き諸般の事項を聴き、当方の意見も述べ、なお第一部長に伝言を依頼す。

十一月三日　火曜日　〔晴〕

南洋の戦地において明治節を迎え、〇七〇五遥拝式、御写真奉拝、終わって士官室にて祝杯を挙げる。

　　菊を見ぬ明治節あり大東亜

〇八三〇より飛行長、飛行隊長、所轄長以上を参集、先月十日以後の作戦、南太平洋海戦につき研究会を行う。一六四〇終了黄昏なり。

七戦隊（〔旗〕及び鈴谷のみ）摩耶、第二水雷戦隊一二〇〇第八艦隊援護のため出撃、ショートランドに向かう。

十一月四日　水曜日　〔晴〕

〇六三〇艦隊ꟼ瑞鶴、五戦隊P妙高駆逐艦二隻内地に向かう。瑞鶴には損傷なきも一航戦全般の飛行科立て直し及び訓練のためなり。

巡洋艦三隻、駆逐艦数隻、運送船二隻ルンガ岬方面に出現揚陸、我が陣地の砲撃を行い夕刻去る。攻撃機を出発せるも途中天候不良のため攻撃不能まったく腹の立つことなり。

十一月五日　木曜日　〔晴〕

一五〇〇新一七軍参謀大佐有末次《やどる》及び参謀本部部員来艦、近日当方面に方面軍編成せられ作戦高級参謀となる。それまで臨時一七軍参謀としてラボールにあるという。

軍令部在勤当時彼は参謀本部二〇課長として熟知の間にあり。忌憚なき意見を述べ置きたり。今夜駆逐艦一六隻を以てする輸送、北方航路により実施す。成功を祈る。

昨早朝かキスカにおいて呂六五潜沈座に当たり事故を生じ、一七名の犠牲者を出し艦は三〇メートルに沈没す。何事ぞ。

十一月六日　金曜日　〔曇、スコール〕

昨夜の駆逐艦一六隻を以てする鼠上陸は大なる支障なく遂行し得たるがごとし。

本日もまたツラギ方面より駆逐艦出現せり。

飛行基地前進に関し、レガタを予定せるも地質不良にて一向前進処置捗らず。ショートランド東二〇カイリのバラレ島に新飛行場設置の命令を八艦隊は出せり。これにて頓挫するは許されざることなり。よって適地撰定前進を促すところあり。

開戦以来会敵交戦にあらずして事故による潜水艦の沈没五隻に及び、交戦損失に比し率大にして甚だ遺憾とするところ、長官より注意を喚起するの電を発す。

十一月七日　土曜日　〔半晴〕

現地状況陸軍今後の企図判明せざるも、最近において船団輸送の必要を認め、とりあえず、進入日を十三日として諸般の準備を為すよう参謀長より予告を発せり。

陸軍三度の失敗にて海軍は懐疑の念あり。南太平洋海戦の成功にもかかわらず、一般の士気は下がりあり。これをして昂揚せしめ大いにやろうと各部の意気込みを一致せしむるには、相当の準備工作を必要とするところなり。

千代田、昨日ショートランドより帰港。

伊二〇潜〇二二二、エスペランス岬の三三〇度五カイリにて搭載中の的を発進す。これのためホノルル局は全艦船宛てに「〇七五九ルンガ岬沖に敵潜水艦見ゆ」を発信せり。相当の脅威たるべし。初の試実効を期す。

十一月八日　日曜日　〔曇、スコール〕

渡辺参謀、大前一一航空艦隊参謀を同伴、一四〇〇帰艦、三時より情況報告をなす。

過般陸軍総攻撃の失敗原因一般情況を明にするを得たり。

○地形の困難、揚陸兵力物資移動困難、ジャングル内の進攻難渋。

○兵力資材は可、船団輸送揚陸八割なりしが敵機及び敵駆の攻撃により相当数焼失せるも兵力に不足なし。

○統率指揮の不良

（イ）軍参謀長進出しあらず、幕僚の掌握不良。

（ロ）軍はすべての部隊を二師団長の指揮下に入れ任せたが、後は握り過ぎるくらいまで管掌す。

（ハ）参謀本部員、師団参謀各部に分かれ、統一なき干渉をなす。

（ニ）二師団長持病神経痛、師団参謀不良。

（ホ）敵情偵察の不充分、情況判断の不良。

2D上陸時敵機跳梁し、西方より押すこと不可能なりとして大迂回奇襲重点作戦に変更軍司令部同意、飛行写真により飛行場南部敵陣地の情況等を打電せるも、師団参謀これを握り潰せり。

（ヘ）川口支隊長の指揮放棄、命令による攻撃正面幅を不当とし意見具申より不服従となり、軍司令部付と為し連隊長をして指揮せしむ。（二十三日）

（ト）岡部隊長の命令違反、西方海岸よりの進出命令に従わず、独断南部寄りに進出。避退命令アウステン山北部よりを同南方迂回に独断実施す。

○戦力不充分

（イ）敵機に対する過度の恐怖。

（ロ）一六連隊進出時におけるだらしなさ。

（ハ）二師団はジャワ戦のみにて実戦苦難の経験なし、元来はあるも戦上手にあらず。殊に左部隊たる那須部隊は突撃以外の手なし。◎欄上に付記（死傷二〇〇〇名程度）

（ニ）攻撃開始前兵の疲労大。

（ホ）幹部も三分の一くらい病人なり。
（へ）前線ほど食料医薬等なし。（盗難多し）
大体以上のごとし。今後の方針として軍は、
一、二師団を西方に引き揚げる、ただし山砲四門は依然飛行場南方に置き弾薬は補充す。
二、コリ南方進出部隊（二個大隊、一木残員一〇〇新に輸送せる四〇〇）は糧食の続く限り同方面にてゲリラ戦を行う。
三、マタニカウ河左岸地区を挽回し今後の攻撃正面を維持す。
四、速やかに船団輸送を実施し、三八師団の人員、弾薬、糧秣六万人分二十日間をも貯置す。五一師団、混成旅団を来月輸送す。
五、右と二師団の戦力回復を待ち、攻勢に転じムカデ高地を占領ジリ押しに押す。（十二月下旬以降）
これにて大丈夫と為す意見なるも果たして然るや、さらに敵も増強すべく余裕ある計画肝要なり（在ラボール第三八師団長の言によれば本師団と混成一個旅団あれば大丈夫やって見せると言う）。
陸軍の言うところ安心も信頼も為し能わず、充分研究の上要すれば軍令部に意見具申を要す。先の処置はそれとして差し当たり船舶輸送に対し詳細命令を発信す。（かなり多数隻を以て一回に実施する主義）
服部参謀本部二課長、帰途当司令部に立ち寄るよう連絡せしむ。この際参謀本部としていかに処置するやは重要なればなり。

十一月九日　月曜日　〔晴曇、スコール〕

大和、陸奥より出動部隊に対し米麦を補充す。軍需部の仕事も燃料のみならず。

ＧＦ命令に基づき隼鷹は一一〇〇、前進部隊は一五四五出撃す。巡洋艦三、駆逐艦七隻なるは11Ｓ、３Ｓの四隻に比しいかにも過小なる気分す。途中第四水雷戦隊を合同しようやく仕事もできる程度なり。

今回の出撃は十三日の船団輸送の目的を達するを主眼とするも、オークランドより出動せるあるいはハワイより西進せる敵輸送船団あり。時機よりせばちょうど頃合なり。攻撃の機会を捕捉することもあるべしと予期せらる。

橋本３Ｓｄ司令官入港後午前来訪す。連日ショートランド方面よりの鼠上陸に非常なる努力を為し、整備のため入港せるに補給もそこそこに前進部隊と行動を共にせしむる誠に忍びざるの心地するもやむを得ざるところなり。

司令官これを諒とし、部下の士気旺盛なりと言う。喜ぶべし。不満不服のなき人士は見上げたるものなり。服部参謀本部二課長一四〇〇ラボールより到着来艦、現地の状況は予想以上不良にして戦力は１／３―１／４なり。航空撃滅に出でざれば何事も為し得ず。

基地の前進緊急なるとともに攻撃開始は一月二十日頃となるべしと言う。気の長きことなり。攻撃方法、兵力、時機等につき当方の考うるところを述べる。

参謀連と協議の結果、年末を目標とすることに改めたり。本作戦の重点に対する考察並び遂行上必要と認め、近く参謀を東京に派遣することとしその準備を進めしむ。

英米連合軍は仏領アルゼリヤ及びモロッコに進入せり。仏抗戦中なるも帰趨は明なり。しかして仏は米に対し国交を断絶す。

十一月十日　火曜日〔晴〕

ガ島南東一五〇カイリ付近に重巡一、駆数隻、輸送船三隻針路北西なるを発見す。明日の餌となれば可なり。ソロモン南東方面相当敵の動きあるがごとし。

ココダを撤退せる陸軍はさらに圧迫せられあり。ブナ方面敵の空軍の相当なる動きあるをオーストラリア放送す。袋の鼠たらざるを最も警戒せしむるを要す。

十一月十一日　水曜日〔曇、スコール〕

艦隊軍医長今田以武生軍医少将呉鎮付発令あり、本日午後退艦す。一年間の労を多とす。呉海仁会病院長の予定なり。呉において再会の日いずれか、来年五月と長官言わる。

〇九過ぎ索敵飛行艇及び千歳飛行機はガ島の一二九度一九〇カイリにワシントン型戦艦三、シカゴ型重巡二、駆逐艦六、輸送船三の二八〇度一六ノットの航行中なるを発見す。

この動きなりしか、他にサラトガ型の機動するものなきや、いかにして本敵を撃破すべきや。

吉富第七潜水戦隊司令官迅鯨にてラボールより入港、同地は相変わらずの空襲にて在泊艦は毎日転錨し位置を変更しつつあり。帰来せる潜水艦一向に休養とならずと言う。

本日の空襲によりルンガ沖にて輸送船一、駆逐艦一を撃沈せり。

十一月十二日　木曜日〔晴、スコール〕

昨日発見せる敵集団は勇敢にも〇三過ぎよりルンガ泊地に進入せり。防空巡洋艦三（昨日戦艦と報告せしものか)、巡洋艦二、駆逐艦一一、輸送船六なり。

駆逐艦は最外側に巡洋艦は次に輸送船団の周辺を警戒荷役す。

我が基地航空部隊は雷撃二個中隊、爆撃機△機、戦闘機二九にてこれが攻撃に向かいたるが、彼沖合に避航せり。

一二三〇雷撃を実施す。陸上観測によれば命中なし。敵防御砲火中壮烈なる突撃により自爆機相当ありと報ず。

しかして間もなく、再度ルンガに入り荷揚中にしてその勢力従前と同様。一七〇〇夜暗に入り状況不明と言う。

しかるに攻撃隊よりは大巡一轟沈、四炎上中と報告し来る。全然別個の一群存在するや否や総合判断に苦しむ。

本朝敵襲団ルンガに入れるの報告に接し、朝食時今日の敵は粘ると断言したる後、自ら情況判断を下すところ左のごとし。
一、敵の企図、輸送船護衛、我が陣地の砲撃、我が増援の阻止にあり。
我が輸送船団のショートランドに集中しあることすでに判明しあり。四水戦一部の東航、大部オントンジャワ付近において11Sに会同中敵B17の触接を受けあり、これらよりして敵は今夜粘る公算多しと見る。
二、我執るべき方策。
(イ)空襲の強化。
(ロ)連続敵情の獲得。
(ハ)8F(鳥海)、7F(鈴谷)及び摩耶の急速出撃。

（ニ）４Ｓｄの一駆逐隊（ガダルとラッセル間哨戒任務隊）と前者と合同、存在すべき敵艦隊攻撃に当たらしむ。
（ホ）11Ｓの陸上砲撃を完全に実施せしむるため、主砲陸上射撃は弱装薬なり。艦艇に対しては不利多し。その時刻は前諸務による敵情により決す。
（ヘ）ＡｄＢ（前進部隊）は明朝ガ島に直接、収容並びに必要の場合敵艦隊攻撃に備える。
すなわち諸計画は敵存在するやも知れず、また輸送船団入泊後来攻するやも知れずと言うに備える程度にして、既存する敵艦隊を明瞭にしたる以上当然諸計画につき検討しその改むべきをすぐに修正する必要を認めたればなり。

本情況判断を要記して参謀に交付し、彼らよく熟議せるがごときも、先任参謀敵はいつもの通り夜になれば逃げる。水戦の前駆にて充分としこれを拒否せるためか実現するに至らず。

これが回答を得たるときは時機すでに遅く直接の実行者たる八艦隊も多分出撃し善処するならんと想像し、余輩もまたこれを強く主張せずして過ぎたり。これ十数時間後重大なる結果を招来せる素因となれり。

教訓として、
一、計画の基礎と現情と敵情に相異あるときは頭を新にし即応の方策を講ずること肝要なり。
二、敵あらばこれに備えること先決にして、11Ｓの今夜の射撃を完全ならしめざれば船団の進入は不可能なり。その重点を捕捉し成立せしむるを要す。
また午前、一一航戦水偵はサンクリストバル島の南東一八〇カイリに空母らしき敵及び小型機一五機、大型機一機を発見せるが、同水偵発信中途に撃墜せられたるがごとし。これが北上に備えサンタクルーズ島西方を特に明朝索敵すべき旨発令す。

インド洋南部に通商破壊作戦に出たばかりの報国丸は、昨日敵哨戒艇により艦尾に命中弾を受け爆発沈没（ココス島の南西三〇〇カイリ）、愛国丸は生存者副長以下二八〇余名を救助せり。ちと馬鹿にし過ぎたか。

二十日の予定なりし長官交代は繰り上げ、昨日南雲第三艦隊長官を佐鎮長官に、小澤中将を第三艦隊長官に親補せらる。

ソロモン方面作戦に対し設営隊の急派、防空砲台の多数編成、特種弾の供給その他重要要求を総長、大臣に電請す。なお参謀二名を説明に上京せしむ。

一一航空艦隊の戦闘速報によれば戦闘機隊の見たる戦果左のごとし。

輸送船一轟沈、大巡一、艦型不詳一、輸送船一大火災、大巡一黒煙噴出、駆逐艦二白煙噴出、敵G戦一九機撃墜

これだけの戦果あるものがルンガ沖に再出現するはずなし。さてさて。

陸軍は南東方面に対し新に第八方面軍を編成し、従来の第一七軍に加えるに第一八軍を以てせり。

方面軍司令官中将今村均（蘭印軍司令官より）

同　参謀長中将加藤鑰平（参謀本部三部長）

一八軍司令官中将安達二十三

同　参謀長少将吉原矩

十八日東京発方面軍幹部赴任の予定という。

海軍の当方面作戦極めて重大なるを以て何とか強化方策をと考えるも、方面艦隊の独立は困難性あり、二艦隊は機動部隊として固着せしむるを得ず、連合艦隊自らこれに立ち入るを可とするも通信機関を伴わざれば不可にして大和の南下は危険性多し。

結局は一一航空艦隊の内容強化に落着するを以て、参謀長以下に関し航空のみならず、海上を指揮しまた方面軍と折衝し得る陣立てを必要とするに至れり。よって長官に進言、長官より大臣に要請せらるることとなれり。

東京に出張中の機関参謀、連絡情況を報告す。

内地帰還中の各艦概ね予定通り完成、翔鶴は来年三月、瑞鳳一月、筑摩未定なり。内地在庫缶用重油一〇〇万トンに過ぎず、今後艦隊用も極力現地より直接輸送の必要を生じ、また製鉄量減少、アルミニウム生産減少、今後の影響大にしていずれも問題は船腹の不足に起因す。艦隊も大いに考慮せざるべからずと為す。

十一月十三日　金曜日〔曇、スコール〕

昨夜二三四五陸上飛行場射撃開始の予定を発電せる挺身攻撃隊は若干射撃を行いたるがごときも、同二三五〇敵巡洋艦数隻、駆逐艦一〇隻と会敵、視界不良にて駆逐艦は一五〇〇メートルまたは八〇〇メートルにて砲雷戦を以て交戦、巡洋艦三、駆逐艦二撃沈、駆逐艦三を撃破せるもののごとし。

比叡艦橋付近火災通信を絶つ。本情況において本日の輸送船団の進入不利と認め、Zを一日延期十四日とする旨発令。

潜水艦をガ島の東西に緊縮配備せしむるとともに戦闘機を以て敵機の制圧に当たるべきを命ず。

（以上〇一〇〇より逐次）

最も奮戦せる第二駆逐隊は夕立の機械室に被弾、艦首火災、航行不能に陥り、サボ島の南において総員退去、三日月に救助、僚艦の魚雷一及び砲撃により処分を計る。

〇三〇〇敵機及び大巡の妨害を受けその最後を確認しあらず。また村雨は一缶室に被弾一、二番砲、探照灯を損傷し一時避退、これが整備に当たり二七ノットにて北上せり。その他駆逐艦一隻なお消息明ならざるがごとし（暁沈没）。

比叡は舵機室に浸水し航行の自由を得ず、一一戦隊司令官は他挺身攻撃隊に避退を命じ〇六〇〇駆逐艦雪風に転乗す。

比叡の位置に誤報あり、駆逐艦五隻これが護衛に当たれるも戦闘機の直衛は一一三五に到り六機到着、この間艦爆約二〇機の攻撃により缶三缶使用不能、上甲板以上に大なる損傷を受け応急操舵の見込み立たず。

同司令官は霧島に対し救援のため南下、ショートランドに曳航を企図するも昼間連続の空襲下においてはこれまた困難なりとし、カミンボに擱座を決意せり。

舵機損傷の場合、駆逐艦を艦尾側方に曳航（適宜速力及び舵使用）、舵の作用を為さしむるを有利とする旨注意す。後刻敵機の雷撃により魚雷二本命中傾斜、如何とも為し難きにより処分する旨司令官電あり。

これに対し「処分するな」と命ず。なお夜暗を待って為し得る限りの救援の手を下す要あればなり。ただし本命令は相当時間経過後となりたるを以て処分を了したるもののごとし。残念至極。

午後に至り基地航空部隊の誘導機はマライタ島北端の湾内に戦艦一の擱座傾斜、巡一小火災、駆二の大火災、駆一の小火災停止中を発見、その後に至り他機は同湾の東方に戦艦（巡洋艦）二、駆逐艦一の停止せるを発見すとの報あり。

それ誤りなきやを確めたる後、前進部隊にこれが攻撃を命ず。

斯くのごとき敵の存在は誠に奇しき現象にしてガダル島の江村参謀よりは一一〇〇までの情況として「艦爆二〇、戦闘機一〇西方に向かい上空六機警戒中、曳航中の大巡一隻を（東、二ノット）ポートランド型護衛中、他のポートランド型は艦尾中破沈下しつつあり。

駆逐艦二隻炎上中、駆一ツラギに遁入せるほか敵を見ず」との報告及び昨日の雷撃隊の攻撃成果、昨夜の攻撃状況等より見るにまったく別個の一群存在したるがごとし。

比叡救援のため南下中の霧島はインデスペンサブル海峡の北方において敵潜の魚雷攻撃三本を受け一本命中したるも不爆、そのうち前進部隊発令により救援を止め北上せり。

前進部隊は当方希望のマライタ北方の偵察を明朝に延期し、比叡掩護中の二七駆逐隊雪風及び△に同方面の敵攻撃を下令せり。生存者多数を乗艦せしめこの敵に当たる兵力不足と言うべし。前進部隊は明日以後の活動に備え補給を急ぎつつあるものと認む。

ガ島東方に緊縮せる潜水艦は南下する巡洋艦二、駆逐艦を発見しシカゴ型に対し二五〇〇メートル仰角五〇度にて発射、二本の命中音を聞きたるも制圧二時間半に及び戦果不明なり。

南方索敵において〇八五五サンクリストバル島の東端の南方六〇カイリに駆五、輸送船六の東ないし南東にて一六ノットの一船団、〇八〇〇同島の南方二〇〇カイリに空母一、戦艦二、巡、駆四の敵群を発見す。前者は輸送を終わり帰途にあるもの、後者はこれより機動せんとするものなり。

マライタ島北岸に発見せる敵は視界不良のために基づく飛行機の位置不確実よりルンガ泊地と誤りたるものと判明、一九〇〇に至り前索敵要望及び前進部隊に対する攻撃命令を取り消す。

何のことだと言いたいなり。それにしても作戦区域における敵情いつもながら不満足なるは作戦指導上遺憾とするところなり。

当方命令と前進部隊命令とにおいて比叡処分に関し食い違いの存するよう感ぜらるるところあるを以て、参謀を招致し情況を聴く。もはや処分し終われるものと認むる判断に落ち着きしが、間もなく一七二五発司令官電を受領す。

すなわち「乗員一六〇〇を収容しまさに処分せんとするとき、ＧＦ電命令に接したるところ被害大にして傾斜浸水増加しつつあり。曳航の望みなく明日の敵の攻撃に堪え得べからず、かつこれがため反りて損害を増大するおそれあるを以て処分許諾ありたい、なお駆逐艦各艦は至近弾等によりそれぞれ相当の損害ある状況なり」。

これに対しいずれかの処置を速やかに決定し指令すべきを命ず。通信参謀は駆逐艦を以て明朝まで曳航に努むべきを以て復命す。駆逐艦を以て浸水せるこの主力艦を曳航せよとは無理も甚だしき命令なり。この際執るべき処置としては、

一、曳航するか
二、放置するか　｝の三中いずれかに帰す
三、処分するか

結局は二か、三か、赤城の場合と異なり今回は我が基地航空圏内にあり。また我が艦艇も行動し、今夜、明日の飛行場攻撃において敵機を相当制圧し得る望みありて、ここに若干の分あるを認むるのみ。

よって放置し潜水艦一隻を以て昼間看視せしむることとし発令を命ず。

後長官来室ありて「どうも明日の撮影により宣伝の国、米国に利用せらるること心苦し、サインはしたるもどうかと思う」との心中を述べらる。無理なきこと恥の上塗りも考え物として処分方処理に改めたり。

先任参謀来りて先電の通り願いたしと言う。その理由は輸送船団に対する攻撃をこれに吸収する利益あり。浮いている以上は一寸といえども動かぬ理由なし。宣伝には本日すでに撮影しあり、いずれにしても戦艦一隻の損失を確認することは肝要なりと言う。

いろいろ三者話し合いたるが、長官は自己の意見を翻してそのままと決定せらる。可笑しき雲行きなるもいずれにするも大事にはあらず。

大局は同じなり。ただそこに気分の問題、先を見込みて恥の上塗りとならざるのたしなみ。中将たる司令官の意志を酌み長官の立場においてその責を引き受けるの心情及び敵手に委して機密暴露の惧を来すことなからしむるの用心あることとなり、先の見えざる主張は理屈に偏してこれら機微の点を解し得ざるものあるのみ。

誰人も助けんことの一念において変わることあるべからず。しかして間もなく電報を見るに一一戦隊司令官発（一九三〇頃の電）、

「比叡は損傷のため四機とも使用不能、前部揚錨機室浸水使用不可能、傾斜浸水増加しつつあり処分方重ねて御配慮を乞う」

に接す。従来損傷艦の処分においてやや軽率なるにあらずやと思う節なきにしもあらず。これ日本人の気質として責任を負い自らの手において処分しその最後を見届けたい心理と、往々にして生存者収容艦が早く敵機の横行海面を離脱せんと欲するの用心とに存するものと認めらる。

本件につきては過般（本月一日）の長官訓示において特筆し置きたるところ各指揮官の頭に最も深く記憶せらるるは疑いの余地なく、しかも長官命令として「処分するな」に対し二度の電請を為す司令官の心理意見はこれを尊重するに足る。

いわんやその心裡に至りてはまったく涙なき能わず。命ずる者は強きを可とするもまた自らその立場にある場合を考察せざれば、いわゆる将の命令たるにあらず。這般《しゃはん》の事情は指揮官の経験を積み始めて体得し得るところなり。

いずれにせよ、高速戦艦――二艦隊先任参謀、大学校教官当時これが高速化を主張しその用法に関

与し来れる一主謀者として——改造の最後艦にして最も理想化せられたる本艦を失うは誠に遺憾千万なり。

昨日機関参謀東京より帰来報告の最後に「過般総長拝謁、主力艦のガ島砲撃計画を奏上せるに、日露戦争においても旗順の攻撃に際し初瀬八島の例あり、注意を要すとの御言葉あり。電報するに至らざるを以て伝えよ」との軍令部の伝言なり。

同じ手を施すの不利に関しては重々これを承知し昨日の食卓においても、例え二等的の方策にても同じ手を用いざるに優ると言及せるところ、今回の損失は同じ手に帰するにあらず、現在する敵兵力を軽視し、充分なる先駆兵力、攻撃兵力を準備することなく別個の目的を有する一一戦隊をして、視界不良のうち不用意に会敵せしめたる結果なるべし。

上陛下の御注意に答え奉らず、御軫念を相懸け申すこと今日戦艦の価値加何の問題にあらずして、誠に恐懼申し訳なき次第なり。

十一月十四日　土曜日〔雨〕

低気圧近在し当方面出撃以来の天候終日雨。風力また十余メートルに及ぶ。

戦況相当に複雑なり。

本朝飛行機にて捜索しかつ伊一六潜水艦により昼間潜航捜索せるに比叡の姿発見せず。菊花の御紋章を付する艦に心あるか、残骸を敵前に暴さずはたまた神の摂理と申すべきか、我が意に合わし心反りて安し。

七戦隊司令官の率いる鈴谷、摩耶（天龍、駆逐艦共同）は一二三〇〇ルンガ沖に進入、零式弾、徹甲弾、各艦五〇〇近くをガ島飛行場周辺に発射す。

陸上及び飛行機との連繫不充分なりしも新旧飛行場の中間に着達し、炎上個所もあり相当の効果ありたり。北方航路をとりて避退し別に損傷を受けず、またルンガ沖の残敵も掃蕩せず。

右攻撃隊を途中まで支援したる八艦隊長官直率の鳥海、衣笠、五十鈴は本帰途散々なる目に会えり。

ニュージョージア島の南方海面よりその北西にかけ敵機（艦爆）の攻撃を受け、最初に衣笠被弾、続いて五十鈴、鳥海至近弾を蒙る。

衣笠は舵故障の上浸水多量、水雷長指揮の下に巻雲、風雲警戒し微速力を出せしが〇九二〇左舷に傾斜転覆沈没、艦副長戦死す。

鳥海は四、六缶室火災なりしも鎮火（二九ノット）、五十鈴は至近弾により二、三缶室満水後部にて直接操舵、朝潮護衛の下にショートランドに向かう。

鳥海及び一〇駆逐隊はショートランドにおいて補給後夕刻出撃せり。右敵飛行機は母艦よりのものなる疑い濃厚にして、八艦隊はソロモン南方の索敵を一一航空艦隊に要求せり。

一一艦隊の七〇七航空隊飛行機はソロモン南方において（ガダル島西端の南方一二〇カイリにおいて）、北上する敵大型機五、小型機二、三〇機を発見し、またガダル島の南西三〇〇カイリに敵発見の報を致したるのみにて消息不明となれり。

昨日午後ショートランドに入港、時ならずして一五三〇出港せる二水戦護衛下の輸送船団は早朝より敵B17の触接を受け（同機二五隻の艦船内二隻の空母の存在を平文にて報告せり）たるが、爾後夕刻まで数度の敵機の攻撃を受け、長良丸、かんべら丸沈没（以上は駆逐艦二にて乗員救助、ショートランドに向かわしむ）、佐渡丸（航海装置故障航行不能）、ぶりすべーん丸（火災）、那古丸（火災一五三〇）相次いで損傷し、二水戦司令官は一四二〇、一時北西に避退を開始せり。

無理もなきところなるも何としても今夜進入せしめざるべからず。一五四〇反転進入すべきを長官命令として発令す。

一三〇〇索敵機はガ島の南方八〇カイリに敵大巡四、駆逐艦二の北上するを発見し、さらにその北西方に空母一、戦艦二、巡三、駆若干を認めたり。水偵は別に戦艦二をその東方に発見す。

この敵御座んなれとすぐに攻撃したくも基地航空部隊は索敵攻撃に出でおらず。

前敵群は今夜輸送船隊攻撃の企図あるを警告し、輸送船団はイサベル島に近く航行二水戦勢力を集中すべきよう参謀長より発電す。八艦隊もまた本敵の攻撃を前進部隊に希望せり。

当時における船団は四隻に過ぎず、また二水戦駆逐艦は五隻のみなり。二三〇〇入泊、その時刻の遅延及び敵情に鑑みすぐに擱座を決意しあり。その決意、当を得たりとなし、別に当方より指令するところなし。

八艦隊は擱座は反りて揚陸能率を減ずるを以て今夜接岸漂泊、または錨泊し、明朝敵情により擱座昼間荷役を続行すべきを回答す。一一艦隊また同様なり。経験は物を言う。

前進部隊は巡一、駆三の先駆の下に〃愛宕、高雄（付駆三）、霧島（巡一駆三付）を以て南下、サボ島西方より二一三〇進入、ガ島飛行場の攻撃及び輸送船団に対する敵の攻撃の反撃を企図し行動す。

飛行機の発見がサボ島の西二〇カイリに巡二、駆四北上するの電あり二〇三〇敵信による「我交戦中」を傍受す。予期のごとくここに夜戦の幕は切り落とされたり。結果如何。

二一三〇明朝の索敵及び基地航空部隊の索敵攻撃を下令す。この思想一般に欠如し常に敵を逸する傾向あり。

時には無駄も覚悟して努力すること肝要と認めればなり。いわんや輸送船団を回りて明朝敵味方同方面に交錯するの算多きにおいておや。

二二一五受、サボ島の西一五カイリ駆逐艦四、大巡または戦艦二針路七〇度の電あり。彼も我が攻撃隊の南下を認め戦艦を進入せしめたるか、戦艦対戦艦の夜戦けだし本夜を以て嚆矢とす。（二〇四〇発）

本日昼間、八艦隊直率部隊及び輸送船団の被害はまさに敵機動部隊の南方近接による。

昨日の出現状況よりあるいは然らんと予想し、Ｚ日を今一日延期すること戦場整理及び艦艇の近接より見て有利ならずやと思考せるが、航空の持続力不充分にして今日以上遷延するを許さずとのことにて沙汰止みとしたるなり。

それにしても八艦隊主隊の引き揚げ及び輸送船団の航路は敵の機動部隊に近く南在したるは、不利を招ける一理由たるを失わず。船団の劣速にも鑑み、やむを得ざるところ存す。敵情により随時変更の頭と余裕はいずれの場合にも必要なり。

ガダル島江村参謀の電によれば十一時頃までの状況において敵機は爆撃機四〇、戦闘機四〇、大型三に増勢せり。ルンガ沖の巡洋艦は〇二三〇沈没せるがごとし。航行不能のポートランド型一隻はツラギに曳航せるもののごとく敵艦を認めずとのことなり。

輸送船団の被害続出に鑑み、一七軍参謀長に対し成否は敵機の制圧にあり、飛行場射撃の強行を求むること二回に及べり。

陸軍は弾薬数の少なきに鑑み本日一六〇〇より、明朝、明晩、明後日早朝を予定し輸送船団に向かうものは当地経由の他よりするものなりと言いたるも、一四〇〇攻撃を下令せるがごとし。

前進部隊指揮官より「ガ島攻撃隊及び増援隊二二一八ルンガ沖において敵新型戦艦二、巡洋艦、駆逐艦各々数隻と交戦中」「本夜の陸上攻撃を取り止む」の急電あり。（二二四七受）

続いて船団に入泊座礁を、霧島に北方離脱を前進部隊指揮官下令せり。情況有利ならずと認めら

る。（二一〇〇受）

次いで「二三〇四戦場を整理し北に離脱せんとす」「追躡中のものは襲撃を決行して北方に避退せよ」「霧島の状況知らせ」との電あり。

十一月十五日　日曜日

霧島は米戦艦（ノースカロライナ型ほか一隻）計二隻と交戦、艦内大破艦尾に魚雷命中、操舵不能、浸水増加す。

一時は最微速にてカミンボに向かわんとせるが機関員九割戦死、機械使用見込み立たず、乗員を駆逐艦に移乗せしむ「霧島の処理は前進部隊指揮官に一任す」と発電。

同艦はサボ島頂の二八五度八・五カイリにおいて〇一三五転覆、全没せり。一昨夜及び昨夜一一戦隊の両艦を亡失せり。奮戦の結果なれば致し方もなしとす、比叡に関しては詳電あり左に記し置く（霧島乗員、艦長以下一一二八名駆逐艦に収容す）。

十三日夜挺身攻撃隊指揮官戦闘概報（一一戦隊司令官十三日二三三〇発）、戦闘概報第一号。

一、本隊と分進後予定通り進撃中〇八三七より約十分間B17一機の触接を受けたるも直衛戦闘機によりこれを撃攘、一九五〇よりスコール来襲狭視界中をインデスペンサブル海峡に進入せしもサボ島を認むるを得ず。射撃不能と認め反転せしところ視界やや良好となりて陸上観測所よりも天候良好なる旨通報あり。さらに反転射撃を実施するごとく行動せり。

◎欄上の付記――〇案の定被発見、我が企図を察知せられあり。〇視界は不良なり。

二、成果、各隊所報の通りなお比叡は黎明後火災、大巡一隻（ホノルル型）大爆発後沈没せるを認めあり。

三、被害、各隊（艦）所報の通り、二三四五まさに飛行場射撃を開始せんとするときルンガ沖に敵艦艇を認めこれが攻撃を令し、二三四八より〇一〇〇頃まで敵巡洋艦四隻、駆逐艦一〇隻と六キロメートルないし二キロメートルの至近距離において交戦し、その全部を撃（轟）沈大破（大火災）せしめたるものと認む。

◎欄上付記――〇飛行場射撃（弱装）の準備を以て艦艇に当たるの不利を来せり。

十三日夜における挺身攻撃隊戦闘概報第二号（一一戦隊司令官発十四日一二〇〇）

一、比叡は戦闘開始後敵全艦の集中砲火を受け、前檣全面機銃、高角砲、探照灯その他上部構造物に多数の被弾五〇以上機銃弾無数あり、かつ主砲関係電路全部、副砲指揮所破壊せられたるため一時砲戦不能となり前檣付近数カ所火災を生じ、次いで舵機室被弾のため浸水操舵まったく不能となれるを以て機械により操艇、〇四〇〇頃サボ島西方海面に達せるも、爾後舵流れたるため操舵意のごとくならず、殆んど一カ所を回頭せる状況なりき。

雪風二七駆逐隊照月相次いで来着、比叡の救難警戒に当たれり。当時比叡は手旗信号のほか通信まったく不能なりしを以て本職一時雪風に移乗、全般の指揮統制に任ぜり。

比叡は〇五三〇より一〇三〇頃まで延べ機数六〇機以上に達する敵艦攻、艦爆の爆撃下（命中三至近弾無数）に在りてよく防火防水に努め、前檣の火災を鎮火せしめ舵機室の浸水遮防排水効を奏し、まさに人力操舵可能ならんとせしとき、一一三〇艦攻約一二機の雷撃を受け右舷中部及び後部に各一本命中、右舷機械室に浸水、次いで被弾に依る舷側破口より次第に浸水を始め後部の吃水また右傾斜を次第に増大、舵機室の排水不能となり各機械室また浸水のため機械使用不能となれり。

よって本戦は比叡に人員の退去を命じ処分を決意、一六〇〇人員の収容を終わり二七駆逐隊（有明欠）に依りまさに雷撃処分せんとするとき、長官よりの命により処分を取り止めｄｇは比叡の監視、一七〇〇より８Ｆとの混淆を避くるため一時西方視界外に出でたるも、再び近接二三〇〇より約三十分間現場付近を捜索せるも比叡を発見し得ず。二三三〇引き揚げ前進部隊に合同するごとく行動せり。

◎欄外付記——○視界不良先制の手を為しあらず、いきなり敵全艦の集中砲火を蒙るに至れるは警戒掩護に欠くるところあればなり。その一因は先行掃蕩隊の勢力微弱に帰すること当時の所見の通りなり。

二、比叡乗員の戦死約二〇〇名（11Ｓ首席参謀を含む）、戦傷司令官、艦副長以下多数（司令官、艦長勤務に差し支えなし）

三、比叡艦長以下乗員一同は、猛烈なる空襲下において善戦敢闘、適切なる処置等全員必死の努力にかかわらずついに貴重なる艦を大破、かつ忠勇なる多数の勇士を失いたるは誠に本職の恐懼に耐えざるところなり。

四、戦闘概報は第一号中、敵巡洋艦四隻とあるを五隻（新型重巡二隻、乙巡一隻、軽巡二隻）に訂正す。

右報告は要をつくしたる名文と認む。これに関連する所見は既述せるところと何ら変更なし。

前進部隊指揮官戦闘速報第二（十五日〇九五一発）

昨夜の夜戦概況左の通り

一、一六四五敵カミンボ沖北上の報に接し、まずこれを撃滅すべく接敵、二〇三〇掃蕩隊（川内19ｄｇ）、まずこの敵を発見二一一五よりサボ島東方にてこれと交戦。次いで主隊直衛（長良11ｄｇ五月雨、電）これに加入す。

二、主隊はルンガ進入の途二二〇〇サボ島西方において西航中の敵戦艦二隻以上と会敵、激烈なる戦闘を交える。
三、水雷戦隊は爾後南西方に避退中の敵主力を追撃、主隊直衛は二三四〇頃カミンボ北西海面にてこれを襲撃す。
四、戦果
（イ）大巡二、駆一轟沈、駆一撃沈
（ロ）大巡一、駆一大破
（ハ）戦艦一（ノースカロライナ型）に魚雷二本命中、ほかに主隊直衛襲撃の際魚雷命中の爆音三を聞く
（ニ）戦艦一（アイダホ型）に魚雷三命中
（ホ）ほかに親潮魚雷一戦艦に命中
五、被害
（イ）霧島、綾波沈没
（ロ）その他被害僅小の見込み
斯くして前進部隊は北方に避退し3S、2Sf等は一時南下せるもまた北上して敵の空襲を蒙らず。

二水戦は〇二〇〇輸送船四隻をタサハロングに擱座し、当方の命令により〇二三〇駆逐艦一〇隻を率いて北方航路をとり今夜ショートランドに入泊するはず。

江村参謀電によれば右輸送船はタイ山砲台の射撃及び敵機の銃爆撃により〇六四〇、二隻炎上を始め、なお〇八一五敵駆逐艦三隻の砲撃により四隻とも火災となれるがごとし。

しかし〇三〇〇よりこのときまでには相当の揚陸を為し得たるところと認む。敵情、ツラギより駆逐艦一出動、タサハロング砲撃駆逐艦三のほか同方面敵を見ず。

索敵機は〇九〇〇ツラギの一五四度一六〇カイリに戦艦二隻を発見（針路二三度に変針）、また潜水艦は〇七四〇同地点の北西六〇カイリに戦艦二（ワシントン型、アイダホ型各一、針路九〇度速力一六ノット）を発見せり。

両者は同一のものにして昨夜進入せる戦艦と認む。空母に関しては杳として消息なし、昨日午後より分離南下せるもののごとし。

昨夜の敵発見状況より進入せるものは戦艦二、大巡二、駆逐艦八と判定し各隊の戦果を総合するに、うち戦艦二を逸し駆逐艦の二、三ツラギ方面に入れりと観ぜらる。

霧島、綾波、衣笠の損失に対し敵の損害の1／3を目途とする余輩の標準に遠しとなる。

殊に輸送船の損耗を加えるにおいておや、一一隻中損傷七隻（乗船者は駆逐艦六隻にて一万三二五〇名を収容せり）、うち佐渡丸は本日ショートランドに入泊せしめ得たるも爾余六隻の処理は肝要なり。

海軍の艦船にあらざるの故を以て関心薄き感あるを以て為し得る限りこれが曳航または陸岸座礁、搭乗物資の収容を計らしむるごとく八艦隊に要求す。

一七軍参謀長に対して戦況を通報し凡有《あらゆる》努力にかかわらず輸送船団の完全入泊を果たし得ざりしを遺憾とし、今後の方策を合わせて打電す。

爾後、前進部隊にトラック回航を命ず。一四〇〇過ぎ索敵機はサンクリストバル島、レンネル島中間付近に巡洋艦二隻を発見、曳航中なるごとく速力六ノットなり。

先遣部隊指揮官は潜水艦（インデスペンサブル補給従事中のもの）にこれが攻撃を命じたり。

十一月十六日　月曜日　〔晴〕

霧島戦闘概報前略（十五日一五〇〇霧島艦長）

　4S続行、二一一二愛宕の照射開始と同時に敵戦艦に対し砲撃開始距離約一万、我また敵戦艦二隻の集中砲火を受け、命中弾多数（六発以上）艦内各部に火災を生じ、前部電信室全滅、三、四番砲塔水圧停止、舵機故障等相次ぎ攻撃も思うに委せず、一方敵戦艦二隻も主副砲とも初弾命中、主砲においては二弾命中、一弾は艦橋を吹き飛ばし次いでほとんど全弾夾叉命中弾最小限一〇発以上（相当の水中弾あり）ありしも止めを刺すに至らず、二二四九敵とやや隔離するに至れり。

　このとき艦内の火災は大方鎮火、機械缶とも全能発揮可能なりしも舵取機室は全部満水入ることを得ず舵は面舵一〇度くらいにて停止、機械如何に使用区分するも直進する能わず。間もなく機械室は熱気のため所在に堪えずとの報告に接し一時避退せしめたるも大方は斃れ、わずかに中央機のみ微速可能なるに至れり。一時治りたる火災も再生、前後部砲塔火薬庫続いて危うしとの報により注水を命ず。

　このとき長良近接曳航を依頼したるも不可能とのことにて長官宛て御指示を乞う旨依頼、舵に対しては潜水夫を入れ修理を企図したるも防水区画を破る事能わず舵の望みは絶つに至れり、艦の傾斜は次第り増加せり。左舷《?》に注水を命じここにおいて総員の退去を決意し、朝雲、照月に横付けを依頼、総員前甲板に集合、軍艦旗を卸し万歳を三唱終わりて御真影を朝雲に移奉す。

　乗員は半数宛移乗せしむる計画なりしも、照月の横付け遅れ大半は朝雲に移し艦は次第に左舷に傾斜、照月の横付けできざるうちに上甲板に立つ能わざるに至れり。ここにおいて各自退去を命じ生存者艦側を二〇名程度離れたるとき艦はついに左に傾きつつ〇一二五海中に姿を没せり。位置サボ島の二六五度一一カイリ、准士官以上六九、下士官兵一〇《?》三一名駆逐艦に移乗す。部下は最後に至るまで死力を尽くして奮闘遺憾なく軍人精神を発揮せり。ただ舵機損傷のため敵と刺し違えるに至らざりしこと無念骨髄に徹す。

◎欄外付記――〇火災再生理由如何?

二水戦司令官の船団護衛報告によれば、〇五五五―一五三〇間敵機一〇六（爆六九、雷七、戦八、B17二二）の攻撃特に大集団二回（敵空母よりのものと判断す）を受け、一隻航行不能（佐渡丸）四隻火災、一隻傾斜の損失を蒙れり。

タサハロングに進入せるは広川丸、山浦丸、鬼怒川丸、山東丸の四隻にして人員二〇〇〇、ほとんど損傷なく山砲野砲弾薬三六〇箱、米一五〇〇俵を揚陸し得たりと言う。

いずれにせよ二十日頃まで当座の用を便ずるに過ぎず、三万人中病人五〇〇〇人を送還するとするも今回上陸の二〇〇〇人を合わし二万七〇〇〇人の口を養わざるべからず。今やまた月光を増す（今夜月齢七・五）。工面容易ならざるものあり。ガソリン空缶に米麦を半分満たし海中に投棄し揚収せしむる方法を案出、現地に伝わるとともに大和にて実験を行う。

敵巡洋艦二隻（内一損傷曳航中）のもの昨夜来潜水艦にて捜索せるも本朝までに捕捉し得ず。

かねて敵の放送その他にてブナ方面敵の策動を予期しありしが、果然午前その南方七カイリのサンボガ河左岸に陸兵上陸（約一〇〇〇）中との急報に接し基地航空部隊は爆戦三〇機を一三〇〇過ぎ進発、一七〇〇敵輸送船三隻轟沈、二隻大火災沈没せしめ、一隻を残せり。

明朝出発十九日揚陸の予定なりし陸軍二個大隊中半部を明朝ラボール入港の駆逐艦にて輸送することとなれり。なおブナ基地より南東二五カイリに敵は相当大なる飛行場を建設せること、陸軍司偵機により本日発見迂闊千万なり。

ブナ、サラモア方面敵手に委せば南海支隊は袋の鼠となり、モレスビー攻略の地盤を失い（在ラボール一七軍にはブナ方面放棄の論ありたりと言う、以てのほかと言うべし）、ラボールに対する空襲を強化せられついに同方面の維持困難なるべく、ソロモンよりも近きだけ国防上の大問題となる。

今にして断乎その芽をつみて反撃の余地なからしむるを要す。

一時機戦局は本方面に展開することとなる。多忙なるかな、事多きかな、悪しきときは斯んなものなり。

十一月十七日　火曜日　〔晴〕

ブナ方面敵上陸部隊は約一〇〇〇名程度にしてサンボガ河上陸地点付近の民家ジャングル内に在りて未だ渡河せずと、敵も昨日の船団攻撃にてまったく気力を喪失せるものと認む。

本朝同方面及び以東索敵において大発一隻を発見せるのみ、ラボールより急派の陸軍部隊一五〇〇名駆逐艦に分乗、五隻は〇八〇〇、三隻は夜ラボール発ブナ救援に出撃せり。

柱島出港以来ここに丸三カ月、出撃時の目的は前途なお多大の日数を以てせざれば達成し難し。遺憾なるも相手ある戦のこと我慢のほかなし。

十一月十八日　水曜日　〔晴〕

早朝戦傷の駆逐艦入港、〇八三〇前進部隊北口より帰港す。第一一戦隊の比叡、霧島を欠くは心寂しき限りなり。前進部隊の調査会において敵戦艦二―三隻撃沈概ね確実となり士気昂揚す。

杜撰の句あり。

嵐毎彼の木此の木の傷みか那（合戦ごとに両軍ともに傷つく）
夜嵐に黄菊の折れや枝六つ（比叡、霧島、衣笠、夕立、暁、綾波の亡失を悼む）
ソロモンに星影もなし夜の嵐（進入せる敵艦隊全部を撃破せり）
嵐あと流る、星の影淡し（戦艦二隻を逸せるがごとし）
○八〇〇、一一戦隊司令官阿部弘毅中将顎下に弾片負傷の姿にて来訪、麾下二艦を失いたるに対し悲痛の報告あり。乗艦を失いて帰るの将士心事まさに同一なりとす。
殊に比叡の処分問題には最も心痛し「斯なことなれば一思いに比叡にて戦死すればよかった」と思えりと述懐せり。推察に余りあり。

ブナ方面昨夜駆逐艦五隻を以てする増援は二三四〇着〇二三〇終了、帰途敵機の攻撃ありたるも損傷なきがごとし。同夜入泊の三隻も無事なるべし。

その後同方面の飛行偵察によればブナの南南東方七カイリに造成中のもの、北五カイリに二条直角のもの（一昨日発見のもの）、大型三機あり、さらに四〇カイリに単線の飛行場を発見せりと油断のならざることなり。

昨日マーシャル、ギルバート方面沖合一〇〇カイリ以上に多数の潜水艦分在するを発見し、なおハワイ方面より秘匿行動中の部隊あるに鑑み、大鳥島マーシャル方面に警告し、大鳥島に中攻の移動七〇一空のテニアンよりルオット移動を行いたるも本日別に異状なし。

十一月十九日　木曜日〔晴〕

昨日一七〇〇ブナに進入陸兵揚陸を開始せる第八駆逐隊の三艦は午後より敵機の攻撃を受けありしがB17の来襲により揚陸中止出港、二〇三〇至近弾により江風損傷前部火災並び浸水一八ノット程度となり先行す。

海風は缶室及び機械室浸水航行不能に陥り、朝雲曳航二三三〇より実速九ノットにてサラモア沖に向け避退中なり。

一方ブナに対しては本早朝約七〇〇の敵来襲せるがこれを撃退す。〇九過ぎ再び来攻その勢力意外に大にして飛行場及びブナ部落を包囲せるがごとしと言う。

危うきかな、本地にして占領せられんか南海支隊はまったく袋の鼠となり、半病人いかにして切り抜け得んや。

敵はニューギニア東部各飛行場を利用しラボール方面に殺到せば到底維持し得べくもあらず、時は今なり、全力を挙げてこれが救援確保に努めざるべからず。良策の考案を命ず。

十一月二十日　金曜日　〔半晴〕

ブナ方面の戦況は同地北方海岸において陸軍相当苦戦しありとの報に接す。

通信状況より見るに敵（増援輸送部隊のごとし）ソロモン南東方に近接しつつあるがごとし、如何ともし難きは残念なり。

鳥海〇七〇〇南水道より入港損傷及び機械の手入れを行う。午前艦長早川幹夫大佐来訪、十四日朝における敵機の来襲（爆撃及び雷撃）状況を説明す。巧妙に回避せるは賞すべし。

比叡艦長、西田正雄大佐午後来艦、声涙その苦衷を報告す。余輩慰撫に努む。毎回のことながら語る人、聞く人ともにこれくらいつらきものはあらざるべし。海軍指揮官として最大の苦悩たるものなり。

防御網（艦側）展張のため数名の士官来着す。四艦分到着せりと言うも大和、陸奥に展張せば駆逐艦油船の横付けに困難すべし。考えものなり。

一六〇〇先任参謀、航空参謀(乙)ラボールより悪天候をつきて帰艦、現地情況等報告す。全般の士気は挙がりおらずと観ずべし、さもあらん。陸軍は輸送船四隻の入泊を以てして概ね満足の謝意を述べたりと言う。海軍の奮戦と損害に顧みてなるべし。

南海支隊の主力は去る九日以来通信なし。パゴパゴ以東に退却し健在の者七〇〇名なるべしという。

予想せざるところ袋の鼠と心配するまでもなく、ブナ飛行場我が方において使用し得ざるにおいては、またモレスビーの攻略前進ほど遠きにおいては、ブナそのものの価値に大いに疑いなき能わず。敵はすでに近在三カ所の新飛行場を建設す。これを倒すことが先決要件にして敵はまさに本能寺にあり。

二十二日、ラボール着予定の混成二一旅団の使用法、大いに研究を要す。あるいは該中央飛行場間近に上陸作戦を決行し、一挙にこれを攻略、我が方の使用に委すること有利ならずや、これがためにはガダルカナル方面は維持程度に止めざるべからず、すなわち作戦方針の大転換なり。慎重研究を要すと為す。

ミッドウェー海戦において戦死せる山口多聞中将の当時の状況同隊先任参謀伊藤清六中佐の手記人事局より写送付し来る。査閲するに今までせる事項と大差なきも、その詳細を知るを得たるにおいて感さらに探きものあり。

日頃の闘志と統率の妙を発揮し飛龍一艦、少数の飛行機を駆って敵空母二隻に全艦隊の仇を報じ得たるいわれなきにあらず。

体当たりでやってくれ、俺も後から行くぞの攻撃隊搭乗員に対する深刻なる訓示は、麾下蒼龍、飛龍の両艦及び多数の将士を失いたる責任感と相俟って、潔く飛龍と運命を共にし、加来艦長と談笑しながらその死処を得たるを喜べり。

武士道とは結局死ぬることなり。いつでも死ねる覚悟ができたら武士も一人前なりとの葉隠精神に生き、犬死にも腰抜けと言わるるよりは優りなりとなせり。

見事なる覚悟、立派なる最後、彼満足して逝きたり。死処を得てその精神を万代に貽《のこ》し得るの士は幸なり。

身国家の運命を左右する重責に在りて責任を全うするを得ず、いたずらに艦艇を消耗し多数股肱の臣を犠牲とするにおいて、山口のごとき無上の死処を得るや否や疑問なり。世に言う、死は易く生は難しと。

十一月二十一日　土曜日　〔晴〕

本朝ルンガ沖に駆逐艦五（あるいは巡洋艦一あと駆逐艦とも言う）及び輸送船二隻入港荷揚げす。手なし。

ブナ方面は各方面とも敵と接触し相当情勢逼迫せるがごとし。よって本早朝第一〇駆逐隊を以てラボールより陸兵八〇〇名を急速ブナに輸送することとなれり。同隊は途中Ｂ17の触接を受けつつあり、今夜の揚陸成果如何。

ブナ方面の戦況に鑑み参謀本部員兼一七軍参謀たる辻陸軍中佐を呼び協議し、大体意見の一致を見、方面軍及び参謀本部に対する希望を併せて述べる。

一四三〇新第八方面軍司令官今村陸軍中将、加藤参謀長、加藤、小山その他一〇名来艦、辻中佐より陸戦情況、黒島先任参謀より海軍作戦及び要望等説明ありて後懇談に入る。

辻中佐は参謀本部に打電して二一混成旅団（仏印部隊にして一個大隊の歩兵を主幹とし勢力大ならず）は月末これに注入し、フィリピンよりする急送連隊を以て為し得れば南方新飛行場奪取を計ると言えり。

今村方面軍司令官の大体の考えは、ガ島とブナにては陸軍も海軍も両面作戦となり困難なり。ブナ救援も大部隊を同時に注入する方法なきにおいて維持困難なるべし。ラエ、サラモアを堅持する程度にて防止し得べしと言うにあるがごとし。

長官は目的を達する目途あらば良し、充分調査研究し次々と無駄な手数と犠牲を払うようなきことを望まれたり。

同方面全般的に包囲を受け、本日五〇機の敵機の攻撃を受け、相当困難なる情勢と観ぜらる。方面軍にその意志なきを強要し、我またいたずらに損傷を受けるは策の得たるものにあらず。

ここにおいて当分情勢を見るほか中途防止要点獲保の手を打つべきを我ら大体方針として考えたり。すなわちブナの放棄やむなしと諦めざるを得ざるに至れり。残念至極ながら。

ちなみに第八方両軍司令長官の指揮権発動は二十六日午前〇時なり。熱のなきも当然なり。

ムンダ岬新飛行場設営に決し、人員資材昨夜及び本夜にて揚陸す。敵はすでに我が意図を察知しあり、珊瑚礁外より大発にて七カイリ航行して揚陸せざるべからざるはちょっと不便なり。

9S、16Sをマニラよりの陸兵急送に充当することとなり、岸司令官午前来訪、午後出港せり。

十一月二十二日　日曜日　〔晴〕

〇七三〇より大和において第二艦隊所定により第三次ソロモン海戦の研究会を行う。参集者を科長以上に広げたるため多数なり、所見等生々しき実戦の体験に基づくもの多く大に有効なりしと認む。

戦果の決定
十二日夜　沈没　CA×5　C防×2　d×3
　　　　　大破　CA×2　d×3　t×1
　　　　　中破　d×3（内二隻後沈没）
十四日夜　沈没　C×2　d×4
　　　　　中破　B×1

終わりに余輩の述べたる所見左のごとし。

「今次の海戦は陸軍輸送船一一隻をガダル島に送るために伴い生起せるものにして、戦艦の参加を見たるは開戦以来最初のものなり。

両回とも建制部隊にあらざる部隊を以て、狭隘なる局地しかも敵基地の直前に行動、敵機のため行動時間の制限を受ける情況において十二日夜は視界狭小なるあり。

十四日は前会戦後燃料兵器ともに不充分なる状況にて輸送船団を後に控へ、敵の大部隊に遭遇するという極めて困難なる条件下において、情況の変化に即応し各部隊各艦の奮戦によりこの戦果を収め得たるは慶賀すべき次第なり。

斯のごとき局地の混戦においては敵に先じて敵を発見し、伝統の攻撃精細を発揮しこれに基づく行動をとれば自然協同の実を発揮し、訓練に基づく技量を揮えば可なるなり。

旗艦は見えず去就に迷わば敵艦に横付けせよ、然らば指揮官の意図に合わせんとのネルソンの言はミッドウェーにて陣没せる山口中将のしばしば部下に与えたるところの教訓なり。

その精神はいずれの場合にも然るべく、その行動もまさにこの種の場合にそのまま適用せらるべきなり（級友の精神を生かさんがため特に引例言及せり）。

ガ島に対する輸送船団は凡有の努力にかかわらず、一一隻中進入せるは四隻にしてそれも早朝より敵機の攻撃、陸上海上よりする砲撃により間もなく炎上し、充分なる人員資材を揚陸し得ざりき。

したがって糧食弾薬の欠乏を来し、楽観すべき状況にあらず。今後はかなり損傷を少なくして戦力維持に必要なる常続補給を策するとともに、一方飛行基地の前進を計り、その整備を待って敵航空勢力を制圧、輸送船団を大挙進入せしめ攻撃再興の予定なり。

一方敵は屢次の大損耗にかかわらず同地域の確保を強行に企図し、昨今駆逐艦護衛の下に輸送船団を入れある状況にしてその闘志もまた旺《さかん》なり。

一米言論者は過般航空母艦の損耗極めて大なり。今後は基地航空部隊の下主力艦の活動に俟つところ多しと論評せる外電ありたるが、苦しくなれば手持ちの凡有ものを使用せんとするは両軍とも当然のことにして、今後同方面が海陸軍の決戦場たること明なり。

したがって今後において新種の海戦を生起する公算少なからず。今回の体験及び各自の所見はいずれも貴重なものにして謹聴せるところなるが、これを今後に生かすべし。

外洋に出で訓練はできざるも、できるだけの手をつくし以て今後の会戦に備えられんことを望む」（一切悪かりし点には触れず、善き方面を伸ばすようにせり。直接の実戦部隊はそれにて可なり。あとは連合艦隊司令部の指導にありとす）

近藤前進部隊指揮官より、戦場においては潜在意識より一歩も出でず、訓練を積み自然にそれに従うようなし置くこと肝要なりとの注意あり。

山本長官より、困難なる状況を制服し克くこの戦果を発揚せることに対し謝意と敬意を表せられ一一三〇終了。

昨夜第一〇駆逐隊を以てする八〇〇名のブナ増援は途中B17に触接せられたるも無事揚陸を終わり帰途に就けり。ブナは昨日五〇機の敵機の攻撃を受け各部接触しあるも、砲火は衰へ小康の状態にあるがごとし。

一方、南海支隊長は二個大隊を率いクシム河口に向かい下りつつあり。これに対し渡舟を送る予定との情報あり。敵に先を越されて退路を絶たれ渡河不能となり、その左岸を後退しつつあるものと認めらる。戦力如何。

十一月二十三日　月曜日　〔晴〕

ブナ方面特別の変化を認めざるも、その南東方面において飛行機多数旋回運動を為しつつありて、物資投下または何らか新しき企図の下に行動しつつあるものと認めるという。

ガ島一七軍参謀長より、敵機の陣地攻撃強烈にして敵は我が戦力を察知して積極攻勢に出るもののごとしという。これも処置なし。

昨日一六三〇東京の東方六〇〇カイリに敵味方不明の飛行機一機を発見し、横鎮は昨夜警戒警報を発令したり。東京湾方面所在中攻を以て本朝遠距離索敵を行いたるも別に発見したるものなし。

〇七〇五新嘗祭遥拝式を挙行す。大戦下本年の豊作、御上におかせられても御満足と拝察す。

本月十八日決定の陸海軍作戦協定に基づく指示を読了す。本協定はブナ方面の戦況を充分加味せるものにあらざるも持ち直したる当面の戦況に合わせざるものにあらず。

参謀研究の結果、同方面の作戦案の大綱を定む。余輩の第一に考えたるところに一致す。果たして陸軍側同意するや否や不明なるも。一応それにて進むことに定む。結局ブナを保持し南方敵飛行場を奪取するにあり。

ポートダーウィンに艦艇輸送船一三隻、敵機二〇機集結しあり。積極的企図ありとなし二南遣司令部はフィリピンより陸兵輸送予定の一六戦隊の二艦もしくは一艦を原隊に復帰方要求す。よって一艦を返し、呉より回航中の熊野及び駆逐艦二隻をしてこれに代わらしむことに発令す。

十一月二十四日　火曜日〔晴〕

〇九三〇頃第五艦隊哨戒艇は東京の東五三〇カイリにおいて敵らしき飛行機南東に向かうの警電を発しまた一騒ぎあり。

どこまで真実なるや、我が哨戒機を捉えて判明し得ざるにや、その間の事情判然せしむるを要す。何が起こるも局面において善処しくるる以外には施すの策なし。

上京打ち合わせ中の三和、渡辺両参謀、一四〇〇帰艦す。上空及び内地の寒さに両人とも風を引き鼻をすすりながら報告す。

飛行場設営及び前進基地防空勢力の急派に対しては相当目的を達成せるがごときも、船腹の不足（特に陸軍輸送用六〇万トン徴用）に基づく缶用重油、製鉄量の不足等相当深刻なるものあり。かつ枢軸側の情勢楽観を許さず、香しき事項皆無と申すべし。何としてもまずこの方面より帝国が戦勝の上、彼らを鞭撻すること肝要と思う。

第一八軍の幹部司令官中将安達二十三、参謀長少将吉原矩その他一五三〇来艦、先日の要領により先任参謀より海軍作戦の情況及び今後作戦に対する所見を陳述せしむ。

しかして後懇談に入り夕食を共にす。噂ありたるごとく一七軍よりは期待し得るがごときも、これらの士大部は北支より転移し来れるところにして南方地域の情況寒暑反対なるごときを熟知せず。かつまた米軍の闘志真剣さに対して充分なる理解なきがごとし。兵力につきても慢然たるものあり。

軍司令官は「東京において東部ニューギニア方面を担当するよう話されたるも、ラボール到着方面軍命令受領の上、明瞭となるべし。兵力も建制のものなく、まずこれを掌握して方針を策定せんとす。現地到着には海軍の御協力を乞う」旨陳述あり。

なおガ島の攻略が先決なれば、一八軍のほうは兵力少なきも我慢せよと諭示ありたると言う。

これに対し現状調査の要、ブナの保持は敵飛行場を占領すること肝要なること、時日の経過は敵の増強を来し作戦不能となること、充分なる兵力の準備なかるべからざること、食い止める地点の防備肝要なること、現地到着は機関をよく整備してからにあらざれば反りて不利なることなどを説述し置きたり。

果たして克くその目的を達するや否や、往路の元気を以て凱旋せんことを望むや切なり。

長官食事の際第二師団の戦力より第一六連隊ガ島における評判に話が及び「一六連隊のことは残念至極、連隊長、大隊長の補充に行く者郷里より来信あり。会稽の恥を雪げと鞭撻し置きたるが恐らく生還はなし得まい。自分もガ島が奪回できなければ郷里には帰れぬ。よろしく頼む」との笑話あり。

これ決して笑話にあらず。その心情を吐露せられたるものとして余輩の心裡に残る。けだし一六連隊の問題にあらずして、余輩も大責任とするところなればなり。

十一月二十五日　水曜日　〔半晴、スコール〕

ブナ方面飛行場を維持しあるも敵の迫撃砲、野砲は飛行機と協同の下に攻撃さかんにして逐次我が火器の損耗を来しつつあり。至急陸軍の増援を要する旨電報し来る。

サラモアに基地物件等増援の目的にて一昨日出撃せる水雷艇二隻は、敵機の妨害を受け引き返し昨日さらに第二駆逐隊を以て輸送を画せるが途中、夜間二回の爆撃により、早潮被弾全艦火災となり、ついに二三三〇魚雷の誘爆を伴い沈没（サラモアの七六度三〇カイリ、一報には僚艦の砲撃により処分）す。

艦長以下乗員は相当数救助せられたり。水雷艇にて不能なるものちょっとくらいの優速と砲火あるが故に駆逐艦にて為し得ると考えるが誤りなり。

舟艇機動または海上トラック等によるべき旨指示す。本方面敵艦隊または優勢なる海上兵力出現するの公算は今のところ少なし。魚雷を搭載のままとするもまた不注意なり。

いずれにせよラエ、サラモアにおいてしかり、ブナの揚陸の至難なる思い半ばに過ぐるものあり。

昨夜潜水艦によるガ島糧食その他の輸送は初日なりしところ伊一九潜はタサハロング方面敵の警戒あるに鑑み取り止め、また一七潜は沖合三〇カイリに敵魚雷艇を発見、潜航避退の後一七三〇カミンボ沖に進入せるが陸上灯火の隠滅するを認めたるほか、大発来らず、ついに揚陸の目的を果たさずして去れり。

一方ガ島にある一七軍参謀長よりは火の付くような要求あり。万事難航の状態これを切り開きて追い風に帆を孕まして進むの時いずれか。

十一月二十六日　木曜日　〔雨曇〕

昨夜潜水艦によるカミンボに輸送敵機の警戒続くも陸岸に接近の際リーフに触衝、一一トンを揚陸出港せり。

一方敵方は毎日輸送艦二隻程度駆逐艦あるいは巡洋艦を加えるものの護衛の下に入泊、日一日と強化を見る。斯くして外国放送はガ島は完全に手に入れたりと言う。

この分にて行かば手の下しようなきに至らん。ここに新なる考案を下し、我が兵力の損耗を局限すること将来のためよりよき方策ならずやとも考えらる。

ニューギニアの方、戦略的には大切なるもこれも即時増援不能なり。八方塞がりとはこのことならん。しかれども大勢を観察して大転換を為すの時機を誤らざること余輩の最も重大責務とす。陸軍はガ島一点張りなるもこれに引きずられて泥沼に足をつき込みその命を奪わるることなき先見の明を要す。

本日飛行艇便にて教育局長より第八根司令官となる徳永少将、魚雷自爆問題にて調査に来れる安場少将、及び新人事局長として準備期にある中澤佑少将等来着す。

一九〇〇頃まで中澤少将と人事問題につき懇談す。未交代なるもすでに相当の識見を有す。戦時下重要なる人事処理に当たる適任者と認めその活躍を期待す。

昨夜軍令部三部長発電情報によれば、

「諜者報に依れば

一、今次米英北ア作戦は企図極めて雄大にして本年中一杯に独伊軍をアフリカ大陸より一掃したる後、仏地中海海岸に上陸すると同時に、ビルマに対して大攻勢を展開す。（なおこれら作戦を同時に行わざりしは船舶不足及び仏国非占領地帯に供給すべき飛行機材料不足しあるためなり）

二、右ビルマ作戦は米国軍の攻勢準備完了し、独伊軍が北アにおいて追い詰めらるる頃開始せらるべく、南太平洋における米軍の行動は日本軍を此の方面に牽制し以てビルマに対する日本軍の集結を防止せんとするにあり」

右第一項はソ連の救援を目的として喧伝せられたる第二戦線の結成等小規模のものにあらず。地中海を制し西欧よりポルトガル、スペインを抱き込み独占領地及び、英本土を安泰ならしめて独本土挟撃の態勢を整えんとするものにして枢軸陣営撃破の根本策と観らる。

第二項の現在の南太平洋作戦を単なる牽制と見るは当たらず。真面目なる攻勢なり。ただしこれにて我が艦隊、陸軍を本方面に膠着せしめてビルマ方面より新なる攻勢を執ることはあり得べきことなりとす。

かねてガ島攻勢の再興が遅延せざるよう、関係方面に進言しあるは斯かる場合を予想しあればなり。あれこれ考量して枢軸の難局たるを痛感す。

前記せるガ島放棄、東部ニューギニア確保の戦略大転換等も陸軍の我執に基づき容易の策にあらず。

しかれども目途なきものにとらわれて力闘を繰り返し損耗を重ねんか、多方面他日の国防を全うするを得ず。いかなる条件の成立全《まった》からざればガ島攻略成算なしとなす限界を判然としてその時機の捕捉を謬《あやま》らざるよう先任参謀に要求す。

大本営はどれだけ本重要条件に対し議を進めありや。現在中央協定により現地は作戦しつつあるが、この機微なる転換は現地中央ともによく了解の下に行わざるべからず。軍令部一部長の来談を要するものと考える。

十一月二十七日　金曜日〔晴〕

例によりルンガ沖にて敵輸送船揚げ荷す。ガ島の一〇〇度一四〇カイリ付近に駆一、輸一を発見す、定期哨戒機の発見なり。

一方我が方は昨夜カミンボの輸送無事二〇トン余りを潜水艦により揚げ荷せり。一昨夜の一一トンに対しても一七軍参謀長は謝電を寄越したり。情況推察するに余りあり。

ブナの海軍陸戦隊五〇〇、陸軍連隊長の指揮する一個大隊数百にして密接なる連繫の下克く飛行場を確保しありと言う感ずべし。斯くしていかなる手を加えてこれを強化せんとするか。

カミンボ豆潜基地軽機を有する敵に襲撃せられたるもこれを撃退せり。敵はその南方に在り。

下幕僚連大分以前より宴会を望みありしが作戦の情況暇を与えず、荏苒《じんぜん》延期中のところ大分苦労しあり副官に命じ本夜トラックの新設小松亭にて一宴を張らしむ。

三長以上出席せるも長官、余輩出でず。余りに穢《きたな》きところという。郷に入りて郷に従うほどの勇気なし。加うるに別に考えるところもあるによる。

戦局の容易ならざる長官をして過敏ならしめ、些細のことを言わしむる。これ皆余輩の罪として大きく受け流し置く。

十一月二十八日　土曜日〔晴〕

ルンガ沖敵輸送船三隻入泊す。もちろん駆逐艦の護衛あり。

昨夜潜水艦による揚陸無事その目的を達したるがごとし。ブナ方面海上トラック三隻東方より航進しつつある報により雷撃隊出発せるも引き返せるがごとし。

基地航空部隊陸戦協力及び敵飛行場攻撃に相当活躍しつつあり。

明日よりブナ方面に対し駆逐艦四隻宛を以て陸兵及び陸海軍糧食弾薬を輸送すべき現地命令を受信するところ、いかなる方針の下にいかなる兵力を輸送せんとするや皆目不明なる上、当方指導精神も未だ定まりおらず。

　駆逐艦の輸送は単に損害を加えるに過ぎずとなし、輸送兵力の内容及び陸軍方針を聞き合わす。

十一月二十九日　日曜日　〔晴、昨今風あり〕

ムンダ新飛行場に対する船団輸送、敵機敵潜の妨害ありしも概ねその目的を達す。岩淵大佐指揮官として昨日現地に到着せり。ブナ輸送の第一〇駆逐隊はビスマーク諸島の北を通過し西航中、本日敵B17六機の襲撃を受け白露前部に爆弾命中浸水、一〇ノットを出し得るも前部切断のおそれありと言う。

巻雲は同じく二缶室火災応急修理中、隊全隊引き返す。どうやら明朝ラボールの一〇〇カイリに達するを以て助け得べしと認む。昨夜予言せる通りなり。

遅れ馳せながら地道を辿りあるいは戦闘機の護衛下に上手にやれと諭示す。

中澤少将ラボールより飛行機にて帰来懇談す。人事上の問題の第一は一一航空艦隊参謀長の更迭に対し同長官の当長官に宛てたる反対の手紙なり。現地長官の意図に反し処理するも無理なり。しかしてそのままとして果たしてこの難局を切り抜け得べきや。

第二は二十六戦隊司令官の問題にしてこの方は人事局の意向に委して可なりとす。いろいろの入れ智慧も考えものなり。殊に人事の問題は慎重を要するなり。

昨夜の問い合わせに対し、南方方面参謀長より返電あり、

「ブナ方面作戦に関する第八方面軍の当面の作戦方針は『速やかに第二一旅団を増派してブナ付近を確保しつつまずスタンレー山系より来攻せるオーストラリア軍を撃破掃蕩したる後、海岸寄りにブナ前面に進出し来れる米軍を撃滅せんとするに在り』。

右に対し当方は引き続き周辺敵飛行場の急速奪取を計るにあらざればガ島の轍を履むに至るべく、万一敵飛行場充実せば爾後の作戦極めて困難となるのみならず、ラボール方面も至大の脅威を

受けるに至るべき旨再三強硬に申し入れつつあるも、陸軍は現有兵力を以てしては、ドブヅル飛行場はともかく、エモ飛行場は到底奪取の目算立たずと称し、かつガ島補給に困窮せるこの際この方面に大兵力を注入することは補給輸送の困難を加重するものとして第六五旅団及び第九一師団の一部転用に消極的態度を示しあるを以て海陸軍の意見未だ一致を見るに至らず。

ブナ周辺敵飛行場を奪取し、所要の要域を確保し、陸軍航空兵力の進出に不安なからしむるごとくせば対モレスビー航空戦の強化と相俟って強力なる上空直衛下に小型輸送船等を進入せしむることも可能となり。補給の困難は緩和せらるべきを示唆し飛行場急速奪取方針を重ねて要求中なり」

右は大体当部方針に合致する方針なり。陸軍の言うところも予想通りなり。しかして大海参謀部一部長より左の電あり。

「陸軍参謀部は当方と連絡の上、剛部隊に対し『概ね現兵力を以てブナ付近確保の見込みあらば、六五旅または二一独混を以てブナ南方敵飛行場を急襲占領する案につき現地海軍と密に連絡研究せられたい』旨申進しあり」

これによれば陸軍は依然ガ島中心主義なり。しかもこれを転電する海軍部の意向は解ったようにして解らざるなり。

十一月三十日　月曜日　〔晴、暑し〕

戦局善処で頭一杯なり。斯なことにてなるものかと自らを叱咤す。

昨日現下の情勢においていかにすべきかの自らの考えを福留第一部長に認む。弱音は毛頭述べるにあらず、ただ中央の考慮を求むるにあり。遠回しながら書中にその意を達すれば足るとなせり。

前日後記のごとくブナ方面確保を特に指令し第五一師団の同方面転用を為さしむれば目下の目的は

達す。ガ島の問題作戦方針の転換はゆるゆるにしてよし。

本朝さらにその旨追申し、一部長の出張不可能なれば先任参謀を急派する旨併せて述べる。右書信は中澤少将に託して明後日達せん。

艦隊側から弱音的のことは実際言うの限りにあらず、その苦境を察して中央において、先、先と指示し行くが本領なり。

ブナ方面兵力を強化し、エヒ敵飛行場まで奪取するため第五一師団を注入するとして、その兵力内容及び陸軍自信の程度並び同飛行場占領当方使用までのこれが輸送方法は今後の根本基礎なりと認め、第一一航空艦隊に回示を求む。もちろん一部長通報として。

夜に至り一部長より五一師団はパラオ待機を取り止め、ラボールに進出するよう取り計られたい旨電あり、少し解ってくれたかと思う。

ブナ方面海岸カサブ地区陸軍一昨夜悲鳴をあげたるがその後通信連絡なしという。なおネルソン岬付近敵補給船（五〇〇〇―三〇〇〇トン）あり。同地区より小型海上トラックあるいは漁船等に移し前進せしめつつあるがごとし。

モレスビーに対し月夜を利しここ三、四日夜間攻撃を少数機宛実施しつつあるは喜ぶべし。

ガ島に対し本夜より駆逐艦による特殊輸送（空缶利用）開始、北方迂回航路を執りたるも敵機に発見せらる。

幸いに空襲を受けず進入せるが、サボ島付近にて予感のごとく二一〇〇海戦生起、戦艦、重巡、駆逐艦十余隻と二水戦麾下の駆逐艦八隻の夜戦において戦艦一、重巡一、駆逐艦二隻を轟沈し我が方高波の消息なし。樽運びもまた常に敵の妨害を予期するを要し容易ならず。

一七軍参謀長より本月二十五日より二十八日までの揚陸品目通知し来る。

米二八五〇俵、乾麺包七〇四箱、缶詰二四六、醤油一五六、乾魚八〇、食塩八、砂糖四、粉味噌若干、箱物一〇六。

三万人に対してはちょっと糊口を凌ぐに過ぎず。

昭和十七年十二月

十二月一日　火曜日〔晴、外気相当に暑し〕

十二月たるの感、全然催さず、内地を出撃してより相当時日を経過し、いつまでも、いつまでも同じようなる暑さかなと思うのみ。

昨夜サボ島付近の夜戦状況その後詳細の電来らざるも、我が駆逐艦高波はサボ島南方六カイリにて沈没せるがごとし。同艦の中尉砲術長及び兵一、陸兵一がガ島に上陸せるより見て想像せらる。

ブナに対する輸送やむを得ず、本日は八駆逐隊四隻を以て再興す。敵機の触接及び攻撃断えず、夜に入りても吊光投弾によりて為しつつあり。果たして揚陸の目的を達成するや否や。

三和義勇大佐昨年十一月十六日、岩国において着任次席参謀として当司令部特種なる承り役、纏め役、雑務処理のやりにくき任務に精励しその人格とともに大いに貢献したるが今回第一一航空艦隊先任参謀として割愛することとなり一四三〇退艦す。

その労を謝し今後一層因難なる立場において最大の努力を致さんことを冀《こいねが》えり。赴任に際し現下における陸軍に対する顧慮及びその他重要案件につき注意を与えたり。

渡辺参謀明日の同便にてラボールに赴くに当たり、現地協定案及び輸送計画案につき審議し、なお三和参謀に与えたると同様陸軍に対する注意を指示す。

二十五日イタリア情報は戦艦三、空母一、巡六、駆一五よりなる英東洋艦隊セイロン島を出発せりと言う。いずれに向かうやあるいはインド洋方面において我が占領地域に攻勢を執るや、それともオーストラリアを経て現在の局面に注入するや。

南仏未占領地帯に進駐せる独軍は遠慮しありたるツーロン軍港に入る。在泊の戦艦二、巡七、駆相当、潜水艦若干のうち潜水艦二隻は逃走し、一部は自沈せりと言う。

フランスのダラシなさまさに五等国に堕せり。しかもいつもその艦隊が問題となる。ドゴール、ダルラン、ヂロー等個人主義によりて進退す。枢軸の一翼を託するに足らず。憂うべきなり。

新に竣工せる一〇戦隊旗艦阿賀野（四計画に基づく水戦旗艦巡洋艦丙の第一艦）駆逐艦一隻と共に本日午後来着す。

余輩軍令部一部長時代その設計技術会議に参与す、果たして現下の要求に満足を与えるや否や、爆弾一発如何ともし難きにおいては軽巡と選ぶところなきを憂う。機を見て視察すべきなり。

十二月二日　水曜日　〔晴〕

昨夜ブナ方面に出向ける第八駆逐隊は徹頭徹尾敵機の触接攻撃により揚陸するを得ず、わずかにクムシ河口付近に一部陸軍要員を上陸せしめたるほか不成功に終われり。

我が戦闘機相当警戒せるも夜間暗夜の触接持続は如何ともし難し、結局目的を達せざるは負けなり。

同地ようやく弾薬の不足を来さんとし、守備隊長より空輸物糧投下を要求し来れり。もっとも至極、始めより斯くすること当然となせるに同じことを繰り返す、具眼者なきか。

ガ島方面本日も駆逐艦護衛の下に敵輸送船二隻入泊荷揚げす。

一昨夜の夜戦に関し二水戦司令官より纏まりたる戦況報告あり。八隻の駆逐艦は敵駆一二隻あるの報により会敵を予期して進入せるが、二二〇〇ルンガ沖に戦艦（ワシントン型）を中央に重巡四隻、駆逐艦一二隻戦列を布くを発見（敵機四警戒す）、直ちに突撃戦艦に対し魚雷二六本、巡洋艦に対し一〇本を発射す。

戦艦一、重巡一、駆逐艦一隻撃沈、駆逐艦三隻火災、うち一隻沈没、我が方高波沈没、予備魚雷を有せず二一三〇補給を止め引き揚げたりという。

戦果発揚我が駆逐艦なるかなの観あるが、肝心の補給を全うし得ざりしは残念なり。たちまち一七軍より強行せられたい要望あり。

夜戦ごとに魚雷の自爆問題起き、黒潮において三本ありたりという。九三魚雷の欠陥か、爆発尖の感度依然鋭敏に由来するか。

イラン、イラク方面にありたるイギリスの小艦、ビルマ方面に行くとて引き揚げる。諸情報を総合するに米軍はビルマに英東洋艦隊護衛の下に来襲するの算多しと見る。

現下我が拠点にして西方よりの反攻に好都合にしてかつ支那を通じての航空作戦の物資輸送に便なればなり。参謀に警告す。

第四艦隊長官、参謀長マーシャル方面の視察を終わりて本日帰着す。東方に駆逐隊一隊及び飛行機の増配を要求す。最も不自由しあるものなり。ただし用心は肝要なり。

昨夜賞与二カ月分を受ける、当地に在りては金の必要なし。よって二〇〇〇円を福山信用組合の青木氏へ送金貯金となす。

六〇〇円を兄宛てに送金し、三等分して祖先祭祀用、大内国民学校青年団訓育用、江西国民学校訓育用となす。ほかに他意なし。ただ支那事変の恩賞と中将進級の心祝のみなり。

十二月三日　木曜日　〔晴〕
ルンガ沖輸送船三、駆逐艦六隻あり。
昨夜離艇せる格納筒は早朝進入し、ルンガ、ユリ岬間において敵輸送船を雷撃、二本命中を確認して深々度潜航、一時間半後爆雷攻撃を受けたるもエスペランスを回りカミンボ基地着、乗員無事、筒は浸水により沈没せり。一四三〇。

今夜二水戦指揮官の下に駆逐艦一〇隻輸送に向かう。一三二〇敵機の触接を受け一六三〇敵艦爆二〇機の来襲に会せるも水上機の援護あり、無事進入糧食ドラム缶一五〇〇個を落とし二三〇〇終了。帰途に就く。

軍令部一部長より今後海軍艦艇を以て陸軍輸送の必要あり。打ち合わせのため参謀一名〔為し得れば先任参謀〕上京方通知し来る。

これは余輩の手紙を見ざるうちの処置と認めらる。歯根うき気分すぐれず、副官は盛んに陸上散歩を勧むれども、現在の戦局において出づる気とならず。まだ斃れはせざるべし。午後書信一〇本を認む。

十二月四日　金曜日　〔曇〕

二水戦昨夜の輸送は該地参謀よりの通信によれば陸揚げ三分の一程度、曳索切断等のため大分浮流しあり。極力短艇を以て揚収に努むと言う。とにかくこの種輸送も第一回はどうやら成功したりと言うべし。浮流缶を発見して敵は機雷と誤認すべし。

第一八軍司令部はブナに進出陣頭指揮の決意にして、明五日最後の駆逐艦輸送を行う旨一一航空艦隊より電あり。これに対し指導精神の分からぬ不得要領の抑止電報を発せんとするに同意せず。すでに過早に軍司令部の現地進出を戒め置きあり。渡辺参謀も昨日ラボールにて打ち合わせるはず。しかしてその進出を決意せるものを海軍側から理由なく思い止まらしむべきにあらず。

殊にブナ方面の確保は彼らの任にして、海軍側も主張しあるところなればなり。

ただし先般の駆逐隊の輸送実績及び敵機の海岸方面毎夜の警戒より推せば、本輸送が完全にその目的を達するものとは思われざるところあるも、確たる方針を指示し得ざる限り、情況を最も熟知しその実行に当たる現地の成り行きに委するほかなきにあらずや、しかしてその成果については当司令部また責任を負うべきなり。

軍令部一部長より諸情報を総合し、来る十二月八日の開戦一周年を期して敵は我が四周に対し積極的の空襲を企図しあるがごとく警戒を要する旨通知あり。

予期せらるる真珠湾の復讐の意味において、潜水艦による奇襲上陸もまた注意を払い置く必要ありと為す。

最近におけるニューヨーク新聞電報は南東方面、我が積極作戦の遠のきにつれて我が航空勢力の不足の内兜を見透かしあるがごときものあり、諸勢力を糾合して思うよう敵機を撃破せざれば、ますます増長して実際において敵航空威力に圧倒せらるる結果とならんことを慮る。由々しき問題なり。

彼は戦艦もいらず、巡洋艦も駆逐艦も犠牲たることをおそれず、圧倒的航空力を以て我が屈服を策しつつあるものと感ぜらる。

大田少将新編制の第八特別陸戦隊司令官として参謀二名と共に先着来訪す。一四サンチ砲、一二サンチ砲共に可なるも、いかにしてこれを輸送揚陸すべきかが先決問題なり。

本日終日歯痛よりする頭痛あり、不愉快至極なり。

十二月五日　土曜日〔晴〕

第八方面軍直属飛行第六師団幹部昨日当地着、ラボール進出の途次来訪昼食を共にす。

師団長技花中将、参謀長早淵大佐等。

本日飛行便にて陸軍参謀（井本中佐第八方面軍参謀となりほか参謀本部員二名）及び山本軍令部員来

着す。またラボールより大前一一航空艦隊参謀飛来す。陸軍参謀に対しては余輩の肚若干を吐露し慎重善処の望みあり。

大前参謀より現地陸軍との折衝及び雲行きを聴取し注意も与える。

山本軍令部員談。

「井本参謀は六五旅及び五一師一連をブナ方面に注入する参謀本部の許諾を得あり、第八方面軍にしてガ島一点張り主義ならば中央より適宜指示す」

即余輩の第一部長に宛てたる書信の当面の目的は果たせり、要はその実行に繫がれり。これにて一安心なるも方面軍の首脳果たして動くや否や。

なお予備兵力として二〇師（釜山乗船）、四一師（青島乗船）の準備あり。艦隊側の輸送協力を求む。もちろんのことなり。その他三個師団くらいの用意しかるべしと勧む。一部長の伝言として、

一、部長今月中に連絡のため出張の予定。

二、いろいろ御心配あらんも余り御心配あらぬよう、空気が麾下に伝わると大事なり（移した覚えなし）。

三、中央もGFと同様の考え及び方針にして全責任を以て善処するつもりなり。

朝来の歯痛閉口、一七一五歯科医の切開により排膿、ケロリと忘れ折衝に当たるを得たり。

一〇三〇米潜水艦一隻ナウル島三〇〇〇メートルに近接、砲撃七発陸上よりこれを反撃撃退す。砲撃せりと謳わんためか、それとも我が反撃如何を偵察し今後の奇襲を策するものか。

一周年に当たり敵の反撃を予想し警戒を全般に発令す。

十二月六日　日曜日〔晴〕

○七〇〇９Ｓ輸送任務を終えて帰着、岸司令官来訪報告す。

六五旅はバタン攻略の勇士と聞くに年輩三十歳以上召集者多く、旅団長は蒙古より飛来、出港を延期して乗艦し、大隊長は中佐なるが士官学校出身者は他の幹部になき状況なり。

バタン攻略の初期大損害を蒙り補充したるものにして、装備もまた第三装備に過ぎず。加えるに「戦争はすでに終われり」と統治的気分を最大に発揮しつつあるマニラ市方面より来れるもの、精兵と聞きてブナ方面に注入大なる活躍を期待しありしにまったくの相異啞然たらざるを得ず。

全輿望を以て作戦せる第二師団にしてあの様子なり。斯くのごとき部隊をいくら増強して頭を揃えんとするもただ飯を食いてこの難局を打破すべくもあらず中央の考慮を求む。

医務局二課長小田島祥吉軍医大佐ラボール、ビン方面の視察を終えて帰途来訪、前線の悲惨は認識せざりし状況なりと語る。

糧食の不充分、居住の不良もちろん原因するところならんも、熱地病たるマラリヤ及びデングないしは胃腸障害は医薬の手を借りて何とかし、以て戦力を維持したいものなり。

昨日総長大臣連名の十二日より三十日にわたる海軍戦果に対し祝電あり。返電せるも少しも嬉しくなし。叱られたる心地なり。

十二月七日　月曜日〔晴〕

ブナ方面敵機の我が陣地に対する跳梁盛んなり。昨日ネルソン岬方面に敵輸送船小型を発見、二隻を撃沈す。

ガ島に対する敵の補給は毎日二、三隻の輸送船、駆逐艦警戒の下に出入荷役しありて毎日記録の煩に堪えず。

哨戒飛行機はガ島南方二〇〇カイリに敵輸送船四隻（一万トン二隻、五〇〇〇トン二隻）、を発見し、巡一、駆三程度あるもののごとしと。

本日駆逐艦一隻（一五駆司令指揮）を以てする樽輸送一六四〇、敵艦爆一四、戦闘機四の攻撃を受け野分機械室満水航行不能、嵐缶室被害あり。

長波をして前者を曳航、後者護衛の下にショートランドに帰還せしむ。なお水上機の直衛機不時着あり。これを収容の後有明もこれに加わると。結局輸送を継続するもの七隻となる。

かねて心懸かりなりしビルマ方面に対する敵の反撃は五日巡洋艦に護衛せられたる約四〇隻の大輸送船団となりインド国境チッタゴン沖に出現するに至れり。

我がビルマ陸軍機戦爆連合の大編隊を以て敵に壊滅的打撃を与え敵の企図を挫折せしめたりと言う。

しかして壮烈なる空中戦を展開したりと言うも撃墜機は一機のみ船団にどれだけの損害を与えたるや不明なり。

敵のビルマ奪回作戦はインドの防衛を完うし、かつ食糧保全となるのみならず、支那に対する資材飛行機の補充を容易にし、支那大陸よりする我が本土攻撃に最も有利なる次第なれば、今後もこれを反覆するものと観ぜらる。

幸いにして同地域には四個師団そのままを残留せしめあれば、まずまず防守し得るものと認む。

右報道は艦内新聞朝刊によりて始めてこれを知る。何ぞ陸軍現地は海軍側に連絡して情報の速達を計らざる。斯かることにては急の間に合わざるなり。

現下における情況判断及び東南方面作戦計画案なる。連合艦隊司令部の大任は時機を失せず作戦指導精神を明瞭にし、麾下をしてこれに集中邁進せしむるにあり。とにかく遅延勝ちとなり、明瞭を欠くことあるは今後において深く戒慎すべきなり。

明日先任参謀連絡のため上京に当たり、託する件次のごとく口述せり。

「一、我が進撃の停止と敵の備え成るに及び、反撃精神旺盛なり。その期するところは主として大優勢の重飛行機を先駆とし、被占領地域を回復し、我が本土に対する包囲態勢を執るにあり。

これに対抗する各地の固めを全うし、また飛行機の補充、小艦艇（駆逐艦）の建造を急務とす。

（駆逐艦の使用し得る現有は決戦兵力の行動に対し限度にあり）

二、一部長の来隊時機は一月初めとしまず適当とせん。（すでに当方要求の半分を達し先任参謀出張するによる）

三、余り心配無用、中央において全責任を以て当たるとは心強き次第なり。ただ今回のこと対陸軍関係において極めてデリケートにして、この間現地中央最も気脈合わし進退を誤らざるを要するところなるを以て頭を使う次第なり。出張を望めるもここにあり。

理由（これは三和、渡辺参謀、大前11ＡＦ参謀、山本軍令部参謀、先任参謀にその都度話せり）

（一）ガ島の問題の発端は海軍側の不用心にあり。

（二）第一回、第二回、第三回と随分と陸軍を引っ張り出したり。あるときは誘い、あるときは押し、あるときは責任を負わすよう仕向け来りたり。三回の失敗はもちろん陸軍にその責あるも、また輸送補給を完うし得ざる海軍の罪あり。

（三）ガ島の奪回をめぐりて艦隊は屢次の戦果を発揚し偉功を奏せり。しかるに現地に対する補給輸送は常にその目的の半をも達せず。ガ島は結局『餓島』なりの悲鳴を挙げしむるほどの惨状を来せり。

要するに艦隊は陸軍を種にし、囮として自隊のみの目的を計るものなりと生死の間を彷徨するの士をして懐疑せしめ僻目《ひがめ》に陥らしめあり。

（四）今や最後の思い出に充分なる兵力を用意し初心貫徹を期し忍従しあるに、艦隊側より本作戦の継続不能を申し出すとは何事ぞ。

（五）ブナ方面の戦況急迫しあるも両面作戦不能と言う方面軍を駆りて六五旅、五一師を注入し、ブナ、ガ島両方とも成功すれば可なるもその算なく虻蜂とらずに終わらば第八方面軍は艦隊側海軍の輸送不充分、方針の不確立を責め、一七軍は兵力二分の結果ここに至らしむとなすべし。

（六）斯かる状況にてガ島の撤退余儀なきに至らば、例え大本営の命令たりとも、第八方両軍は艦隊に恨を残し釈然たらず、その結果は一七軍に及び生還を肯《が》ぜ《えん》ず無為に敵陣に斬り入りあるいは屠腹してあたら三万の犠牲を出してせっかく艦隊の苦心せる撤退作戦を水の泡と為すことなきにしもあらず。

（七）斯かる結果に陥りたらんには、聖上陛下に対しまったく申し訳なきのみならず、国軍の将来に大なる禍根を残し本戦争完遂の破綻となり、また永く青史に汚点をさらすこととなるべし。

（八）以上、最後の場合にも考え及びて今より慎重の考慮を以て対処し、非は非とし、不能は不能とし面子にとらわれて意地を張ることなく、またいやしくも巧言を弄して人を誘うことなく、まったく腹を割りてのるか反るかの舞台の交渉に当たるべし。

（九）艦隊側より不能論を持ちかくることは行き掛かり上不可なり。陸軍側と漸次交渉すべきも、五一師の転用にせよ、撤退論にせよ、無理押しは絶対禁物にして自然的に彼らがやむなきを自解せしむること肝要なり。

しかしてこの間に立ち中央が克く這般《しゃはん》の事情を諒解しありて、機に投じて采配を振ること緊要欠くべからざるところ、これがためには充分なる事前気脈を通じあるを必要となす所以なり。

（本件は余輩の過般来最も心痛し来れるところ、長官にも申し上げまた各参謀にもその都度諭示せるところなり。先任参謀も一昨夜以来考えたるものと見え、本日余輩の言にまったく同意を表せり）

四、主脳部の心配が下に映ずると大変なりとの注意有り難きも、自ら下に述べたることなくこの点はつとに戒心し来れり。むしろ下よりすなわち一一にせよ、八にせよ、艦隊長官自ら自信なしと言い当該方面の作戦に従事し来れる司令官は『まだやられるのですか』と聴く。

あるいはトラックの防衛を厳重にすべきを注意するものあり。これに対してはやると答え、内心において用意し来れるのみ。指導司令部にこの前途を見透かして腹をきめることは絶対に必要なればなり。

五、参謀本部員、軍令部員来訪の都度、また便あるごとに充分なる兵力（海軍は全力なりこの上如何ともし難し）を速やかに準備すべき旨伝え来れるが、今回の準備兵力は遺憾ながら不充分なり。

しかもその時機遅延せり。単にソロモン諸島のみならずニューギニアを併せたる当面の戦略態勢を重視する以上、新に思い切ったる兵力（五個師以上）の準備を即刻下命してしかるべし。兵力の内容は決して頭数を揃えるものにあらず、火器と機械化の精兵たるを要するなり。（例六五旅のごときは以てのほか守備兵に過ぎず）

六、連合艦隊の大部がこの一局に釘付けせられあるは、他方面の攻防に即応し難く誠に遺憾としあるところなり。内地帰還修理艦の竣工を急ぎ、また所要器材の配当を工面し兵力に余裕あらしむるよう願いたい。

七、チモール及びアル諸島方面は最弱点なり。陸海軍協定を改訂して漸次陸軍兵力を注入しあるは可なるもなお充分なるよう陸軍側に申し渡されたい。アリューシャン方面もアラスカ道路の完成と相俟ち、今度より以上受け身となることと想像せらるるところ、当方面を窮境に陥らしめざるよう何分の手配ありたい。

八、南偏の地に在りて局面以外一般情勢不明なること多し。敵の企図、諜報等必要あるものは即刻通知しまた注意も与えられたい」

午前八時より艦隊二直配備と為し警戒す。当方面一局部に兵力も頭も膠着しある間に敵はソロモン、ニューギニアはすでに大丈夫となし舞台は大きく回転しつつあり。全局に対する準備と注意を怠るべからざる旨幕僚に注意す。

十二月八日　火曜日　〔晴、於トラック〕

大東亜戦争第二年に入る。

顧みてこの一年の成果思うにまかせざるを遺憾とし、今後における善謀敢闘により征戦目的の完遂を期す。

この間散華したる一万四八〇二柱（十一月二十日調べ連合艦隊）に謹んで敬弔の意を表す。

〇七〇〇祭壇をしつらえて玉串を奉奠《ほうてん》す。色紙一葉拙句を連ね御前に供す。

英霊へ手向　無名戦友

靖国のあらたま数ふひとめぐり

椰子の葉も奉らばや慰霊祭

　行く雁のあとよりもまた一羽かな

亡き数に入るを急ぐにあらず。「行く雁に踏み止まれる一羽かな」と最後まで奮闘以てこの国難を打開せざるべからずと信ず。

米国海軍はついに昨年本月本日真珠湾における被害を告白し国民の奮起を促せり。陰蔽虚偽の国も方便には泥を吐く。

また海軍関係の十一月中旬までの人員損耗一万七〇〇〇余と為す。吾よりは二〇〇〇〇余大なり。

この一年間戦果（大本営発表）

〔陸軍〕略

〔海軍〕

艦種	撃沈	大中破	艦種	撃沈	大中破
戦艦	一一	九	空母	一一	四
巡洋艦	四六	一九	駆逐艦	四八	二三
潜水艦	九三	五八	敷設艦	五	二
特務艦	四	二	掃海艇	七	一
砲艦	八	六	その他	二八	二九

船舶撃沈　四一六　　拿捕　四〇三

飛行機撃墜破　三七九八

斯く表示せば多小の誤謬あるとしても相当なものなり。このほか地域の占領資源の確保あるにおいてをや。今後の一年斯くは参らずと覚悟すべきなり。

ガ島に対する昨夜駆逐艦の輸送、敵機の攻撃ありて七隻進撃せるが、ガ島付近において魚雷艇の妨害を受けさらに進入せるに魚雷艇及び敵機の攻撃を蒙り、引き返すのやむなきに至り、樽運び輸送もまた望みなきに陥る。

本日敵輸送船四隻、巡洋艦四隻、駆逐艦四隻コリ岬に入泊すと一七軍報ず。

一方ブナに対する最後の駆逐艦輸送、直衛機の下にラボールを進発せるが一〇〇余カイリの進出において敵機の攻撃を受け朝潮二、三番砲破壊、後部水線上に多数穿孔の上操舵油管を破壊、後部操舵にて命により全部引き返せり。帰途また磯波小被害あり。

斯くて両方面とも海上の交通遮断せらるるに至る。残れるは空中と水中とによるほか策なし。やがてどうにもならぬ見殺しの日来らざるよう祈る。

十二月九日　水曜日　〔晴〕

ブナ昨日の敵攻撃により中隊長、小隊長戦死、本日敵の爆撃により陸軍の使用し得る高角砲一門のみとなり、バサブナは占領せられ逐次維持困難なる状況に立ち至りつつあり。

ラボールより渡辺参謀、山本軍令部員及び林参謀本部員（一七軍参謀より戦病治療、参謀本部員に転ず）来着。渡辺参謀、山本部員より諸報告を聴き、また夕食後林部員よりガ島の状況及び所見を聴取し、ここにガ島放棄のやむなきを明にし、これに基づく諸対策を講ずることとなす。

ガ島に対しては陸軍側の強硬なる主張もあり、昨日十一艦隊長官と方面軍司令官との間に取り定めたる通り、今一回の駆逐艦輸送を以て今後における潜水艦補給と相俟ち月末まで維持せしむるよう取り計らう。

ブナに対しては天候不良のとき糧食弾薬のみ駆逐艦にて一回を限り輸送せしむることとす。

ラボールの両最高司令部間相当に逼迫せる空気にて、放任せば衝突のおそれなき能わず。第八方面軍は依然中央指示に固着しあれば、速やかに今後の方針を変更する要ありと認む。

両者より当隊長官宛て駆逐艦輸送をめぐり深刻なる電あり。今にして善処するを要す。

すなわち艀輸送不可能となるに及び情勢は急転し、案外今後の策を変換するの時機を早むるに至るべし。またその必要を切実に感ずるに至れり。殊に次のごとくガ島の状況望みなきにおいておや。

林参謀談

一個連隊三〇〇〇のうち今日戦闘し得るものは六―七〇〇名に過ぎず。全体として現在の戦闘員は四二〇〇名なり。しかも一カ月に一五〇〇名を損耗す。

陣地構築に拠り頑張りあるも、日に砲爆撃により四―五〇名の損失あり、戦闘に堪ゆるもの三分の一以下、残りは戦傷病者なり脚気、マラリヤ多くその被害は砲爆撃による二―三倍に達す。

アウステン山より西部の陣地に在るほか六〇名の重患者をジャングル内に残しあり。これが担送に三〇〇人を要し戦力消耗を恐れて残置しあり。

過般の船団輸送は六―七〇%揚陸したるも、弾丸は五分の一なり。半定量の食糧を与え二十二日分なり。敵の攻勢もあり、本月末まで維持し得るや否や疑問。無論一月下旬の船団輸送までは維持不能。

今後の攻略にはまず一個師団を入れ、西部陣地を奪還し、一カ月後さらに一個師団を注入、これらと共に充分に付属部隊、兵器弾薬を揚陸準備するにあらざれば成算なし。

今日まで判明せる損害、戦死二二〇〇、戦傷二四〇〇、不明九〇〇、ほかに平病多数病死あり。

攻勢の今後を放棄し、生存のため西方に避退せばその方途は多々あり。敵は贅沢なるを以て、すぐに追撃するなどのことはなし。

斥候等も一〇名以上一〇〇名くらいのことあり。当方弾薬少なきを以て陣地にて沈黙、敵の接近を待ち急突せば大悲鳴を挙げて潰走するを常とす。個人的戦力は下劣なるも火力には堪へ難し。

ガ島の方針変改は速やかなるを要するを以て、これら両参謀の帰京報告を急務とし、明日飛行便を特定せしむることとしなお上京中の先任参謀は山本部員帰着後の打ち合わせを了し出発するよう発電す。大和防御網を展張し、潜水艦飛行機による魚雷は安全なるを得たり。

十二月十日　木曜日〔晴、スコール〕

昨今ブナ上空敵の戦闘機一〇機程度なるも、昨日の物糧投下は成功せり。

昨夜ガ島カミンボに入れる伊三潜水艦は大発卸下《しやが》のため、浮上せる際敵魚雷艇二隻の攻撃を受け艦尾に命中その後消息なし。

同艦乗組少尉（武市）陸上より右報告す。敵はすでに潜水艦輸送を探知せり。水中輸送もここに大なる困難に逢着し、あとは発射管よりゴム袋に入れたる物糧を潜航中発射するか、あるいはまた飛行機による物糧投下以外策なきに至る。

ガ島所在二万五〇〇〇の救出こそ今日の急務と化せり。速やかなる中央指示変改を俟つ艦隊として対策尽くと言うべし。

ショートランドに対し敵機十数機攻撃被害あり。ムンダ新基地昨日敵爆撃により人員の損傷少なかりしも、肝心の展圧機一一台中八機を破壊せられたり、敵はよきところを狙うものかな。

我は到底斯かる攻撃は為し能わず、微妙賞すべきなり、また見習うべきなり。

かねて岩淵大佐指揮官として出発に際し敵機の来襲あらば昼間は陰蔽し、夜間の作業を策すべしと指示しおける点まさにここにあり。ラボール及びショードランドより曳航すべき損傷艦相当に生ず。

一一航空艦隊よりニューギニアに対する作戦方針を立て意見を伺う。大体の趣意には同意なるもマダン、ウエワクの攻略はいかにも慎重ならざる気持ちあり。

我が攻略艦船入港せば飛電一下、すぐに敵機のモレスビーよりする攻撃あるべく、これに対し終日我が戦闘機の上空直衛あるを要す。果たしてその用意ありや、なお参謀をして充分連絡せしむることとす。

明日渡辺参謀連絡のためラボールに到るに伴い諸事項を指示す。一一と言い、八と二言い、艦隊長官以下幹部はこの重大戦局を担当するもの慎重にして気を大にし、難局の打開拾収に万全を期すべきものと考える。感情論、一局部にとらわれたる責任論等は大に慎むの要ありと為す。

十二月八日を中心とし敵の動きを予想せるも何ら兆候なきにより、本日午前、既令の警戒を解き普通警戒に移らしむ。

軍医長の被害概況によれば、十一月七日までの統計戦死一万五六四六、戦傷七〇八〇にして過日のものより大分増加せり。

十二月十一日　金曜日〔晴〕

ブナ八サンチ高角砲二門に対し、残弾一五〇発にて速やかなる送付を依頼し来れり。

先般バサブアより合同を策したる健在者、陸軍二〇〇余名は翌朝飛行場にようやく九名到着せるのみ。以て知るべし。

ガ島に対する最後の駆逐艦輸送に対し凡有の策を講じ任務の達成を期すべく命ず。けだしこれに期するところ大なればなり。

本日は午後出港し、日没時ガ島の一八〇カイリに在るごとく行動せしため、日没後一回敵機に発見せられたるも攻撃なく突進しつつあり。

十二月十二日　土曜日〔晴、スコール〕

昨夜ガ島に対する輸送は天候も良好ならざりしが、敵機の攻撃も損害もなく進入せるが敵魚雷艇数隻のため照月魚雷命中、行動不能に陥り（魚雷艇は二隻撃沈、一隻小破）、二水戦司令官は長波に転乗し、乗員は半数（一四〇名）救助、残部（五〇名）は陸上に避退せしめ自沈す。二三四五頃なり。

糧食は六艦分一二〇〇個を揚陸したりと言うが、果たして陸揚げし得たるもの何個なりや。

ガ島守備隊長よりはサボ島付近海戦東西に火災二艦あり。一艦は夜中沈没せるがごとしと報ず。

照月のほかは無事ショートランドに帰着せり。まずこれにて当分の糧道を維持し得るの望みつきたり。難きかな。生意気なる「モス」（モスキトー魚雷艇のこと）復讐の途を講ずべきなり。

横須賀より陸軍軽爆二〇機及び人員並び海軍物件人員輸送中の龍鳳（大鯨改造）は、〇九一〇八丈島の東一六〇カイリにおいて敵潜の攻撃を受け、右舷中部に魚雷命中、警戒駆逐艦時津風を伴い横須賀に引き返すのやむなきに至る。

陸軍機の進出移動も基地伝いにニューギニアに達するごとく為すの要あり。さらに東京東方六〇〇カイリの海上において哨戒艦は敵味方不明の飛行機一機発見すと報告す。

先任参謀より東京における交渉状況を電報し来る。軍令部は全然同意、陸軍も一応了解、真剣なる研究を開始せり。五一師、六師のほかに四一師、二〇師を速やかに進発するよう準備中とは可なり。

ウエワク占領を十八日と予定し、隼鷹の協力を要望し来る。当然なりとし準備方予報す。同艦は本日飛行機を収容せり。これ陸軍機の当地揚陸のためなり。龍鳳損害のためその必要を認めざるに、反りて同艦の間近なる作戦任務に便するに至る妙なりと言うべし。

十二月十三日　日曜日　〔雨〕

終日降る。低気圧に因るもの、けだし珍し。

　此雨をブナ迄降らせ兵糧《たま》運び

昨日発アドミラルチー島にて窃かに補給南下せる一〇駆逐隊司令の率いる駆逐艦五隻は、ブナ最後輸送の重要任務を帯び行動せるが、一一〇〇頃よりマダン北東方より敵B17の触接及び数機の攻撃二回を受け、誘導に当たれる中攻一機火災不時着（人員救助）のほか損害なく進行を続けあり。

戦闘機の直衛その功を奏したるものと認めらる。陸兵八〇〇名のほか弾薬糧食なり。今夜の揚陸ぜひとも成功せしめたいものなり。

けだし本輸送は天候不良を持ちたるも本年の気象は本方面的一カ月の遅れなるか、北東信風の降雨期に入らず本日決行のこととなる。

したがって句とならざるの句、次のごとし。

　待つとても雨とはならず決死行

　雨ならぬ爆弾散るや死の輸送

　月憎し雨は味方の弾糧《タマ》輸送

　行けば潰《ツ》え行かねば友の最後哉

スラバヤより陸軍戦闘機五〇機を輸送せる雲鷹早朝入港、春島新飛行場に飛行機を揚陸し十六日以後ラボールに空輸予定なり。

　第一二飛行団長陸軍中佐　岡本修一

司部隊参謀　　少佐　川元　浩

来訪打ち合わせを為す。

大和分隊長船橋大尉過般ガ島砲撃の観測員として出張せるが本日帰来。守備隊長門前鼎大佐の名刺を託し来る鉛筆書きにて記して、

　宇垣少将閣下祝御健勝

　困苦欠乏も此度は程度以上に及びました。禁酒、禁煙、断食、絶食、減食、茶絶ち、塩絶ち、皆体得しました。幸にして心身共に益々元気復仇の念に燃居候

まったく偽らざる告白、辛棒強き点随一の同大佐にしてなおこの辞あり。推して知るべきのみ。第二次攻撃の直後送付せんとてラボールまで持参せる清酒一箱もついに彼の手に達せざりしものと認む。同大佐も過般転補を見たり。幸いに潜水艦により帰途を得て、再会その苦難を聴くの時あらん。

ラボール出張中の樋端参謀本朝帰艦す、報告の中に陸軍司偵による空中写真より判ずるに、ガ島には六個の飛行場あり。彼の諸施設は日を追うてコリ岬より東方に完成しつつあるを見る。斯くて本日のごとく六隻の輸送船も必要なるべく、到底奪回の成算を見出し得ざるに至る。これをこれ如何ともし難しと言うか。

　本朝大海一部長よりの情報によれば本日米機は支那本土より台湾九州を空襲するの算ありと警報あり。天候これに適したるも何事もなし。

十二月十四日　月曜日　〔半晴〕

昨夜一〇駆逐隊による輸送は本日早くブナの北方数十カイリのマンバレに着、揚陸し帰途爆撃ありたるも損害なくラボールに帰着せり。同地よりさらに舟艇機動によりてブナ近在に移動するはず。

ブイン新飛行場に対し敵機は裕々数回来襲しまったく癪に障ること同基地隊長の電のごとし。何とかがんとたたきつける方策を執らざれば増長の一方なり、まったく押されると言うものの味はやり切れぬものなり。

大海通信部長より本方面敵の動き相当活発なるを警告し来る。今のところ三すくみにてどうにもならず、ただ用心のみ。

十二月十五日　火曜日　〔曇、スコール〕

十三日における照月の犠牲による輸送一二〇〇個投入し小発にて曳網を渡したりと言うに収容数二二〇個に過ぎず、十七日までしか糧食なし。

月明のため潜水艦による輸送は二十五日頃まで休止し、その間ブナ方面に揚陸することになりおれるを以て、この間の食い継ぎをいかにするかの問題に直面し第八方面軍は依然駆逐艦説を主張し、潜水艦及び空中輸送を併用するよう要求す。

実際の揚陸数二二〇なりや、陸軍においては往々生起する下級部隊の独占、隠匿等の行為あるにあらずや。いずれにせよ、困り入る次第なり。

ガ島は昨今八隻の輸送船、十余隻の駆逐艦、哨戒艇護衛しありて出入揚陸す懸隔斯くも生ずるか。

ムンダ飛行基地試験飛行戦闘機、艦爆共に異常なし。しかるにこれに実際進出するは二十二、三日頃なりという。何のために死力を尽くして急がしたか、防備不充分過早の進出は餌となる考えなるべし。

先月十日陸上散歩以来まったく気晴らしのときなく、今後はますます鬱血するの状態を予想せらるるを以て、四時半艦発庶務主任を同伴黎明春島水上基地（設営中）に上陸、概ね海岸線または高台を通過し水道作業場に到り、〇七〇〇朝食さらに水源地視察の後無線電信所下の桟橋まで渉猟す。

本日の特別獲物は黒鴨一、大蝙蝠《こうもり》一、その他大小の鴫《しぎ》二〇羽相当の収穫と言うべし。

二回スコールに会したるもその他は曇り天気にて恰好の日和、一〇四〇帰艦して汗を洗う。けだしよき運動をなせるかな。夕食は一同鴨の味噌汁に鴨焼きの珍味を喜ぶ。一挙両得なり。

十二月十六日　水曜日　〔晴、温度昇る〕

ウエワク、マダン占領隊本日ラボールより出撃す。前者は一個大隊、後者は二個大隊にして十八日夕刻それぞれ進撃奇襲上陸し一夜の裡に揚陸を果たすという。

本日ラボールより帰着せる渡辺参謀の話を聞くもどうも奇襲上陸をなし得るや否や計画に矛盾あり。

この計画の欠点を暴露せずしてその目的を達せんことを望む。いわんやマダンには前々より言える通り、相当の敵兵力の存在を期すべきに確乎たる強行計画に乏しきはどうも信用できざるようの気するなり。

本上陸作戦に協力すべく、一〇一五第一〇戦隊は駆逐艦三隻を伴い出港、二航戦は一三〇〇出撃、飛行機を以てするウエワク攻略部隊の援護に当たれり。

先任参謀、航海参謀東京より、渡辺参謀ラボールより帰艦、夕食後よりこれらの報告を聴く。

ガ島の問題は中央海陸軍部に相当了解できたるごときも、これが方針の変改には漸進的にして相当の時日を要す。ぐずぐずしているうちに進退両難に陥り、両面作戦を放棄せざるべからざるに至らんことを恐る。福留第一部長の伝言のみに依頼するわけにも行かざるべし。

十二月十七日　木曜日〔晴〕

太刀風及び哨戒艇を以てするニューブリテン島南西端ツルブの上陸は敵の抵抗なく占領するを得たり。

一方、ウエワク攻略部隊の駆逐艦三及び一万トン輸送船はアドミラルチー北方に向かい西進中、敵B17の接触夜間まで継続しつつあり。明日の南航進入に対して被発見攻撃を予期せらる。

江口明石艦長、三戸3Ss司令官来談（潜水艦輸送の件）、松田千秋大佐（日向艦長より）司令部付として着任、明日大和艦長交代の予定。

一七三〇より映画ニュース及びハワイ、マレー沖海戦を見る。見事の出来栄え、昨年の十二月八日及び十日を想起し、人心を感奮せしむるに充分なり。

十二月十八日　金曜日〔晴〕

〇九一五、旧大和艦長高柳少将退艦、松田大佐指揮を執る。

本日、飛行艇便にて陸軍軽爆飛行団長某少将、真田参本新第二課長及び参謀二名来訪す。飛行団長は過般龍鳳にて横須賀を出港後、敵潜の雷撃により引き返し、飛行艇便により本日入港の沖鷹を追いかけて来着せるものなり。

田中参本第一部長は先般船舶問題にて陸軍次官を痛罵し転出せり。服部第二課長もまたその累を受け転任せりという。

さきに先任参謀は両部作戦課長中央協定の改定のものを持参するようの話ありたるも、何も土産なく交代早々何も分からざるにより現地視察に来れりという。これでは大分話は遅くなる。本職何も語らず。

昨日はウエワク進攻部隊が敵機に発見せられ、今日は反対にマダン進攻部隊午前より敵機触接を受け、一七〇〇過ぎ護国丸至近弾により小火災を受けたるも鎮火進行を続けあり。

前者は一九〇〇過ぎウエワクに進入上陸に成功せり。問題は後者にあり。

陸軍戦闘機〇七〇〇、海軍の先行天候偵察及び誘導機計六機の指導の下に二梯団となりトラック春島飛行場出発途中、一機引き返せるほかラボールに到着せるがごとし。大に可なり。

十二月十九日　土曜日〔晴〕

マダン部隊は二一〇〇泊地侵入上陸に成功せり。

ただ一八戦隊司令官座乗の天龍はマダン港外八カイリ付近において敵潜の雷撃を受け後部に命中舵機使用不能、艦尾次第に沈下乗員を磯風に移し涼風にて曳航に努めたるも、ついに及ばず被害後二時余の二三二〇沈没せるを惜しむ。

飛行機の難を逃れれば水中の敵あり。フインシュ湾に近接せる第八駆逐隊は敵機の執拗なる触接攻撃を受け引き返せるが、強行すべき命令によりついに小損害を以て上陸に成功せり。ただし本朝来は終始敵機の触接を受けたり。

ウエワク攻略部隊は何らの支障なくその目的を果たせり。以上三カ所とも相当の心配ありたるも成功しこの際において喜び殊に深し。

ブナ方面昨日敵は戦車一〇台を以て猛攻、我が陸軍防戦克く努めその半数を破壊せるが、我また混乱状態に陥り昨夜配備の変更を行い飛行場の正面敵に暴露するのやむなきに至り、損害日々に加わり危険は逐次増大しつつあり。

ニューブリテン南岸よりラエに至る点接拠点はそれぞれ占拠を終わり、機帆船等の逐次迎送を見つつあれば、早きに従ってブナに連絡以て救難の手を伸ばしたいものなり。

マダンには大なる敵兵なく無線電信所連絡員及び情報員等ありたる程度なるがごとく、その飛行場は一二〇〇×三〇メートルにしてすぐに戦闘機の使用可能なりと速報し来る。喜ぶべし。

哨戒機は午前ルイサイド島南方に敵主力部隊（戦艦二と言い輸送船と言い午後の偵察は戦艦三とも言う、巡二、駆四針路南東次いで北東速力一八ノット）を発見し、一一航艦隊は触接機を続派しまた攻撃準備待機を命じたるも敵南下したるため止めり。ラビ方面の輸送援護に従事せるものとも考えらる。

伊三三潜水艦引き揚げ作業大いに進み、本日午前より浮上直前作業を行い、一五二二前部は計画通り浮上し一同拍手して歓喜せるが三分にして漸次沈下せり。

一五〇〇浮上の予定との信号により一五三〇出発、彼ら今日までの労苦を慰せんとせるに一六〇〇現場着この状況に接す。

原因は艦首浮上とともに外圧の減少に対し盲蓋の上弱く内殻内の空気圧力により吹き飛びたるにあり。あたかも大魚を釣りまさに水面を切らんとするに際し釣り落としたるに等しという。

原因は明瞭なり。数日後にはめでたく成功すべし。本日は試運転と心得べきなりと言を残して帰る。

中原義正少将人事局長より連合艦隊司令部付となり来る。二十四、五日頃新編成の南東方面艦隊参謀長となる予定のところ、本日飛行艇にて来着、明日ラボールに進発するに当たりいろいろ注意事項を物語る。今後の活動を祈る。

陸軍師団当方面輸送のため海軍艦艇これに協力することとなり、両輸送部隊を編成す。九戦隊、駆逐艦二隻及び連合艦隊の特巡、輸送船多数なり。師団の半数宛これにて輸送のはず。

十二月二十日 日曜日 〔晴、早朝スコール〕

昨日ルイサイド南方に発見せる敵艦隊は一群と称し、二群と言う。その正体をつきとめ企図を判断せよと参謀に要求するも一向に埒あかず。

〇七二五に至りガ島の一六四度三〇〇カイリに戦二、巡一、針路五〇度及び小型一機を発見し、ほかの飛行艇は一〇二三戦一、巡二、空母一、駆二、輸船一を発見報告す。我が兵力の集中等に応じ構えたるものか、あるいは積極的企図を有するやその点判明せず。

大海一部長は諸情況を総合し敵はイサベル及びニュージョージア島来襲の企図を有し厳に警戒を要すとなす。

一一航空艦隊はこの敵に触接及び機宜夜間攻撃を下令し相当に備えあるも南東方面部隊のみにて来攻の敵に対抗して充分なるや否や、当地より応援せしむるとせば前以て諸準備を要するところ一向に捗らず、参謀に注意するところあり。

ブナ方面は十八日以降敵は総攻撃を開始したるがごとく、飛行機と陸上部隊との協同の下に攻撃活発なり。これに従って我が損害も増加しつつあり安田司令は何ら弱音を吐かず。壮なるかな。

今夜よりガ島に対し月夜物糧投下を為す。何機幾何《いくばく》を運び得るやは別問題としてやるべきは決行せざるべからず。ガ島の第一線は飢餓して斃れんよりは敵陣に突入して潔く散らんと叫ぶ。

無理からぬことなり、されば常々ここに至らしめざることを計りたるに大勢は遅々として捗らざるなり。

十二月二十一日　月曜日　〔晴〕

敵は本日の索敵において出現せず、特に企図なきやと敵に訊ねん。いや時刻不明なるも索敵機はガ島の一九〇度三〇〇カイリに敵艦隊を発見しありたり。

現在の作戦遂行に関し多少明示を欠くものもあり。昨日総長指示にて多少の損害を顧みず手段をつくしてガ島糧道の維持を為すべき旨電ありたるに鑑み、現下における南東方面の作戦方針を明示したり。

指導方針の明示必要なるにいつも遅れ馳せに原則的のことを言う癖あり。今回は現下と限り具体的ならしめたり。昨夜参謀持参のもの一夜考えて右のごとく修正せしめたり。

本艦副長佐藤述中佐銘酒日本盛二本を、藤井参謀は好物乾香魚数尾を余輩に贈る。一浴後両者を併せて独酌の揚げ句、

酒の灘肴の香魚《あゆ》に月満つる
ガダルにもすそ分けした岐今宵か那

十二月二十二日　火曜日　〔晴〕

二十日夜の飛行機によるガ島糧食投下四〇個受領一同感激しある報に接す。

一方ブナに対し潜水艦は十九日、二十日夜二〇トンを揚陸せるが魚雷艇らしきもの警戒するあり、同地よりの前途目鼻つかざれば実施の効なきに等し。よって同方面作戦指導方針とともに状況を一一艦隊に聴き合わす。

ブナは連隊本部、陸戦隊本部ともに敵弾の集中を受け暗号書一冊を残し機密書類を処分せり。危機まさに迫る敵の跳梁意のままなるに対し我が航空の援助皆無なるは以てのほかなり。

今少し眼を開きて物を見、施すべきことを為さざれば時機を失すること火を見るより瞭なり。陸軍戦闘機はすでに十八日ラボールに到達しあり。

ウエワク、マダン作戦は過日終了す。海軍機の活動も不可能にあらざるものを如何にも遺憾千万なり。

十二月二十三日 水曜日 〔晴〕

ブナは昨日敵の戦車五台及び猛砲撃によりついに海岸を奪取せられ、飛行場西北方より追撃せられんとしあり。

これに対し航空の協力なきに痛憤し朝食事注意を喚起せるに、午後の電報によって一一空艦隊は今夜敵陣地の攻撃命令を出せるを見、いささか意を安んじたり。今後連日夜間のみならず昼間の協力を強行を要す。

一一空艦隊参謀長よりその後における第八方面軍の意向及び交渉状況を具して当方意見を求め来る。

八方両軍幕僚は成算なしと為すに反し、その首脳部は依然施行方針にて陸軍中央よりも再攻撃の指示ありたるがごとしと言う。

一方、参謀本部二課長真田大佐、同参謀瀬島少佐、ラボールより帰来、中央にて考えたるよりも深酷なり。

一月に一万名を常続事前補給のため船団輸送を行い、二月二個師団（6D、20D、41Dの合計三個師）を以て奪回を計る方針なるごとく漏せり。

いかにして入るるや、到着までに半滅し揚陸三分の一くらいとなりても見込みありや、それ以上のことは艦隊としても保証できず。加えるに揚陸より兵力の展開攻撃時も航空の与力なくしては不可能なり。

この兵力は海軍飛行機にては成算なし。多数の陸軍機を充当すべきなり。四度目に成功すればそれにて可なるも次回失敗せばこの創痍は容易に一所に止まらず、一層敵をして進攻せしむる原因となる。

大局に着眼し進退を決すべき旨彼らに言明し、なお夕食後我が方参謀三名を陸上にて歓談せしめたり。

白石二艦隊参謀長来訪陸上司令部より下士官兵四名のパラ菌者を出しその後発生せず、また呉にて防疫中の愛宕も最近陰性となり二十六日防疫終了の見込みとの電あり。

パラチフスも内地の空気にて降参したるか、何せよ、結構なる次第なり。

十二月二十四日　木曜日　〔半晴、風あり〕

ブナ守備隊長より最後の段階に進みつつあるも隊員掉尾《ちょうび》の勇を奮わんとすとの電あり。その気や豪にして死闘まさに壮とすべし。

長官よりこれを多とし海陸軍は救援に全力を尽くしつつあり奮闘せよと発電す。よく持久来援を待ち得るや、はたまたこれを土産に殲滅戦となるかまさに戦局の分け目と言うべし。

昨夜中攻を以て敵陣地及びドブヅル飛行場を攻撃せり。なお本日午前陸軍戦闘機を以て二回攻撃を実施せるはず。ガ島に対する物糧投下天候不良のため一昨夜は中止す。

昨日戦闘機二四機初めてムンダ新基地に進出せり。同方面多少心強くなれるもバラレ基地完成し、中攻の進出を見ざれば敵に対し積極的行動不能なり。

昨夜九時十五分より同四十分の間B17大鳥島に来襲、損害軽微、敵機四を撃墜し六機火を吐かしむ六〇度方向に避退せるより見ればミッドウェーより新機種を以て来襲せるものと認めらる。

去る十二日頃米空軍長官の連続日本空襲の手始めとも見らる。昨夜を以て実施せる、けだしクリスマスプレゼントのつもりか、昨年は米西岸の潜水艦を以てする砲撃を今夜に限り取り止めしめたり。彼にして遠慮もなくプレゼントをもたらさば今後何の仮借なくよき贈り物をぞ為すべし。

本日一一航空艦隊及び第八艦隊を以て南東方面艦隊を編成せらる。第三戦隊は第二艦隊より第三艦隊に編入替えとなる。

十二月二十五日　金曜日〔半晴〕

一昨夜は飛行機による敵陣地及び飛行場攻撃、昨日午前は陸軍戦闘機による二回の協力（実施せるや否やは不明）及び昨夜の攻撃に対しても何の音沙汰ブナより達せず、あるいは送信器械を破壊せられたるかと疑えるに、夕刻に至り電あり。敵戦闘機六機上空に在り、砲撃熾烈なりと言う。なお健在なるを祝す。

同地陸戦隊の行動に対し、総長よりお賞めの電あり、奮闘持続せよと言うほかなし。

ニューブリテン南岸の連綴《れんてい》基地は本日いずれも敵B17の攻撃あるいは触接を受け、海上トラック大なる被害あり。早く基地の防空威力を完成せざれば小船艇による連絡もまた不可能なり。

一昨夜参謀本部二課長等と話し合える参謀の話によれば、彼らもニューギニアを重視しガ島は攻守変換可能なるよう復命する腹ありという。しかりとせばまず当面可なりとす。

今村第八方両軍司令官の言質ももたらすという。中央協定が何の程度に変わるやいずれは一月十日頃となるべし。

ラボールを出でムンダ、いやその北方新飛行場建設隊輸送の任を以て行動中の南海丸及び護衛艦卯月は潜水艦の攻撃を受けたる際、回避において両艦衝突し卯月に損傷を来せり。

海軍省油槽船富士山丸ショートランドにおいて敵機の攻撃を受け後部火災、大損傷の身を本日当地に運び修理することとなる。

昨夜ヤルートの上空を敵味方不明の飛行機二機飛翔吊光弾らしきものを投下せりとて同方面警戒せるもほかに異状なし。

十二月二十六日　土曜日　〔半晴〕

南海丸は前部に魚雷二本命、中二、三番船艙浸水沈下、一時湾内に入れるが後駆逐艦警戒の下にラボールに向かう。卯月は南海丸の船首に二、三缶室付近を以て触衝浸水、六ノットを出し得たるも有明にて曳航す。

本日午前敵機の爆撃により有明至近弾にて舵故障、人力操舵にて曳航を止めそれぞれラボールに向かう。ミイラ取りがミイラになる不利たる出来事と言うべし。これがため新飛行基地の建設遅るる運命となれり。

ブナ方面敵砲撃猛烈なるも依然持続しあり。

午前、鮫島四艦隊長官、午後、近藤二艦隊長官来訪。本日の飛行便にて新設第二根拠地隊司令官兼南方建設隊長予定の鎌田道章少将伺候し、明日ラボールに向かう。ウエワク、マダン方面分担の予定なり。

昨夜二四根拠地隊は名取及び厳島を以て陸戦隊を揚陸、無抵抗裡にホーランジャー（ニューギニア中部北岸平地）を占領せり。

十二月二十七日　日曜日　〔晴〕

ブナは敵兵三〇〇の猛撃により高角砲陣地善戦ついに全滅す。押し寄せたる兵力わずかに三〇〇、遺憾の至りなるも我が戦力のほどこの一事により察知すべし。

昨夜は潜水艦によるカミンボ補給、及び中攻八機によるシン河口の物糧投下ともに成功せり。第一七軍参謀長よりは二十四日付にて、糧食の欠乏甚だしく木の芽、椰子の実、海藻にてようやく露命を継ぎあり。

一兵の斥候を出し得ざるのみか、敵の後方脅威に対しては自力を以て何事も為し得ざる状況を訴え、補給の急務を要求せり、無理とはいささかも思考しあらず。

ムンダ飛行場は敵機の攻撃頻々にして第二期作業も進捗せず、いたずらに損害のみを重ねあり、少なくも二個中隊の戦闘機進出を要すと為す。本日哨戒艇の接岸揚陸も、右による戦闘機の損失のため無期延期となる。

歎ずべきかな、飛行機劣勢のためすべては退嬰の一途なり。

陸軍海上トラック明朝進入のためか、潜水艦輸送は二日延期し、飛行機の物糧投下も昨夜を以て終止符となせり。何でも手をつくしてなお不足のこの際、ちと遠慮の多きを歎く。ただしそれにはその理由あるべし。

松山光治少将任を解かれて帰途来訪す。一八戦隊も天龍がソロモン第一次海戦の砲火、ラボールにおける爆撃、今回潜水艦による雷撃と三拍子揃って逐次受け、ついに沈没せるにより二十日の解隊を俟たず同司令部は有名無実となりしなり。旗艦の沈没とともに私有財産半量を失う。帰国の際風邪を引かぬようにと手を通さぬ下着若干を寄贈して別る。館山砲術学校長予定なりという。

しからば陸上部隊の対空及び防御に関し一層の研究努力を要し、かつ機械化せる数個師団の陸戦隊の創設を肝要とする旨告げたり。

昨夜ラボールに対しB17の執拗なる攻撃あり、陸軍輸送船一隻沈没、駆逐艦太刀風大損害を蒙り、ムンダ基地は警戒戦闘機の着陸直後を襲われ五機炎上、一〇機被害、悲惨なる状況に立ち入れり。

B17に対してはかねがねこれが防止の方策樹立の要を痛感せるが昼間虚を衝き、あるいは夜間（暗夜）吊光投弾下に目標を捕捉攻撃を集中する戦法に対し吾は照射砲撃にて撃退すとなすも、事実手を拱いて為すなきに等し。

斯くして我が損害の逐次増加するに及ばばついに穴居か退却かのほか如何とも為し難きに至る。今にしてとくと考究せざるべからず。

十二月二十八日　月曜日　〔晴〕

ブナ昨日の電敵は昼夜にわたる砲撃を行い一日発射弾数一〇〇〇発、攻撃開始前は三十分間に二〇〇〇発を集中す。今後の対A作戦上彼の後方連絡を遮断すること肝要と認む。

さらに本二十八日〇五三〇発ブナ警備隊指揮官

「敵集中砲火により陣地逐次破壊せられ、守兵克く反撃を反覆し、時々肉弾を以て敵に多大の打撃を与えつつあるも、戦況の大局より判断し、ブナ確保も今明日に迫まれるを認めざるを得ず。顧みれば交戦四十日余、軍人軍属を問わずよくその尽くすべきを尽くせり。この間上司の指導、航空部隊の協力並びに陸軍の協同感謝に堪えず。遥に皇国の隆盛と各位の武運長久を祈る」

悲壮の極、一大恨事なり。嗚呼。

昨夜カビエンに飛行艇来襲、攻撃三回、多数飛行機の損害あり。また北口付近において哨戒艇に対し魚雷二本発射せり。彼らの跳梁に委して恥となさざるや。

午後に至り外南洋部隊指揮官はブナに対し所在陸軍部隊と協同ブナを撤退し、ギルワ地区に到り同地を防守すべきを命じたり。

これがためブナ山県兵団の三個中隊は東進収容を計るという。

ギルワは海岸にしてブナとの距離五キロメートルなり。果たして撤退合同し得るや時機の遅きを憾むものなり。北ブナの南二キロに包囲せられたる戦傷病者二千余あり。

これらの運命今や山県兵団の死闘如何にかかると言うべし。

十二月二十九日　火曜日　〔晴〕

夕刻ブナ電、敵戦車四台陸戦隊本部に来攻し暗号書表を焼く。次いで通信機を破壊す（一七一〇）の情況に接す。

ギルワよりの東進部隊の来援は今夜なるべし。うまく収容するを得ば可なるも極めて至難と思う。

今後同方面は陸軍電によるほかなく、またウイリハムにして陸軍海上トラックの輸送にしても全然様子を欠くは適当ならず、南東方面艦隊をして連絡の上通報に努めしむるを要す。

明日午後損傷修理のため摩耶、海風、横須賀に回航せしむ。

作戦指導に関し所見

一、近く予期しある中央協定の変更もニューギニアを重視するほかガ島に対しては日和見程度を出でざるべく、作戦は膠着状況となるべし。
二、増強の航空勢力一月中旬を以て集中を了するも、敵の間断なき積極行動により、損耗は増加するばかりにて、退嬰的気分とともに基地航空部隊に大なる期待をかけ得ざるなり。したがってこれを基としての積極作戦は求められざるなり。
三、ソロモン方面東部ニューギニア方面ともに、敵航空勢力の集中焦点なり。我が基地航空部隊を以て完全制圧の望みなきにおいて、艦隊大兵力（水上）を運用するはいたずらに損耗を来して彼の手に乗るものなり。
基地飛行機、潜水艦、小艦艇の活動に委し敵の攻略企図に対しては局地防備を以てこれを撃摧し、かつ攻略部隊の海上対抗兵力あれば可なるべし。
四、第三艦隊空母二隻は一月中旬を以て完成し搭乗員の訓練また相当の域に達す。同下旬における駆逐艦勢力修理中のものを除き8F一〇隻、2F八隻、3F一二隻程度となる。これら諸勢力をトラックに待機せしむるは策の得たるものにあらず。ただ士気の阻喪を来さんのみ。
五、連合艦隊の使命は膠着せる局地戦にとらわるることなく、奇抜に活動し敵を制するにあり。兵は生かして使用すべし、殺して用いべからず。
この際において敵の備え薄き方面に意表の攻撃を加えるは、我が兵力の厳存を示して敵に大なる脅威を与え、かつは当方面の作戦を索制するの効果あるべし。これが計画を速やかに樹立するの要ありと認む。

ただこれがため急迫しある東部ニューギニア作戦、ガ島作戦を疎外するがごとき感を一般特に陸軍に与えざるの注意肝要なりとす。

十二月三十日　水曜日　〔スコール多し〕

ブナ方面は吉か凶か情報来るべくもあらず。

一方、二十七日夜ウイクハム（ニュージョージア南端）に上陸せる陸軍部隊（海軍防空隊を含む）は二十八、二十九日敵の猛爆を受け海上トラック二隻とも沈没、高角砲二門、弾薬の大部、糧秣の全部を亡失せる由、人員の損傷なきは幸いなるも、糧食問題は速急のことにして、また一つ厄介物を増したり。

これらは予期の通りなり。ラッセル等の占領維持のごときこれを以ても無暴と称すべきなり。ただガ島作戦において船団輸送困難なりとせば、島嶼を連綴する舟艇機動のほか良策なく、その場合において一時的拠点とするに価値あり。永続は不能なり。

旧第一一航空艦隊参謀長酒巻少将、ラボールより中攻にて難航して到着、一時来訪し懇談を重ねる。同少将の当方と意見交換せるが主なる所見左のごとし（括弧内は当方意見並び注文せる事項）。

一、今日あらしめたるは航空技量の低下なり。天候不良とか何とか言うも結局そこに帰着す。現在における技量は従前の三分の一と見るべし。

新到着の戦闘飛行機隊の現状を見るに、搭乗員六〇名中零式戦闘機の搭乗経験なきもの四四名なり。

すなわち九六戦闘機の経験者のみ多くして、到着よりこれが訓練を為さざるべからず。先日ブインにある優秀なる者ムンダの上空警戒に出向きある裡に敵機来襲、Ｃクラスすぐに離陸せるに甚だしき惨敗を喫したるがごときその一例なり。

統計調査によるに

敵に与えたる損害　味方損害（地上を含む）

自八月七日
至十月末日　三〇七（不確実ほかに八三）　二三三

自十一月一日
至十二月二十四日
一二五（不確実ほかに三五）　一五九（ただし受勢作戦多し）

殊に今回のマダン作戦において、我が上空直衛に使用せる戦闘機延べ三六に対し敵機（B17、B26）の出現三三機に対し、撃墜わずかに二・五機なり、我また二機を失えり。この成果に対してはまったく落胆せり（今後における技量の練度向上必要この上なし）。

二、士気は旺盛なり。九月末より十月にかけ落ち気味となりたるとき、指導的立場にある者を交代せしめたるによる。

少し前、敵艦隊の出現に対し夜間（月夜）雷撃隊の進発に対し、隊長と付と指揮官として大いに争いたりと言うがごとき事実あり。決して憂うべき状況にあらず（結構）。

三、今日このままにては局面打開の方法なし。来るものをその局地に撃破せんとするは当たらず。その元を打たざるべからず（まったく同感にて本朝も言えるものなり）。ある時機、戦闘機一〇〇機とならばやるべし。現在ラボール、ケニアン二〇機に満たず（同感なり）。

四、ガ島に対しては成算なし。しかれども諸島基地を連綴する輸送及び後方遮断はやってみるべし。どれだけのアキュラシーを有するかは別問題なり。過般連合艦隊の命令もそのつもりにて受けたり。

五、ガ島作戦をやると否とにかかわらず、否やらざる場合、現在の占有域を保持するには結局航空作戦持続如何にかかる。

果たして持続の目標ありや、この点中央に確めたいところなり（同感。奪回作戦をやらずしてしかり。やりて不成功はより以上不可なり。この点余の最も危惧しあるところ、よろしく中央にも伝えること肝要なり）。

六、小艦艇多数を要す（まったく感を同じくす）。

七、穴居維持は大いに努めあるも、航空兵力続かざれば結局攻略せらるべし（同感）。

八、航空威力の発揮に対し一段の努力を要す。今後この方面の司令官たる予定の由、努力致すべし（当然にして大いに声援す）。

九、対空防御力の不足（まったく同意）。

以上、同少将が退任に際し余に語れる主要点なるが、もちろん当方意見に対し応答しあるいは協調せる点も彼の所見として記したるところ多し。

これ同少将の転任に対しては多分の経緯あるを以てここに敬意を表し、我が意見と一致するところ多きを以て時に記す所以なり。

なお敵の企図しある戦闘方針に対し余輩の意見を述べ、今後における同少将の参考に与えること暫しなり。

三代中佐軍令部員より南東方面艦隊に補せられ途中来訪す。気焔当たるべからずと言う。結構なり。実行こそ望ましけれ。中央の空気も大分動き陸軍は連絡会議においてガ島撤退を提議せる由、大いによし。

しかれども撤退こそ誠に難事中の難事たるを知れ。

十二月三十一日　木曜日　〔曇〕

通信状況により何かありと大海特務班警告す。しかりとせば何を為すべきや困ったものなり。陸軍情報に基づきブナ陸軍は海軍陸戦隊と合し飛行場西端よりブナ部落を確保し激戦中、マンバレーに上陸せる陸軍部隊は舟艇機動によりギルワ到着、その四五〇名はブナ救援に前進との電ありたるも旧聞に属するなきやを疑う。

軍令部一部長、参本一部長と共に三日来着の電あり。南東及び八艦隊参謀長を要求により招致することにす。

八方面軍はガ島の我が陣地を後退、次期作戦に応ずべき指示を受け、いかなる意味なるやを電照中と言う。さても感の悪きよ。

それと知りながら一部長の来着を俟たずして聞かんとするや。いずれにせよ今後の大勢は明瞭なり。引くとしても今さらに大事なり。上手に手を組むこと肝要なり。海軍船舶陸軍輸送船等当力面に近く敵潜による被害頻々なるを遺憾とす。

昭和十七年も今宵を以て行く。

四月までの第一段作戦の花々しさよ。しかして、六月ミッドウェー作戦以来の不首尾さよ。

ハワイ、フィジー、サモア、ニューカレドニアの攻略もインドの制圧、英東洋艦隊の撃滅も本年の夢と化し、あまつさえポートモレスビーは愚か、ガ島の奪回も不能に陥れり。顧みて万感胸を覆う。敵ある戦の習いとは言え誠に遺憾の次第なり。

この間将士の奮闘苦戦挙げて数えるを得ず。深く感謝の誠を致すとともに、多数散華の殉国の士に衷心敬弔の意を表する次第なり。

昭和十七年十二月

昨日の餅搗きを見て
天幕に気をもむ杵や餅の音
暮そばは味わぬながらも
ソロモンに煤掃き残す今年哉
何かさて戦さ半の年のくれ
何となく忙し相なり大晦日

〈監修者略歴〉
半藤一利（はんどう　かずとし）
1930年、東京生まれ。1953年、東京大学文学部卒業。同年、㈱文藝春秋入社。「週刊文春」「文藝春秋」各編集長、出版局長、専務取締役などを歴任。退社後、文筆業で活躍。主な著書に、『昭和史』（平凡社）、『聖断』『決定版　日本のいちばん長い日』『漱石先生ぞな、もし』『ノモンハンの夏』（以上、文藝春秋）、『幕末史』（新潮社）、『レイテ沖海戦』『ルンガ沖夜戦』『遠い島ガダルカナル』（以上、PHP研究所）などがある。

〈解説者略歴〉
戸高一成（とだか　かずしげ）
1948年、宮崎県生まれ。多摩美術大学美術学部卒業。1992年、㈶史料調査会理事就任。1999年、厚生省（現厚生労働省）所管「昭和館」図書情報部長就任。2005年、呉市海事歴史科学館（大和ミュージアム）館長就任。主な著書に、『［証言録］海軍反省会』（編・全11巻）『戦艦大和に捧ぐ』『聞き書き・日本海軍史』（以上、PHP研究所）などがある。

戦藻録［新漢字・新かな版］上

2019年３月12日　第１版第１刷発行

著　者	宇　垣　纒
監修者	半　藤　一　利
解説者	戸　高　一　成
発行者	清　水　卓　智
発行所	株式会社PHPエディターズ・グループ 〒135-0061　江東区豊洲5-6-52 ☎03-6204-2931 http://www.peg.co.jp/
発売所 東京本部	株式会社ＰＨＰ研究所 〒135-8137　江東区豊洲5-6-52 普及部　☎03-3520-9630（販売）
京都本部	〒601-8411　京都市南区西九条北ノ内町11

PHP INTERFACE　https://www.php.co.jp/

制作協力 組　版	有限会社メディアネット
印刷所 製本所	凸版印刷株式会社

ISBN978-4-569-84225-7